中国运河与漕运研究

两宋卷

张强 著

西安 北京 上海 广州

图书在版编目(CIP)数据

中国运河与漕运研究.两宋卷/张强著.—西安:世界图书出版西安有限公司,2021.1(2023.3 重印)

ISBN 978-7-5192-8256-1

Ⅰ.①中… Ⅱ.①张… Ⅲ.①运河—交通运输史—研究—中国—宋代②漕运—交通运输史—研究—中国—宋代 Ⅳ.①F552.9

中国版本图书馆 CIP 数据核字(2020)第 270674 号

书　　名	中国运河与漕运研究·两宋卷
	ZHONGGUO YUNHE YU CAOYUN YANJIU LIANGSONG JUAN
著　　者	张　强
责任编辑	冀彩霞
责任校对	王　骞
装帧设计	诗风文化
出版发行	世界图书出版西安有限公司
地　　址	西安市锦业路 1 号都市之门 C 座
邮　　编	710065
电　　话	029-87214941　029-87233647(市场营销部)
	029-87235105(总编室)
网　　址	http://www.wpcxa.com
邮　　箱	xast@wpcxa.com
经　　销	全国各地新华书店
印　　刷	陕西龙山海天艺术印务有限公司
开　　本	787mm×1092mm　1/16
印　　张	20
字　　数	400 千字
版　　次	2021 年 1 月第 1 版
印　　次	2023 年 3 月第 3 次印刷
国际书号	ISBN 978-7-5192-8256-1
定　　价	150.00 元

版权所有　翻印必究

(如有印装错误,请与出版社联系)

序

  从兴修区域性的内河航线到将不同区域的内河航线连接到一起,中国古代的人们通过改变交通运输方式,以运河带动了当时沿线地区社会经济及城市的发展。

  周代以前,交通以陆路为主。《周礼·大司徒》云:"诸公之地,封疆方五百里,其食者半;诸侯之地封疆方四百里,其食者参之一;诸伯之地,封疆方三百里,其食者参之一;诸子之地,封疆方二百里,其食者四之一;诸男之地,封疆方百里,其食者四之一。"《汉书·地理志上》云:"周爵五等,而土三等:公、侯百里,伯七十里,子、男五十里。"那时虽有水运,但主要是利用自然水道。如《尚书·禹贡》叙述九州贡道时,有兖州"浮于济、漯,达于河",青州"浮于汶,达于济",徐州"浮于淮、泗,达于河",扬州"沿于江、海,达于淮、泗"之说,等等,这些都是说利用自然水道的情况。

  时至春秋,为了满足领土扩张后的交通需求,一些诸侯国开始在境内外开挖运河。如司马迁《史记·河渠书》记载道:"荥阳下引河东南为鸿沟,以通宋、郑、陈、蔡、曹、卫,与济、汝、淮、泗会。于楚,西方则通渠汉水、云梦之野,东方则通沟江淮之间。于吴,则通渠三江、五湖。于齐,则通菑济之间。"这些运河具有区域性的特点,主要是为各诸侯国的政治、经济、军事等服务,如吴国在境内外开挖运河就有三个目的:一是为改善自身的交通条件;二是为提高农业的生产水平;三是为争霸服务,建立一条与中原相连的能够运粮运兵的水上通道。

  平王东迁,以洛阳为中心的黄河中下游地区成为各诸侯国争霸的场所。这一时期,横亘中原"与济、汝、淮、泗会"的鸿沟成为诸侯争霸时利用的对象。中国古代有长江、黄河、济水和淮河四条独立入海的大河,鸿沟与黄河、济水和淮河三大水系相通,极大地改善了原有的水上交通条件。如鸿沟自荥阳(在今河南荥阳)向西可入黄河航线,沿黄河入渭水可入关中,随后直通长安(在今陕西西安);而自荥阳向东入淮、泗,经江淮之间的邗沟可抵长江北岸,随后进入长江流域及长江以南的区域。

  鸿沟建成的时间下限当在周定王五年(前602)黄河南徙之前。司马迁称鸿沟"与济、汝、淮、泗会",黄河南徙后,济水在黄河南岸的水道已不复存在,故可知在周定王五年黄河南徙前鸿沟已投入使用。东周的政治中心是洛邑(在今河南洛阳),经济发达地区集中在以洛邑为中心的黄河两岸,鸿沟自荥阳向东南与淮河及其支流泗水、汝水相汇。有意思的是,江、河、淮、济四渎中,唯淮河呈南北流向。如胡渭《禹贡锥指》卷六云:"淮水自今河南汝宁府息县南东流,经光山县北,是为扬域。又东经光州北,又东经固始县北,又东北经江南凤阳府颖州北,又东经霍丘县北、颖上县南,又东经寿州北,与豫分界。又东北经五河县东南,又东经泗州南、盱眙县北,又东北经淮安府清河县南,又东经山阳县北,又东经安东县南,而东北注于海,与徐分界。"鸿沟与淮河及其支流汝水、泗水相通,为开发汝、泗区域创造了必要的条件,后来,又为开发淮河另一支流颖水的沿岸打开了方便之门,时至东汉,颖水两岸成为天下最富庶的地区。

邗沟位于江淮之间,公元前486年,吴王夫差为了北上争霸,遂利用淮河下游的水道兴修了这条运粮通道。鸿沟入淮,以及其与邗沟相连有四个方面的意义:一是自鸿沟入淮、入邗沟可以抵达长江北岸的扬州(在今江苏扬州),如果继续向前,跨越长江可经吴古故水道或秦丹徒水道深入江南的腹地,如果走水路溯江而上可深入两湖、巴蜀等地;二是邗沟在改善淮南交通的同时,为开发淮南立下了汗马功劳,如《尚书·禹贡》叙述淮南土地及其农业收成时有"厥土惟涂泥,厥田惟下下"之说,而开凿邗沟以后,这块以扬州、淮阴(在今江苏淮阴)为核心的贫瘠之地渐渐成为著名的粮仓;三是汉代吴王刘濞统治淮南时,重点发展盐业,为后世淮盐的崛起奠定了坚实的基础;四是在经济重心移往江淮及江南的过程中,这条水上交通线既担负着维护京城粮食安全的使命,又担负着商贸往来的重任。

鸿沟、邗沟虽然不是开挖最早的运河,但它们所经过区域的农业、经济都曾先后崛起。具体地讲,我国的农业经济重心移往江南以前,先是在黄河中下游地区,后来在江淮崛起,但人们只关注自黄河中下游地区转移到江南的历史,对江淮一直缺少必要的关注。江淮农业经济地位下降主要有两个原因:一是从三国分立起,江淮地区开始成为不同政权反复争夺的战场,这一情况直接影响社会经济,特别是农业经济的发展;二是宋高宗建炎二年(1128)冬,东京留守杜充为阻金兵南下开挖黄河堤坝,从此开启了江淮成为洪水走廊的先河,如史有"杜充决黄河,自泗入淮以阻金兵"(《宋史·高宗纪二》)之说。可以说,南宋以后,黄河夺泗侵淮的历史均与此相关。黄河夺泗侵淮给江淮带来了灭顶之灾,改变了"走千走万,不如淮河两岸"的历史。然而,如果注意到从隋唐到北宋这一历史时期,当知在江淮出现扬州这样全国第一大商业都会不是偶然的,亦可知江淮曾是全国最发达的农业经济区域和重要的商品集散地。

东晋时期,江南的农业经济得到了开发,其中,江南运河如吴古故水道、秦丹徒水道等均在农业开发中发挥了重要作用。这些运河除了有交通运输功能外,还有排洪防涝、改良土壤等功能。南北分治时期,无论是南朝北伐,还是北朝南征,都是沿水路运兵运粮的,在这一过程中,鸿沟、邗沟、吴古故水道、丹徒水道等都在连接中原与江淮的运河中发挥了重要作用。

时至隋代,运河建设进入了历史的新阶段。一般认为,隋代运河建设是在隋炀帝即位以后,其实这一认识是不准确的,应该说是始于隋文帝,具体有四个方面的原因:一是隋文帝在关中兴修了广通渠等,改变了关中的交通条件,提升了漕运能力;二是广通渠等具有行运、灌溉、改良土壤、排洪防涝等多种功能,这些功能叠加在一起改善了关中的农业生产条件;三是隋文帝将运河建设扩展到关东、江淮等区域,多次重修邗沟,又整治汴口(鸿沟入河口)等,已有将关中、关东、江淮等地运河相互连接的构想;四是隋文帝建十三州水次仓(漕运中转仓),明确地表达了加强漕运及为京城粮食安全服务的诉求。十三州水次仓均建在黄河与其支流交汇的河口,这也标志着隋朝建立了黄河与运河相接的漕运体系,如史有"转运通利,关内赖之。诸州水旱凶饥之处,亦便开仓赈给"(《隋书·食货志》)之说。水次仓的建设是漕运管理制度的重要内容。追溯历史,水次仓建设萌芽于战国后期,至北魏得到确立,隋文帝统一中国后沿用了这一制度。通过一系列的建设,隋文帝建立了自江淮、关东至关中的漕运大通道,为以关中控制关东及全国的战略构想提供了保障。

在隋文帝兴修运河的基础上,隋炀帝全面揭开了建设东都洛阳水陆交通运输体系的序幕,兴修了通济渠、永济渠和江南河三条运河,编织了一个巨大的交通运输网络。具体地讲,自长安至扬州的通济渠,主要利用了先秦鸿沟及汉代石门堰等,以及隋文帝时重修的汴口、邗沟等成果。通济渠自洛阳出发,经阳渠入洛水,经洛口入黄河,随后走黄河航线入汴口,继续东行入淮,途经淮北到淮南以后入邗沟,经邗沟可抵长江北岸的扬州。在经济重心移往江淮及江南的背景下,通济渠凭借地理优势成为隋王朝最重要的运河。这条运河不但将黄河流域的洛阳与江淮连在一起,而且自扬州渡江可深入江南的腹地,溯江而上可深入长江流域。开渠后,隋炀帝又下令沿通济渠修筑御道,增强了通济渠的陆运能力。

再来看看永济渠,它入黄河前有与通济渠共用的航道。两渠都是自洛阳出发,经阳渠入洛水,经洛口入黄河,入黄河后,两渠的航线发生变化,其中,通济渠入河后向东行至汴口出黄河,永济渠自洛口渡河至北岸。《隋书·炀帝纪上》云:"四年春正月乙巳,诏发河北诸郡男女百余万开永济渠,引沁水南达于河,北通涿郡。"永济渠建设发生在大业四年(608)一月。永济渠至黄河北岸后,兴修时先是引沁补给水源,随后又因男丁不足,征用女性服劳役。《隋书·食货志》又云:"四年,发河北诸郡百余万众,引沁水,南达于河,北通涿郡。自是以丁男不供,始以妇人从役。"从大势上看,永济渠呈南北走向,兴修时先是引沁入运,后是将黄河以北的大部分河流纳入补给水源,与此同时,又利用了建安时期(196—220)曹操在河北地区兴建的白沟等,最终建成了一条自洛阳直抵幽、燕大地的战略大通道。

永济渠与通济渠互通,使隋朝具有了面向不同方向的水上交通能力。此外,隋炀帝又沿两渠堤岸兴修御道,进一步提升了两渠的利用价值。与通济渠、江南河相比,永济渠兴修的难度最大,难处有三:一是建设的过程中需要避开太行山;二是黄河以北是黄河泛滥及改道的高频区,而黄河改道往往会引起相关区域的水文变化,增加兴修永济渠的难度;三是永济渠自南向北,截断了自西向东且有不同入海口的河流,由于需要将这些河流统一到独流口经小直沽入海,在破坏原有水系的同时,还加大了兴修永济渠的工程量。

与通济渠、永济渠相比,江南河兴修的难度最小。江南水网密布,水资源丰富,隋炀帝兴修江南河,主要利用了吴古故水道、秦丹徒水道等。

经过一千多年不间断地开挖,时至隋炀帝一朝,贯穿四方的水上交通运输体系终于建立起来了。

当国都建在黄河流域时,无论是建都长安、洛阳,还是建都大梁(在今河南开封),漕运方向虽会发生一些变化,但不会发生原运道被废弃或沿岸城市衰败的情况。然而,到元世祖忽必烈定都大都(在今北京)时,运河交通及漕运开始发生重大变化。具体地讲,政治中心北移后,原先的水运体系已不能适应新的需求,史有"而运粮则自浙西涉江入淮,由黄河逆水至中滦旱站,陆运至淇门,入御河,以达于京。"(《元史·食货志一》)之说。这一时期,采用绕道而行、水陆联运的耗费实在太大,随后统治者采取了"海漕",即海运之策。先将江南粮食集中到发运点刘家港(在今江苏苏州太仓浏河),随后,从刘家港起航沿长江入海,入海后沿海岸线北上,至直沽(在今天津)登岸入广通仓,等候北上入京。

元朝的政治中心虽然北移,但经济重心仍在江南。《元史·食货志一》云:"元都于燕,去江南极远,而百司庶府之繁,卫士编民之众,无不仰给于江南。"元人眼中的"江南"是指江南省,其中包括盛产淮盐的沿海区域。

为了开通京杭大运河,元王朝主要采用了四大措施:一是在前人的基础上兴修了从直沽到大都的通惠河;二是重点兴修了山东境内的会通河;三是开通了徐州至清口(在今江苏淮阴码头镇)的黄河运道;四是利用和改造了元代以前的运河等,如利用和改造了从临清到直沽的御河、从淮阴到扬州的江淮运河、从镇江到杭州的隋及隋前运河。通过采取这四大措施,元王朝实现了大运河东移的战略构想。

明成祖朱棣夺取政权后迁都北京。这一时期,最能代表明代兴修京杭大运河成就的工程是重开会通河。重开会通河的直接原因是:洪武二十四年(1391),河决原武(在今河南原阳),淤塞会通河。为恢复自江南北上的航线,宋礼等奉命疏凿会通河,再次开通了贯穿南北的大运河。

嘉靖四十五年(1566),运道大坏,工部尚书朱衡提出开挖自南阳至夏村的备用运道的方案。在这中间,朱衡采纳了潘季驯"浚留城口至白洋浅旧河,属之新河"(《山东通志·漕运·新河》)的意见。勘议时,给事中何起鸣表达了赞成朱衡、潘季驯意见的想法,并提出了"旧河难复,新河宜开"(《山东通志·漕运·新河》)的意见。"新河"是与"旧河"相对的概念,旧河原本是会通河的一部分,开新河的目的是改造会通河沛县及留城一带的航线,避开黄河的侵扰。

明朝随后又开了迦河。迦河长二百六十里,自夏镇(在今山东微山)李家口经韩庄湖口可抵达台儿庄(在今山东枣庄),从台儿庄经邳州东直河口至董沟进入黄河(泗水故道)。史称:"其后开迦河二百六十里,为闸十一,为坝四。运舟不出镇口,与黄河会于董沟。"(《明史·河渠志三》)新河和迦河开通后,在改造会通河运道的同时,降低了船舶在该航段航行的风险。

清代继续通过各种方法维护贯穿南北的京杭大运河的运道安全,根据需要改造和疏浚了大运河的不同航段。在这中间,改造自清口(在今江苏淮阴)至徐州的借黄河行运的航线是最重要的改造工程。改造前,这条航线以黄河为运道;改造后,另开新航线,成功地避开了黄河风险。

综上所述,不同时期有不同的运河。具体地讲,春秋战国时期是运河开挖的初始期,这一时期,主要是各诸侯国根据军事斗争的需要开挖运河,如吴国兴修了吴古故水道、邗沟和菏水等。秦灭六国,国祚不长,故没有机会进行运河建设。汉王朝建立以后,主要在黄河流域及关中、关东兴修运河。建安时期,曹操在北方兴修运河,为隋炀帝开凿永济渠奠定了基础。隋文帝开关中运河,改善了关中的水上交通条件;隋炀帝以洛阳为中心兴修贯穿南北的通济渠、永济渠,同时在吴运河的基础上开江南河,第一次建立了贯穿南北的运河交通秩序。元朝建立后,原有的运河交通体系已不能适应新形势,故元朝在部分旧航线的基础上开辟新道,建立起自杭州北上至大都的运河交通体系。在这中间,元人开凿会通河及借黄河行运,实现了京杭大运河的整体东移。此后,明清两代在继承元代运河的同时,根据各航段出现的新问题分别进行了重修。

这里再说一说运河与城市的关系,在没有兴修运河以前,城市虽有依水而建的特点,但水运受到河流自然走向的限制,城市与城市之间的联系以陆路交通为主。运河兴修后,整个国家具有了四通八达的水上交通网,沿岸城市以经济发展为先导迅速崛起,在一定程度上引起了区域政治中心的变化。具体地讲,运河沿线的航段节点作为商品流通的集散地,在成为人口密集区的同时,也为其成为繁华的都市提供了必要的条件。当这些区域因经济地位上升成为县级建制或州府级建制时,往往会动摇与之相关的非运河城市的区域政治中心的地位。一般来说,古代城市建设的规模是由其政治地位决定的,作为不同层级的区域政治中心城市一经建立,与之相应的交通建设则会起到维护该城市政治、经济地位的作用。如果要改变原有的布局,则需要改善与之相适应的交通环境。从这样的角度看,以城市为中心的交通布局一旦形成,交通建设的保守性就会起到维护该城市中心地位的作用。反过来讲,城市布局的保守性又起到了维护其原有的政治和经济地位的作用,即城市政治和经济地位的升降是以交通布局和变化为依据的。在这中间,当运河冲破区域的限制,拥有贯穿东西南北交通的能力后,会在改变原有交通布局的同时,给城市建设带来新的内容,甚至在一定程度上会颠覆原有的政治、经济秩序。

从另一个层面看,在三级或四级行政管理体制下,京城作为全国的政治中心对不同层级的区域政治中心具有行政管辖权。郡、州、府作为区域政治中心,一头联系中央,一头联系属县。这一格局在宣示京城为国家政治中心和经济中心的同时,也表达了下一层级的城市作为区域政治和经济中心的诉求。在没有运河以前,城市之间的联系更多表现为行政管辖和隶属关系。在这一过程中,许多平级城市因没有行政管辖关系,在重农抑商政策的左右下,再加上陆路运输成本太高、缺少必要的商品流通机制,甚至一些相邻的城市也会在经济上处于相对封闭或隔绝的状态。受行政管辖权的支配,因隶属关系不同,相邻的城市很难形成经济联系紧密的共同体,也就没法成为优势互补的城市群。然而,运河成为重要的交通干线后,形势发生了变化。具体地讲,运河作为快捷高效的交通形式,通过取代陆路交通或改变原有的交通结构的方式,改变了原有的城市布局。在这一过程中,具有一定层级的行政建制向运河沿线迁徙或运河沿线低层级的城市成为高一级的行政建制,交通方面的变化引起了行政区域及建制方面的变化。进而言之,以运河为干线,沿岸城市凭借这一高效率的交通运输形式加强了相互间的联系,形成了相对稳定的经济体和城市群。

运河城市的兴起与非运河城市的衰落,在一定程度上反映了运河交通的兴衰。从开挖某一区域的运河到重视运河在交通、灌溉、防洪排涝等方面的综合功能,从连结不同区域的运河到弱化其综合功能,再到重点发展漕运,运河在有了贯穿全国的交通运输能力以后,以水运优势改变了以陆路为主的交通结构。在这一过程中,交通布局上的变化引起了城市布局的变化,而城市布局的变化又引发了城市建设观念的变化。

在历史的进程中,运河与古代社会的政治、经济、军事、文化等发生了密切的联系,其中最值得关注的有八个方面:一是运河有强大的运兵、运粮能力,为诸侯称雄争霸带来了占据制高点的先机;二是进入大一统时期以后,运河为维护国家统一、开拓疆土和消灭反叛势力提供了基本保障;三是运河促进了不同区域的经济发展,为不同的自然经济区域的发展及商贸活动注入了活力;四是运河贯穿南北,是有生命力的载体,它的存在缩小了不同区域的文化差异;五是运河有稳定社会政治和经济秩序的功能,如运河保证了京城的粮食安全;六是运河沿线的中转仓能为就近调粮赈灾提供便利;七是运河同时具有交通运输、农田灌溉、防洪防涝、改良土壤等多种功能,这些功能叠加在一起,提高了相关区域社会经济的发展水平;八是运河与黄河、长江、淮河等交织在一起,形成了强大的交通运输网,特别是运河与运盐河串联在一起,扩大了商贸往来及榷盐即征收盐税的范围。

运盐河是运河的一部分,它一头通往盐场,一头与运河相连,为榷盐提供了便利的水道。

更重要的是,运盐河又是一条漕运及商贸的大通道,如与运盐河相连的江淮运河即扬州运河有"盐河"之称,史有"扬州运河,亦名盐河,北至三汊口,达于会通河"(《新元史·河渠志二》)之说。扬州运河以扬州为起点,北至三汊口(三汊口闸,在今江苏徐州),与会通河相接。

追溯历史,征收盐税始于春秋。当时,齐国为了富国强兵,充分利用濒临大海的自然条件煮海为盐,开创了征收盐税的历史。叶观论述道:"盐利之兴,肇于管晏,而成于汉,然与酒、铁并榷,未盛也。至唐之刘晏,而利始博。"(《嘉靖两淮盐法志·序》)这一说法大体上反映了古代建立榷盐制度的历史轨迹。

最早的运盐河,当推刘濞在江淮之间兴修的自广陵(在今江苏扬州)到产盐区海陵(在今江苏泰州)的运盐河,史称:"江、淮漕运尚矣。春秋时,吴穿邗沟,东北通射阳湖,西北至末口。汉吴王濞开邗沟,通运海陵。"(《宋史·河渠志六》)因通运海陵的运盐河是邗沟的延长线,故有"邗沟"之称。又因自广陵往海陵及如皋磻溪(在今江苏南通如皋)等地的运盐河,以茱萸湾(在今江苏扬州邗江区万头乡)为起点,故又有"茱萸沟"之称。李斗记载道:"《左传·哀公九年》:'秋,吴城邗,沟通江、淮。'此今之运河自江入淮之道也。自茱萸湾通海陵、如皋、蟠溪,此吴王濞所开之河,今运盐道也。运道在《左传》称邗沟,《国语》称深沟,《吴越春秋》称为渠,《水经注》称幹江,汉晋间称漕渠,或曰合渎渠,或曰山阳浊。隋称山阳渎,郡志称山阳沟,河名不一,徙复无常。郡县志乘,载而弗详。"(《扬州画舫录》)茱萸沟开通后,为淮盐输出创造了必要的条件。吴王夫差兴修邗沟后,改善了江淮之间的水上交通条件,具体表现在:扬州的一头连接长江,以长江为运道可联系长江流域的广大地区并通向大海,另一头通过邗沟连接淮河,以邗沟和淮河为运道,向北可联系淮河流域及中原。

运盐河的建设区域主要集中在江淮一带,出现这一情况是必然的,原因有三方面:一是江淮区域地理位置适中,南下入江可深入长江流域的腹地,沿运河北上可进入黄河流域;二是江淮区域水资源丰富,有适合建造运盐河的自然条件;三是江淮生产的海盐即淮盐,品质优良,价格低廉,深受百姓和经销商的欢迎。

进入南北分治时期,江淮成为战争双方对峙的攻防线。为就地解决军用需求,淮浦(在今江苏涟水)成为南北双方争夺的战略要地。卢昶在上疏中写道:"所以倾国而举,非为朐山,将恐王师固六里,据湖冲,南截淮浦,势崩难测,海利盐物,交阙常贡。所虑在大,有必争之心。若皇家经略,方有所讨,必须简将增兵,加益粮仗,与之亢拟。相持至秋,天魔一动,开拓为易。"(《魏书·卢玄传》)为了夺取淮浦的"海利盐物",北魏南下时将淮浦视为重点发展的区域。魏世宗在诏书中写道:"知贼城已下,复克三关,展威辟境,声略宣振,公私称泰,良以欣然。将军渊规内断,忠谟外举,受律扬旌,克申庙算,虽方叔之制蛮荆,召虎之扫淮浦,匹兹蔑如也。新州初附,宜广经略,想善加检督,必令周固,有所委付,然后凯旋耳。"(《魏书·南安王传》)魏世宗之所以要"扫淮浦",是因为淮浦生产的海盐可以充实国库,进而换取粮食及各类军用物资。几乎是与此同时,南朝也把淮浦视为经营的对象。梁武帝代齐后,雄心勃勃地提出了开拓疆土的战略构想,史有"频事经略,开拓闽、越,克复淮浦,平俚洞"(《隋书·地理志上》)之说,梁武帝将"克复淮浦"与"开拓闽、越"相提并论,当知经营淮浦的目的是经营淮盐。

淮盐成为重点征榷的对象始于唐代刘晏身兼江淮转运、盐铁诸使以后。当时,淮盐产区集中在淮浦及东海(在今江苏连云港东海)和郁州(在今江苏连云港)等地。是时,淮浦是淮盐输出的水上交通枢纽,凭借淮河及其支流形成的水道,可经淮浦中转北上或南下。具体地讲,自淮浦顺淮河而下,经海州出海可抵郁州;沿游水北上可入沭水;自海州溯淮而上,经淮阴进入泗水和汴河,并远接黄河流域;自淮浦经淮阴入邗沟南下,可达长江流域。这一自然水道的存在,为淮浦成为淮盐外运时的交通枢纽奠定了基础。

然而,仅仅有自然形成的水路是不够的,要想扩大淮盐的外运能力,还需要开挖与漕运通道相连的运盐河。垂拱四年(688),武则天在淮浦开挖了新漕渠。史家叙述涟水政区及其交通时写道:"有新漕渠,南通淮,垂拱四年开,以通海、沂、密等州。"(《新唐书·地理志二》)新漕渠的主要功能是输出淮浦和海州生产的海盐,这条运盐河与江淮运河相通,可入长江、淮河及汴河,沿沂水通沂州(在今山东临沂)、密州(在今山东诸城)等地。

后来,唐王朝又兴修了自淮浦至海州及东海的运盐河。王谠记载道:"海州南有沟水,上通淮楚,公私漕运之路也。宝应中,堰破水涸,鱼商绝行。州差东海令李知远主役修复,堰将成辄坏,如此者数四,劳费颇多,知远甚以为忧。或说:梁代筑浮山堰,频有坏决,乃以铁数千万片填积其下,堰乃成。知远闻之,即依其言,而堰果立。"(《唐语林·补遗》)

这些运盐河开凿后,为刘晏以盐利补贴漕运、解决东南漕运中产生的各项支出奠定了基础,同时为划分食盐区、扩大淮盐的销售范围提供了必要的条件。司马光记载道:"晏专用榷盐法充军国之用。时自许、汝、郑、邓之西,皆食河东池盐,度支主之;汴、滑、唐、蔡之东,皆食海盐,晏主之。"(《资治通鉴·唐纪四十二》)这一做法扩大了淮盐的行销范围,在这中间,刘晏取得"大历末,通计一岁征赋所入总一千二百万贯,而盐利且过半"(《旧唐书·刘晏传》)的成绩,这些与重点经营淮盐息息相关。

运盐河与东南重镇楚州淮阴郡、扬州广陵郡相连,两大重镇扼守淮河和长江两大自然水道。沿运盐河可深入淮浦、海州等盐场的腹地,自运盐河入江淮运河,北上入淮河、汴河等,从而进入黄河流域;自扬州入江可溯流而上深入长江腹地,特别是划分食盐区以后,淮盐在销往汴、滑、唐、蔡以东各州的同时,又可溯江而上销往荆湖等地。

唐代以后,淮盐成为最受欢迎的盐种。为了加快淮盐输出,时至宋代,江淮出现了运河疏浚与运盐河建设相结合的情况。史称:"元丰七年,浚真楚运河。朱服为右史,帝遣使治楚州新河,戒之曰:'东南不惯兴大役,卿且为朕优恤兵民。'元符元年,工部言:'淮南开河,所开修楚州支家河,导涟水与淮通。'赐名'通涟河'。初,楚州沿淮至涟州风涛险,舟多溺,议者谓开支氏渠引水入运河,岁久不决,发运使王宗望始成之,为公私利。"(《乾隆淮安府志·河防》)宋神宗元丰七年(1084),重点疏浚了从真州(在今江苏仪征)到楚州(在今江苏淮安)之间的运河,又在楚州境内开挖了楚州新河,疏浚真楚运河。开挖楚州新河既与加强漕运相关,也与淮盐输出相关。此外,宋哲宗元符元年(1098),为加强涟州、海州等地的海盐外运,建成了自楚州至涟州连通海州的支家河。起初,从楚州到涟州主要走淮河航线,为了避开"楚州沿淮至涟州风涛险",在发运使王宗望的主持下兴修了运盐河支家河。

支家河又称"支氏河",是江淮运盐河建设的重要工程。史称:"楚州沿淮至涟州,风涛险,舟多溺。议者谓开支氏渠引水入运河,岁久不决,宗望始成之,为公私利。"(《宋史·王宗望传》)元符元年三月,宋哲宗赐名后支家河改称"通涟河"。这条运盐河在避开淮河风险的同时,加强了楚州、涟州和海州之间的联系,史有"疏支家河通漕,楚、海之间赖其利"(《宋史·吴居厚传》)之说可证。支家河提高了涟州、海州等地海盐的输出能力,成为淮、海之间的黄金航线。

需要补充说明的是,宋代江淮之间的运盐河建设是与海塘建设联系在一起的。史称:"淳熙三年四月,诏筑泰州月堰,以遏潮水。从守臣张子正请也。八年,提举淮南东路常平茶盐赵伯昌言:'通州、楚州沿海,旧有捍海堰,东距大海,北接盐城,袤一百四十二里。始自唐黜陟使李承实所建,遮护民田,屏蔽盐灶,其功甚大。历时既久,颓圮不存。至本朝天圣改元,范仲淹为泰州西溪盐官日,风潮泛溢,渰没田产,毁坏亭灶,有请于朝,调四万余夫修筑,三旬毕工。遂使海濒沮洳泻卤之地,化为良田,民得奠居,至今赖之。自后浸失修治,才遇风潮怒盛,即有冲决之患。自宣和、绍兴以来,屡被其害。阡陌洗荡,庐舍漂流,人畜丧亡,不可胜数。每一修筑,必请朝廷大兴工役,然后可办。望令淮东常平茶盐司:今后捍海堰如有塌损,随时修葺,务要坚固,可以经久。'从之。"(《宋史·河渠志七》)为保护江淮产盐区的安全,宋代统治者多次兴修捍海堰即海塘。

海塘除了可以遏制潮水,保护当地的民田及盐灶外,还有保护运盐河的作用。因运盐河是运河的一部分,故需要重新建构与运河、漕运的关系。史称:"时范仲淹安抚江、淮,亦以疏通盐利为言,即诏知制诰丁度等与三司使、江淮制置使同议。皆谓听通商恐私贩肆行,侵蠹县官,请敕制置司益漕船运至诸路,使皆有二三年之蓄;复天禧元年制,听商人入钱粟京师及淮、浙、江南、荆湖州军易盐;在通、楚、泰、海、真、扬、涟水、高邮贸易者毋得出城,余州听诣县镇,毋至乡村;其入钱京师者增盐予之,并敕转运司经画本钱以偿亭户。诏皆施行。"(《宋史·食货志下四》)宋仁宗明道二年(1033),范仲淹"以疏通盐利为言"表明,只有疏通自运盐河入运河的航线,才能恢复宋真宗天禧元年(1017)的旧制,即"听商人入钱粟京师及淮、浙、江南、荆湖州军易盐"的制度。在这中间,从"其入钱京师者增盐予之,并敕转运司经画本钱以偿亭户"等语中不难发现,实现淮盐税收是由转运司"经画"的,这里明确地表达了将盐运纳入漕运序列的意图,同时也表明,只有实现运盐河与运河之间的互通,才有可能解决淮盐输出受阻等问题。

崇宁二年(1103),宋徽宗兴修遇明河,开通了自真州宣化入江口至泗州(在今江苏盱眙)的航线。史称:"崇宁二年,诏淮南开修遇明河,自真州宣化镇江口至泗洲淮河口。五年,工毕。"(《乾隆淮安府志·河防》)兴修遇明河的目的是为了建立一条快捷的漕运通道,但同时也与方便淮盐输出及建立荆湖等地的行盐区有着不可分割的关系。史称:"明道二年,参知政事王随建言:'淮南盐初甚善。自通、泰、楚运至真州,自真州运至江、浙、荆湖,纲吏舟卒,侵盗贩鬻,从而杂以沙土。涉道愈远,杂恶殆不可食,吏卒坐鞭笞,徒配相继而莫能止。比岁运河浅涸,漕挽不行,远州村民,顿乏盐食;而淮南所积一千五百万石,至无屋以贮,则露积苦覆,岁以损耗。又亭户输盐,应得本钱或无以给,故亭户贫困,往往起为盗贼,其害如此。愿权听通商三五年,使商人入钱京师,又置折博务于扬州,使输钱及粟帛,计直予盐。盐一石约售钱二千,则一千五百万石可得缗钱三千万以资国用,一利也;江、湖远近皆食白盐,二利也;岁罢漕运糜费,风水覆溺,舟人不陷刑辟,三利也;昔时漕盐舟可移以漕米,四利也;商人入钱,可取以偿亭户,五利也。'"(《宋史·食货志下四》)在"淮南盐初甚善"之时,盐运遭受破坏的主要原因是"纲吏舟卒,侵盗贩鬻,从而杂以沙土"。后来,出现"比岁运河浅涸,漕挽不行,远州村民,顿乏盐食"以后,盐运受阻则与运河不通有关。

江淮运河与运盐河之间存在着相互为用的关系。宋孝宗淳熙九年(1182),淮南漕臣钱冲之在上疏中写道:"真州之东二十里,有陈公塘,乃汉陈登浚源为塘,用救旱饥。大中祥符间,江、淮制置发运置司真州,岁藉此塘灌注长河,流通漕运。其塘周回百里,东、西、北三面,倚山为岸,其南带东,则系前人筑垒成堤,以受启闭。废坏岁久,见有古来基趾,可以修筑,为旱干溉田之备。凡诸场盐纲、粮食漕运、使命往还,舟舰皆仰之以通济,其利甚博。"(《宋史·河渠志七》)从"凡诸场盐纲、粮食漕运、使命往还,舟舰皆仰之以通济"等语中可进一步证明:江淮运河与运盐河建设是联系在一起的。进而言之,运盐河虽为运盐而建,但有漕运及商贸等功能,反过来说,运河虽然为漕运及商贸而建,但同时有运盐的功能。两者相互为用,在江淮之间建构了丰富的水上交通运输体系。

元代,江淮运盐河建设与运河建设的关系更为紧密,扬州运河甚至被称为"盐河"。史称:"仁宗延祐四年十一月,两淮运司言:'盐课甚重,运河浅涩无源,止仰天雨,请加修治。'明年二月,中书移文河南省,选官泊运司有司官相视,会计工程费用。于是河南行省委都事张奉政及淮东道宣慰司官、运司官,会州县仓场官,遍历巡视,集议:河长二千三百五十里,有司差濒河有田之家,顾倩丁夫,开修一千八百六十九里;仓场盐司不妨办课,协济有司,开修四百八十二里。运司言:'近岁课额增多,而船灶户日益贫苦,宜令有司通行修治,省减官钱.'省臣奏准:诸色户内顾募丁夫万人,日支盐粮钱二两,计用钞二万锭,于运司盐课及减驳船钱内支用。差官与都水监、河南行省、淮东宣慰司官专董其事,廉访司体察,枢密院遣官镇遏,乘农隙并工疏治。"(《元史·河渠志二》)如果以延祐元年(1314)为整治扬州运河的起点,那么,延祐四年(1317)十一月和延祐五年(1318)二月解决"运河浅涩无源"等问题则标志着扬州运河进入了全程治理的新阶段。在这中间,动员运盐的船户及生产食盐的灶户"开修四百八十二里"运盐河一事表明,运盐河已纳入扬州运河兴修的范围。进而言之,两淮盐运与漕运相辅相成,同样是关系政治稳定和社会稳定的大问题。

盐税是元王朝财赋收入的重要组成部分,一旦动摇,将会影响社会的稳定。史称:"国之所资,其利最广者莫如盐。……至元十三年既取宋,而江南之盐所入尤广,每引改为中统钞九贯。二十六年,增为五十贯。元贞丙申,每引又增为六十五贯。至大己酉至延祐乙卯,七年之间,累增为一百五十贯。"(《元史·食货志二》)所谓"江南之盐所入尤广",主要指征榷淮盐。"江南之盐"指浙盐和淮盐,如果比较两者的税收,当知浙盐缴纳的税收远低于淮盐。淮盐的地位超过浙盐并成为重点征榷的对象,主要有三个原因:一是受自然条件的限制,浙盐的品质一直不如淮盐,淮盐更受商人的喜欢;二是江淮之间有四通八达的交通网络,如有与运河相通的运盐河,商人至此可最大限度地降低经营海盐的成本;三是当政治中心建在北方需要漕运支持时,无论是实行海运,还是开通京杭大运河,江淮始终是漕运的必经之地。可以说,交通便利及经营成本低廉也为淮盐崛起奠定了基础。

从汉代到明代前,淮盐集散地主要有扬州和淮浦两大中心。明清两代,在原有的基础上形成了泰州(在今江苏泰州)、通州(在今江苏通州)和淮安三个集散中心。三个集散中心的腹地是"淮南盐场"和"淮北盐场"。无论是淮南盐场,还是淮北盐场,其地理位置均在淮河下游三角洲,均可以"淮南"相称,只是出于管理方面的需要,将位于淮南南部的盐场统称为"淮南盐场",将位于淮南盐场北部的盐场统称为"淮北盐场"。

明代兴修江淮之间的运盐河与宋元两代的情况大体相同,继续疏浚运盐河,建立与运河的互通关系。一是在前人的基础上改造通往海州的运盐河——支家河,其中,明太祖洪武二十七年(1394),有"浚山阳支家河"(《明史·河渠志六》)之举;明成祖永乐三年(1405),有"浚淮安府运盐河一十八里,浚淮安府支家河长一万一千九百七十丈"(《乾隆淮安府志·河防》)之举;明武宗正德十年(1515),有"开支家河接涟水,建批验引盐所于此"(《乾隆淮安府志·城池》)之举,将支家河从涟水延长至淮安府城的河北镇(在今江苏淮安河下镇)。在长达一百二十多年的时间里,明代统治者不断兴修支家河,说明在淮盐输出的历史进程中,涟水及海州生产的海盐在淮盐中占有重要的地位;而重点疏浚江淮与运盐河相连的运河表明,只有运盐河与运河畅通,才能有效地降低淮盐输出的成本,为输粮入边及"中盐"提供便利的条件。所谓"中盐",是指商人输粮等入边,换取相应数额的盐引(官府颁发的运销食盐的许可证),并凭盐引领取行销区域。明代"中盐"经历了从"纳粟中盐"到"纳银中盐",再到建立"纲盐"制度等阶段。

明代"中盐"上承宋元两代,宋元时期召商入粟"中盐"是明代推行"纳粟中盐"的前因。宋太宗以"交引"的方式鼓励商人输粮入边,商人取得"交引"后,可凭证券到指定的地点兑换现金或包括食盐在内的货物,并因此在商贸活动中谋取利益,史有"河北又募商人输刍粟于边,以要券取盐及缗钱、香药、宝货于京师或东南州军,陕西则受盐于两池,谓之入中"(《宋史·食货志上三》)之说。元代继承了宋代的做法,继续推行召商输粮入边"中盐"之策,史有"行省复请令商贾入粟中盐,富家纳粟补官"(《元史·文宗纪二》)之说。明代以后,延续了宋元时期的召商"中盐"之策,商人按规定将相当数量的粮食运往边地并验收后,可以获得相应的盐引及食盐行销权。明王朝推行这一盐政缓解了边防方面的军需压力。

清袭明制,两淮都转盐运使司设在扬州,扬州下设泰州、淮安、通州三座分司,负责管理淮南、淮北盐场事务。经过长期的建设,不仅运司与分司之间有运盐河相通,分司与各盐场之间也有运盐河相通,而运盐河又与运河相通。江淮区域的运盐河与运河共同构成了四通八达的水上交通网。

这里仅以扬州运司与三分司的关系及运盐河及运河之间的互通情况为例,同时以《清史稿·地理志》为证。扬州领二州六县,二州是高邮、泰州,六县是江都、甘泉、扬子、兴化、宝应、东台,这些地方或位于从扬州到淮安的运河主干线上,或位于运盐河沿线。

泰州是盐运分司所在地,自江都东北行可至泰州,史有"盐河导运河水东北入泰州,白塔龙儿河水注之"(《清史稿·地理志五》)之说,又有"里下河自泰州环城北流,又东溢为支河入海"(《清史稿·地理志五》)之说。东台(在今江苏盐城东台)有与泰州相通的运盐河,史有"盐河出县西海道彷,西南流,错出复入,至淤溪入泰州"(《清史稿·地理志五》)之说。泰州除了有运盐河与江都、扬州等地相通外,还可经运盐河、串场河入淮安属县盐城,或可自运盐河经东台至通州属县如皋,如史有"盐河西自江都入,夹城东流,一曰里下河,有溱潼水注之。至白米镇,左通串场河,右出支津,入泰兴。又东径海安镇,左歧为界河,东南入如皋。盐河东北自东台入,西南流,径淤溪达鳅鱼港,又西南与之合。有泰坝,泰州分司运判驻"(《清史稿·地理志五》)之说。

此外,淮盐重要产地兴化有运盐河与盐城相通,经运盐河至宝应可入运河,史家有兴化"东:大海,有堤。盐河并堤流,西受界河、海沟、横泾诸水,东出为大团河、八灶、七灶河,东北会斗龙港,入于海。有刘庄、草堰、丁溪三场,盐课大使驻。北有吴公湖、苔大踪湖,与盐城、宝应错"(《清史稿·地理志五》)之说。经苔大踪湖等可至宝应入运河,史有宝应"运河北自山阳入,径八口铺,东溢为瓦沟溪。又南流,径汜水镇,至界首,有界首湖,入高邮。其西宝应湖,汇淮流下潴之水。苔大踪湖东北,周二百里,分支入运河"(《清史稿·地理志五》)之说。

盐城、如皋、东台、兴化等是淮盐的重要产地,由运河与运盐河构成的交通体系将扬州与泰州分司及淮南、淮北的盐场串联起来,形成四通八达的航线。

淮盐自海州外运加强了涟州的中转地位。具体地讲,自涟州沿运盐河东行可抵海州,又可沿通往桃源(在今江苏泗阳)的运盐河至宿迁(在今江苏宿迁),还可沿北盐河直接到沭阳(在今江苏沭阳),史有涟州"西南盐河自清河入,贯县境,入海州,与六塘河合。东北:一帆河自海州入,南至旗杆村。水经,淮水东左右各合一水,至淮浦入海。……运河自宿迁南来,径古城驿,入清河,歧为六塘河,一曰北盐河,东北流入沭阳"(《清史稿·地理志五》)之说。

起初,盐城的盐场隶属淮安分司,盐场隶属关系调整后归泰州分司管辖。从交通形势上看,盐城主要有面向淮安和扬州的两条航线:盐场归淮安分司管辖时,面向淮安的运盐河比较繁忙;归泰州分司管辖时,面向扬州及泰州的运盐河比较繁忙。盐城所产之盐的销售区域因盐场隶属关系的变化也发生了变化:属淮安分司时,行盐区面向安徽、河南等地;属泰州分司后,行盐区面向湖广等地。四通八达的运盐河加强了盐城与淮安、泰州和扬州等地的联系。具体地讲,盐城有经阜宁至淮安府治山阳的运盐河,入山阳后与运河相通,史有"射阳湖上承苔大纵湖水,汇淮水为湖,又东流,会诸水入海。运盐河受射阳湖水,径城南流,循范公堤入盐城"(《清史稿·地理志五》)之说。庙湾镇初属山阳县,在中转盐城各盐场的海盐时成为繁忙的水运码头。根据这一情况,雍正九年(1731),清世宗析山阳、盐城两县,以庙湾为治所建阜宁县。此外,自盐城沿运盐河南行经便仓(在今江苏盐城便仓镇)可进入兴化,史有"运盐河自草堰口环城流,至便仓镇入兴化。"(《清史稿·地理志五》)之说,至兴化后可入运河到宝应、高邮等地,并进入扬州或泰州等地。

通州亦是盐运分司的所在地,史有"通州分司运判驻石港,税课大使亦驻。南:大江西自如皋入,东行达老洪港,会于海。盐河自如皋西入江,东分流,循城而南,又东入于海"(《清史稿·地理志五》)之说。石港在通州西城,史有"在通州西城隅者,曰通州分司"(《嘉靖两淮盐法志·署宇志》)之说。通州除了有入江入海的航线外,又有至如皋的运盐河,这条运盐河与运河交织在一起,加强了通州与扬州、淮安等地的交通联系。史家交代如皋的水上交通形势时有"大江西自靖江入,又东入通州,北通运盐河。河西北自泰州入,循城南,分为二。一南流入江。一东径丁堰,又分流,至岔河,为盐场诸水。又南流,径白蒲镇入通州"(《清史稿·地理志五》)之说。

考察江淮运盐河建设,可发现其主要有三个特点。一是在充分利用淮河下游及其支流形成的湖泊和自然水道的基础上,兴修了贯穿产盐区及盐场的运盐河。如山阳、宝应、高邮、阜宁之间有淮河下泄时形成的白马湖、宝应湖、高邮湖、射阳湖等,涟州、海州境内有淮河下泄时的水道和支流,由于这些湖泊本身就有与淮河下游各条支流相连的水道,只要稍加修整便可供运盐使用。历代兴修山阳、宝应、高邮、阜宁、盐城、兴化、涟州、海州等之间的运盐河,主要利用了淮河下泄时形成的湖泊或河流。二是利用了江潮在长江以北形成的湖泊和自然水道。如长江自靖江入通州及泰州时一分为二,在此基础上形成了"一东径丁堰,又分流,至岔河,为盐场诸水。又南流,径白蒲镇入通州"的水道,这一水道在串联通州、泰州盐场的同时,又串联起淮安分司下辖的盐场。三是各盐场之间的运盐河与运河建设交织在一起,为淮盐输出即淮盐南下和北上创造了良好的环境。

运河与自然水道黄河、长江、淮河等实现互通后,扩大了漕运的范围。漕运有广义和狭义之分。广义的漕运指水运,凡水运皆可以"漕"相称。如鲁僖公十三年(前647),为救晋国发生的粮荒,秦国发动了"泛舟之役"。《左传·僖公十三年》云:"秦于是乎输粟于晋,自雍及绛相继,命之曰泛舟之役。"司马迁亦记载道:"于是用百里傒、公孙支言,卒与之粟。以船漕车转,自雍相望至绛。"(《史记·秦本纪》)所谓"泛舟之役",是指晋国发生饥荒后向秦国请求救助,在百里奚等人的建议下,秦国从水路调粮入晋。又如《战国策·魏策一》交待魏国及大梁地理形势时有"南与楚境,西与韩境,北与赵境,东与齐境,卒戍四方,守亭障者参列,粟粮漕庾不下十万"语,鲍彪注:"漕,水运。庾,水漕仓。"(鲍彪《战国策注》)又如汉宣帝时赵充国有"臣前部士入山,伐材木大小六万余枚,皆在水次。……冰解漕下"语,颜师古注:"漕下,以水运木而下也。"(《汉书·赵充国传》)据此可知,凡水运皆可以"漕"相称。狭义的漕运,初指由国家出面组织的利用运河及自然水道运粮和运兵的行为。如隰朋奉齐国君主之命,沿齐运河入黄河到赵国进行粮食贸易活动,故《管子·轻重戊》有"齐即令隰朋漕粟于赵"(《管子今诠·轻重戊》)之说。又如吴王夫差开邗沟,沟通江淮。《左传·哀公九年》云:"秋,吴城邗,沟通江淮。"邗沟开通后,为吴国北上与齐国争霸提供了强有力的后勤支援。如《太平御览》引《吴越春秋》佚文:"吴将伐齐,自广陵掘沟通江淮。"(《太平御览·州郡部十五》)郦道元亦记载道:"昔吴将伐齐,北霸中国,自广陵城东南筑邗城,城下掘深沟,谓之邗江,亦曰邗溟沟,自江东北通射阳湖。《地理志》所谓渠水也,西北至末口入淮。"(《水经注·淮水》)邗沟在运兵运粮中起到了重要的作用,并帮助吴军确立了战胜齐军的优势。

汉代以后的漕运主要有十个方面值得关注。

第一,从水路调集租米及赋税等入京,以保证京师地区的粮食安全和政治稳定。汉王朝走上社会安定、经济发展的繁荣之路有多方面的原因,其中很重要的一条便是加强漕运。具体地讲,关中是四塞之地,物产有限,进入和平发展期以后,人口快速增长。马端临论述道:"汉初,致山东之粟,不过岁数十万石耳。至孝武,而岁至六百万石,则几十倍其数矣。"(《文献通考·国用考三·漕运》)关中人口大幅度地增长,对粮食的需求空前扩大。

第二,开拓疆土及平定叛乱需要以漕运的方式向边地运粮及军用物资。汉初,每年调运关东的粮食只有数十万石,到了汉武帝元狩四年(前119)猛增到四百万石,史有"岁漕关东谷四百万斛以给京师"(《汉书·食货志上》)之说。到了元封元年(前110)已高达六百万石,史有"山东漕益岁六百万石"(《史记·平准书》)之说。岁运增加,一方面与关中人口增加等因素相关,另一方面则与汉武帝开辟西北战场打击匈奴相关。此外,隋唐两代为平定辽东,从永济渠向东北方向运兵运粮,以达到稳定辽东以远的政治局势的目的。史称:"大业七年,征辽东,炀帝遣诸将,于蓟城南桑干河上,筑社稷二坛,设方壝,行宜社礼。"(《隋书·礼仪志三》)大战之前,隋炀帝到蓟城南桑干河上建社稷坛"行宜社礼",明确地表达隋炀帝了平定辽东的决心和意志。

第三,漕运通道又是商贸往来的大通道,在稳定国家政治秩序、经济秩序等方面负有特殊的使命。如永济渠以白沟为基础,沿途纳入淇水、漳水等河流,同时又以清河、屯氏河、沽河、桑干河等为借用运道,将航线延长至涿郡一带,带动了沿线社会经济的发展。又如唐玄宗在长安建漕运码头广运潭,明确地表达了漕通四方的意图。史称:"又于长乐坡濒苑墙凿潭于望春楼下,以聚漕舟。坚因使诸舟各揭其郡名,陈其土地所产宝货诸奇物于栿上。……众艘以次辇楼下,天子望见大悦,赐其潭名曰广运潭。是岁,漕山东粟四百万石。"(《新唐书·食货志三》)又称:"坚预于东京、汴、宋取小斛底船三二百只置于潭侧,其船皆署牌表之。若广陵郡船,即于栿背上堆积广陵所出锦、镜、铜器、海味;丹阳郡船,即京口绫衫段;晋陵郡船,即折造官端绫绣,会稽郡船,即铜器、罗、吴绫、绛纱;南海郡船,即玳瑁、真珠、象牙、沉香;豫章郡船,即名瓷、酒器、茶釜、茶铛、茶椀;宣城郡船,即空青石、纸笔、黄连;始安郡船,即蕉葛、蚺蛇胆、翡翠。船中皆有米,吴郡即三破糯米、方丈绫。凡数十郡。驾船人皆大笠子、宽袖衫、芒屦,如吴、楚之制。"(《旧唐书·韦坚传》)在广运潭漕运码头停泊的船只来自全国各地,其中,标明起始地的漕船涉及广陵郡、丹阳郡、晋陵郡、会稽郡、南海郡、豫章郡、宣城郡、始安郡、吴郡等地,在漕船上展示的手工业制品有玉器、铜器、绫缎、瓷器、酒器、茶具、笔墨、纸张等。将来自各地的手工业制品等堆放于停泊在广运潭码头的船只上,虽有精心策划的可能,但也从侧面说明漕运繁荣了社会经济,甚至促进了海外贸易的发展。如南海郡的象牙是通过海外贸易获取的,从南海郡献象牙一事中当知,关中与其他不同区域的运河及黄河水道等串联在一起,成功地扩大了漕运的范围,同时也加快了商品流通的速度,为长安再度成为国际贸易中心城市奠定了坚实的基础。

第四,因漕运建造的水次仓既可以在国家战时就地运兵运粮至前线,也可以就近赈灾放粮。具体地讲,在吸收北魏建邸阁仓经验的基础上,隋文帝制定了在航段节点或河口建造水次仓的制度,极大地方便了漕运。其中,黎阳仓建在永济渠与淇水及黄河交汇的河口,广通仓(永丰仓)建在广通渠与渭水及黄河交汇的河口,太原仓(常平仓)建在自黄河进入渭水之前的航段节点上。之后,隋炀帝在营造东都洛阳时在其周边兴建水次仓,有意识地将洛口仓(兴洛仓)、回洛仓、含嘉仓、河阳仓等建在通济渠与洛水、黄河交汇的河口,进一步提升了水次仓在漕转中的作用。史称:"及隋亦在京师,缘河皆有旧仓,所以国用常赡。"(《旧唐书·食货志下》)这些建在不同区域的水次仓,最大限度地方便了运兵运粮,同时也有利于就近赈灾放粮,应对荒年。

第五,盐运是漕运的一部分,自春秋时期齐国实行盐铁官营以后,盐税一直是保证国用的重要途径。历代征收盐税有不同的情况,不过,至德元年(756),唐肃宗令第五琦在全国各道设榷盐机构即盐业专卖专营机构,从此,榷盐成为解决非常之需的基本途径,史有"又至德初,为国用不足,令第五琦于诸道榷盐以助军用"(《旧唐书·刘晏传》)之说。唐代在十五道建榷盐机构,将全国分成十五个食盐专卖专营区。继第五琦制定盐法以后,刘晏临危受命,具体负责东南漕运及盐铁专营事务。刘晏出任盐铁使以后,在肯定民产、官收的基础上,将官运、官销改为商运、商销,在调动商人参与运销积极性的同时,又将官府从烦琐的盐运盐销的事务中解放出来。史称:"盐铁使刘晏以为因民所急而税之,则国足用。于是上盐法轻重之宜,以盐吏多则州县扰,出盐乡因旧监置吏,亭户粜商人,纵其所之。江、岭去盐远者,有常平盐,每商人不至,则减价以粜民,官收厚利而人不知贵。晏又以盐生霖潦则卤薄,暵旱则土溜坟,乃随时为令,遣吏晓导,倍于劝农。"(《新唐书·食货志四》)刘晏制定新的盐法益处有三:一是防止盐吏即监管盐业生产的官吏与亭户及商人勾结,逃避税收,行走私之事;二是针对岭南等地因偏远而商人不愿前往经销等情况,由官府直接用低于商销的价格售盐,这样可以取得"官收厚利而人不知贵"的效果;三是针对"盐生霖潦则卤薄,暵旱则土溜坟"等情况,"遣吏晓导",即提供技术来提高生产效率。在这中间,因东南是榷盐和漕运重地,为了增加中央财政收入及以盐利保漕运,刘晏重点改革了东南盐政。洪迈记载道:"唐世盐铁转运使在扬州,尽斡利权,判官多至数十人,商贾如织。故谚称'扬一益二',谓天下之盛,扬为一而蜀次之也。"(《容斋随笔·唐扬州之盛》)在扬州设盐铁转运使的目的有二:一是以扬州为中转地加强东南漕运;二是将淮盐和浙盐纳入国家财政及税收的范围。史称:"吴、越、扬、楚盐廪至数千,积盐二万余石。有涟水、湖州、越州、杭州四场,嘉兴、海陵、盐城、新亭、临平、兰亭、永嘉、大昌、侯官、富都十监,岁得钱百余万缗,以当百余州之赋。自淮北置巡院十三,曰扬州、陈许、汴州、庐寿、白沙、淮西、甬桥、浙西、宋州、泗州、岭南、兖郓、郑滑,捕私盐者,奸盗为之衰息。然诸道加榷盐钱,商人舟所过有税。晏奏罢州县率税,禁堰埭邀以利者。晏之始至也,盐利岁才四十万缗,至大历末,六百余万缗。天下之赋,盐利居半,官闱服御、军馕、百官禄俸皆仰给焉。"(《新唐书·食货志四》)这一记载详细地叙述了刘晏改革东南盐政的情况,强调了征榷淮盐的重要性。如江浙有良好的水上交通条件,以此为依据,刘晏在吴、越、扬、楚等地建立了涟水、湖州、越州、杭州四大盐场,试图通过完善其生产体系,为征榷淮盐和浙盐创造必要的条件。在重点监管东南四大盐场产销的同时,为提高商人参与盐运和经销的积极性,废除诸道自行设置的关卡,在提高效率的同时,降低商运成本。经此,刘晏在重点征榷淮盐的基础上取得了"天下之赋,盐利居半"的成果,史有"大历末,通计一岁征赋所入总一千二百万贯,而盐利且过半"(《旧唐书·刘晏传》)的成果,盐税支撑起唐王朝财政的半壁江山。

第六,漕运在改朝换代中负有特殊的使命。具体地讲,楚汉之争时,漕运方向是自关中向关东。史称:"关中事计户口转漕给军,汉王数失军遁去,何常兴关中卒,辄补缺。"(《史记·萧相国世家》)萧何以关中为大本营,采用水陆联运的方法将粮食及战略物资运往关东,为刘邦战胜项羽提供了强有力的后勤支援。在推翻元王朝的过程中,明太祖朱元璋利用运河建立了支援北伐、运江南钱粮北上的漕运通道。史称:"洪武元年北伐,命浙江、江西及苏州等九府,运粮三百万石于汴梁。已而大将军徐达令忻、崞、代、坚、台五州运粮大同。中书省符下山东行省,募水工发莱州洋海仓饷永平卫。其后海运饷北平、辽东为定制。其西北边则浚开封漕河饷陕西,自陕西转饷宁夏、河州。"(《明史·食货志三》)北伐有北上和西进两个战略目标,在这中间,徐达取江南钱粮,建立了以汴梁(在今河南开封)为中心的漕运中转站。具体地讲,为打击元军,徐达以汴梁为中转站,运粮到山西大同。这一时期,调集江南钱粮支援统一战争是漕运的基本特点。史称:"明洪武元年决曹州双河口,入鱼台。徐达方北征,乃开塌场口,引河入泗以济运,而徙曹州治于安陵。塌场者,济宁以西、耐牢坡以南直抵鱼台南阳道也。"(《明史·河渠志一》)徐达"浚开封漕河饷陕西""引河入泗以济运"可以视为明代漕运之始,尽管这一漕运通道只是临时性的通道,目的是为了解决眼前的事情,主要利用了黄河和泗水河道,故此行为不能算是严格意义上的开挖运河。

第七,海运是漕运的特殊形式,故海运有"海漕"之说。在元王室残余退往大漠且李氏朝鲜侵扰辽东的局面形成后,为了加强北方防务,明王朝建立了以北平(在今北京)和辽东为终点的海运通道,史有"其后海运饷北平、辽东为定制"(《明史·食货志三》)之说。又有明成祖永乐元年(1403)"平江伯陈瑄、都督佥事宣信充总兵官,督海运,饷辽东、北京"(《明史·成祖纪二》)之说。这些举措表明,会通河淤塞后,南北漕运航线不通,为加强北方防务亟须输粮北上,在迫不得已的情况下沿用了元代的海运之策。史称:"永乐元年,平江伯陈瑄督海运粮四十九万余石,饷北京、辽东。二年,以海运但抵直沽,别用小船转运至京,命于天津置露囤千四百所,以广储蓄。四年定海陆兼运。瑄每岁运粮百万,建百万仓于直沽尹儿湾城。"(《明史·河渠志四》)明成祖朱棣夺取皇位后迁都北京是在永乐十九年(1421),因朱棣迁都前与朱元璋在位期间的情况大体相同,故可将其视为是加强北方防务的延续。这一时期的海漕主要有两个接运点:一是从直沽尹儿湾城(在今天津)上岸转入通惠河,为北平提供亟须的战略物资;一是从盖州卫(在今辽宁营口盖县)梁房口关和金州卫(在今辽宁大连)旅顺口关上岸,为经营辽东提供必要的战略支援。史有"又西北有梁房口关,海运之舟由此入辽河"(《明史·地理志二》)之说,还有"又旅顺口关在南,海运之舟由此登岸"(《明史·地理志二》)之说。

第八，漕运与屯戍关系密切，在边地屯戍的优点是可以减轻漕运负担。汉宣帝即位后，在匈奴的鼓动下，以先零羌为首的诸羌发动叛乱。根据形势变化，赵充国提出了加强河西屯戍的对策，目的是解决戍边将士每月"用粮谷十九万九千九百三十斛，盐千六百九十三斛，茭藁二十五万二百八十六石"（《汉书·赵充国传》）的难题。当时，漕运负担沉重，史有"今张掖以东粟石百余，刍橐束数十。转输并起，百姓烦扰"（《汉书·赵充国传》）之说。为了避免"烦扰"百姓，赵充国提出了"罢骑兵"及屯戍的主张，他的考量有以下几点：一是军马消耗的粮草远远地超过了士兵，如果"罢骑兵"转为屯戍，可以减少粮草消耗，化解因"徭役不息"带来的负担；二是河西有良好的屯田条件，骑兵转为屯戍后，可与"留驰刑应募""及淮阳、汝南步兵与史士私从者"一道"分屯要害处"，安境保民；三是利用现有的条件建立新的屯戍秩序，在"益积畜，省大费"即降低漕运消耗的过程中，加强军备；四是在河西开辟湟水航线，建立"循河湟漕谷至临羌"（《汉书·赵充国传》）的漕运通道。

第九，漕运包括以水运为主的水陆联运。如唐代李杰任水陆运使以后，重点修复了联系江淮的漕运通道。史称："开元二年，河南尹李杰奏，汴州东有梁公堰，年久堰破，江淮漕运不通。发汴、郑丁夫以浚之。省功速就，公私深以为利。"（《旧唐书·食货志下》）然而仅仅修复连通江淮的漕运通道是不够的，因此时的黄河漕运走三门峡受阻，为此需要开辟陆路运道绕过三门峡。在这中间，为解决陆运时遇到的困难，李杰采取了四大措施：一是在洛阳含嘉仓至陕州太原仓之间的崤函古道上建造了八个递场即八个接运场，规定每递之间的距离为四十里；二是在分段接运的基础上，将陆运分为前后两组；三是规定起止时间，从入冬十月起运至十一月底结束，全部陆运在两个月内完成；四是规定每递用车用牛的数量。唐代交通工具以牛车为主，一牛拉一车，用车八百乘指用八百辆牛车。入冬起运的目的是为了利用农闲的时间，不影响农业生产，而分段接运的目的是减轻长途运输中的劳累，提高效率。实行此策后，改善了陆运不济的局面，实现了年运"八十万石，后至一百万石"的目标。天宝七年（748），又通过增加车辆和延长时间等，达到了岁运"满二百五十万石"的水平。天宝九年（750）九月，河南尹裴迥为改变递重"伤牛"等情况，又在两递场之间的近水处建立供民运休息的"宿场"，并派官员监督，防止盗窃。此外，元明两代在京杭大运河开通以前亦采取水陆联运之策，史称："元、明都燕京，元行海运，而其初亦涉江入淮，由黄河逆水至中滦，陆运至淇门入御河（即卫河），以达京师。明永乐中，亦运至陈州，载入黄河至新乡，入柳树等处，令河南车夫运赴卫河。盖以河运兼陆运，而其时，则又以卫河为急。自元都燕，而汴河几废。明世，会通河成，而东南重运，悉由淮北、山东至临清，合卫河，以达于天津。"（《河南通志·漕运》）

第十，历朝历代为加强漕运采取了一系列的措施，现择其大要而归纳之，有八个方面：一是汉代以后，漕运官员经历了从兼职到专职的变化，职官制度建设出现越来越细的情况，如唐代设转运使以后，宋代又分设转运使和发运使；二是自三国孙吴沿破岗渎建"邸阁"（《三国志·吴书·吴主传》),晋及南北分治时期沿漕路建邸阁以后,隋文帝为实现分级接运的构想建造了水次仓,此后,历代漕运均重视水次仓的建设;三是水次仓建设不仅仅是仓廪建设,更重要的是管理制度建设,在这一过程中建立了一套严格的出纳管理制度等;四是以水次仓为依托,采用了不同的漕运方式,如宋代主要有分级接运和直运两种形式,而明代采取长运、兑运、支运等形式;五是在一些航段节点建税场或榷关即钞关,以方便征收商税,如宋代在盱眙建税场,而明清两代沿大运河建榷关;六是重视漕运过程管理,采用各种方式堵塞漕运过程中的漏洞,如规定日航程及上水、下水的时间等,采取措施防止运军盗卖漕粮,又如实行纲运即编船队运漕粮;七是建立一支强大的护漕军队,强化为专制政权服务的意志,如明代漕军有十二万人之众;八是为照顾漕运军士的利益,允许"附载",如明清两代规定了不同的"附载"量,有二十四石、六十石、一百二十石等几档,这些沿途搭载的土特产,极大地丰富了南北的商贸市场。以上所述只是漕运时采取的一些措施,当然远不止这些,这里不再一一叙述。

张 强

2019 年 1 月

张强,1956 年 10 月出生,江苏沭阳人,文学博士,淮阴师范学院教授,南京师范大学文艺学博士生导师,苏州大学中国古代文学博士生导师。在学术团体中,先后担任中国《史记》学会副会长、中国屈原学会副会长、中国《诗经》学会常务理事、中国诗词吟唱学会常务理事、江苏省明清小说研究会副会长等职,并兼任《中国文学年鉴》《古籍整理研究学刊》等编委。长期从事中国古代文史、文艺理论、运河与漕运研究等,主持和完成多项国家省部级以上科研项目,曾在《文艺研究》《文学遗产》《光明日报》《北京大学学报》《南京大学学报》《社会科学战线》《江海学刊》等期刊发表论文共计二百余篇,多篇论文被《新华文摘》《中国社会科学文摘》《高校文科学报文摘》《光明日报》以及人大报刊复印中心多种专题如《中国古代近代文学研究》《先秦秦汉史》《历史学》《中国哲学》《文艺学》等摘录或全文转载。主要著作有《桑文化原论》《司马迁学术思想探源》《司马迁与宗教神话》《人与自然的对话》《宇宙的寂寞——扬雄传》《世俗历史的真实写照——说明清小说》《僧肇大师传》等二十多部,多次获江苏省政府及江苏省高校人文社科优秀成果奖。

目 录

第一编　宋代运河与漕运及其制度建设

概　述 ··· 3

第一章　宋初运河及漕运综论 ·· 7
　第一节　宋初政治形势与运河整修 ··· 7
　第二节　定都大梁与东南漕运 ··· 13
　第三节　五丈河与漕运 ··· 18

第二章　蔡河沿革与漕运 ··· 22
　第一节　蔡河与漕运 ··· 22
　第二节　蔡河与琵琶沟之关系考述 ··· 27
　第三节　蔡河与惠民河之关系考述 ··· 32

第三章　五丈河沿革与漕运 ·· 36

第四章　汴河沿革与漕运 ··· 40
　第一节　汴河的历史沿革 ·· 41
　第二节　汴河与漕运 ··· 48
　第三节　治理汴河的意义 ·· 53

第五章　御河沿革与漕运 ··· 62
　第一节　御河的历史沿革 ·· 63
　第二节　御河与漕运 ··· 67
　第三节　御河与汴河之关系考述 ·· 70

第六章	治理江淮运河与开辟新航道	80
第一节	江淮运河淮阴段整治	81
第二节	江淮运河扬州段整治	85
第三节	江淮地表水与邗沟	88

第七章	江南运河治理与漕运	93
第一节	江南运河治理与破堰建闸	93
第二节	浙东运河与鉴湖	102
第三节	浙东运河的堰埭建设	111

第八章	宋代转般仓与东南六路漕运	121
第一节	宋代转般仓的建设与管理	122
第二节	大梁及京畿地区的转般仓	125
第三节	东南六路转般仓的建设	128

第九章	发运司与转运司的职能及其分工	138
第一节	发运使与发运司	138
第二节	发运司建撤考述	149
第三节	发运司与转运司	154

第十章	宋代分级接运与代发、直运制度	164
第一节	宋代分级接运与代发制度	164
第二节	宋代漕运与直运制度	176
第三节	漕运制度改革与纲运	181
第四节	税场与纲运管理	192

第二编　杭州的运河及海外商贸

概　述		205
第一章	江南运河与杭州水上交通	207
第一节	与杭州相关的最早的运河	207

第二节　宋代杭州城四河变迁 ································ 211
　　第三节　杭州与浙西浙东运河 ································ 213

第二章　杭州历史沿革与人口 ································ 217
　　第一节　杭州历史沿革概述 ···································· 217
　　第二节　杭州社会经济与人口增大 ···························· 223

第三章　唐宋时期杭州运河的整治 ·························· 226
　　第一节　唐代开沙河与疏浚西湖 ······························ 226
　　第二节　宋代重修杭州运河 ···································· 228
　　第三节　两宋疏浚西湖及杭州运河举隅 ······················ 232

第四章　南宋时期漕运与杭州粮仓的建设 ·················· 239
　　第一节　宋代漕运方向上的变化 ······························ 239
　　第二节　临安漕仓建设概述 ···································· 242
　　第三节　临安漕仓分布考述 ···································· 246

第五章　南宋时期杭州商贸兴盛的原因 ····················· 253
　　第一节　临安社会经济发展情况 ······························ 253
　　第二节　临安工商业与农业经济发展情况 ··················· 257

第六章　杭州市舶司与海外贸易 ····························· 264
　　第一节　杭州市舶司的变迁 ···································· 264
　　第二节　宋代市舶司与海外贸易 ······························ 272
　　第三节　杭州海外贸易与运河 ································· 282

主要参考文献 ·· 288
后　记 ·· 293

第一编　宋代运河与漕运及其制度建设

概　述

兴修运河和加强漕运是宋王朝政权建设中重要的一环，在与游牧民族政权对峙的紧要关口，宋王朝表现出依靠漕运保障粮食安全及战略物资转运来维护政治统治的特点。在这一过程中，如何建立以大梁为中心的水上交通枢纽，确保战略大后方与军事斗争前线之间的联系即从大梁到黄河流域，从黄河流域到淮河流域，再到长江流域之间的漕运，是宋王朝维护其政治统治的必修功课。在宋室南渡以前，黄河中下游地区是宋王朝与游牧民族政权反复较量的主战场。一方面，北宋需要以大梁为政治中心在行使管辖权的区域发展漕运；另一方面，政治中心的多元化形成了不同的漕运方向，给运河留下了为战争服务的印记。

从表面上看，宋代运河主要沿袭了历代运河建设的成果。其实，宋代在运河建设方面也做出了许多成果：如继唐代建斗门以后，宋代的船闸技术得到了快速地提升并广泛运用于运河航道建设；又如科学技术水平得到提升后，宋代出现了破堰建闸的新局面。宋代运河建设是中国古代运河建设的一个转折点，在政治中心从黄河流域迁徙到长江流域的过程中，运河建设已初步展示出颠覆原有水上交通体系的端倪。可以说，正是有了这样的过程，才为元、明、清三代建设新漕运通道即京杭大运河提供了数据支撑。

宋代漕运通道的建设与破坏受到政治因素的影响：如北宋时期，出于政治稳定等方面的需要必须建立以大梁为中心的漕运机制；又如宋室南渡后需要加强修缮江南运河，建立以临安（在今浙江杭州）为中心的漕运机制；再如南宋在发展海外贸易及加强与华南地区联系的过程中，需要重点建设浙东运河。宋代漕运通道的建设也受到经济因素的影响，经济中心转移到江淮地区后，需要重点修缮江淮之间的运河如汴河等，以加强漕运。宋代漕运通道的建设也受到自然因素的影响。北宋时期，黄河进入河道迁徙和泛滥的高频期，以黄河为补给水源的运河不断地受到黄河的威胁，为此需要重点修缮相关的航道。宋代漕运通道的建设也受到人为因素的影响：如为了抵御金兵，宋代采取引黄河入运河以阻止金兵南下的策略；又如宋王朝在向江南退守的过程中，为防止金人沿运河运兵，采取了一系列的毁堰毁闸措施。为改变依靠江淮漕运的格局，需要探讨漕运多元化的途径，以改变单纯依靠汴河漕运的历史。在这样的背景下，运河建设陷入了破坏和兴建同时并举的困境。

北宋漕运超过唐代,大量的物资通过汴渠运至京城。宋初,"京师岁费有限,漕事尚简"。开宝五年(972),运江、淮米不过数十万石。到了太平兴国六年(981),"汴河岁运江、淮米三百万石,菽一百万石",运输量急剧增多。至道(995—997)初年,"汴河运米五百八十万石",大中祥符(1008—1016)初年,汴河运米猛增至"七百万石",远远超过了唐代汴渠的漕运量,同时创造了宋代漕运的最高纪录,可见汴渠漕运的繁忙程度。

汴渠,这一有着1500多年历史的水运大动脉,在维护大梁安全方面负有重要的使命。程大昌论述道:"本朝都汴而有豫诸水,贯络都城者四,自西而数之,其最西者为闵河,本闵水也。建隆中始导之,至新郑与蔡河合,注都城遂锡名惠民。其次西者为蔡河,蔡河者,古已有之,即鸿沟正派,亦名官渡。臣前谓发荥阳入颍,而班固以为三渠之首者也,又次西则为金水河,河以京水为源,发荥阳历中牟,由都西以注城中,上自宫庙王公邸第,下至中都居民,皆所汲饮,清澈不浑,故以金水得名。其正贯汴都城,而下达于淮者,则正汴渠也。汴渠,隋唐之旧,本朝因之,受水于孟州汴阴而会索、须、㵸然,以益其派,浮载之利,能使江河淮济交相灌受,则其独专汴名而奄,盖他河亦理之当然者也。自此以外,都城之东又有广济渠者,俗名五丈河,本《禹贡》菏水也,菏虽与属县考城有派,下与定陶济合,而浅淤不胜舟楫,建隆中发民浚治,且分金水、蔡河二流以灌实之,而此渠之去金水、蔡河东西相望,其中隔间汴渠无由通注,则设架跨汴引水绝之,以汇入于渠,然后荆东漕路始通。开宝中锡名广济,于是都城渠道为国利用者,自西而东横,此而数之,其目凡四。闵河、蔡河同为一道,金水河次之,汴河又次之,五丈河又次之,若概之,古则闵、蔡、金水、汴皆鸿沟派也,以今言之,五丈河者上流受西汴,余派而下流为菏,以受济于定陶,此都城之水应古而可考者也。"①这一论述准确地描述了北宋漕运的基本状况。

一般来说,宋代运河治理大体可分为北宋和南宋两个时段,以宋高宗赵构渡江建立南宋政权为节点。此前,北宋主要围绕大梁治理运河,在关心东南漕运的过程中,建立以大梁为中心的漕运机制;此后,南宋主要在建立淮扬防线的过程中,或整修通往淮扬的运道,或围绕杭州治理江南运河即浙西运河和浙东运河。进而言之,宋代政治中心东移和经济中心移往江南给运河建设及漕运带来了新的诉求。

宋代的水次仓又称转般仓,之所以改变称谓,主要与宋代漕运采取分级接运之策有着直接的关系。所谓分级接运,是指将航道分成若干个航段,在此基础上规定各航段的运输时间,令船只将不同地区的租籴和财赋运送到指定的中转仓即转般仓,随后根据各航段通航的情况,决定再次发运的时间。宋代漕运采取分级接运有多方面的原因,其中,政治中心建在黄河流域,而面向东南的汴河航道在冬季干浅而不能通航或通航能力下降是最大的原因。

---

① 宋·程大昌《禹贡后论·汴》,《四库全书》第56册,上海:上海古籍出版社1987年版,第113—114页。

为了改变漕运不利的局面,宋代在漕运通道沿岸建造了一批有储存租籴和财赋的转般仓。客观地讲,宋代转般仓与隋唐两代的水次仓有一脉相承的关系,两者的建造理念相同,都有从水路押解租籴和财赋等入京以保障京师供给和战略储备、中转调拨、赈灾救荒等功能。

在这中间,宋代转般仓建设虽承袭了隋唐水次仓的建造理念,但有不同的建造区域。隋唐两代的政治中心建在长安,漕运主要为关中的粮食安全服务,这样一来,水次仓建造的地点势必集中在关东的主要农业经济区河东、河南、河北一带。宋代的政治中心建在大梁,大梁的粮食安全主要依靠东南六路,因此,转般仓大都建在大梁以东的东南六路。钱文子指出:"皇都汴都,四方所辐凑,水陆俱便,过于汉家。在于今日,蜀汉之粟,顺流而下,以供荆襄之军食。江淮闽浙之舟,水运而上,无复难致之险。"①漕运方向发生根本性的变化后,与漕运相关的转般仓建设亦发生了重大的变化,即根据新的政治布局和军事及经济形势思考转般仓的建设区域。宋王朝建立时,大梁以西和以北的部分地区分别先后被游牧民族政权辽、夏、金等占领,不再属于宋王朝。此外,与辽、夏、金等占领区相接的区域因处于军事对抗的前沿,也不再是宋王朝租籴和财赋的主要征收地,这样一来,与之相关的转般仓建设势必要走向衰落。与此同时,东南六路成为宋王朝租籴和财赋所倚重的对象后,在加强漕运的过程中,相关区域势必要成为转般仓重点建设的对象。为了把东南的租籴和财赋等及时地运往大梁及京畿地区,以满足中央及京畿地区的日常生活供给和抵御北方游牧民族入侵的战略需求,北宋把兴修运河和加强漕运提高到了国家战略的高度。进而言之,在经济中心由黄河流域向江淮流域转移的过程中,漕运线路上的变化势必要改变转般仓建设的方向和地点。在这中间,运河拉近了政治中心与经济发达地区即东南六路的距离,漕运范围的扩大给转般仓建设及仓储对象提出了新的要求。

漕运是宋代政治秩序稳定的生命线,漕运制度建设是宋代政治制度建设的重要内容,具体包括六个方面:一是在中央及地方建立发运司和转运司,负责统管、征收和转运来自不同地区的租籴和财赋等;二是加强过程管理,在健全和完善管理机构的过程中,尽可能地填补漕运过程中出现的漏洞,如重点监管漕运过程中的各个环节及严格转般仓出纳制度等;三是扩大发运司和转运司的职权,通过提高其政治待遇,确立发运司和转运司的权威性;四是采取分级接运,明确规定各航段岁运的次数;五是采取分纲运输的管理制度,即通常将发运的货物分成不同的纲目即种类由船队或车队运输,此指编成船队运送租籴和财赋等入京;六是在官运的同时,鼓励商运和民运,将运河打造成商贸往来的大通道,在鼓励商贸的过程中为商品流通注入活力。

漕运制度建设是漕运畅通的根本原因。在隋唐制度建设的基础上,宋代制定了严格的

---

① 宋·钱文子《汉唐制度》,明·解缙辑《永乐大典·九震》第7册,北京:中华书局1986年版,第6959页。

漕运制度,为后世漕运管理提供了基本范式。宋代的漕运制度建设主要取法于唐代,唐代建立的漕运管理制度为宋代加强漕运管理及制度建设提供了宝贵的经验。然而,建设与破坏并存,具体表现在两个方面:一方面,兴修新航道和疏浚旧航道、派员进行常态化巡堤、运用新技术建造具有船闸性质的斗门及破堰建闸、兴建转般仓等改善了漕运环境,提高了漕运质量;另一方面,漕运的过程又是贪腐、侵盗等不断滋生的过程,在政治腐败日趋严重的背景下,宋代的漕运制度受到了严重的破坏。在这一过程中,加强管理与消解管理作为一对矛盾体遂在此消彼长中构成了宋代漕运及其相关制度建设的独特景观。

第一章 宋初运河及漕运综论

宋代是一个运河及漕运通道不断遭遇兴修和破坏的时代。"运河"一词出现在宋代。《新唐书·五行志三》:"开成二年夏,旱,扬州运河竭。"① 按照这一记载,似表明唐文宗李昂开成二年(837)已出现"运河"之称。然而,《新唐书》的作者是欧阳修等,《新唐书》完成的时间发生在宋仁宗嘉祐五年(1060)。以此为时间节点,将河渠改称为"运河"应出现在宋代。"运河"作为河渠的代名词,主要强调了两个方面的内容:一是"运河"是有漕运能力的河渠的总称,强调了漕运功能;二是出现"运河"这一称谓以后,河渠的旧称仍在继续使用,新开的有漕运能力的运河也有不同的名称。

在五代十国行将结束的前夜,赵匡胤发动陈桥驿兵变取代后周(北周)建立了宋王朝。此后,在统一与反统一的战争中,宋王朝虽在征伐北汉、南唐、后蜀、南汉等的战争中取得胜利并迫使吴越臣服,但始终没能恢复盛唐时的版图。在契丹等北方政权的压迫下,宋王朝很快由进攻转入防守,为了保障国都大梁(在今河南开封)的安全,宋王朝在大梁周边地区驻扎了近百万大军。这样一来,东南六路的漕运便成了解决"兵食"的重要途径。

第一节 宋初政治形势与运河整修

赵匡胤夺取后周政权始于显德七年(960)正月。显德六年(959)六月,周世宗去世,年仅七岁的柴宗训继承皇位,并沿用周世宗柴荣的年号。六个月后,赵匡胤逼迫柴宗训逊位,建宋,改年号为建隆(960—963),从此开创了宋朝三百多年的基业。

宋王朝建立后,周边的政治形势十分严峻。效忠于后周的李筠、李重进等有反宋之心。与此同时,山西中部和北部在北汉政权的控制之下,燕云十六州在契丹的控制下,长江中下游的大部分地区在南唐的控制之下,三吴及福建在吴越国的控制之下,巴蜀在后蜀的控制之

---

① 宋·欧阳修等《新唐书·五行志三》,北京:中华书局1975年版,第947页。

下,岭南在南汉的控制之下,等等。这些割据势力及政权从不同方向形成挤压宋王朝的态势。

在与各政权及政治军事集团的冲突中,宋王朝面对的最大的威胁是北汉和契丹。北汉近在咫尺,其在赵匡胤取代后周之前就已多次联合契丹侵犯后周。显德七年春,赵匡胤奉周恭帝柴宗训之命征讨北汉。史称:"七年春,北汉结契丹入寇,命出师御之。"①面对北汉和契丹的联合入侵,赵匡胤戏剧性地在陈桥驿黄袍加身返回大梁,逼迫周恭帝柴宗训交出政权。这一戏剧性的结果预示着宋王朝从建立之日起就必须把防御北汉与契丹入侵放在政权建设的首位。事实上,由于控制区内发生反叛事件,赵匡胤黄袍加身后面对北汉和契丹的凌厉攻势并未立即把军事斗争的锋芒指向北汉和契丹。建隆元年(960)三月,北汉举兵侵袭河西;四月,契丹入侵棣州(在今山东惠民);正当赵匡胤打算采取应对北汉和契丹的入侵时,效忠于后周的昭义节度使李筠于同年四月又勾结北汉反宋。

面对一波未平一波又起的复杂形势,赵匡胤采取了攘外先安内的策略,即一方面向北防御北汉、契丹的进攻,另一方面派重兵围剿李筠。史称:"癸巳,昭义军节度使李筠叛,遣归德军节度使石守信讨之。五月己亥朔,日有食之。庚子,遣昭化军节度使慕容延钊、彰德军节度使王全斌将兵出东道,与守信会讨李筠。……癸卯,石守信败李筠于长平。甲辰,命诸道进讨。……丁巳,诏亲征,以枢密使吴廷祚留守上都,都虞候光义为大内都点检,命天平军节度使韩令坤屯兵河阳。己未,发京师。丁卯,石守信、高怀德破筠众于泽州,禽伪节度范守图,杀北汉援兵之降者数千人,筠遁入泽州。戊辰,王师围之。六月癸酉,有星赤色出心。辛未,拔泽州,筠赴火死,命埋胔骼。释河东相卫融,禁剽掠。甲申,免泽州今年租。有星赤色出太微垣,历上相。乙酉,伐上党。丁亥,筠子守节以城降,赦之。"②在赵匡胤的指挥下,历时两个月平息了李筠叛乱。

平息李筠之乱后,赵匡胤本可以调集兵马解除北汉造成的威胁,然而,淮南节度使李重进于建隆元年九月树起了反宋的大旗。李重进是周太祖郭威的外甥,起兵反宋是必然的。这一时期,宋王朝的统治区域狭小,为军事斗争服务的粮草及战略物资主要取自河南、齐鲁、淮北等地。淮南与淮北相连,淮南的安定与否是直接关系到宋王朝前沿阵地及经营东南的大事。进而言之,淮南是天下最富庶的地区之一,有效地行使其行政管辖权既可以为保卫大梁及防御北汉、契丹进攻提供后勤支援,同时又可为发动渡江战役及统一东南提供坚实的战略支撑。在这样的背景下,赵匡胤把平定李重进放到了首要的位置上。史称:"己未,淮南节度李重进以扬州叛,遣石守信等讨之。"③又称:"李重进反扬州,以守信为行营都部署兼知扬

---

① 元·脱脱等《宋史·太祖纪一》,北京:中华书局1985年版,第3页。
② 同①,第6页。
③ 同①,第7页。

州行府事。帝亲征至大仪顿,守信驰奏:'城破在朝夕,大驾亲临,一鼓可平。'帝亟赴之,果克其城。"①通过亲征,赵匡胤取得了征伐李重进的胜利。

平定李重进后,赵匡胤采取了先攻北汉,后取东南,最后在河北地区与契丹辽军抗衡的战略。建隆二年(961)正月,赵匡胤正式拉开了征讨北汉的序幕。史称:"二年春正月己卯朔,以出师,不御殿。二月乙卯,命昭义军节度使李继勋为河东行营前军都部署,侍卫步军指挥使党进副之,宣徽南院使曹彬为都监,棣州防御使何继筠为石岭关部署,建雄军节度使赵赞为汾州路部署,以伐北汉。宴长春殿。命彰德军节度使韩仲赟为北面都部署,彰义军节度使郭延义副之,以防契丹。戊午,诏亲征。己酉,以开封尹光义为上都留守,枢密副使沈义伦为大内部署、判留司三司事。甲子,发京师。乙亥,雨,驻潞州。三月壬辰,发潞州。乙未,李继勋败北汉军于太原城下。戊戌,驾傅城下。庚子,观兵城南,筑长连城。辛丑,幸汾河,作新桥。发太原诸县丁数万集城下。癸卯,北汉史昭文以宪州来降,乙巳,临城南,谓汾水可以灌其城,命筑长堤壅之,决晋祠水注之。遂砦城四面,继勋军于南,赞军于西,彬军于北,进军于东,乃北引汾水灌城。辛亥,遣海州刺史孙方进率兵围汾州。四月戊申,幸城东观筑堤。壬子,复幸城东。己未,何继筠败契丹于阳曲,斩首数千级,俘武州刺史王彦符以献,命陈示所获首级、铠甲于城下。壬戌,幸汾河观造船。戊辰,幸城西上生院。丙子,复幸城西。五月癸未,韩仲赟败契丹于定州北。自戊子至庚寅,命水军载弩环攻,横州团练使王廷义、殿前都虞候石汉卿死之。甲午,北汉赵文度以岚州来降。甲辰,都虞候赵廷翰奏,诸军欲登城以死攻,上愍之,不允。闰月戊申,雉圮,水注城中,上遽登堤观。己酉,右仆射魏仁浦薨。壬子,以太常博士李光赞言,议班师。己未,命兵士迁河东民万户于山东。"②征伐北汉是赵匡胤巩固政权的重要举措,经此一役,赵匡胤夺取了战场上的主动权,初步改善了宋王朝处于北汉威胁下的处境。然而,要想进一步增强国力,彻底消除北汉对西北地区的骚扰,需要有更广阔的战略空间和后勤支持,为此,宋代统治者把军事斗争的锋芒指向了南唐、后蜀和南汉等政权。经过数年的努力,宋王朝先后剪除了这些割据势力,并以强大的军事力量为后盾迫使吴越国末代君主钱俶纳土称臣。

从宋初的形势看,向北防守、优先经营东南是唯一正确的选择。隋唐以后,经济中心移往江淮已是不争的事实,对宋王朝来说,要想在建隆二年正月征讨北汉的基础上彻底地消灭北汉的残余势力和抵御契丹的入侵,只有通过经营东南才能增强国力,进而扭转军事斗争中处于不利的局面。在宋太祖赵匡胤和宋太宗赵炅的努力下,宋王朝终于夺取了东南战场上的胜利并建立了以江淮为中心的战略大后方。以此为转折点,宋王朝迅速取得了消灭北汉的战果。遗憾的是,占据军事斗争优势的北宋因实行"守内虚外"的战略决策,很快陷入了被

---

① 元·脱脱等《宋史·石守信传》,北京:中华书局1985年版,第8809—8810页。
② 元·脱脱等《宋史·太祖纪二》,北京:中华书局1985年版,第28—29页。

动防守的困境。正当宋王朝与契丹苦苦地相持时,西夏和金乘机崛起,继续压缩宋王朝的战略空间。在这一过程中,宋王朝除了要防御辽、西夏、金等的侵扰外,还要应对复杂的国内问题。很显然,要化解这一系列的危机需要用军事手段应对,与此同时,还需要节约运输成本为军事行动提供后勤支援。

那么,怎样才能最大限度地节约运输成本呢?为此,宋太祖赵匡胤采取了兴修运河的措施,试图借用这些漕运通道把不同地区的军事战略物资迅速地调往亟须支援的前线。明人叙述宋代漕运状况时指出:"宋漕运之法,分为四路:江南、淮南、浙东、西荆、湖南北六路之粟,自淮入汴;陕西之粟自三门、白波转黄河入汴;陈蔡之粟,自闵河、蔡河入汴;京东之粟,自十五丈河历陈、济及郓,皆至京师。"①在四条漕运航线中,除了陕西到大梁的部分航线需走黄河外,其余三条航线的主体部分均为运河。针对这一现状,赵匡胤决定通过疏浚及兴修运河重建漕运秩序,具体包括四个方面:一是整治蔡河(惠民河)、五丈河(广济河)、汴河和兴修金水河,建立以大梁为中心的漕运转输机制;二是为防御北方入侵,加大了御河建设的力度,以便把粮草等物资及时地运往河北前线和巩固边防;三是重点整治江淮运河(邗沟)和江南运河,在"皆藉东南漕运"②的背景下,保证其航道畅通对展开漕运有特殊的意义;四是探索漕运新途径,试图开辟从大梁到江汉的新航线,改变单纯地依靠汴河进行漕运的格局。张方平在《论汴河》一文中指出:"臣窃惟今之京师,古所谓陈留,天下四冲八达之地者也,非如函秦天府,百二之固,洛宅九州之中,表里山河,形胜足恃。自唐末朱温受封于梁国而建都,至于石晋割幽蓟之地以入契丹,遂与强敌共平原之利。故五代争夺,其患由乎畿甸无藩篱之限,本根无所庇也。祖宗受命,规模毕讲,不还周、汉之旧,而梁氏是因,岂乐而处之?势有所不获已者,大体利漕运而赡师旅,依重师而为国也。则是今日之势,国依兵而立,兵以食为命,食以漕运为本,漕运以河渠为主。"③在军事斗争高于一切的前提下,运河建设被放在政权建设的首要位置上是必然的。进而言之,在进一步确认政治中心东移的过程中,宋王朝为应对北方政权的入侵和有效地保卫京师,需要建设一条畅达的漕运通道。

在东南被纳入其版图之前,宋朝的租桉和财赋主要来自京西和京东等路。王曾指出:"国初方隅未一,京师储廪仰给唯京西、京东数路而已,河渠转漕,最为急务。京东自潍、密以西,州郡租赋悉输沿河诸仓,以备上供。清河起青、淄,合东阿,历齐、郓,涉梁山泺、济州,入五丈河,达汴都。岁漕百余万石。所谓清河,即济水也。而五丈河常苦于浅,每春初农隙,调发众夫,大兴力役。以是开浚,始得舟楫通利,无所壅遏。太祖皇帝素知其事,尤所属意,至

---

① 明·席书编次,明·朱家相增修《漕船志·船纪》(荀德麟、张英聘点校),北京:方志出版社2006年版,第50页。

② 元·脱脱等《宋史·河渠志四》,北京:中华书局1985年版,第4240页。

③ 宋·李焘《续资治通鉴长编·神宗熙宁八年》,北京:中华书局1992年版,第6592页。

岁中兴役之际,必舆驾亲临督课,率以为常。先是春夫不给口食,古之制也。上恻其劳苦,特令一夫日给米二升,天下诸处役夫亦如之,迄今遂为永式。"①宋太祖赵匡胤一朝疏浚及开挖了蔡河、五丈河、汴河、金水河等,这一行为明确地表达了漕运通道建设是政权建设的重要组成部分。在修缮运河的过程中,赵匡胤根据各运河经过不同地区的情况采取了不同的治理措施:建隆元年四月疏浚蔡河时,通过建斗门控制水位及防止泄水,提升了蔡河从大梁到通许镇(在今河南开封)段的通航能力,进而将距大梁约九十里的通许镇建成了漕粮仓储的重镇;建隆元年十一月,治理蔡河、五丈河,通过整治从大梁到新郑、尉氏、扶沟的航道,提升了从大梁到齐鲁地区的漕运能力;建隆二年,征发京畿地区的丁民整治蔡河入颍水的航道,改善了从蔡河经颍水进入汴河的航运条件;建隆二年春,开挖金水河,为五丈河等提供了补给水源,也为大梁提供了优质饮用水,并改善了城市的生态环境;建隆二年春,重点治理汴河,加强了大梁与江淮地区的水上联系;建隆三年(962)十月,沿汴河"植榆柳",加固了汴河沿岸的堤防。在重点建设大梁这一水上交通枢纽的过程中,宋王朝逐步建立了近接齐鲁、远接江淮,以黄河为干线连接河北、洛阳等地的漕运大通道。

当军事斗争成为政权建设的首要任务时,疏浚运河及河道,从水上将粮草等战略物资运往前线就成为不可或缺的环节。在这一过程中,赵匡胤敏锐地发现了漕运在转运军事战略物资中发挥的特殊作用。为平定李筠叛乱,赵匡胤下令疏浚了蔡河。史称:"太祖建隆元年四月,命中使浚蔡河,设斗门节水,自京距通许镇。"②蔡河在平定李筠叛乱及保证粮草供给方面发挥了重要作用。平定李重进以后,赵匡胤令陈承昭疏浚蔡河,这一举措旨在为讨伐北汉做必要的战前准备。范镇记载道:"太祖欲开惠民、五丈二河,以便运载,吏督治有承昭者,江南人,谙水利,使董其役。承昭宣以絙都量河势长短,计其深,次量锸之阔狭,以锸累尺,以尺累丈,定一夫自早达暮,合运若干锸,计凿若干土,总其都数,合用若干夫,以目奏上。太祖叹曰:'不如所料,当斩于河。'至讫役,止衍九夫。上嘉之。"③《宋史·陈承昭传》:"宋初入朝,太祖以承昭习知水利,督治惠民、五丈二河以通漕运,都人利之。建隆二年,河成,赐钱三十万。"④《宋史·河渠志四》:"二年,诏发畿甸、陈、许丁夫数万浚蔡水,南入颍川。"⑤从表面上看,陈承昭"督治惠民"与"浚蔡水"似有不同,其实,所说为同一件事。惠民河是蔡河在宋代的新称谓。《宋史·陈承昭传》称陈承昭"督治惠民、五丈二河以通漕运"时有"建隆二年,河成"语,据此可知,陈承昭"督治惠民"时应发生在建隆元年。此外,陈承昭"宋初入朝"

---

① 宋·王曾《王文正公笔录》,朱易安、傅璇琮等主编《全宋笔记》(第1编第3册),郑州:大象出版社2003年版,第264页。
② 元·脱脱等《宋史·河渠志四》,北京:中华书局1985年版,第2336页。
③ 宋·范镇《东斋记事》(唐宋史料笔记丛刊)(汝沛点校),北京:中华书局1980年版,第51页。
④ 元·脱脱等《宋史·陈承昭传》,北京:中华书局1985年版,第9034页。
⑤ 同②。

发生在建隆元年,可知陈承昭奉命"督治惠民"等亦发生在建隆元年。不过,《宋史·河渠志四》称"二年,诏发畿甸、陈、许丁夫数万浚蔡水",明确地说疏浚蔡河的时间发生在建隆二年。那么,这两个时间究竟哪一个准确呢?

陈承昭疏浚蔡河的时间应发生在建隆元年十一月。这样说的理由是,陈承昭负责整治蔡河、五丈河时,田仁朗曾奉命协助陈承昭治理五丈河。史称:"田仁朗,大名元城人。……太祖即位,从讨李重进,攻城有功,还,与右神武统军陈承昭浚五丈河,以通漕运。"①建隆元年十月,田仁朗随赵匡胤征讨李重进。史称:"己未,淮南节度李重进以扬州叛,遣石守信等讨之。……冬十月丁卯朔,赐内外文武官冬衣有差。……丁亥,诏亲征扬州,以都虞候光义为大内都部署,枢密使吴廷祚权上都留守。……十一月丁未,师傅扬州城,拔之,重进尽室自焚。戊申,诛重进党,扬州平。"②平定李重进后,随同赵匡胤出征的田仁朗奉诏"与右神武统军陈承昭浚五丈河,以通漕运"。从时间上看,田仁朗参与疏浚五丈河的时间当在建隆元年十一月。由于此前陈承昭已奉命"督治惠民、五丈二河以通漕运",因此《宋史·河渠志四》记载"浚蔡水"的时间应该有误。

淮南政治局势的稳定关系到宋王朝是否能完成统一东南,以及北上与北汉、契丹争锋的大业。从"诏发畿甸、陈、许丁夫数万浚蔡水,南入颍川"的情况看,再次疏浚蔡河的意图就是利用其调集沿线州县的粮草及战略物资。蔡河南入颍水,与淮泗相通。五丈河深入到齐鲁地区的腹地,与济水相通,从济水经菏水可入泗水。疏浚蔡河、五丈河是宋王朝政权建设及满足其军事需求的重要环节。在军事斗争高于一切的背景下,由左领军卫上将军陈承昭率部疏浚蔡河和五丈河,虽说与陈承昭精通水利相关,但同时也说明了疏浚运河及保证漕运与率兵征讨具有同样的价值,两者缺一不可。蔡河、五丈河贯穿河南、齐鲁,连接两淮,宋王朝初创时的重点统治区域为河南、齐鲁、淮北等地,这些地区作为宋初赋税的主要征收区,承担着调集和转运军事战略物资的责任,这样一来,加强这一地区的运河建设力度是必然的。平定淮南以后,宋王朝乘势统一了东南。这一时期,伴随着军事斗争的主战场转向黄河以北的地区,江淮地区成为宋代赋税的主要征收区,在与北方政权对峙的过程中,北宋需要从江淮地区调集粮食及必需的战略物资。在这样的背景下,整治汴河、江淮运河、江南运河等遂成为必然之举。

---

① 元·脱脱等《宋史·田仁朗传》,北京:中华书局1985年版,第9379页。
② 元·脱脱等《宋史·太祖纪一》,北京:中华书局1985年版,第7—8页。

第二节　定都大梁与东南漕运

大梁无险可守，为加强防卫，宋代统治者采取了在京畿地区驻扎重兵的措施。

当百万大军驻守大梁周围时，如何解决"兵食"即通过漕运调集粮食及军需物资便成了当务之急。时人张方平论述道："国依兵而立，兵以食为命，食以漕运为本。今仰食于官廪者不惟三军，至于京城士庶，以亿万计，大半待饱于军稍之余，故国家于漕事最急最重。……备储廪通漕运，当令河道疏通，艺祖开国，首浚诸河。按：汴渠本禹迹也，春秋时已名见诸经，历代尝浚之。隋大发民开凿通济渠，其去古汴依约不远，自汉至唐虽都雍、洛，凡诸水运咸资此渠。漕引江湖利尽南海，天圣已前，每岁开理缘河，人户各蓄开河器备，名品甚多，未尝有堙壅也。天圣初，有张君平者陈利见始罢春夫，继以浅妄小人苟规赏利撙减役费，以为劳绩，致兹淤塞有妨通漕。至于惠民、广济二河，皆所以致四方之货食以会京邑，舳舻相接，赡给公私，近年以来，悉皆填塞。盖图长利者不恤于小费，期永逸者无惮于一劳，伏乞朝廷，访问差择稍知水利精力干事，不拘文武，官三两员经度计置开通诸河，各据地分所历州县，夫令尽工料疏理其木岸、坝闸、堰埭，材用合缮修处，先为计备严为责罚，必令经久，去年京畿大水，坏官私庐舍。自去秋至今春，半年之中所修诸军营房十余万间。夫以国家物力，岂有不可成之事，但事败于因循，而成于果决，至于其所不获已，亦必成，而已又诸修造无名不急之处，土木之工无时暂辍，所费不可胜计，此诸河道皆是祖宗留心之地，国家大计所资，忽而不图是，亦有司之过矣。"①保"兵食"及国用须畅通漕路，张方平论漕路畅通时特意强调汴河，当知汴河在宋代漕运中的重要作用。

漕运须以运道畅通为前提，疏导通往大梁的运河需要以治河为先导。治河是宋代保证漕运的基本前提，往往是河通漕路通，河乱漕运受阻，为此，君臣时常在一起讨论治河事宜。如胡渭论述道："宋君臣之论治河，往往有格言。熙宁五年，神宗语执政曰：河决不过占一河之地，或东或西，若利害无所较，听其所趋，如何？元丰四年，又谓辅臣曰：水性趋下，以道治水，则无违其性可也。如能顺水所向，徙城邑以避之，复有何患？虽神禹复生，不过如此。此格言也。然施之于商胡北流，适得其宜，若地平土疏，溃溢四出，所占不止一河之地者，岂亦当顺水所向，迁城邑以避之乎？欧阳修曰：河本泥沙，无不淤之理。淤常先下流，水行渐壅，乃决上流低处。放大河已弃之道，自古难复。此格言也。然瓠子决二十余岁，而武帝塞之。

---

① 宋·张方平《乐全集·论事》，《四库全书》第1104册，上海：上海古籍出版社1987年版，第228—232页。

河复北行二渠。河侵汴、济,注淮、泗,六十余年,而王景治之,仍由千乘入海。今横陇之徙,裁二十年,安见必不可复。但北流实为利便,不当更事横陇耳。苏辙曰:黄河之性,急则通流,缓则淤淀,既无东西皆急之势,安有两河并行之理。此格言也。然吾观古河未有不两行者,禹厮二渠,为万世法。自参以上则必败,宋之二股即唐之马颊,以此为枝渠,受水十之一二,亦自无害,但不可令指大如股耳。张商英曰:治河当行其所无事,一用堤障,犹塞儿口止其啼。此格言也。语出贾让,然让意谓正道常流,不可效战国为之曲防耳。若冲激之处,溃溢可虞,非增卑倍薄,何以御之。任伯雨曰:昔禹之行水,不独行其所无事,亦未尝不因其变以道之。此格言也。然必如北流之合于禹迹者,不妨因其势而利导之。若注巨野通淮、泗,安得不反之使北邪! 此数说者,譬如弈者必胜之著,而低手混施之,则全局皆空。古今经验之方,而庸医误用之,则杀人无算。是故治河之道,或新或旧,或合或分,或通或塞,或无事,或有事,或小有事,或大有事,神而明之,存乎其人,苟非其人,则必有害,孟子所以恶执一也。"①疏通河道有两大作用:一是可以解决黄河善淤善徙的问题;二是可以有效地防止黄河泥沙冲入汴河等运河之中,可保漕运。

追溯历史,大梁的水上交通地位早在先秦时已经形成。具体地讲,凭借四通八达的水上交通,大梁的战略位置受到后世的重视。如秦末群雄竞起,在中原展开了激烈的争夺。针对这一形势,郦食其劝说刘邦迅速占领陈留(在今河南开封)这一要地。他指出:"夫陈留,天下之冲,四通五达之郊也,今其城又多积粟。"②秦统一六国后,大梁一度被降格为县级建制,改称陈留。所谓"今其城又多积粟",是指大梁有良好的交通条件和仓储条件。这一局面的形成,与鸿沟开通及魏国建设以大梁为中心的水上交通,以及在鸿沟沿岸建水次仓有直接的关系。

元狩元年(前122),汉武帝将陈留由县级建制升格为郡级建制。史称:"陈留郡,武帝元狩元年置。"③自秦王朝将大梁降格为县级建制后,时至汉代,凭借交通及地理上的优势,在行政区划调整的过程中,大梁再度成为区域政治中心即郡级建制。此后,在农业经济中心东移即向江淮转移的进程中,大梁凭借水上交通确认了其不可替代的战略位置。在这中间,唐王朝以大梁为汴州治所,同时又将汴宋节度使治所设置在大梁,从侧面说明大梁是黄河流域联系江淮的重镇。唐代汴宋节度使的辖区包括汴州、宋州、亳州、颍州等四州,汴州濒临黄河,宋州、亳州、颍州属淮河流域。李吉甫叙述汴州及治所大梁的情况时记载道:"春秋郑地。战国魏都,《史记》魏惠王自安邑徙理大梁,即今浚仪县。秦为三川郡地。汉陈留郡之浚仪县

---

① 清·胡渭《禹贡锥指》(邹逸麟整理),上海:上海古籍出版社2006年版,第513页。
② 汉·司马迁《史记·郦生陆贾列传》,北京:中华书局1982年版,第2693页。
③ 汉·班固《汉书·地理志上》,北京:中华书局1962年版,第1558页。

也。郦生说汉高曰：'陈留天下之冲,四通五达之郊。'汉文帝以皇子武为梁王,都大梁,以其地卑湿,东徙睢阳,今宋州是也。汉陈留郡即今陈留县,东魏孝静帝于此置梁州,周宣帝改为汴州。"①"徙理"指迁徙治所,为避唐高宗李治讳,故有此称。唐代以后,政治中心东移,大梁一跃成为北宋的国都。在这中间,其政治地位一再地上升,是因为大梁在战国以后虽因战火等原因衰落,但其仍有着不可替代的交通优势。具体地讲,大梁一头联系黄河流域,一头联系淮河流域,是重要的漕运节点及水上交通枢纽,加强这一区域的水次仓建设有利于稳定政治和促进社会发展。

在高度依赖东南六路的背景下,东南六路每年运输六百万石以上的粮食入京,沿途转般仓藏有数年储蓄,如史有"常有六百万石以供京师,而诸仓常有数年之积"②之说。史称："宋惩五代之弊,收天下甲兵数十万,悉萃京师,而国用不见其不足者,经制之有道,出纳之有节也。国初,太仓所储才支三、二岁。承平既久,岁漕江、淮粟六百万石,而缣帛、货贝、齿革百物之委不可胜用。其后军储充溢,常有余羡。内外乂安,非偶然也。"③宋代漕运主要来自江淮,其中,岁运额度高达六百万石,与其实行守内虚外的政策相关。

确定东南六路岁运额度始于宋真宗景德四年(1007),如史有"景德四年,定汴河岁额六百万石"④之说。此前,东南六路通过汴河运往大梁的粮食没有固定的岁额。史称："先是,四河所运未有定制,太平兴国六年,汴河岁运江、淮米三百万石,菽一百万石;黄河粟五十万石,菽三十万石;惠民河粟四十万石,菽二十万石;广济河粟十二万石:凡五百五十万石。非水旱蠲放民租,未尝不及其数。至道初,汴河运米五百八十万石。大中祥符初,至七百万石。"⑤如果以宋太宗太平兴国六年(981),漕运岁额五百五十万石为基数的话,可知东南六路岁额四百万石约占漕运大梁及京畿地区的百分之七十三。如果再以景德四年汴河岁额六百万石为基数进行计算的话,当知东南六路漕运岁额占有的比例则更大。宋真宗大中祥符(1008—1016)初年,汴河漕运岁额高达七百万石是规定岁额后的个案,即便是除去这样的个案,以岁额六百万石计算,亦不难发现东南六路是宋王朝的生命线。事实上,景德四年确定的汴河漕运岁额早已名存实亡,在宋仁宗即位不久已出现"比至近年,上供已及六百五十万"⑥的情况,这些都从侧面传达了东南六路已是宋王朝的政治和经济支柱的信息。

面对不断增加的漕运岁额,宋仁宗于天圣五年(1027)将东南六路六百万石的漕运岁额减至五百五十万石。事情的起因是这样的:天圣四年(1026)五月二十一日,宋仁宗提出了减

---

① 唐·李吉甫《元和郡县图志·河南道三》(贺次君点校),北京:中华书局1983年版,第175页。
② 元·马端临《文献通考·国用考三》,杭州:浙江古籍出版社1988年版,第246页。
③ 元·脱脱等《宋史·兵志八》,北京:中华书局1985年版,第4840—4841页。
④ 元·脱脱等《宋史·食货志上三》,北京:中华书局1985年版,第4252页。
⑤ 同④,第4251页。
⑥ 清·徐松《宋会要辑稿·食货四二》第6册,北京:中华书局1957年版,第5567页。

少东南漕运岁额的设想并下诏让三司(度支司、户部、盐铁司)讨论。史称:"'咸平、景德中,发运司递年上供斛斗不过四百五十万,是时江淮人民富乐,国家储蓄有备。其后本司惟务添及万数,以为劳绩,比至近年,上供已及六百五十万。欲乞先勘会在京见管斛斗数,即于咸平、景德已来逐年上供数内酌中,取一年立为定额。'诏下三司详定。三司言:'勘会在京所支人粮马料斛斗万数浩大,全籍向南诸路船般应副,今欲酌中于天圣元年额定船般斛斗六百万石上供数内,权减五十万石,起自天圣五年后,每年以五百五十万石为额。'从之。"①一味地增加漕运岁额,势必要给东南六路带来沉重的负担。为了缓和"小民阙食"引起的矛盾,经反复斟酌,宋王朝决定于天圣五年执行新的漕运岁额方案,即取咸平(998—1003)、景德年间(1004—1007)漕运岁额的平均数确定了东南六路漕运岁额为五百五十万石。

北宋漕运形成以东南六路为主的结构,与江淮社会经济的迅速发展有密切的关系。南北朝分治结束后,农业的经济中心已逐步显示出从黄河中下游地区向淮河流域推进,再向长江中下游地区推进的势头。在长江流域农业经济区崛起之前,淮河流域是继黄河中下游地区之后率先崛起的农业经济区。在经济中心移往江淮地区的过程中,淮河流域即淮北和淮南地区是不可或缺的环节。进而言之,在农业经济中心东移的过程中,东南六路特别是淮南路已成为宋王朝租籴和财赋的重点征收区。这里仅以租籴为例,宋太宗至道元年(995),"帝以汴河岁运江、淮米五七百万斛,以济京师"②,可见江南路和淮南路是租籴的重点征收区域。史称:"开庆元年,沿江制置司招籴米五十万石,湖南安抚司籴米五十万石,两浙转运司五十万石,淮、浙发运司二百万石,江东提举司三十万石,江西转运司五十万石,湖南转运司二十万石,太平州一十万石,淮安州三十万石,高邮军五十万石,涟水军一十万石,庐州一十万石,并视时以一色会子发下收籴,以供军饷。"③开庆元年(1259)已是宋王朝的晚期,宋理宗为应对突发事件,大规模地从东南六路购米。从数量上看,东南五路的购米量均在五十万石以下,然而,在淮南路的淮安、高邮、涟水和庐州等四地的购米总量却高达一百万石。此外,"淮、浙发运司二百万石",是指从淮南路和两浙路分别征收一百万石的租籴。从这些数字中当知,淮南路是重要的稻米产区,其生产能力与两浙路大体上持平。

东南六路是宋王朝漕运的生命线,在全面倚重东南六路的过程中,淮南路在东南六路中占有特殊的份额。

值得注意的是,为了"省漕"和加强军备及边防,苏颂提出屯戍结合的营田之策。苏颂论述道:"臣今月初九日入侍经筵,进读《三朝宝训》,至咸平六年,契丹南牧,真宗皇帝尝命辅臣条陈御辽之策。因谓宰相李沆等曰:'今已屯大兵,辽未有隙,聚兵广费,民力何以充给?

---

① 清·徐松《宋会要辑稿·食货四二》第6册,北京:中华书局1957年版,第5567页。
② 元·脱脱等《宋史·河渠志三》,北京:中华书局1985年版,第2318页。
③ 元·脱脱等《宋史·食货志上三》,北京:中华书局1985年版,第4249—4250页。

自来建议营田河道,多为帅臣所沮。'臣伏蒙圣问屯兵漕河孰长?臣寻上对,以为屯兵漕河二事相须,阙一不可。盖天下无事,兵虽不用,而边防武备在乎戍守,则屯兵不可阙也。既有戍守必资粮饷,积储粮饷须由运漕,运漕小阻,其费百倍,是漕河不可阙也。方契丹连岁绎骚,边城谨备。真宗以露师累岁,思长久控扼之术,故语及营田设阻,储粮赡军之议。盖为息民止戈之渐,而帅臣不能远谋,但矜甲马雄盛,反以设险为示弱,故李沆又陈功之难成。盖人人互执所见,参验而行,实为至便,欲望圣断决行。是后,虽与契丹讲和,然而运河营田终亦不废,至今沿边以为大利。又国家禁旅大兵多驻沿河州县,皆取运漕之便也。臣故曰:'屯兵漕河二事相须,阙一不可。'臣退而伏思圣问渊奥,皆经国裕民之先务,臣前对疏浅,不甚周悉。辄复稽考书传所载,前世已行之事,进言其一二,仰备圣览。臣闻古者内诸夏而外荒译,故有甸侯要蕃之限,祭祀享贡之令,盖异远近而别内外也。远人不服,则侯伯之国得以文告而惩艾之。故文王命南仲伐獯狁城朔方,而獯狁于夷,宣王命召公平淮夷,至江汉而淮夷来求。此攻伐征讨之备素具故也。秦并诸侯,天下混一。而朔漠未服,始皇使蒙恬将兵攻取,疲敝中国,卒无成功。此无外御之所致也。韩安国将兵屯渔阳,上言方佃作时,请且罢屯。罢屯月余,而匈奴大入上谷、渔阳,掠其人畜而去。此失备虞之所致也。自尔以来,中国未尝无剽窃之患,郡县未尝无戍守之役。千金之费,岁月相乘,由是转漕运粮之策兴焉。秦使天下飞刍挽粟,起黄、腄(直瑞反,又音谁)、琅邪负海之郡,转输北河,率三十钟而致一石(六斛四斗为钟,计道路所费,凡用百九十二斛,乃得一石止),卒困民力。汉守荥阳,军无见粮。萧何转漕关中以给食,粮道不绝,遂兴汉祚。此运漕有策与无策相去之万万也。赵充国击先零,请罢骑兵,以步兵万人留屯要害。因田致谷,威德并行。大费既省,徭役豫息,以戒不虞。唐姜师度守易州,始于蓟门之北,涨水为沟,以隔奚、契丹之寇。又约魏武故迹,傍海穿沟,号平河渠,以避海道,运粮者至今赖之,此皆屯兵漕河前代之明验也。臣闻帝王之都必据形势,故三代居河洛之间。汉唐宅咸洛之壤。我太祖皇帝尝爱洛阳山川之胜,始有建都之意。用军校李怀忠陈汴渠运漕之利,遂东还京师。此实圣断睿谋,因时适变,贻万世之长策。今京师有汴蔡之广,转输之饶,沿边有塘泺营屯之固。镇压夷夏,逾于金汤。非三代、汉、唐之可拟伦也。臣顷在先朝,窃闻今太子太保致仕张方平,尝蒙神宗顾问汴渠兴置利害。方平奏曰:'古者建国必依山川,今国家都汴,实据平夷之地,所以为形势者,禁旅也。资禁旅者,粟帛也。所以富粟帛者,汴渠也。望戒有司以时开塞,毋辄轻议,天下幸甚!',神宗深以为然。审此言亦可见屯兵漕河之大要也。臣愚僭易开陈,庶几上神圣政之万一。"①客观地讲,这一观点是有见地的。"屯兵漕河"既可以扼守交通要道,保证漕粮的安全,同时又可以借助漕河的水资源进行营田,以解决戍守时军粮等不足的问题。

---

① 宋·苏颂《苏魏公文集·奏议》(附魏公谭训)卷二十(王同策、管成学、颜中其等点校),北京:中华书局1988年版,第266—268页。

第三节　五丈河与漕运

宋代疏浚五丈河始于宋太祖建隆二年二月,如史有"疏五丈河"①之说。李焘记载其事迹时指出:"壬申,命给事中范阳刘载往定陶督曹、单丁夫三万,浚五丈渠②,自都城北历曹、济及郓,以通东方之漕。"③建隆二年二月,给事中刘载奉命修缮五丈河。刘载选择在定陶(在今山东定陶)指挥曹、单两县的三万丁夫修缮五丈河表明:定陶是五丈河治理的关键航段。

五丈河是宋代不可或缺的漕运通道,负有调集曹州、济州等齐鲁之地及沿线地区粮食和赋税方面的使命。顾祖禹叙述宋代五丈河治理及通航情况时指出:"又有五丈河,亦宋漕运四河之一也。《九域志》:'五丈河即《禹贡》之菏泽,自汴城北历陈留、曹、济及郓,其广五丈。'周显德四年疏汴水北入五丈河,东流经定陶北入于济,齐、鲁舟楫皆达大梁(先是显德二年于京城西引水入五丈河达于济)。六年浚五丈渠,东过曹、济、梁山泊(见山东寿张县),以通青、郓之漕。……开宝六年改为广济河(兴国四年名城东水门曰咸通。又熙宁十年名城北水门曰永顺。五丈河盖自永顺门入京城,而达于东之咸通门)。景德三年内侍赵守伦议自京东分广济河,由定陶至徐州入清河(即泗水)。以达江、湖漕运,役成复罢(《宋史》:'徐州运河成,帝以地有龙阜,水势极浅,难置渠堰,又历吕梁滩碛之险,非可漕运,罢之。')。天圣六年阎贻庆言:'广济河下接济州之合蔡镇(见山东巨野县),通梁山泺,请治五丈河入夹黄河(郓、济间小河也),引水注之。'因立桥梁置坝堰,诏有司相度。庆历中又浚徐、沛之清河,任城、金乡之大义河(见山东任城,即济宁州),以通漕运。熙宁七年有司请于通津门(汴城东面门也)。汴河东岸开河,下通广济,以便行运。从之。元丰五年废广济辇运司(移上供物于淮扬军界入汴,名清河辇运),寻复加修治。元祐中都水监言:'广济河以京、索河为源,转漕京东岁计。请于宣泽门外置槽,架流入咸丰门(宣泽、咸丰二门俱在汴城西面,咸丰又在宣泽之北),由旧道复河源以通漕。'从之。建炎初宗泽留守东京,开五丈河以通西北商旅。《宋会要》:'汴都以惠民、金水、五丈、汴为四渠,而汴、黄、惠民、广济亦曰四河。盖河渠流通,转输易达,此汴、洛所以为天下枢也。'"④经过宋代的治理,五丈河形成与汴河相通、与济水相连的航道,沿这一航道向北可深入齐鲁腹地,从

---

① 元·脱脱等《宋史·太祖纪一》,北京:中华书局1985年版,第8页。
② 程应镠注:"案《宋史》作五丈河。"(宋·李焘《续资治通鉴长编·太祖建隆二年》,北京:中华书局2004年版,第39页)
③ 宋·李焘《续资治通鉴长编·太祖建隆二年》,北京:中华书局2004年版,第39页。
④ 清·顾祖禹《读史方舆纪要·河南一》(贺次君、施和金点校),北京:中华书局2005年版,第2117—2118页。

定陶南下经徐州进入泗水航线,进而与汴河相连。

宋代五丈河以大梁为起点北上,沿途经曹州、济州、郓州等地后,与梁山泊(在今山东梁山境内)相连。在这中间,梁山泊不但是五丈河重要的补给水源,同时也是联系青州(在今山东平原境内)等地的航段节点。具体地讲,从五丈河远及青州必须以梁山泊济运。史称:"广济河导菏水,自开封历陈留、曹、济、郓,其广五丈,亦名五丈河。是岁,驾部员外郎阎贻庆言:'河出济州之合蔡镇,通梁山泊。近者大河决荡,溺民田,坏河道,由合蔡而下,漫散不通舟。请治夹黄河,引水注之。'因敕贻庆与勾当沟河李守忠同京东转运使度工费,立桥梁,置坝堰,逾年而毕,迁贻庆官。凡所更县,委令佐专察护,浅则浚治,岸薄而圮则增筑之,植榆柳为固,而辇运使总按其不如法及干绩而可纪者。"①宋仁宗天圣六年(1028),在阎贻庆的治理下,五丈河形成了经济州合蔡镇(在今山东郓城西南)与梁山泊相连,与黄河交汇远及青州的航道。

在治理的过程中,除了有梁山泊、济水、黄河等有补给五丈河的功能外,宋代在兴修漕运通道时还将京水、索水等引入五丈河,形成了以新水源及时补给不同的航段的局面。五丈河自大梁新城的城南水门永顺门入大梁,从城北水门咸通门(善利门)出大梁。李焘《续资治通鉴长编·神宗熙宁十年》云:"五丈河下流水门曰善利,而上流水门旧无名,赐名曰永顺。"②据此,城南水门原无名,熙宁十年(1077),宋神宗赐名"永顺"。不过,《宋史·地理志》又记载道:"广济河,上曰咸丰,下曰善利(旧名咸通),上南门曰永顺。"③这里明确地说五丈河上流水门是咸丰门,此后又说"上南门曰永顺",据此当知,永顺门与咸丰门是两个城门。那么,五丈河究竟是从咸丰门进入大梁的,还是从永顺门进入大梁的呢?这个问题需要做一些必要的澄清。

大梁城内四河通漕,与五丈河发生密切关系的是金水河。金水河横贯大梁东西,与汴河形成交叉关系。程大昌指出:"本朝都汴。城内有大水二,其一自北趋南,直贯都城者,汴渠也。其一自西而东,横亘都城者,京水也(名金河水)。太祖欲通京水使东下,以达五丈河。而中间有所谓汴渠者焉,实与京水交午,而京水高于汴渠,若决京注汴,则必随汴南流不能东出。故遂于金水会汴之地,架空设槽,横跨汴面,其制如桥,而金水河之水乃自西横绝,以东注乎五丈河也,本朝名惠民河者是也。予意《水经》之谓飞渠者,如架汴桥渠而遂名之为飞也。飞者,底不附土而沿空以行,如禽之不以足履而以翼飞也。盖未央殿址据山为高,而明渠之欲入城也,必有洼下之地,中断不接,故架空为渠,使得超洼下而注沧池也。飞渠之制恐必尔也。"④京水的水位明显地高于汴渠(汴河),如果简单地引京水入汴渠再入大梁的话,很

---

① 宋·李焘《续资治通鉴长编·仁宗天圣六年》,北京:中华书局2004年版,第2487页。
② 宋·李焘《续资治通鉴长编·神宗熙宁十年》,北京:中华书局2004年版,第6963页。
③ 元·脱脱等《宋史·地理志一》,北京:中华书局1985年版,第2102页。
④ 宋·程大昌《雍录·飞渠》(中国古代都城资料选刊)(黄永年点校),北京:中华书局2002年版,第194页。

容易发生顺势随汴渠南流的情况,进而无法进入大梁并补给金水河。根据这一水文特点,宋人采取了在空中架渠进入大梁并东注五丈河的方案。

架飞渠引京水入大梁,虽然解决了京水随汴渠南流的问题,但另一个问题随之发生。因飞渠即透水槽的高度有限,客观上妨碍了汴渠漕运,针对这一情况,宋人采取了在飞渠两端开渠引导汴渠漕船进入大梁,绕过飞渠后再度入汴河的漕运方案。具体地讲,在飞渠的南北两端开渠引汴渠漕船先入大梁,沿城内水道航行,绕过飞渠后,相关的漕船再度入汴河。史有"金水河透水槽阻碍上下汴舟,令臣相度措置。已行按视,可以自汴河北岸超字坊开河一道,取水入内,径至咸丰门合金水河,将金水河自板桥石头门东修斗门开河一道,引水至金明池西北三家店湾,还入汴河"①之说,针对飞渠跨越汴河时影响汴河漕运的情况,宋代采取了自汴河北岸超字坊开河入大梁,利用城中的旧河绕过飞渠出城入汴的方案:一是汴河自咸丰门合金水河;二是从板桥石头门修斗门开河引金水河至金明池西北,给大梁注入清洁的饮用水源。客观地讲,这一工程建成后,通过绕道通行的方式有效地解决了金水河妨碍汴河漕运的大问题。史有"广济河以京、索河为源转漕京东岁计,今欲依旧即于宣泽门外置槽架作,通流入咸丰门里,由旧河道复广济河源,应接漕运"②之说。从叙述中当知,咸丰门既是汴河的水门,同时也是金水河与汴河相通的水门。又如宋神宗熙宁八年(1075)十月至次年七月,史有"诏都水监展惠民河,欲便修城也。九年七月,提辖修京城所请引雾泽陂水至咸丰门,合京、索河,由京、索签入副堤河,下合惠民。都水监谓:'不若于顺天门外签直河身,及于染院后签入护龙河,至咸丰门南复入京、索河,实为长利。'从之"③之说,经过修缮及相互连通,金水河成为五丈河重要的补给水源,故有"以咸丰门为五丈河上水门"之说。其实,五丈河入大梁的水门是大梁新城的永顺门。由于新城在旧城的西面,如果以旧城为参照坐标的话,新城的南水门实际上是在旧城的西面。金水河在大梁旧城的西面架槽跨越汴河进入大梁新城,在这中间,金水河从大梁旧城西面的水门、咸丰门继续向西,在永顺门与五丈河相连,并补给五丈河。五丈河自大梁新城水门永顺门入城后,至水门咸通门即善利门出城,进入齐鲁、曹州等地。

史称:"广济河导菏水,自开封历陈留、曹、济、郓,其广五丈,岁漕上供米六十二万石。"④五丈河经过的地区基本上不生产大米,从叙述各地漕运皆称"供米"的情况看,当知大米是宋代漕运的结算单位。换言之,五丈河"岁漕上供米六十二万石"是说五丈河上缴国库的粮食以"供米"为结算单位。具体地讲,齐鲁及五丈河沿线地区是以生产小麦及谷类为主的粮食

---

① 宋·李焘《续资治通鉴长编·神宗元丰五年》,北京:中华书局2004年版,第7804页。
② 宋·李焘《续资治通鉴长编·哲宗元祐元年》,北京:中华书局2004年版,第9088页。
③ 元·脱脱等《宋史·河渠志四》,北京:中华书局1985年版,第2338页。
④ 同③。

产区,基本上不生产大米,物以稀为贵,这样一来,相应地区的大米价格势必要高于其他粮食种类的价格。以大米为漕运结算单位传达的信息是,五丈河漕运如果以其他粮食品种替代的话,实际数字应超过六十二万石。

五丈河在宋王朝防御辽、金等的入侵中发挥了重要的作用,如宋初,京东十七州的租籴及财税是经五丈河押解到京城大梁的,因此,保持这一运道的畅通是宋王朝关心的大事。不过,平定江淮后,江淮地区成为主要的赋税征收区域,所以,汴河在漕运中的作用越来越大;五丈河沿线位于宋王朝抗击辽、金的前线,出于就地取材供给军用等原因,五丈河的漕运功能逐步减弱。此外,北宋中期以后,因黄河泛滥,河道不断地南移,再加上黄河泥沙不断地灌入并淤积航道,五丈河的漕运能力急剧下降,甚至一度停止了漕运。尽管如此,五丈河在宋初的军事斗争及政权建设中的作用仍是不可忽视的。如宋太祖开宝六年(973)二月"曹州饥,漕太仓米二万石振之"①,曹州发生饥荒,宋王朝能迅速地调集"太仓米"即中央粮仓储存的大米赈灾,是因为五丈河在宋初时有良好的漕运能力。五丈河成为重要的漕运通道后,疏浚和治理工作一直延续到北宋后期。史称:"宣和元年五月,大雨,水骤高十余丈,犯都城,自西北牟驼冈连万胜门外马监,居民尽没。前数日,城中井皆浑,宣和殿后井水溢,盖水信也。至是,诏都水使者决西城索河堤杀其势,城南居民冢墓俱被浸,遂坏藉田亲耕之稼。水至溢猛,直冒安上、南薰门,城守凡半月。已而入汴,汴渠将溢,于是募人决下流,由城北入五丈河,下通梁山泺,乃平。"②所谓"募人决下流,由城北入五丈河",固然是说在疏浚汴河的基础上治理五丈河,但从"下通梁山泺,乃平"中当知,五丈河在与汴河相通的过程中,还有泄洪功能。

---

① 元·脱脱等《宋史·太祖纪三》,北京:中华书局1985年版,第39页。
② 元·脱脱等《宋史·五行志一上》,北京:中华书局1985年版,第1329页。

第二章 蔡河沿革与漕运

蔡河(蔡水)初称"沙河",又称"溵水",在北宋漕运中占有一席之地。起初,鸿沟是蔡河和汴河(汴渠、通济渠)的统称。鸿沟自浚仪(在今河南开封)分流后,形成蔡河和汴河等两条远通江淮的航线。因为如此,"鸿沟"这一称谓慢慢地消失,开始为"蔡河"和"汴河"所取代。蔡河和汴河这两条航线串联起不同的地区,远接江淮及长江流域。从这样的角度看,蔡河和汴河在联系及实现东南六路漕运方面有相互为用和相互补充的作用。

第一节 蔡河与漕运

齐召南叙述沙河水文时论述道:"沙河即古溵水,俗曰沙水,源出鲁山县西境之尧山(即伊阳南界山,曰没大岭)。东流合西南来之波水,又东南经县城南,又东有达老河西北来注之(鲁山在县东北,河自山西麓东南流入沙),东经宝丰县南境,有小水自东北来注之(水自县东南之香山西南流入)。又东南经叶县北,有昆水注之(县北有昆阳关)。又东南流有辉河,西自叶县城南来东流注之,又东经舞阳县东北境,汝水西北自襄城来会,又东南流至郾城县南,曰大澱水,其上流即故汝水也。俗总称为沙河。有浓河西自舞阳之北,东流来会(浓河亦曰澧河,首引舞阳西界,鲁山南界,裕州北境之三里河。三里河水,本南流入唐河者。于山中分其支津,东流出山,经叶县南境、舞阳北境,又东至郾城南与沙河会,共行二百八十里。按元人竭断,故汝使东归,颍水遏其南,由舞阳以达西平之路,致汝宁府,所名之汝水,全非古之出天息山者。沙本入汝,又得浓河自西南来会,而东,于是南、北汝水,遂判然不相涉也)东经城东南,又东,稍北曲,曲流经上蔡县北界,东至商水县西北,颍水自北来会,俗曰沙河口。汝水源出嵩县西南境南阳府北界山,两源,南源曰擂鼓山,东北流(西四度五分极三十三度九分)。北源曰老君山,东流(擂鼓山西南水即南阳湍水之源也。老君山西即杏花山,又西即熊耳山,伊水之源也)。数十里合,而东北经嵩县南境之伏牛山北即古天息山也(源至此已百余里)。又东北,百余里经伊阳县城南,又东北五十里,折而东南流经汝州城南,又东南有一水自北来注之,又东南经宝丰县北境,郏县南境,又东南经襄城县城西南,又东南八十里,沙河西自叶县来会(源至此曲折,已六百里),又东南经舞阳东北境,郾城县城南,会西来之浓河,又东北经上蔡县北界,东至商水县西北,会北来之颍水(自会沙水以上,皆仍古道)。"①这一论述清晰地勾勒了沙河水文及历史变迁,是我们认识沙河的重要资料。

东汉以后"沙"读作"蔡",因此"蔡水"是"沙水"的异读。郦道元指出:"又东北注渠,即沙水也,音蔡,许慎正作沙音,言水散石也。"②蔡水又称"沙水",与取水黄河及河道泥沙严重相关。胡渭论述蔡河与汴河及淮河水系的关系时指出:"《渠水篇》云沙音蔡。许慎正作沙音。言水散石也。《续述征记》曰:汴、沙到浚仪而分,汴东注,沙南流,至义城县西南,而东注于淮,谓之沙汭。杜预曰:沙,水名也。《汉志》沛郡有义成县,其故城在怀远县东北十五里,今名拖城。《魏收志》云:汴水在大梁城东,分为蔡渠。即今祥符县东南首受汴之蔡河。"③据《水经注·巨洋水》,《续述征记》的作者是刘宋时期的郭缘生,④如《隋书·经籍志》著录《武昌先贤志》一书有"宋天门太守郭缘生撰"⑤语。尽管《续述征记》已不复存在,但从"述征"二字中当知,南北分治时期,蔡河依旧是黄河流域通往两淮(淮北、淮南)地区的重要航线。除此之外,从"沙南流,至义城县西南,而东注于淮"等中当知,早在汉代以前,蔡河已与淮河水系相通。《汉书·地理志》有沛郡义成县(在今安徽怀远东北),义成(义城)有淮河支流涡水。鸿沟在浚仪即大梁分流后,向东南方向的航道继续沿用"汴河"等旧称,向南的航道则以"沙水"或"蔡河"等相称。

胡渭指出:"蒗荡渠东南流为荥渎、济水,为官渡水,为阴沟、汳水、浚仪渠,其在大梁城南者为鸿沟,鸿沟南流兼沙水之目,沙水枝津又为睢水、涡水,名称不一,要皆河阴石门河水为之,委别而原同也。"⑥这一叙述有三层含义:一是鸿沟在历史的变迁中有不同的名称,并利用了不同的河道;二是鸿沟在大梁分流,在此处分流时无论是东流汴河,还是南流蔡河,均以黄河为主要的补给水源;三是"鸿沟南流兼沙水之目,沙水枝津又为睢水、涡水",蔡河自浚仪流向东南有睢水、涡水等汇入。在历史变迁的过程中,涡水除了与黄河形成一定的关系外,也可称是淮河的第二大支流。具体地讲,涡水发源地在尉氏(在今河南尉氏),流向东南后经河南浚仪、通许、扶沟、太康、柘城、鹿邑等地,从鹿邑进入安徽亳州、涡阳、蒙城、怀远等地,至

---

① 清·齐召南《水道提纲·入淮巨川》,《四库全书》第583册,上海:上海古籍出版社1987年版,第81—82页。
② 北魏·郦道元《水经注·渠水》,杨守敬、熊会贞疏,段熙仲点校,陈桥驿复校《水经注疏》中册,南京:江苏古籍出版社1989年版,第1901页。
③ 清·胡渭《禹贡锥指》(邹逸麟整理),上海:上海古籍出版社2006年版,第615页。
④ 北魏·郦道元《水经注·巨洋水》,杨守敬、熊会贞疏,段熙仲点校,陈桥驿复校《水经注疏》中册,南京:江苏古籍出版社1989年版,第2209页。
⑤ 唐·魏徵等《隋书·经籍志二》,北京:中华书局1973年版,第975页。
⑥ 同③,第454页。

涡口（在今安徽怀远东北）入淮。蔡河"首受汴"，除了祥符（在今河南开封）至许通这一航段以黄河为补给水源外，其他的航段基本上以淮河水系为补给水源，甚至有的航段还直接以淮河的支流为航道，如蔡河又有"睢水""涡水"等称谓，从侧面证明了淮河支流睢水、涡水是蔡河不可或缺的航段。

颍水是淮河的重要支流，与沙河相通，故有人把颍水视为沙河，故颍水又有"沙颍水"之称。齐召南叙述道："颍水源出登封县北中岳嵩山西南之少室山，南流经城西，有二水自西南来会（一出玉寨山，一出其南）。折东南流山中经密县南境，又东经禹州城北，又东南分为二派，一东北流，经新郑县南界折而东南，经长葛县西南，又南经许州城东北，又东南至临颍县东境。其南一支东南流，曰石梁河。经襄城县东北界，又东南经许州城西南，又东南经临颍县北境，东南流与分支复合，凡二百三十里也。又东南有渚河自西南来会（渚河出汝州东北境，山在登封东南，禹州西北，水东南流山中经州南，又东南经襄城县北境，又东南经临颍县西南，又东南入颍水）。又东流数十里，折而南流于商水县西北，会西来之汝水，俗曰渚河口。又东稍北至周家口，有荥阳东南诸水合为一河，自北来会（中岳西三度四分极三十四度七分）。"①东汉时期，颍水沿岸得到开发。因土地富饶，物产丰富，豪强地主及世家大族在这里建设了庄园，如史有颍川郡"户二十六万三千四百四十，口百四十三万六千五百一十三"②之说。从表面上看，此时颍川郡的人口低于汝南郡的人口，如史有汝南郡"户四十万四千四百四十八，口二百一十万七百八十八"③之说。其实，颍川郡人口少，一是豪强地主在颍水沿岸建造了大量的庄园；二是与颍川郡开发迟于汝南郡相关。具体地讲，颍川郡和汝南郡同属淮河流域，颍川郡境内有颍水，汝南郡境内有汝水，汝南开发较早，如司马迁有"荥阳下引河东南为鸿沟，以通宋、郑、陈、蔡、曹、卫，与济、汝、淮、泗会"④之说可证。以今之地理言之，颍水发祥于河南登封的阳乾山，流向东南时经河南禹州、襄城、许昌、临颍、堰城、西华、周口、商水、项城（在今河南沈丘县）、沈丘等地，入安徽后经界首、太和、阜阳、颍上等地，在正阳关（在今安徽寿县正阳关镇）注入淮河。

蔡河入淮除了有涡水航线外，还有颍水航线。如黄初五年（224）八月，曹丕远征淮南时"循蔡、颍，浮淮如寿春"⑤。蔡河是一条与颍水和涡水相通的航线。顾祖禹指出："蔡河首受汴，自祥符县东南，通许县西，尉氏、扶沟县之东境，太康县之西境，至鹿邑县南而合于颍河，

---

① 清·齐召南《水道提纲·入淮巨川》，《四库全书》第583册，上海：上海古籍出版社1987年版，第82页。
② 刘宋·范晔《后汉书·郡国志二》，北京：中华书局1965年版，第3421页。
③ 同②，第3424页。
④ 汉·司马迁《史记·河渠书》，北京：中华书局1982年版，第1407页。
⑤ 宋·司马光《资治通鉴·魏纪二》（附考异）（邬国义校点），上海：上海古籍出版社1997年版，第614页。

谓之蔡河口。"①又指出："蔡水,在城东南。自汴河分流为蔡水,亦曰沙水。沙,孔氏读为蔡。下流至归德府鹿邑县合于颍水。宋开宝中赐名惠民河,为漕运四河之一。"②蔡河与涡水相通后,继续南下和颍水在鹿邑县的南境相合。

颍水是从中原入淮的古老航道。《左传·襄公十年》有晋师"与楚师夹颍而军"、郑人"宵涉颍,与楚人盟"③之说,鲁襄公十年(前563),从淮河入颍水是楚军北上救郑的重要航线。然而,这一航线在建安七年(202)出现了航运能力下降或堵塞等问题,为此,曹操有兴修睢阳渠之举。蔡河有"沙河"之称,"蔡"和"沙"互通,除了与音读相关外,更重要的是,"颍水合蔡亦兼有沙河之称"。顾祖禹考证蔡河、汴河、颍水三者之间的关系及航线时指出:"颍水源出河南府登封县东二十五里阳乾山,流经开封府禹州北入许州界,经襄城县北亦谓之渚河,又东经临颍县北,又东经西华县北、陈州之南,又东经项城县南、沈丘县北,接归德府鹿邑县南境而合于蔡河。蔡河首受汴,自祥符县东南,通许县西,尉氏、扶沟县之东境,太康县之西境,至鹿邑县南而合于颍河,谓之蔡河口。《水经注》:'莨荡渠自中牟东流至浚仪县分为二水,南流曰沙水,东注曰汴水。'(魏收曰:'汴水在大梁城东,分为蔡港。'《续述征记》:'汴、沙到浚仪而分,汴东注,沙南流。')沙即蔡也,颍水合蔡亦兼有沙河之称。自鹿邑县东南流入南直凤阳府界,经太和县及颍州之北,颍上县之东南,当寿州西北正阳镇而入淮,谓之颍口。《汉志》注:'颍水历郡三(颍川、淮阳、沛郡),行千五百里。'自古用兵之地也。《左传·襄十年》:'晋帅诸侯伐郑,楚救郑,晋师进与楚夹颍而军,郑人宵涉颍与楚盟。'(此即今禹州北之颍水)三国魏黄初五年,曹丕为水军,亲御龙舟,循蔡、颍浮淮,如寿春,将以伐吴。正始四年,司马懿欲广田蓄谷于扬、豫间,使邓艾行陈、项以东至寿春,艾以为:'昔太祖破黄巾,因为屯田,积谷许都,以制四方。今三隅已定,事在淮南。每大军出征,运兵过半,功费巨亿。陈、蔡之间,土下田良,可省许昌左右诸稻田,并水东下(胡氏曰:'汝水、颍水、莨荡渠水、涡水,皆经陈、蔡间东入淮。')令淮北屯二万人,淮南屯三万人,什二分休,常有四万人且田且守;益开河渠,以增灌溉,通漕运。计除众费岁合五百万斛,以为军资,六七年间,可积三千万斛于淮上。此则十万之众五年食也。以此乘吴,无不克矣。'懿善之,遂北临淮水,自钟离以南(钟离,今南直凤阳府治),横石以西(横石,一作'硖石',见寿州),尽沘水四百余里(沘水即淠水,见固始县及南直六安州、寿州境),五里置营,营六十人,且田且守。兼修广淮阳、百尺二渠(淮阳、百尺渠,俱在陈州),上引河流,下通淮、颍,大治诸陂,于颍南、颍北穿渠三百里,溉田二万顷。淮南、淮北仓庾相望,自寿春至京师农官屯兵,鸡犬之声,阡陌相属。每东南有事,大兵出征,

---

① 清·顾祖禹《读史方舆纪要·河南一》(贺次君、施和金点校),北京:中华书局2005年版,第2113页。

② 同①,第2146页。

③ 清·阮元《十三经注疏·春秋左传正义》,北京:中华书局1980年版,第1948页。

泛舟而下达于江、淮,资食有储而无水害,艾所建也。"①历史上的蔡河虽几经兴废,但始终有它独自存在的价值。这条航线除了有航运功能外,还有灌溉农田、排洪防涝、发展农业等功能,特别是在三国鼎立及南北分治的背景下,这条航道有着不可替代的作用。正始四年(243),邓艾率部在淮南及淮北屯田及开挖河渠发展漕运时,进一步确认了蔡河及颖水航道从水上联系黄淮地区的地位。晋太元八年(383),苻坚举兵征伐东晋时就利用了这条航道。

隋统一全国后,重点修缮面向东南的漕运通道是朝廷的头等大事。此时,江淮经济迅速地崛起,为兴修中原连接江淮的运河通道铺平了道路。荥阳以东即黄河与淮河及支流相连的运河起码有两条航线。在兴修鸿沟时,隋炀帝面临着两个选择:是在蔡河的基础上兴修,还是在汴河的基础上兴修。从实际情况看,隋炀帝选择了汴河航线。史称:"荥阳下引河东南为鸿沟,以通宋、郑、陈、蔡、曹、卫,与济、汝、淮、泗会。"②从大的方面讲,蔡河和汴河都是鸿沟航道的一部分,都有联系江淮的能力,不过,两条运河自浚仪以下有不同的航线。具体地讲,汴河自浚仪流向东南的航线是联系淮泗、长江流域的捷径。相比之下,蔡河虽有联系江淮的能力,但航道曲折迂回,同时还会增加在淮河上航行的时间,给漕运带来风险,造成不必要的损失。在这样的背景下,利用汴河航道兴修鸿沟联系江淮是最为理想的选择。更重要的是,隋代兴修鸿沟的目的是为了加强与江淮地区和黄河流域的联系,以汴河为远通江淮的主航道可以减少航运里程,实现经济利益的最大化。正因为如此,隋代兴修鸿沟时采取了以汴河为基本航道、远通江淮的方案。

根据历代典籍,顾祖禹叙述唐代以前蔡河与汴河各自的通航情况时指出:"晋太元八年苻坚大举入寇,坚至项城,苻融等将兵先至颖口。唐建中二年田悦(魏博帅)、李惟岳(恒冀帅)、李纳(淄青帅)、梁崇义(襄邓帅)拒命,举天下兵讨之,诸军皆仰给京师,而李纳、田悦兵守涡口(见南直怀远县),崇义扼襄、邓,南北漕引皆绝。江淮转运使杜佑以秦、汉运路出浚仪西十里,入琵琶沟,绝蔡河,至陈州而合颖河。自隋凿汴河,官漕不通。若导流培岸,功用甚寡,疏鸡鸣冈首尾(尉氏县有鸡鸣城。或曰今南直合肥西北之鸡鸣山,淝水出焉),可以通舟,陆行才四十里,则江、湖、黔中、岭南、蜀汉之粟可方舟而下,由白沙(见南直仪真县)趣东关(在南直巢县),经庐、寿浮颖涉蔡,历琵琶沟入汴河抵东都,无浊河溯淮之阻(佑盖欲由大江通淝水,由淝水达蔡河),减故道二千余里。会李纳将李洧以徐州归朝(时涡口属徐州),淮路通而止。三年淮西帅李希烈叛,徙镇许州,与李纳相结,绝汴渠饷道,由是东南转输者皆不敢由汴渠自蔡水西上。宣武节度使李勉因治蔡渠,引东南馈。元和十一年讨吴元济,初置

---

① 清·顾祖禹《读史方舆纪要·河南一》(贺次君、施和金点校),北京:中华书局2005年版,第2113—2114页。

② 汉·司马迁《史记·河渠书》,北京:中华书局1982年版,第1407页。

淮、颍水运使,扬子院米自淮阴溯淮入颍,至项城入溵,输于郾城,以馈淮西行营诸军,省汴运之费。《旧史》:时运米溯淮至寿州四十里入颍口,又溯流至颍州沈丘界五百里至于项城,又溯流五百里入溵河,又三百里输于郾城(凡历千三百余里,盖迂言之)。"①从前秦苻坚至项城、苻融率领大军到颍口的情况看,晋太元八年,蔡河是中原地区通往淮北的重要航线。这一情况从侧面说明淮北地区是重要的农业产区。不过,又过了二百年,在隋王朝取代北周的时候,淮北地区因战乱,农业经济已走向衰败。正因为如此,隋代兴修汴河时完全可以撇开淮北,重修直接与江淮相连的汴河航道。在这样的背景下,蔡河航线为汴河所取代,开始走向衰败。唐德宗建中二年(781)以后,因藩镇割据掐断了唐王朝的漕运通道汴河,因此,唐代统治者不得不试图恢复蔡河航道。

从大的方面讲,隋唐两代,汴河是联系江淮的交通大动脉。这条水上交通大动脉建成后,虽然决定了蔡河不再是联系江淮主干线的命运,但在淮河流域的经济发展水平普遍超过中原地区的背景下,蔡河依旧有着其自身存在的价值,甚至在某些特定的时期,蔡河在缓解汴河漕运压力及促进商品流通等方面依旧有着不可替代的作用。唐代李钦明在给朝廷的上疏中写道:"臣伏以百姓转食馈运,舟车之利,苦乐相悬。臣窃见蔡水尝有漕运,多是括借舟船,破溺者弃在水边,不许修葺,又不给付。以臣愚见,乞容陈、许、蔡三州人户制造舟船,不用括取,以备差雇。水路可至合流镇及陈州蔡水,未及水匮十数里,水小岸狭,或时干浅。臣伏请开决汴水,取定力禅院西一半并港穿大城,向南至斗门,可费三五千工。自水匮蔡水,路才五六里。水势便于开决,陈蔡漕运,必倍常年,私下往来,更丰财货。此之利便,实益转输。"②李钦明提出疏浚蔡河的主张主要是在重新认识蔡河在商贸中的地位后提出的。客观地讲,这一认识从侧面道出了蔡河在唐代交通中的特殊作用。

第二节 蔡河与琵琶沟之关系考述

蔡河与汴河漕运长期存在着互补的关系。唐代宗大历十一年(776),汴州(在今河南开封)守将李灵曜叛唐,为此,沿汴河经汴州西入长安的漕运通道受阻。为恢复漕运,亳州防御使李芃重修蔡河,建立了绕过汴州与陈、颍等地相连的漕运通道。史称:"岁中,即值李灵曜

---

① 清·顾祖禹《读史方舆纪要·河南一》(贺次君、施和金点校),北京:中华书局2005年版,第2114—2115页。
② 唐·李钦明《请许陈许蔡三州制造舟船奏》,清·董诰等《全唐文》,北京:中华书局1983年版,第8971页。

反于汴州,勉署芃兼亳州防御使,练达军事,兵备甚肃;又开陈、颍运路,以通漕挽。"①李芃通过开挖经陈州(在今周口淮阳)到颍州(在今安徽阜阳)蔡河之间的连接线,建立了汴河与蔡河之间的联系。唐宪宗元和十一年(816)十二月,为剪除盘踞在蔡州(在今河南汝南)一带的反叛势力吴元济,唐政府修缮了蔡河入淮的航道。此举提升了蔡河的航运能力,也为节度使李愬于次年平定吴元济之乱提供了运粮及战略物资等方面的保障。如史有"初置淮颍水运使,运扬子院米,自淮阴溯流至寿州,四十里入颍口,又溯流至颍州沈丘界,五百里至于项城,又溯流五百里入溵河,又三百里输于郾城。得米五十万石,菽一千五百万束。省汴运七万六千贯。"②之说,这条航道沿淮河抵寿州(在今安徽寿县),入颍水后,经项城等地沿溵河可抵达郾城(在今河南漯河)等地。

针对田悦、李惟岳、李纳、梁崇义等掐断汴河漕运的情况,杜佑提出了"由白沙趣东关"借用蔡河航道进行漕运的方案。史称:"及田悦、李惟岳、李纳、梁崇义拒命,举天下兵讨之,诸军仰给京师。而李纳、田悦兵守涡口,梁崇义搤襄、邓,南北漕引皆绝,京师大恐。江淮水陆转运使杜佑以秦、汉运路出浚仪十里入琵琶沟,绝蔡河,至陈州而合,自隋凿汴河,官漕不通,若导流培岸,功用甚寡;疏鸡鸣冈首尾,可以通舟,陆行才四十里,则江、湖、黔中、岭南、蜀、汉之粟可方舟而下,由白沙趣东关,历颍、蔡,涉汴抵东都,无浊河溯淮之阻,减故道二千余里。会李纳将李洧以徐州归命,淮路通而止。"③又称:"德宗朝,岁漕运江、淮米四十万石,以益关中。时叛将李正己、田悦皆分军守徐州,临涡口,梁崇义阻兵襄、邓,南北漕引皆绝。于是水陆运使杜佑请改漕路,自浚仪西十里,疏其南涯,引流入琵琶沟,经蔡河至陈州合颍水,是秦、汉故道,以官漕久不由此,故填淤不通,若畎流培岸,则功用甚寡;又庐、寿之间有水道,而平冈亘其中,曰鸡鸣山,佑请疏其两端,皆可通舟,其间登陆四十里而已,则江、湖、黔、岭、蜀、汉之粟,可方舟而下。"④杜佑"请改漕路"的方案是,"以秦、汉运路出浚仪十里入琵琶沟,绝蔡河,至陈州而合"即"自浚仪西十里,疏其南涯,引流入琵琶沟,经蔡河至陈州合颍水"。这条漕运通道以浚仪西南方向的汴河为起点,经新开挖的琵琶沟进入蔡河,沿蔡河向南与陈州相接,形成绕过浚仪直接入汴的航道。所谓琵琶沟在"浚仪西十里",是说琵琶沟在浚仪的西南。李吉甫指出:"琵琶沟水,西自中牟县界流入通济渠。隋炀帝欲幸江都,自大梁城西南凿渠,引汴水,即蒗宕渠也。"⑤隋炀帝在大梁(在今河南开封)西南开通济渠时,利用了在浚仪南面的蔡河。如以"出浚仪十里入琵琶沟,绝蔡河""自浚仪西十里,疏其南涯,引流入琵琶沟""自大梁城西南凿渠,引汴水"等语互证的话,当知琵琶沟在浚仪即大梁的西南。汴水又

---

① 后晋·刘昫等《旧唐书·李芃传》,北京:中华书局1975年版,第3655页。
② 后晋·刘昫等《旧唐书·宪宗纪下》,北京:中华书局1975年版,第458页。
③ 宋·欧阳修等《新唐书·食货志三》,北京:中华书局1975年版,第1369页。
④ 元·脱脱等《宋史·河渠志三》,北京:中华书局1985年版,第2320页。
⑤ 唐·李吉甫《元和郡县图志·河南道三》(贺次君点校),北京:中华书局1983年版,第177页。

称蒗宕渠。蒗宕渠是上古时期开挖的运河鸿沟。

田悦等反唐事件发生于唐德宗建中二年。唐德宗兴元元年(784),田悦等攻陷汴州,稍后又攻占宋州(在今河南商丘)、徐州(在今江苏徐州)、涡口(在今安徽怀远东北)等战略要地,这些举动掐断了唐王朝赖以生存的漕运通道。针对这一情况,杜佑提出了以汴河航道为主,部分借用蔡河航道进行漕运的建议。具体地讲,一是恢复秦汉漕运旧道,通过疏通琵琶沟建立汴河和蔡河之间连线,以此绕过叛军占领的汴河重镇汴州、宋州、徐州等,形成从陈州出发入蔡河再入琵琶沟,从琵琶沟入浚仪以西通济渠的漕运航线;二是开辟从陈州入颖水的新航线。这条航线从陈州进入颖水再入淮河,随后从寿州由淮入淝水,在淝水上源鸡鸣冈(鸡鸣山)开凿运道进入巢湖,从巢湖陆运四十里后进入长江,进而转运长江沿线的粮食及物资等。杜佑开琵琶沟,是在亳州防御使李芃"开陈、颖运路,以通漕挽"的基础上进行的。从大的方面讲,杜佑开琵琶沟的时间可上溯至大历十一年,李芃"开陈、颖运路,以通漕挽"之时。杜佑开琵琶沟即建立新的漕运通道后不久,因李洧归顺朝廷再度恢复已有的汴河漕运,杜佑主持的琵琶沟工程遂不再进行。史有"由是白沙趋东关,经庐、寿,浮颖步蔡,历琵琶沟入汴河,不复经溯淮之险,径于旧路二千里,功寡利博。朝议将行,而徐州顺命,淮路乃通"①之说,因汴河漕运再度恢复,遂停止开挖由蔡河经琵琶沟再入汴河的互通航道。

然而,唐代后期藩镇割据围绕着汴州展开激烈的争夺,因此时常出现妨碍汴河漕运的局面,为此,唐宪宗年间,王播再次提出疏通及重建琵琶沟航线的建议。如李宗闵为王播作墓志铭时,深情地写道:"凡朝廷平淮取郓,屠汴下沧景,干戈不息者十五六年,馈饷资费,随其缓急而立办,沛然若神给。其间沟琵琶,导颖河,以漕轻舟,师人坐受其饱。疏三门,挽沉石,以济巨舻,关中遂忘其饥。"②从"其间沟琵琶"等语中当知,王播再次疏通了琵琶沟即浚仪以南从蔡河到汴河的互通航线。李昉等《太平御览》引《唐书》记载道:"元和中,盐铁使王播进陈许军琵琶沟运图。先是,中官李重秀奉命视之,还。言可以通漕至鄢城下北颖口,水运千里而近。及上览图,诏韩弘发卒以通汴河,于是舡胜三百石皆入颖。"③"陈许军"归陈许节度使统领,治所在今河南许昌,驻防地区为陈州和许州。从中官李重秀"言可以通漕至鄢城下北颖口,水运千里而近"到王播"进陈许军琵琶沟运图",经过李芃、杜佑等人的努力,重建了从陈州到许州的漕运通道,这一漕运通道重建后形成了与汴河相辅相成的航运复线。客观地讲,这一航线建成后,以复线的形式丰富了这一地区的航运线路,甚至还在汴河不通的背景下起到了补充汴河漕运的作用。然而,检索《旧唐书》《新唐书》等文献,均不见王播"进陈

---

① 元·脱脱等《宋史·河渠志三》,北京:中华书局1985年版,第2320页。
② 唐·李宗闵《故丞相尚书左仆射赠太尉太原王公神道碑铭并序》,清·董诰等《全唐文》卷七一四,北京:中华书局1983年版,第7337页。
③ 宋·李昉等《太平御览·兵部》,北京:中华书局1960年版,第1527页。

许军琵琶沟运图"的记载,唯一与"进陈许军琵琶沟运图"相关的文字只有"为太子广《五运图》《文场秀句》等献之"①等语,因此,无法得知李昉引《唐书》中的文字出自何处。然而,王播"进陈许军琵琶沟运图"一事完全可以确信。如王钦若等亦记载道:"是月,盐铁使王播进供陈许琵琶沟年三运图,先是,中官李重秀奉命视之,还言可以通漕至堰城下北颍口,水运千里而近。及帝览图诏韩弘发卒以通汴河,于是船胜三百石者皆得入颍。"②以处"是月"前交代的时间是唐宪宗元和八年(813)十二月,因此,王播"进供陈许琵琶沟运图"的时间为唐宪宗元和八年十二月。

因文献缺载,已无法得知琵琶沟的具体情况。欧阳忞指出:"蔡河,盖古琵琶沟也。"③宋人以"蔡河"称"琵琶沟",从侧面表达了琵琶沟是蔡河的一部分。从"西自中牟县界流入通济渠"中可以得到两个信息:一是琵琶沟是蔡河向西的延长线,并在中牟境内与通济渠即汴河连接;二是琵琶沟作为蔡河的一部分,二者有共同的补给水源,这一水源应以淮河水系为主。《舆地广记》的作者为何人?前人有不同的看法,但大部分人主张现存三十八卷的《舆地广记》是欧阳忞撰写的。欧阳忞生卒年不详,是北宋欧阳修的族孙。《舆地广记》是宋代政和年间(宋徽宗年号,1111—1118)产生的历史地理著作。纪昀等收录《舆地广记》入《四库全书》时写道:"宋欧阳忞撰。晁公武《读书志》谓实无其人,乃著书者所假托。陈振孙《书录解题》则以为其书成于政和中。忞,欧阳修从孙,以行名皆连'心'字为据。按此书非触时忌,何必隐名,疑振孙之说为是。然修,庐陵人,而此本有忞自序,乃自称广陵。岂广、庐字形相近,传写致讹欤?其书前四卷,先叙历代疆域,提其纲要。五卷以后,乃列宋郡县名,体例特为清析。其前代州邑宋不能有,如燕云十六州之类者,亦附各道之末,名之曰化外州,亦足资考证。虽其时土宇狭隘,不足括舆地之全,而端委详明,较易寻览,亦舆记中之佳本也。"④唐代以后,琵琶沟是蔡河联系汴河的重要航线。后周与后唐之间的战争主要在蔡河和汴河之间展开,史称:"先是,周与唐战,唐水军锐敏,周人无以敌之,帝每以为恨。返自寿春,于大梁城西汴水侧造战舰数百艘,命唐降卒教北人水战,数月之后,纵横出没,殆胜唐兵。至是,命右骁卫大将军王环将水军数千自闵河沿颍入淮,唐人见之大惊。"⑤显德六年(959),周世宗"疏导蔡河,以通陈、颍水运之路"⑥。顾祖禹指出:"五代周显德四年攻唐淮南,先习水战于大梁城西汴水侧,至是命将王环将水军数千,自闵水沿颍入淮,闵水,亦蔡河之异名。唐人

---

① 后晋·刘昫等《旧唐书·王播传》,北京:中华书局1975年版,第4280页。
② 宋·王钦若等《册府元龟·邦计部》,北京:中华书局1960年版,第5954页。
③ 宋·欧阳忞《舆地广记·四京》(李勇先、王小红校注),成都:四川大学出版社2003年版,第72页。
④ 清·纪昀等《钦定四库全书总目·史部二十四》(四库全书研究所整理),北京:中华书局1997年版,第926页。
⑤ 宋·袁枢《通鉴纪事本末·世宗征淮南》,北京:中华书局1964年版,第4054页。
⑥ 宋·薛居正等《旧五代史·周书》,北京:中华书局1976年版,第1580页。

大惊。六年,自大梁城东导汴水入于蔡,韩令坤浚。以通陈、颍之漕。"①从汴河"自闵河沿颍入淮",琵琶沟是不可或缺的航线。由于这条航道具有远接江淮的能力,故受到后世的高度重视。

宋王朝建立后,在"至国家膺图受命,以大梁四方所凑,天下之枢,可以临制四海,故卜京邑而定都"②的前提下,加强大梁运河建设是必然之举。在这中间,宋代十分关注蔡河与汴河之间的互通情况。历史上的蔡河与汴河作为鸿沟两个不同走向的航段,本来有互通的能力,然而,在历史的变迁中因缺水,蔡河的部分航段逐步失去了通航能力。为了建设以大梁为中心的水上交通枢纽,宋王朝需要通过疏浚及利用琵琶沟重建蔡河(包括闵河)与汴河之间的互通航线。熙宁八年(1075),宋神宗再度分汴水入蔡河,通过补给蔡河及琵琶沟的水源来增强从汴河经琵琶沟入蔡的航运能力,故史有"酾汴水入蔡河以通漕"③之说。蔡河与汴河互通,形成了宋代以大梁为起点,联系江淮有不同走向的漕运通道。

宋代琵琶沟是一条繁忙的航线,一度废弃的航线经过宋人的重新确认而成为黄河流域与江淮地区交通的新途径。张耒在《春日怀淮阳六绝·其四》一诗中写道:"黄巢寨南琵琶沟,古原芳草静春流。大艑舸舣(舣)何处客,樯竿西北是神州。"④从"大艑舸舣""樯竿"等意象中当知,琵琶沟肩负着重要的漕运使命。向子諲有《虞美人》一词,题下有"政和丁酉下琵琶沟作"语。其词云:"濛濛烟树无重数。不碍相思路。晚云分外欲增愁。更那堪疏雨、送归舟。雨来还被风吹去。陨泪多如雨。拟题双叶问离忧。怎得水随人意、肯西流。"⑤在宋代不断治理的背景下,琵琶沟作为联系黄淮及江淮地区的新航道,不但在漕运中占有重要的地位,而且成为商贸往来的大通道。

此外,与蔡河相关的八丈沟也是重点整治的对象。史家叙述陈州百尺沟时写道:"在州城东本沙水也。上承涝陂,东南流注于颍水,次有大堰即古百尺堰,又名百尺堨,亦名八丈沟。宋熙宁三年,大理丞陈世修陈州项城县界,有八丈沟,绵亘三百五十余里,乞因故道浚治,兴复大江,次河射虎、流龙、百尺等陂塘,灌溉数百里稻田。王安石以蔡河,今赖以通漕,不能如邓艾时并水东下,功未可就,乃诏先行相度,议遂阻。元祐四年,知陈州胡宗愈言:陈州地势卑下,夏秋之间,许、蔡、汝、邓及开封诸河之水,下注并山,陈州沙蔡,同入颍河,不能

---

① 清·顾祖禹《读史方舆纪要·河南一》(贺次君、施和金点校),北京:中华书局2005年版,第2115页。
② 元·脱脱等《宋史·河渠志三》,北京:中华书局1985年版,第2320页。
③ 元·脱脱等《宋史·神宗纪二》,北京:中华书局1985年版,第288页。
④ 宋·张耒《春日怀淮阳六绝》,《张耒集》(中国古典文学基本丛书)(李逸安等校点),北京:中华书局1999年版,第533页。
⑤ 宋·向子諲《虞美人·政和丁酉下琵琶沟作》,唐圭璋编《全宋词》第2册,北京:中华书局1965年版,第971页。

容受,故境内潴为陂泽。今沙河合颍之处,有古八丈沟,可以开浚,分决蔡河之水,自为一支。由颍、寿入淮,则沙河不能壅遏矣。诏可。功既成,谓之新河。政和初,知陈州霍端友又言:陈地污下,久雨则积潦害稼,比疏新河八百里而去淮尚远,水不能泄,请益开二百里,起西华循宛丘入项城,以达于淮,使畎浍陂泽各有所归,自无伤稼之患矣。从之。"①八丈沟成为治理的对象,是以治理蔡河为前提的,通过整治八丈沟疏通了自蔡河入颍的古水道,基本消除了陈州的水患。

第三节 蔡河与惠民河之关系考述

宋代蔡河又称"惠民河",惠民河包括蔡河和闵河(闵水)。起初,闵河没有直接与蔡河相通的航道,陈承昭奉命"督治惠民"后,闵河成为蔡河的一部分。不过,前人有将闵河视为蔡河的说法,如顾祖禹指出:"闵水,亦蔡河之异名。"②闵河与蔡河相通后虽有了将闵河视为蔡河的说法,但此前的闵河与蔡河无关。

惠民河是宋代重点修缮的运河,更准确地说,蔡河、闵河是宋初重点修缮的运河。自建隆元年(960)陈承昭"督治惠民"后,宋代统治者十分重视惠民河的疏浚和管理。宋太宗淳化(990—994)初,已派员专门"护浚惠民河"③。如宋真宗年间(998—1022),史有高继宣"以恩补西头供奉官、惠民河巡督漕船"④之说。从"护浚"中当知,惠民河是宋王朝重点管理的漕运通道,常年有专人负责管理和航道疏浚工作;从"巡督漕船"中当知,宋王朝十分重视惠民河漕船航行过程中的管理工作。具体地讲,这里既包括督察漕运,又包括监督船工私运货物及防止盗窃行为等。受水灾及黄河改道、决口、漫溢等影响,惠民河决口和漫溢时常发生,这一情况极大地妨碍了惠民河漕运。如咸平五年(1002)六月"京师大雨,漂坏庐舍,民有压死者。积潦浸道路,自朱雀门东抵宣化门尤甚,皆注惠民河,河复涨,溢军营"⑤;又如"大中祥符元年六月,开封府尉氏县惠民河决。二年七月,徐、济、青、淄大水。八月,凤州大水,漂溺民居。十月,京畿惠民河决,坏民田"⑥;又如大中祥符二年(1009)"八月丙戌,京东

---

① 清·王士俊等监修,清·顾栋高等编纂《河南通志·水利下》,《四库全书》第535册,上海:上海古籍出版社1987年版,第529页。
② 清·顾祖禹《读史方舆纪要·河南一》(贺次君、施和金点校),北京:中华书局2005年版,第2115页。
③ 元·脱脱等《宋史·孔守正传》,北京:中华书局1985年版,第9371页。
④ 元·脱脱等《宋史·高继宣传》,北京:中华书局1985年版,第9696页。
⑤ 元·脱脱等《宋史·五行志一上》,北京:中华书局1985年版,第1324页。
⑥ 同⑤。

惠民河溢"①等,这些情况均表明,加强惠民河建设是一件长期且复杂的事,需要根据不断发生的新情况对航道进行有针对性的治理。

顾祖禹考证大梁与蔡河、闵河、汴河之间的关系时指出:"宋建隆二年浚蔡渠(先是元年浚蔡河设斗门,至是复命陈承昭督其役),导闵水自新郑与蔡水合(此闵水谓蔡河上流溱、洧诸川也),贯京师,南历陈、颍达寿春,以通淮右之漕,舟楫毕至,都人利之,于是以西南为闵河,东南为蔡河。乾德二年又凿渠自长社(今许州)引溵水至京师(溵水亦见许州)合闵水,渠成民无水患,闵河之漕益通。开宝六年改闵河为惠民河(太平兴国四年名城南惠民河水门曰普济、广利),为漕运四河之一。端拱初,陈尧叟等言:'汉、魏、晋、唐于陈、许、邓、颍暨蔡、宿、亳至于寿春,用水利垦田,陈迹具在。今用古法大开屯田,以通水利,导沟渎,筑防堰,每屯千人,人给一牛,治田五十亩,亩约收三斛,岁可收十五万斛;七州之间置二十屯,可得三百万斛;因而益之,数年可使仓廪充实,省江、淮漕运矣。'议不果行。淳化二年以溵水泛溢,自长葛开小河,导溵水分流二十里合于惠民河。至道初大理丞皇甫选言:'邓、许、陈、颍、蔡、宿、亳七州境内,有公私闲田三百五十一支,合二十二万余顷,民力不能尽耕,皆汉、魏以来召信臣、杜诗、杜预、司马宣王、邓艾等立制垦辟地,有陂塘防埭旧址,即不能照旧增筑,宜择其堤防未坏可兴水利者,先耕二万余顷,他处渐图建置。'从之,未几复罢。咸平二年霖雨,蔡河溢,开封守寇准治丁冈古河泄导之(在府城东南)。大中祥符二年,陈州请自许州长葛浚减水河及治枣村旧河(在临颍县)以入蔡河。从之。既又于顿固减水河口修双水门(在商水县南),以减陈、颍水患。九年知许州石普请于大流堰穿渠(在尉氏县),置二斗门,引沙河以漕。天圣二年复修大流堰斗门,开减水河通漕(《宋志》:'时田承说献议,重修许州合流镇大河堰斗门,创开减水河通漕,省迁路五百里。')。嘉祐三年开京城葛家冈新河,分入鲁沟(鲁沟见陈留县。时秋霖水溢,为京城患也)。熙宁九年于顺天门外(汴城西南门)通直河至染院,后入护龙河(即城壕),至咸丰门南(城西北门)入京、索河。元祐四年知陈州胡宗愈议浚八丈沟(在陈州),分蔡河之水为一支,由颍、寿入河。诏经理之。大观初复开溵河入蔡河。蔡河盖兼闵水、溵水以通漕舟也。欧阳忞曰:'蔡河即古之琵琶沟。'胡氏曰:'琵琶沟自东京戴楼门入(南面西来第一门,本名安上门),京城宣化水门出(南面东来门也),投东南下,经陈州,过鹿邑县界蔡河口而入颍。'今由朱仙镇(见祥符县)而东南,有水道经西华、南顿、沈丘以达于颍、寿,盖即蔡河故迹。"②宋代定都大梁即政治中心东移后,漕运形势发生了巨大的变化。在这中间,如何保漕运即充分保证从东南到大梁之间的漕运畅通,进而发挥相关运河的作用成为宋代统治者关注的大事。

---

① 元·脱脱等《宋史·真宗纪二》,北京:中华书局1985年版,第141页。
② 清·顾祖禹《读史方舆纪要·河南一》(贺次君、施和金点校),北京:中华书局2005年版,第2115—2117页。

这一时期,蔡河价值的重新发现为蔡河与汴河成为北宋的漕运主干线铺平了道路,与此同时,蔡河在宋代商贸往来中的特殊地位也显示了疏浚其航道的必要性。如史有"太祖建隆元年四月,命中使浚蔡河,设斗门节水"①之说;又有建隆二年(961)"诏发畿甸、陈、许丁夫数万浚蔡水,南入颍川"②之说,疏浚蔡河旨在清除航道中的淤沙。然而,蔡河除了淤沙严重影响航运外,还需要通过补给水源提高航道水位以保证通航。针对这一情况,宋太祖乾德二年(964)陈承昭有引溴水入闵河之举。如李焘记载道:"命右神武统军陈承昭帅丁夫数千凿渠,自长社引溴水至京,合闵河。溴水出密之大騩山,历许田,会春夏霖雨则大溢害稼。及渠成,民无水患,闵河之漕益通流焉。"③从表面上看,陈承昭"自长社引溴水至京"是为了补给闵河。其实,从长社(在今河南长葛东)引溴水,在补给闵河的同时亦补给了蔡河。史称:"蔡河贯京师,为都人所仰,兼闵水、洧水、溴水以通舟。闵水自尉氏历祥符、开封合于蔡,是为惠民河。洧水自许田注鄢陵东南,历扶沟合于蔡。溴水出郑之大隗山,注临颍,历鄢陵、扶沟合于蔡。"④陈承昭沟通了蔡河、闵河、溴水、洧水等之间的联系,改善了大梁的航运条件。从宋太祖赵匡胤到宋太宗赵炅,在三十多年的时间里,蔡河一直是重点治理的对象。如开宝八年(975)十二月,宋太祖"幸惠民河观筑堰"⑤;宋太宗太平兴国三年(978),"浚广济、惠民及蔡三河。治黄河堤。"⑥;太平兴国四年(979),史珪"督浚惠民河,自尉氏达京九十里,数旬而毕,民咸便之"⑦。这里道出的事实是,蔡河是大梁联系黄淮地区的重要航道。

从历史的角度看,"惠民河"是蔡河在宋代出现的新称谓。史称:"与蔡河一水,即闵河也。建隆元年,始命右领军卫将军陈承昭督丁夫导闵水,自新郑与蔡水合,贯京师,南历陈、颍,达寿春,以通淮右,舟楫相继,商贾毕至,都下利之。于是以西南为闵河,东南为蔡河。至开宝六年三月,始改闵河为惠民河。"⑧宋代以前,蔡河、闵河是独立存在的运河,本不相通。建隆元年,陈承昭开渠时建立了闵河与蔡河之间的联系。闵河与蔡河在新郑(在今河南新郑)汇合形成互通之势后,为漕运及商品流通开辟了道路。这条航线通过一是自大梁入蔡河入颍水可通达两淮(淮南和淮北),并远及长江流域;"导闵水,自新郑与蔡水合",通过将水源充分的闵河导入蔡河,通过补给其航道水位提升了蔡河的通航能力,特别是闵河和蔡河形成连通之势后,在河南地区的腹地建立了一条贯穿东西的商贸航线。沿这条航线出发既可

---

① 元·脱脱等《宋史·河渠志四》,北京:中华书局1985年版,第2336页。
② 同①。
③ 宋·李焘《续资治通鉴长编·太祖乾德二年》,北京:中华书局2004年版,第122页。
④ 同①。
⑤ 元·脱脱等《宋史·太祖纪三》,北京:中华书局1985年版,第45页。
⑥ 元·脱脱等《宋史·太宗纪一》,北京:中华书局1985年版,第57页。
⑦ 元·脱脱等《宋史·史珪传》,北京:中华书局1985年版,第9358页。
⑧ 清·徐松《宋会要辑稿·方域一六》,北京:中华书局1957年版,第7586页。

入大梁、入汴河,又可以进入黄河流域并远及河北地区,从而加强了黄河流域与江淮地区的商贸往来。

史有建隆元年"太祖以承昭习知水利,督治惠民、五丈二河以通漕运"(《宋史·陈承昭传》)之说,又有"蔡河贯京师,为都人所仰,兼闵水、洧水、潩水以通舟"(《宋史·河渠志四》)之说。两相对比,当知蔡河有"惠民河"之称可能发生在建隆元年。除此之外,李焘记宋太祖开宝六年(973)三月事迹时有"闵河为惠民河"①之说。综合这些情况可以得出的结论是:开宝六年三月以前,闵河没有"惠民河"这一称谓。进而言之,开宝六年三月以前所说的"惠民河"是指蔡河,不包括闵河。开宝六年三月即经疏浚和改建航道后,闵河成为蔡河的一部分。因蔡河可称"惠民河",故闵河亦可以"惠民河"相称。史称:"惠民河,上曰普济,下曰广利。"②闵河在大梁的西南,在河南登封、新密(在今河南密州)等地接纳洧水、潩水、京水、索水等河流并补给水源,随后,在新郑与蔡河汇合。蔡河从新郑经尉氏(在今河南尉氏)、中牟(在今河南中牟)等地经水门普济门进入大梁,并从大梁另一端的水门广利门出城折向东南,经通许(今属河南开封)等地与颍水等相接,沿颍水航道途经陈州(在今周口淮阳)、颍州(在今河南许昌)、寿县(在今安徽寿县)等地汇入淮河。在这中间,洧水自许田(在今河南许昌南)开始,经鄢陵(在今河南鄢陵)、扶沟(在今河南扶沟)等地汇入蔡河。与此同时,源于大隗山(七固堆,在今河南新密境内)的淮河支流潩水经临颍(在今河南临颍)、鄢陵、扶沟等地后亦汇入蔡河。可以说,在洧水、潩水等水源的补给下,蔡河的通航能力得到了加强。

---

① 宋·李焘《续资治通鉴长编·太祖开宝六年》,北京:中华书局2004年版,第298页。
② 元·脱脱等《宋史·地理志一》,北京:中华书局1985年版,第2102页。

第三章　五丈河沿革与漕运

加强漕运通道建设是宋代政权建设不可或缺的内容。宋初，与蔡河同等重要的运河是五丈河。五丈河因河宽约五丈而得名。史称："广济河导菏水，自开封历陈留、曹、济、郓，其广五丈，亦名五丈河。"①五丈河又称"广济河"，如李焘记宋太祖开宝六年(973)三月事迹时有"五丈河为广济河"②之说。

五丈河是一条历史十分悠久的运河。具体地讲，是吴王夫差北上争霸时"阙为深沟，通于商、鲁之间"③的产物。公元前482年，吴王夫差为实现与晋定公在黄池(在今河南封丘西南)会盟诸侯的大业，利用济水、泗水原有的河道开挖了菏水。所谓"阙为深沟"，是指拓宽和加深济水和泗水河道，使之具有通航能力。李吉甫指出："菏水，即济水也，一名五丈沟，西自金乡县界流入，去县十里，又东南流合泗水。泗水东北自任城县界流入，经县东与菏水合，又东流入徐州沛县界。"④五丈河除了可深入到齐鲁腹地外，还与泗水相接，进入汴河漕运通道。

历史上的五丈河有"菏水""五丈沟""五丈渠""南济水""济水"等称谓。郦道元注《水经》"又屈从县东北流"一语时指出："南济也。又东北，右合河水，水上承济水，于济阳县东，世谓之五丈沟。又东，径陶丘北，《地理志》曰：《禹贡》定陶西南有陶丘。陶丘亭在南，墨子以为釜丘也。"⑤郦道元又指出："菏水东北出于定陶县，北，屈，左合汜水。汜水西分济渎，东北径济阴郡南。"⑥济阴郡始建于汉景帝后元元年(前143)，治所在今定陶西北即山东菏泽。五丈河是在菏水的基础上兴修的运河。菏水在定陶北与汜水、济水等相接，从定陶沿菏水往西北方向可联系曹州(在今山东菏泽西北)、济州(在今山东巨野南)、郓州(在今山东东平)

---

① 宋·李焘《续资治通鉴长编·仁宗天圣六年》，北京：中华书局2004年版，第2487页。
② 宋·李焘《续资治通鉴长编·太祖开宝六年》，北京：中华书局2004年版，第298页。
③ 徐元诰《国语集解》(王树民、沈长云点校)，北京：中华书局2006年版，第545页。
④ 唐·李吉甫《元和郡县图志·河南道六》(贺次君点校)，北京：中华书局1983年版，第266页。
⑤ 北魏·郦道元《水经注·济水一》，杨守敬、熊会贞疏，段熙仲点校，陈桥驿复校《水经注疏》上册，南京：江苏古籍出版社1989年版，第695—696页。
⑥ 同⑤，第697页。

等地,从定陶沿五丈河航道向西可进入大梁。在这中间,定陶因位于与济水交汇的河口,其独特的地理位置决定了定陶必然是疏浚五丈河时的重要治理的对象。

唐代以后,五丈河成为大梁及周边地区联系齐鲁的水上大通道。宋代疏浚五丈河的目的是为了加强大梁与齐鲁之间的联系。宋代五丈河主要是在唐代湛渠和后周五丈河的基础上重修的。载初元年(689),武则天在开封(唐代改"大梁"为"开封")兴修湛渠,从而形成了"引汴注白沟,以通曹、兖赋租"①的漕运通道。唐代兴修的湛渠主要以汴河为补给水源注入白沟后,形成远通曹州、兖州(在今山东兖州东北)之势。顾祖禹叙述开封的地理形势及河流时有"白沟河在城东含辉门外"语,同时又有"唐载初元年引汴水注白沟以通徐、兖之漕"②等语,据此可知,白沟是"白沟河"的省称。显德四年(957)四月,周世宗柴荣"诏疏汴水北入五丈河,由是齐、鲁舟楫皆达于大梁"③。五丈河疏浚后,汴河的通道再度畅达,加强了大梁的交通枢纽地位。继显德四年以后,史有显德六年(959)二月"发滑、亳二州丁夫浚五丈河,东流于定陶,入于济,以通青、郓水运之路。"④之说,又有周世宗"命步军都指挥使袁彦浚五丈渠东过曹、济、梁山泊,以通青、郓之漕"⑤之说。后周重点疏浚五丈河,与五丈河可深入到齐鲁的腹地有密切的关系,是因为曹州、兖州、青州等是后周重要的赋税征收地。

从地理沿革的角度看,宋代的开封府下辖封丘与开封等六县,开封县与封丘县毗邻,开封县在封丘县的东面,历史上多有分合,甚至可以将两县视为一县。王存叙述封丘县名胜古迹时写道:"有黑山、白沟河、黄池、封丘台、期城。"⑥黄池是吴王夫差与晋定公会盟诸侯的地点,夫差开菏水时,充分利用了泗水、济水河道。从历史地理的角度看,春秋时期流经黄池的河流是济水,与泗水没有丝毫的关系。据此当知,王存所说的"白沟河"实际上是指济水。郦道元指出:"济水又东径封丘县南,又东径大梁城北,又东,径仓垣城,又东,径小黄县之故城北。"⑦封丘县、大梁县(开封县)的东境有济水,济水将封丘县和开封县串联在一起,起码说,在郦道元生活的时代即北魏时期是这样的地理形势。然而,唐宋两代描述封丘、开封的地理形势时不提济水,只是说开封县境内有白沟,封丘县境内有白沟河。笔者检索文献追溯旧

---

① 宋·欧阳修等《新唐书·地理志二》,北京:中华书局1975年版,第989页。
② 清·顾祖禹《读史方舆纪要·河南二》(贺次君、施和金点校),北京:中华书局2005年版,第2147页。
③ 宋·司马光《资治通鉴·后周纪四》(附考异)(邬国义校点),上海:上海古籍出版社1997年版,第2750页。
④ 宋·薛居正等《旧五代史·周书》,北京:中华书局1976年版,第1580页。
⑤ 宋·司马光《资治通鉴·后周纪五》(附考异)(邬国义校点),上海:上海古籍出版社1997年版,第2758页。
⑥ 宋·王存《元丰九域志》(王文楚、魏嵩山点校)上册,北京:中华书局1984年版,第3页。
⑦ 北魏·郦道元《水经注·济水一》,杨守敬、熊会贞疏,段熙仲点校,陈桥驿复校《水经注疏》上册,南京:江苏古籍出版社1989年版,第681页。

迹,当知唐代所说的"白沟"和宋代所说的"白沟河"实际上均为郦道元所说的"济水"。从"载初元年引汴注白沟"一语看,当知唐代流经开封县的济水即白沟(白沟河)早已出现了干浅或枯竭的情况。

顾祖禹指出:"白沟河,在城东含辉门外。河无山源,以潦涸为盈竭。《舆地广记》:'河出自封丘县界,亦曰湛渠。唐载初元年引汴水注白沟以通徐、兖之漕,其色甚洁,故名。'宋至道元年博士邢用之等请开白沟自京师抵吕梁口凡六百里,以通长淮之漕。议中止。咸平六年白渠溢,用之,乃自襄邑疏下流以导京师积水,而民田无害。大中祥符二年金水河决,议者谓汴河南三十六陂古蓄水之地,必有下流通河。熙宁六年都水丞侯叔献请开白沟储三十六陂及京、索二水为源,仿真、楚州开平河置闸,使四时可行舟,则汴渠可废。既而都水监复言白沟自睢河至淮凡八百里,乞分三年兴修。从之。旋废。政和二年都水丞孟昌龄复修白沟,开堰通流,功未及成。"①以顾祖禹叙述的白沟航线与"通于商、鲁之间"的菏水航线相比,可进一步证明此处所说的白沟实际上是济水航道。胡渭叙述豫东地理形势及交通时指出:"豫东接兖、徐、扬三州之界,自封丘而东为长垣、东明,又东为考城、定陶、曹县、城武、单县,与兖接界;又南为夏邑、永城、亳州、颍州,又东为颍上、蒙城,皆在淮北,与徐接界;自颍州以西为商城、息县、真阳,逾淮而南为信阳,与扬接界。"②从"自封丘而东为长垣"中当知,这一交通线路与湛渠"以通曹、兖赋租"的航线完全一致。从这样的角度看,湛渠实际上是唐代在菏水(五丈河)航道的基础上兴修的运河,或者说湛渠兴修后部分地恢复了菏水航道。

五丈河的水源主要来自济水、泗水和汴河,如史有"菏水,一名五丈沟,东入泗"③之说。马端临指出:"四年,诏疏下汴水,一派北入于五丈河,又东北达于济。自是齐、鲁之舟楫皆至京师。"④"四年",是指周世宗柴荣显德四年。经过有计划地疏浚,五丈河在连通汴河、济水的过程中加强了运输能力。胡渭在前人的基础上考证菏水与济水等之间的关系时指出:"菏之为泽也,济贯其中,太半是济水所汇。《郦注》云:即沛水之所包,注以成湖泽是也。然亦必有旁源。《郦注》云:济水自定陶故城南,又东北,右合菏水。水上承济水于济阳县东(今兰阳、曹州之间),世谓之五丈沟,又东北出定陶县北,屈左合氾水。氾水西分济渎,东北径济阴郡南,又东合于菏,又东北径定陶县南,又东北,右合黄水枝渠,而北注济渎。是氾水与五丈沟之会于泽者,亦皆济水之分流也。《寰宇记》云:菏水亦名南济水(《近志》以北清河为北济,南清河为南济,误由于此),俗谓之五丈河,西自考城县界来。程大昌曰:乐史《寰宇书》云:济阴有山,是为菏山。菏水西自考城来。考城在济阴西,济之正流未尝经考城,可见菏水

---

① 清·顾祖禹《读史方舆纪要·河南二》(贺次君、施和金点校),北京:中华书局2005年版,第2147页。
② 清·胡渭《禹贡锥指》(邹逸麟整理),上海:上海古籍出版社2006年版,第242页。
③ 清·张廷玉等《明史·地理志二》,北京:中华书局1974年版,第942页。
④ 元·马端临《文献通考·国用考三》,杭州:浙江古籍出版社1988年版,第244页。

自为一派,而济来会之,甚明也。《水经》以此水为五丈沟,即近世命为五丈河者,此正菏水首末也。渭按:《曹州志》:菏山在州东南三十里。以近菏泽而言。盖泽本名菏,后人因泽以名其山也。说者谓菏水出菏山,非是。据《郦注》菏水分济于定陶东北,此即《经》所谓济水东至乘氏县西分为二,南为菏水,北为济渎者也。乘氏故城在今巨野县西南,汉置。然曹州之东境亦兼得乘氏地,州东南与定陶接界,菏泽在焉。《注》所谓'定陶东北',即《经》所谓'乘氏县西'也。但不言菏泽为疏漏耳。菏水只自菏泽分流,郦以济阳所出之五丈沟为菏水,盖杂采它说而有此缪。《元和志》因目鱼台之菏水曰五丈沟,而程氏据以为菏水之首末正当如此,皆非《地志》《水经》之菏水起乘氏讫湖陵之本意也。"①菏水经定陶南折向东北后"右合黄水枝渠,而北注济渎",为此,郦道元指出:"济水右合黄水,水发源京县黄堆山,东南流,名祝龙泉,泉势沸涌,状若巨鼎扬汤。西南流谓之龙项口,世谓之京水也。"②郑樵进一步指出:"黄水,出京县,故亦谓之京水,东北流入于济。"③五丈河的水源除了有济水、泗水和汴河外,还有黄水(京水)等。

黄水成为五丈河水源可分为两个阶段:开金水河以前,黄水补给五丈河是通过济水注入的;开金水河之后,黄水经金水河注入五丈河。宋太祖建隆二年(961)春,陈承昭奉命开凿金水河。史称:"太祖建隆二年春,命左领军卫上将军陈承昭率水工凿渠,引水过中牟,名曰金水河,凡百余里,抵都城西,架其水横绝于汴,设斗门,入浚沟,通城濠,东汇于五丈河。公私利焉。"④金水河的水源来自黄水、索水等,如顾祖禹注建隆二年"导索水自荥然,与须水合入于汴"等语指出:"金水河本京、索水,导自荥阳县东南黄堆山,其源曰祝龙泉,过中牟曰金水河,宋漕运四渠之一也。"⑤宋代开金水河直入大梁,给五丈河提供了新的水源。

---

① 清·胡渭《禹贡锥指》(邹逸麟整理),上海:上海古籍出版社2006年版,第599—600页。
② 北魏·郦道元《水经注·济水一》,杨守敬、熊会贞疏,段熙仲点校,陈桥驿复校《水经注疏》上册,南京:江苏古籍出版社1989年版,第676页。
③ 宋·郑樵《通志·地理略》,杭州:浙江古籍出版社1988年版,第543页。
④ 元·脱脱等《宋史·河渠志四》,北京:中华书局1985年版,第2340—2341页。
⑤ 清·顾祖禹《读史方舆纪要·河南一》(贺次君、施和金点校),北京:中华书局2005年版,第2106页。

第四章　汴河沿革与漕运

汴河成为北宋最重要的漕运通道是由北宋的政治形势及经济形式决定的。具体可从四个方面来讲：一是黄河流域的部分地区为辽、夏、金等游牧民族所控制，为防止入侵，需要从战略大后方江淮地区调集粮饷；二是北宋"惩唐季五代藩镇之祸，蓄兵京师"，需要解决由此带来的"兵食"问题；三是北方大片国土沦陷，士民流落大梁，形成了"今带甲数十万，战骑称是，萃于京师，仍以亡国之士民集于辇下，比汉、唐京邑民庶，十倍其人矣"①的形势，为保证京师粮食和物资供应，需要重点修缮汴河等通往江淮的航道；四是北宋赋税主要取自江淮即东南六路，需要以汴河为漕运通道。

与此同时，北宋颁布宽松的商贸政策后，汴河成为商品流通的大通道。史称："太祖起兵间，有天下，惩唐季五代藩镇之祸，蓄兵京师，以成强干弱支之势，故于兵食为重。建隆以来，首浚三河，令自今诸州岁受税租及筦榷货利、上供物帛，悉官给舟车，输送京师，毋役民妨农。开宝五年，率汴、蔡两河公私船，运江、淮米数十万石以给兵食。是时京师岁费有限，漕事尚简。至太平兴国初，两浙既献地，岁运米四百万石。所在雇民挽舟，吏并缘为奸，运舟或附载钱帛、杂物输京师，又回纲转输外州，主藏吏给纳邀滞，于是擅贸易官物者有之。八年，乃择干强之臣，在京分掌水陆路发运事。凡一纲计其舟车役人之直，给付主纲吏雇募，舟车到发、财货出纳，并关报而催督之，自是调发邀滞之弊遂革。"②因汴河担负起漕运和商贸的双重使命，所以它受到北宋统治者的高度重视是必然的。当然，汴河漕运也存在种种弊端，如"所在雇民挽舟，吏并缘为奸""附载钱帛、杂物输京师"、政府官员擅自经商等直接影响了漕运和国家的财政收入。尽管如此，保证这一漕运大通道的畅通始终是北宋统治者关心的大问题。

---

① 宋·李焘《续资治通鉴长编·太宗至道元年》，北京：中华书局2004年版，第820页。
② 元·脱脱等《宋史·食货志上三》，北京：中华书局1985年版，第4250页。

第一节　汴河的历史沿革

汴河的前身是在邲水（濉水）的基础上拓宽的鸿沟。早在春秋时期，鸿沟已成为联系中原各诸侯国的水上交通线。司马迁记载道："荥阳下引河东南为鸿沟，以通宋、郑、陈、蔡、曹、卫，与济、汝、淮、泗会。"①历史上的鸿沟虽几经兴废，但始终是联系黄河中下游地区与淮泗流域的重要航线。

史称："汴河源出荥阳大周山，合京、索、须、郑四水东南流，即《禹贡》之濉水，春秋时谓之邲水，宣公十三年，晋楚之战楚军邲，即是水也。秦汉曰鸿沟，《汉志》谓之蒗荡渠，明帝遣王景、王吴修筑，亦曰荥阳漕渠，又名阴沟。《元和志》：开渠以通淮泗，岁久复湮。晋末刘裕灭秦，发长安自洛入河开汴渠而归，后复湮。隋大业初更开之，名通济渠，西通河济，南达江淮。唐天宝后复湮，至广德二年乃命刘晏开汴水以通运。唐末溃坏。周显德二年谋伐唐，乃因故堤而疏导之，五年浚汴口达淮，江淮舟楫始通。六年又自大梁城东导汴入蔡水，又导汴入五丈渠。宋建隆三年，导索水自荥然与须水合入于汴，谓之金水河。嘉祐六年，自南京都门三百里修狭河木岸扼束水势，人以为便。熙宁八年，自氾水之任村沙口至河阴之瓦亭子达汴口接运河，长五十一里，两岸为堤，长一百三里，自是汴洛通流。张方平曰：国初浚河渠三道以供漕运，定例汴河六百万石，广济六十二万石，惠民六十万石，故汴河于漕至重，非区区水利比也。今考汴河故道，自河阴县东北广武山涧中东南流，过阳武、中牟至开封府城南东流，过陈留、杞县北又东，过睢州北、考城县南、宁陵县北，东经归德府城南。隋以前自归德府界东北流，达虞城、夏邑北，入江南徐州界，过砀山北、萧县南至徐州北合于泗。隋以后，则由归德府境东南流，达夏邑、永城南，而入凤阳府宿州界东南流，经灵璧、虹县南至泗州两城间而合于淮。宋时东南漕运，大都由汴以达畿邑，故汴河经理为详。南迁以后不资于汴，故汴河日就湮废。金虽都汴而周章匆遽，亦欲经理漕渠自泗通汴，而未遑也。洪武六年议浚汴河而中格，自是陵谷变迁。中牟以东，汴河不复续矣。"②浚仪（在今河南开封）是从黄河水系进入淮河水系的节点城市。郦道元交代鸿沟与浚仪的关系以及浚仪以东的航线时记载道："阴沟即蒗荡渠也。亦言汳受荥然水，又云丹、沁乱流，于武德绝河，南入荥阳合汳，故汳兼丹水之称。河沛水断，汳承荥然而东，自王贲灌大梁，水出县南，而不径其北，夏水洪泛则是渎津通，故渠即阴沟也。于大梁北又曰浚水矣。故圈称著《陈留风俗传》曰：浚水径其北者也。又

---

① 汉·司马迁《史记·河渠书》，北京：中华书局1982年版，第1407页。
② 清·王士俊等监修，清·顾栋高等编纂《河南通志·河防一》，《四库全书》第535册，上海：上海古籍出版社1987年版，第326—327页。

东,汳水出焉。故《经》云:汳出阴沟于浚仪县北也。汳水东径仓垣城南,即大梁之仓垣亭也。城临汳水陈留相毕邈治此。征东将军苟晞之西也,邈走归京。晞使司马东莱王赞代据仓垣,断留运漕。汳水又东径陈留县之鉼乡亭北。《陈留风俗传》所谓县有鉼乡亭即斯亭也。汳水又径小黄县故城南。……汳水又东径鸣雁亭南。《春秋左传·成公十六年》,卫侯伐郑至于鸣雁者也。杜预《释地》云:在雍丘县西北。今俗人尚谓之为白雁亭。汳水又东径雍丘县故城北,径阳乐城南。《西征记》曰:城在汳北一里,周五里,雍丘县界。汳水又东,有故渠出焉,南通睢水,谓之董生决。或言,董氏作乱,引水南通睢水,故斯水受名焉。"①汴水即汳水、邲水,邲水源于旃然水(索水)。在历史的变迁中,先是丹水、沁水"南入荥阳合汳"即丹水、沁水成为汳水的重要水体,后是"河沛水断",沛水(南济水)河道成为汳水向东西入大梁的航道。

汳水从大梁向东经小黄县故城(在今河南开封东北)、雍丘(在今河南杞县)等地沿鸿沟故渠可进入睢水。小黄县故城在陈留(在今河南开封)东北,其中,小黄县故城"有睢水、涣水"②。战国时期魏惠王迁都大梁后,睢水既是大梁以东的重要水体,同时也隶属于淮泗水系。从战国到北魏,大梁以东的汳水航线没有发生大的变化。自汉武帝元光三年(前132),黄河在瓠子口(在今河南濮阳西南)决堤。黄河虽多次出现迁徙或决口,但对汴河的影响主要集中在大梁以西的两个航段。出现这样的情况是必然的,汴河西段和中段即大梁以西的航段以黄河为主要的补给水源,因此黄河改道或决口势必要影响汴河大梁以西航段的变化。反过来讲,汴河东段以淮河水系为主要的补给水源,再加上这一航段主要是在拓宽泗水等河道的基础上形成的,因此汴河东段受黄河改道或决口等因素的影响不大。

不过,程大昌似有不同的看法。如他论述道:"汴非古矣,而能使四渎舟楫交相,灌注利倍,古昔则其源委开塞,固所当讲也。汴之名,其在后世,以该郑、梁诸水,而其受河首水,名称差殊,自战国以至于今,其变迁最为不常。其曰鸿沟者,则苏秦说魏谓南有鸿渐,而楚汉以为分王之境者是也。其曰濋阳漕渠者,即司马迁言'引河东南为鸿沟,以通宋、郑、陈、蔡、曹、魏,与济、汝、淮、泗会于楚'者是也。汉又有蒗荡渠,《水经》有渠水阴沟皆在此水也。其曰汳渠者,本在梁下以受蒗荡渠为名,自东汉以来多傍其名以目诸水。隋人又益疏凿,自河以达于淮,故万世通名此水曰汴,隋之通济渠,唐之广济渠,皆是也。至于睢、蔡濄蓄获,梁沟,鲁沟,官渡,浚仪渠,又以受渠而随事得名者也。砾丹京索须旃然又其水注之于此渠者也,其受其注皆与渠通,故世亦或以汴,若鸿沟名之,是皆有缘其名以行非正派也。渠之所注,率平地无坚壤,人力既可更凿,水势亦自有变徙,故首之受河,末达淮、泗,不一其地,又会世无随

---

① 北魏·郦道元《水经注·阴沟水》,杨守敬、熊会贞疏,段熙仲点校,陈桥驿复校《水经注疏》中册,南京:江苏古籍出版社1989年版,第1957—1962页。
② 唐·魏徵等《隋书·地理志中》,北京:中华书局1973年版,第836页。

纪其变者,后人对之往往茫然。而桑、郦以纪水自任,亦自纷错,不能如他水之条理也。"①又论述道:"受河之水至汉阳武县分流,其一派南下者,自中牟原圃之东趋大梁,未至则为官渡。官渡亦名沙水,沙读如蔡,即蔡河也。班固著茛荡渠于荥阳,而曰首受汴。东南至陈留入颍者,即此派也。史迁谓:三代以后凿荥为渠,以通漕路,使宋、郑、陈、蔡、曹、卫与济、汝、淮、泗得会,于楚者,亦此派也;亦战国之谓鸿沟,而楚汉指以分境焉者也。既至陈留(今东京),蔡河正派之外,支脉散布,遽为三名,其在开封、浚仪之北者为浚仪渠;稍东为汳,汳又东行至蒙为获,获至彭城北,遂入于泗。此从大梁(亦东京也)之北而数之,为北来第一水也。蔡河自开封南行,至吹台东又分二派。其东行而在北派者为睢,睢自陈留径宋州(今南京应天府)东南行,至今淮阳军睢口入泗,此分蔡于陈留,而从北数之是其首派也。其东行而在睢之南者,是为涣水。涣亦自陈留、雍丘南来而趋临涣、蕲县以下入于淮,是为分蔡于陈留而从北数之。此派则于沙为次二也。此臣前谓蔡河至大梁而别派,自为三流者也。蔡河又南至陈之太康,分派以入鹿邑则为涡,涡至义城入淮,此又一派,而不在大梁分派之数也。蔡地又至陈城而合于颍,颍至寿春东入于淮,今世之谓颍河是也。当蔡之入颍也,即班固之谓,茛荡渠受沸于荥阳,至陈入颍者是也。若以班固所志为正则,惟蔡河自中牟分阳武济派而下以至入淮,皆可名为茛荡渠,与战国楚、汉鸿沟之目相应,然而分支于蔡而他出为汳,为睢,为涣,为涡者本其所受言之,虽杂称鸿沟、茛荡,亦不为非实也。故郦道元于浚仪渠曰:汴涉阴沟也,于阴沟曰梁沟,既开茛荡,故渎实兼阴沟、浚仪之称也。于汳曰:故汳兼丹水之称也。其它书杂指支流以为汴、鸿沟者又多也。以其源派交贯,则名称相互,亦不足怪。臣独有疑者汳在大梁,特五大派中之一小支,而自东汉以来汴之一名,得以小水掩盖诸水,世共遵之,莫有知其所自者,故臣意不惬,而辨之。"②程大昌的论述对全面认识汴河有重要的参考价值。

汴渠的情况到了隋唐时期开始发生变化。此前,汴渠入黄口即汴口在石门(在今河南孟津东北)。受黄河改道等因素的影响,隋代修通济渠时将入黄口改到了板渚(在今河南荥阳西北汜水镇)一带。李吉甫指出:"汴渠,在县南二百五十步,亦名茛荡渠。禹塞荥泽,开渠以通淮、泗。后汉初,汴河决坏,明帝永平中命王景修渠筑堤,十里立一水门,令更相注,洄无复溃漏之患。自宋武北征之后,复皆埋塞。隋炀帝大业元年更令开导,名通济渠,自洛阳西苑引谷、洛水达于河,自板渚引河入汴口,又从大梁之东引汴水入于泗,达于淮,自江都宫入于海。亦谓之御河,河畔筑御道,树之以柳,炀帝巡幸,乘龙舟而往江都。自扬、益、湘南至交、广、闽中等州,公家运漕,私行商旅,舳舻相继。隋氏作之虽劳,后代实受其利焉。"③板渚在

---

① 宋·程大昌《禹贡后论·汴》,《四库全书》第56册,上海:上海古籍出版社1987年版,第110—111页。

② 宋·程大昌《禹贡论·禹贡山川地理图》,《四库全书》第56册,上海:上海古籍出版社1987年版,第161—162页。

③ 唐·李吉甫《元和郡县图志·河南道一》(贺次君点校),北京:中华书局1983年版,第137页。

大梁的西面,汴河入黄口虽然发生了变化,但大梁以东的航道没有发生大的变化。进而言之,唐代大梁(在今河南开封)以东的汴河基本上沿袭了隋代通济渠的旧道。

宋代定都大梁后,因经济中心移往江淮,加强大梁以东的汴河建设成为统治者关注的头等大事。曾巩指出:"汴水,昔禹于荥泽下分大河为阴沟,出之淮泗,至浚仪西北,复分二渠。其后,或曰鸿沟,始皇疏之以灌魏郡者是也。或曰浪宕渠,自荥阳五池口来注鸿沟者是也。或曰浚仪渠,汉明帝时,循河流故渎作渠,渠成,流注浚仪者是也。或曰石门渠,灵帝时于敖城西北累石为门,以遏渠口者是也。石门渠东合济水,与河渠东注,至敖山之北,而兼汴水。又东至荥阳之北,而旃然之水,东流入汴。荥阳之西,有广武二城,汴水自二城间小涧中东流而出,济水至此乃绝。桓温将通之而不果者,晋大和之中也。刘裕浚之,始有湍流奔注,而岸善溃塞,裕更疏凿以漕运者,义熙之间也。皇甫谊发河南丁夫百万开之,起荥泽入淮,千有余里,更名之曰通济渠者,隋大业之初也。裴耀卿有江南租船,自淮而北,溯鸿沟,转相输,纳于河阴、含嘉、太原等仓,凡三年,运米七百万石者,唐开元之际也,后世因其利焉。太宗尝命张洎论著其兴凿漕运之本末如此,宋至道之间也。"①郑樵亦指出:"汴水,一名鸿沟,一名官度水,一名通济渠,一名蒗荡渠。或云,蒗荡渠别汴,首受河水,自氾水县东南,过荥阳、陈留、睢陵、符离,至泗州,入淮。"②"首受河水,自氾水县东南",是指宋代汴河入黄口在氾水县(在今河南荥阳西北氾水镇),这一地点与隋唐时期的入黄口板渚一致。从郑樵交代的航线看,宋代汴河自氾水与黄河相接,折向东南后经陈留等地到泗州入淮。

宋代特别重视疏浚和治理大梁以东和以西的汴河航道。顾祖禹考察汴河航线及走向时指出:"今考汴河故道,自河阴县东北十里广武涧中,东南流过阳武、中牟县界,至开封府城南,东流过陈留杞县北,又东过睢州北、考城县南、宁陵县北,而东经归德府城南。自隋以前,自归德府界东北流,达虞城、夏邑县北而入南直徐州界,过砀县北,萧县南,至徐州北合于泗。自隋以后,则由归德府境东南流,达夏邑、永城县南而入凤阳府宿州界,东南流经灵璧县及虹县南,至泗州两城间而合于淮。宋时东南之漕,大都由汴以达于畿邑,故汴河之经理为详;南迁以后,故都离黍,江、淮漕运自是不资于汴,于是汴河日就湮废。"③隋代开凿通济渠时,一方面利用了东汉时期原有的汴渠航线,另一方面又在改造旧航线的基础上开挖了新航道。具体地讲,隋前汴渠航道与隋代通济渠航道的变化主要集中在归德府(在今河南商丘)以东的地区。在归德府以西,汴渠与通济渠的航道大致相同;在归德府以东,汴渠与通济渠的航线发生了重大的变化。通济渠泽及唐、宋两代。宋代,建都大梁形成政治中心向东迁移和经

---

① 宋·曾巩《元丰类稿·汴水》,《曾巩集》(陈杏珍、晁继周点校),北京:中华书局1984年版,第665—666页。
② 宋·郑樵《通志·地理略》,杭州:浙江古籍出版社1988年版,第542页。
③ 清·顾祖禹《读史方舆纪要·河南一》(贺次君、施和金点校),北京:中华书局2005年版,第2110页。

济上依靠江淮的态势后,汴河因涉及东南漕运的大事,因此受到格外重视。

从表面上看,宋定都大梁,漕运依靠东南六路,似乎可以忽略大梁以西汴河航道的治理和疏浚。其实不然,大梁以西的汴河既远接陕西,同时又是宋代支援河北转运军事物资的必要通道,此外,黄河是汴河重要的补给水源。正因为如此,治理大梁以西的汴河航段依旧是必须关注的大事。如欧阳修指出:"臣闻今为西计者,皆患漕运之不通,臣以谓但未求之耳。今京师在汴,漕运不西,而人之习见者遂以为不能西。不知秦、汉、隋、唐其都在雍,则天下之物皆可致之西也。山川地形非有变易于古,其路皆在,昔人可行,今人胡为而不可? 汉初,岁漕山东粟数十万石,是时运路未修,其漕尚少。其后武帝益修渭渠,至漕百余万石。隋文帝时,沿水为仓,转相运置,而关东、汾、晋之粟皆至渭南,运物最多,其遗仓之迹往往皆在。然皆尚有三门之险。自唐裴耀卿又寻隋迹,于三门东、西置仓,开山十八里,为陆运以避其险,卒溯河而入渭,当时岁运不减二三百万石。其后刘晏遵耀卿之路,悉漕江淮之米以实关西。后世言能经财利而善漕运者,耀卿与晏为首。今江淮之米岁入于汴者六百万石,诚能分给关西,得一二百万石足矣。今兵之食汴漕者出戍甚众,有司不惜百万之粟分而及之,其患者,三门阻其中尔。今宜浚治汴渠,使岁运不阻,然后按求耀卿之迹,不惮十许里陆运之劳,则河漕通而物可致,且纾关西之困。使古无法,今有可为尚当为之,况昔人行之而未远,今人行之而岂难哉? 耀卿与晏初理漕时,其得尚少,至其末年,所入十倍,是可久行之法明矣。此水运之利也。臣闻汉高祖之入秦,不由东关而道南阳,过郦、析而入武关。曹操等起兵诛董卓,亦欲自南阳道丹、析而入长安。是时张济又自长安出武关,奔南阳。则自古用兵往来之径也。臣尝至南阳,问其遗老,云自邓西北至永兴六七百里,今小商贾往往行之。初,汉高入关,其兵十万。夫能容十万兵之路,宜不甚狭而险也。但自雒阳为都,行者皆趋东关,其路久而遂废。今能按求而通之,则武昌、汉阳、鄂、复、襄阳、梁、洋、金、商、均、房、光化沿汉之地十一二州之物,皆可漕而顿之南阳。自南阳为轻车,人辇而递之,募置递兵为十五六铺,则十余州之物日日入关而不绝。沿汉之地山多美木,近汉之民仰足而有余,以造舟车,甚不难也。前日陛下深恤有司之勤,内赐禁钱数十万以供西用,而道路艰远,辇运逾年,不能毕至。至于军装输送,多苦秋霖,边州已寒,冬服尚滞于路。其艰如此。夫使州县纲吏远输京师,转冒艰滞然后得西,岂若较南阳之旁郡,度其道里入于武关与至京师远近等者,与其尤近者,皆使直输于关西。京师之用有不足,则以禁帑出赐有司者代而充用。其迂曲简直,利害较然矣。此陆运之利也。"①这一观点对于我们认识宋代治理大梁以西的汴河航段情况,以及宋代经营关中的情况有重要的参考价值。

在治理汴河的过程中,汴口治理无疑是最大的工程。汴河的重要补给水源来自黄河,黄

---

① 宋·欧阳修《通进司上书》,《欧阳修全集》(李逸安点校),北京:中华书局2001年版,第639—641页。

河摇摆不定,泥沙重,四季流量及水文不同,为防止泥沙淤塞,每年都要闭塞汴口,这样一来,汴河通航受到明显的制约,为此,运用新技术建造了与汴口相关的船闸。元丰二年(1079)正月,自汜水关开河造船闸,改善了汴河入黄的水文条件。史称:"又自汜水关北开河五百五十步,属于黄河,上下置闸启闭,以通黄、汴二河船筏。"①元丰五年(1082)十月,为防止洛口一带的黄河入汴时可能带来的灾难,提举汴河堤岸司及时地提出了治理方案。史称:"十月辛亥,提举汴河堤岸司言:'洛口广武埽大河水涨,塌岸,坏下闸斗门,万一入汴,人力无以枝梧。密迩都城,可不深虑。'诏都水监官速往护之。"②进而言之,这条自板渚汴口与黄河交汇,折向东南经阳武(在今河南原阳东南)、中牟等地进入大梁的汴河航线成为维护宋代政治安全的生命线。当然,宋室南渡,中原地区为游牧民族占领后,汴河不再是治理的对象则是必然的。

宋代大梁有旧城和新城之分。在兴建新城之前,宋都沿用大梁旧城。史称:"东京,汴之开封也。梁为东都,后唐罢,晋复为东京,宋因周之旧为都。建隆三年,广皇城东北隅,命有司画洛阳宫殿,按图修之,皇居始壮丽矣。"③宋真宗大中祥符九年(1016)增筑新城,如史有"大中祥符九年增筑,元丰元年重修"④之说。由于旧城和新城同时存在,因此汴河从什么方位出入大梁,出现了不同的说法。顾祖禹引《宋国史》指出:"太平兴国三年浚汴口。四年名汴河水门曰上善、通津、大通。汴水入城西大通门,分流出城东上善、通津门。九年又治汴堤。淳化二年汴决,景德三年汴溢,皆筑堤塞之。"⑤按照这一说法,汴河从城西水门大通门入大梁,在城内分成两支后,分别从城东水门上善门和通津门流出。

李焘记载宋神宗熙宁十年(1077)事时指出:"诏改名汴河上流北门曰宣泽。旧汴河下流水门南曰上善、北曰通津。上流水门南北皆曰大通,故改今名。"⑥史称:"汴河上水门,南曰大通,太平兴国四年赐名,天圣初,改顺济,后复今名。北曰宣泽。旧南北水门皆曰大通,熙宁十年改。汴河下,南曰上善,北曰通津。天圣初,改广津,熙宁十年复。"⑦结合《宋国史》中的说法,当知新城建成后,原大梁城西的水门已成为大梁城北的水门宣泽门,原大梁的东水门、上善门、通津门已成为新大梁城的南水门和北水门。与此同时,凡接纳汴河入大梁的上流水门不论南北皆称大通水门。

---

① 元·脱脱等《宋史·河渠志四》,北京:中华书局1985年版,第2328页。
② 元·脱脱等《宋史·河渠志二》,北京:中华书局1985年版,第2287页。
③ 元·脱脱等《宋史·地理志一》,北京:中华书局1985年版,第2097页。
④ 同③,第2102页。
⑤ 清·顾祖禹《读史方舆纪要·河南一》(贺次君、施和金点校),北京:中华书局2005年版,第2106页。
⑥ 宋·李焘《续资治通鉴长编·神宗熙宁十年》,北京:中华书局2004年版,第6963页。
⑦ 同④。

孟元老叙述汴河分黄河水西入大梁城的情况时写道："自西京洛口分水入京城,东去至泗州,入淮,运东南之粮,凡东南方物,自此入京城,公私仰给焉。自东水门外七里至西水门外,河上有桥十三,从东水门外七里曰虹桥,其桥无柱,皆以巨木虚架,饰以丹雘,宛如飞虹,其上下土桥亦如之;次曰顺成仓桥,入水门里曰便桥,次曰下土桥,次曰上土桥,投西角子门曰相国寺桥。次曰州桥(正名天汉桥),正对于大内御街,其桥与相国寺桥皆低平不通舟船,唯西河平船可过,其柱皆青石为之,石梁石笋楯栏,近桥两岸,皆石壁,雕镂海马水兽飞云之状,桥下密排石柱,盖车驾御路也。州桥之北岸御路,东西两阙,楼观对耸;桥之西有方浅船二只,头置巨干铁枪数条,岸上有铁索三条,遇夜绞上水面,盖防遗火舟船矣。西去曰浚仪桥,次曰兴国寺桥(亦名马军衙桥),次曰太师府桥(蔡相宅前),次曰金梁桥,次曰西浮桥(旧以船为之桥,今皆用木石造矣),次曰西水门便桥,门外曰横桥。"①孟元老叙述汴河在大梁城内流经各处的情况时采取了从东向西的顺序。结合郑樵、李焘、顾祖禹等人记载的情况看,当知自板渚引黄河进入汴河航道后,汴河经阳武、中牟等地从大梁西水门、大通门(新城北水门宣泽门,在今河南开封郑门口村北)进入大梁城,入大梁后穿过皇城前的州桥、相国寺桥、上土桥、下土桥、便桥、顺顾仓桥、虹桥等向东,经城东水门上善门(新城南水门上善门)和通津门(新城北水门通津门)出城,出城后向东经河南杞县北、睢州(在今河南睢县)北、考城(在今河南兰考张君墓)南、宁陵北向东经归德府城东南,达夏邑、永城南,入凤阳府宿州界,经符离(在今安徽宿州东北)东南流经灵璧、虹县南至泗州(在今江苏盱眙境内)入淮。

宋代大梁以东的汴河航线虽然没有大的变化,但也不是绝对的。顾祖禹考证道:"汴水,旧在城南。宋时自荥阳东南流经府城内,东入归德府界。今合须、郑、京、索之水,自中牟县北入河,不复引而东也。旧志:汴渠即故鸿沟。《战国策》:'苏秦说魏襄王曰:大王之地,南有鸿沟。'《史记》:'汉四年,项羽与汉王约,中分天下,割鸿沟以西为汉,东为楚。'应劭曰:'楚汉会处在荥阳东南二十里。'自荥阳以下,复分二渠:一渠东经阳武县中牟台下为官渡,一渠东南流至浚仪县为鸿沟。秦始皇使王贲伐魏,断故渠引河东南出以灌大梁,谓之河沟,即鸿沟也。鸿沟口在河口东百里。或谓之阴沟,或谓之莨荡渠,或谓之汴渠。宋张洎曰:'鸿沟即出河之沟也。'太平兴国二年汴水溢,坏开封西大宁堤,浸民田。淳化二年汴决浚仪,景德三年京城汴水暴溢,皆诏有司相视筑塞。盖宋漕渠之利莫过于汴,而亦时被决溢之患。苏氏曰:'自唐以前,汴泗会于彭城之东北,然后东南入淮。近岁汴水直达于淮,不复入泗。'"②因鸿沟"自荥阳以下,复分二渠"的情况,所以历史上存在着选择哪一条鸿沟旧道进入淮河水系的问题。宋代大梁以东的汴河航线主要有两种选择:一是经夏邑北至徐州北合于泗,从泗水

---

① 宋·孟元老《东京梦华录·河道》,北京:中国商业出版社1982年版,第7—8页。
② 清·顾祖禹《读史方舆纪要·河南二》(贺次君、施和金点校),北京:中华书局2005年版,第2145—2146页。

入淮;二是经夏邑、永城南至凤阳府入淮河。由于前一条航线受黄河决溢的影响较大,因此宋代选择了后一条航线。

第二节 汴河与漕运

东南漕运需要长江的参与,建康(在今江苏南京)既是重要的中转地,同时也是转般仓重点建设之地。南宋转运副史赵彦端《仓记》云:"惟帝之别都,天下劲兵良马在焉。岁之经入,无虑数十万斛,漕江而下者,舳舻数千里。方其流衍坌集,虽佛庐宾传为之充仞,而阜栈之供有至于露积者。"①这一说法明确地道出了长江在东南漕运中的地位和作用,因此处重点关注的对象是汴河漕运,故略去不论。

汴河是北宋王朝得以延续的生命线。顾祖禹论述道:"宋时东南之漕,大都繇汴以达于畿邑,故汴河之经理为详;南迁以后,故都离黍,江、淮漕运自是不资于汴,于是汴河日就湮废。金人虽尝都汴,而周章匆遽,亦欲经理漕渠自泗通汴(宋嘉定十五年,金元光元年也,议引汴通漕,不果),卒未遑也。明初议建北京于大梁,规画漕渠,以浚汴为先务。洪武六年浚开封漕河,即汴河也。既而中格。自是河流横决,陵谷倒置,汴水之流,不绝如线,自中牟以东,断续几不可问矣。"②北宋兴修汴河上承北周。如顾祖禹记载道:"周显德二年方谋伐唐,命武宁帅武行德发民夫因故堤疏导之,东至泗上。五年浚汴口,导河流达于淮,江、淮舟楫始通。"③在这里,顾祖禹既道出了北宋漕运依靠汴河的实情,同时也道出了北宋疏浚汴河上承北周的事实。

大梁漕运有四条运河,其中汴河漕运最急。史称:"河南自昔转输处也,尧、舜、禹都冀州。《禹贡》载浮于洛,达于河,其时之贡道即运道也。殷周以来,诸侯封建各食其土,故漕运之制未详。汉兴,乃始事漕挽,历代因之,大抵因建都所在而为之,经营其利弊,乃可得而究。云:汉都关中,引渭穿渠至河以漕。东汉、晋都洛阳,修汴渠,或凿陕南山决河,东注洛,以行漕。隋沿河置仓,唐亦置河口输场,分运入河、洛。时则自江达淮,自淮达汴,自汴达河,而洛而渭,而专以河为急。宋都大梁,为四河以通漕,而汴河运米至七百万石。凡军器上供皆由汴,于时东南则由淮入汴,西北诸路则由洛入河达汴,而专以汴为急。"④蔡襄写道:"庙社奠

---

① 宋·周应合《景定建康志·城阙志》,《四库全书》第489册,上海:上海古籍出版社1987年版,第179页。
② 清·顾祖禹《读史方舆纪要·河南一》(贺次君、施和金点校),北京:中华书局2005年版,第2110页。
③ 同②,第2104页。
④ 清·王士俊等监修,清·顾栋高等编纂《河南通志·漕运》,《四库全书》第536册,上海:上海古籍出版社1987年版,第1页。

东都,恃德非恃险。聚兵三十万,待哺无容歉。西有砥柱峻,菽麦不逾陕。齐鲁粮食艰,灞水不潋滟。唯余汴渠利,直贯长淮潋。岁输六百万,江湖极收敛。挽送入太仓,因陈失盖弇。将漕苟不登,汝职兹为忝。或谓取太多,六路有丰俭。其间一不熟,饥殍谁能掩?一旦俾之粟,是人意常慊。区处失其宜,斯言反为玷。尝欲请增减,革乎亦须渐。连营今饭稻,香美若菱芡。因循未易论,官曹畏书检。虚亭一临眺,比比危樯颭。从来数千里,岁时空苒苒。雨余山气净,黛色浅深染。夜昏渔火出,倏忽电光闪。须臾月色空,水面铺寒簟。相逢喜道旧,城柝屡移点。因语发长谣,谁能刊琬琰。"①建都大梁,无险可守,这样一来,唯一的办法只能是在京畿地区驻扎重兵。然而,当百万大军驻守京畿一带时,"兵食"便成了必须要率先解决的大问题。

当东南六路成为宋王朝财赋的重要征收地时,汴河漕运便成了维护大梁安全的重要支柱。张方平论述道:"臣闻用兵之术多方误之,伏以东南粮运在于汴渠。比来重惜民力,久不开浚,每岁霜寒,水落沉沙填淤,遂至渠底高于堤下民屋。至于黄河奔流湍泻,亦全藉堤防之固,所谓筑垣行水,今黄汴是也。自戎人即叙通,其行商憧憧往来,布于都市,其所通结索无禁限。唐宪宗初讨淮西,而奸臣王承宗、李师道辈潜遣刺客,暴害大臣,断陵庙之戟,焚刍虆之聚,此亦虑外之事也。今黄河横腹心之内,汴渠为输委之本,若奸人窥伺,潜有决凿,污潴我良田,损垫我邑屋,阻绝我运路,则是肘腋之下。更生一役,其汴渠黄河堤障益望,择勤干吏密为分地巡逻,以讥察奸人。《书》曰:惟事,事乃其有备,有备无患。其此之谓也。"②这样一来,维修汴河势必要成为宋王朝关注的大事。史称:"淳化二年六月,汴水决浚仪县。帝乘步辇出乾元门,宰相、枢密迎谒。帝曰:'东京养甲兵数十万,居人百万家,天下转漕,仰给在此一渠水,朕安得不顾。'车驾入泥淖中,行百余步,从臣震恐。殿前都指挥使戴兴叩头恳请回驭,遂捧辇出泥淖中。诏兴督步卒数千塞之。日未旰,水势遂定。帝始就次,太官进膳。亲王近臣皆泥污沾衣。……是月,汴又决于宋城县,发近县丁夫二千人塞之。"③汴河在浚仪(隶属开封府,大梁郊县)决口后,宋太祖赵匡胤立即奔赴现场。从"天下转漕,仰给在此一渠水,朕安得不顾"的话语中当知,汴河是宋代重要的漕运通道。

宋初,汴河漕运没有具体的额度。宋真宗景德四年(1007),开始规定汴河的漕运定额。史称:"宋都大梁,有四河以通漕运:曰汴河,曰黄河,曰惠民河,曰广济河,而汴河所漕为多。……先是,四河所运未有定制,太平兴国六年,汴河岁运江、淮米三百万石,菽一百万石;黄河粟五十万石,菽三十万石;惠民河粟四十万石,菽二十万石;广济河粟十二万石:凡五百

---

① 宋·蔡襄《端明集·泗州登马子山观漕亭》,《四库全书》第1090册,上海:上海古籍出版社1987年版,第364—365页。
② 宋·张方平《乐全集·论事》,《四库全书》第1104册,上海:上海古籍出版社1987年版,第176—177页。
③ 元·脱脱等《宋史·河渠志三》,北京:中华书局1985年版,第2317—2318页。

五十万石。非水旱蠲放民租,未尝不及其数。至道初,汴河运米五百八十万石。大中祥符初,至七百万石。……景德四年,定汴河岁额六百万石。"①与其他三河相比,汴河是最重要的漕运通道。汴河负责转运江淮地区的漕粮,其漕运岁额逐年增加,说明江淮经济是宋王朝统治的重要支柱。需要补充的是,宋王朝以景德四年为断限,将汴河漕运岁额确定为六百万石,时隔不久又增至七百万石突破这一岁额。这一看似矛盾的做法反映了大中祥符初年突然出现的特殊需求,在无法从其他地区调集漕粮时,只能向江淮地区索取。不过,从总体上看,景德四年以后,汴河漕运的岁额基本上维持在六百万石的水平。大中祥符(1008—1016)是宋真宗的年号,共九年,因此"大中祥符初"可视为是大中祥符元年(1008)至大中祥符三年(1010)。从汴河一再增加的漕运量看,江淮已取代黄河中下游地区成为重要的粮仓,并支撑起宋王朝的半壁江山。在这一过程中,汴河在维护北宋统治方面有着不可替代的作用。

据《宋史·太祖纪》和《太宗纪》中的相关记载,从宋太祖建隆二年(961)到宋太宗至道二年(996),三十六年的时间里,汴河决堤或漫溢共发生了九次。② 其实,汴河发生决堤或漫溢的次数远远超过了这一数字。《宋史·五行志一上》记载道:"(建隆)二年,宋州汴河溢。……(乾德四年)八月,宿州汴水溢,坏堤。……(开宝)四年六月,汴水决宋州谷熟县济阳镇。……(开宝五年六月)宋州、郑州并汴水决。……太平兴国二年六月,孟州河溢,……开封府汴水溢,坏大宁堤,浸害民田。……(太平兴国)三年五月,怀州河决获嘉县北注。又汴水决宋州宁陵县境。六月,泗州淮涨入南城,汴水又涨一丈,塞州北门。……六月乙酉(淳化二年六月乙酉),汴水溢于浚仪县,坏连堤,浸民田;上亲临视,督卫士塞之。辛卯,又决于宋城县。……(至道二年七月)郓州河涨,坏连堤四处。宋州汴河决谷熟县。"③对比所引文献,去除《宋史·五行志一上》《宋史·太祖纪》《太宗纪》中相同的记载,当知在这三十六年中汴河在不同的地点决堤或漫溢前后发生了十九次。尽管如此,这一记载依旧是不完整的。如顾祖禹引《宋国史》指出:"太平兴国三年浚汴口。……九年又治汴堤。淳化二年汴决,景德三年汴溢,皆筑堤塞之。"④又如史有太平兴国三年(978)夏"汴水大决,诏迥发畿内丁男三

---

① 元·脱脱等《宋史·食货志上三》,北京:中华书局1985年版,第4250—4252页。
② 史有宋太祖开宝二年(969年)七月"汴决下邑"(《宋史·太祖纪二》,北京:中华书局1985年版,第29页)。开宝四年六月至七月"河决原武,汴决谷熟。……汴决宋城"(《宋史·太祖纪二》,北京:中华书局1985年版,第33页)。开宝五年六月"河决阳武,汴决谷熟"(《宋史·太祖纪三》,北京:中华书局1985年版,第38页)。宋太宗太平兴国二年(977年)九月"濮州大水,汴水溢"(《宋史·太宗纪一》,北京:中华书局1985年版,第56页)。太平兴国三年六月"泗州大水,汴水决宁陵县"(《宋史·太宗纪一》,北京:中华书局1985年版,第59页)。太平兴国四年八月"汴水决宋城县"(《宋史·太宗纪一》,北京:中华书局1985年版,第63页)。宋太宗淳化二年(991年)闰二月"河水溢,鄄城县蝗,汴河决"(《宋史·太宗纪二》,北京:中华书局1985年版,第87页)。严格地讲,这一记载是很不全面的。细绎《宋史》编撰者在"帝纪"中记载这些事件的方法,可知他们主要是选择大的事件即危害性超过其他时段的决堤或漫溢事件来记述的。
③ 元·脱脱等《宋史·五行志一上》,北京:中华书局1985年版,第1319—1323页。
④ 清·顾祖禹《读史方舆纪要·河南一》(贺次君、施和金点校),北京:中华书局2005年版,第2106页。

千护塞汴口"①。从"浚汴口""治汴堤""护塞汴口"等记载中当知,在这一时间段,汴河有可能发生了决口或漫溢。此外,太平兴国三年,汴河除了在宁陵县(在今河南宁陵)决口外,又在汴口(在今河南孟津南)等地发生了决口事件。如果考虑到这些因素,那么,应承认太平兴国三年汴河决口应有两次以上。如果再考虑到黄河每次改道、决口、漫溢都影响到汴河航道的安全,那么,汴河决口、漫溢发生的频率远比文献中记载的更为严重。进而言之,汴河受黄河等自然因素的支配,很可能出现了每年在不同的地点发生决口和漫溢的情况。

在黄河改道和泛滥的影响下,汴河决溢或航道淤塞已成家常便饭。针对这一情况,宋代统治者将修缮汴河视为常抓不懈的工作。具体地讲,宋太祖乾德二年(964)二月"浚汴河"②;宋太宗太平兴国(976—983)初年郭延浚"督治汴河"③,太平兴国三年春"辛丑,浚广济、惠民及蔡三河,治黄河堤。乙巳,浚汴口"④。从这一系列的行为中可知,修缮工作的常态化充分说明了汴河在国家政治和社会安定方面具有特殊的地位。从大的方面讲,宋代汴河决口、漫溢及航道淤塞等不断地发生与黄河改道进入高频期有直接的关系。汴河的主要补给水源来自黄河,由于黄河有丰水期和枯水期,因此每年的春冬旱季需要根据不同季节的水势调节汴河航道的水位。除此之外,汴河受黄河水位的制约,每年通漕的时间只有二百多天,如史有"汴口岁开闭,修堤防,通漕才二百余日"⑤之说。更重要的是,在"大河向背不常,故河口岁易"的背景下,黄河改道、决口及汴河入黄口发生变化等情况除了威胁汴河航道的安全外,还成了汴河决口、漫溢及航道淤塞等的决定性因素。

汴河沟通了黄河与淮河流域之间的联系,为京畿地区的粮食及物资供应提供了安全保障措施。明世宗朱厚熜嘉靖六年(1527),左都御史胡世宁叙述汴河与蔡河、五丈河互通的情况时指出:"河自汴以来,南分二道:一出汴城西荥泽,经中牟、陈、颍,至寿州入淮;一出汴城东祥符,经陈留、亳州,至怀远入淮。其东南一道自归德、宿州,经虹县、睢宁,至宿迁出。其东分五道:一自长垣、曹、郓至阳谷出;一自曹州双河口至鱼台塌场口出;一自仪封、归德至徐州小浮桥出;一自沛县南飞云桥出;一自徐、沛之中境山、北溜沟出。六道皆入漕河,而南会于淮。"⑥在这里,胡世宁将蔡河、五丈河皆视为汴河,虽有不妥,但他道出了汴河在宋代漕运中所承担的重要作用。

汴河是北宋漕运的生命线,其畅通与否直接关系到北宋的政治安全。为了加快汴河治理的步伐,宋仁宗嘉祐年间(1056—1063),张方平在前人的基础上提出了重点治理汴河的方

---

① 元·脱脱等《宋史·梁迥传》,北京:中华书局1985年版,第9356页。
② 元·脱脱等《宋史·太祖纪一》,北京:中华书局1985年版,第17页。
③ 元·脱脱等《宋史·郭延浚传》,北京:中华书局1985年版,第9297页。
④ 元·脱脱等《宋史·太宗纪一》,北京:中华书局1985年版,第57页。
⑤ 元·脱脱等《宋史·河渠志四》,北京:中华书局1985年版,第2327页。
⑥ 清·张廷玉等《明史·河渠志一》,北京:中华书局1974年版,第2030页。

案。他在《论汴河》一文中指出:"臣窃惟今之京师,古所谓陈留,天下四冲八达之地者也,非如函秦天府,百二之固,洛宅九州之中,表里山河,形胜足恃。自唐末朱温受封于梁国而建都,至于石晋割幽蓟之地以入契丹,遂与强敌共平原之利。故五代争夺,其患由乎畿甸无藩篱之限,本根无所庇也。祖宗受命,规模毕讲,不还周、汉之旧,而梁氏是因,岂乐而处之?势有所不获已者,大体利漕运而赡师旅,依重师而为国也。则是今日之势,国依兵而立,兵以食为命,食以漕运为本,漕运以河渠为主。国初浚河渠三道,通京城漕运。自后定立上供年额,汴河斛斗六百万石,广济河六十二万石,惠民河六十万石。广济河所运,止给太康、咸平、尉氏等县军粮而已。惟汴河所运,一色粳米,相兼小麦,此乃太仓畜积之实。今仰食于官廪者,不惟三军,至于京师士庶以亿万计,大半待饱于军稍之余,故国家于漕事至急至重。京,大也;师,众也。大众所聚,故谓之京师。有食,则京师可立;汴河废,则大众不可聚。汴河之于京师,乃是建国之本,非可与区区沟洫水利同言也。近岁已罢广济河,而惠民河斛斗不入太仓,大众之命惟汴河是赖。今陈说利害,以汴河为议者多矣,臣恐议者不已,屡作改更,必致汴河日失其旧,国家大计殊非小事。愿陛下特回圣鉴,深赐省察,留神远虑,以固基本。"①张方平的主张受到了朝廷的重视。史称:"方西鄙用兵,两蜀多所调发,方平为奏免横赋四十万,减铸铁钱十余万缗。又建言:'国家都陈留,当四通五达之道,非若雍、洛有山川足恃,特倚重兵以立国耳。兵恃食,食恃漕运,以汴为主,汴带引淮、江,利尽南海。天圣已前,岁调民浚之,故水行地中。其后,浅妄者争以裁减役费为功,汴日以塞,今仰而望焉,是利尺寸而丧丘山也。'乃画上十四策。富弼读其奏,漏尽十刻,帝称善。弼曰:'此国计大本,非常奏也。'悉如其说行之。"②张方平上疏十四策的基本出发点是确保漕运,即通过治理运河以保证汴河等运河航道的畅通。

由于文献缺载,张方平上奏的十四策已无法看到全貌。幸运的是,宋哲宗元祐七年(1092),任扬州知府的苏轼记录了张方平十四策中的一策。他写道:"臣窃见嘉祐中,张方平为三司使,上论京师军储云:'今之京师,古所谓陈留,四通八达之地,非如雍、洛有山河之险足恃也。特恃重兵以立国耳。兵恃食,食恃漕运,漕运一亏,朝廷无所措手足。'因画十四策,内一项云,粮纲到京,每岁少欠不下六七万石,皆以折会偿填,发运司不复抱认,非祖宗之旧制也。"③汴河在漕运中的特殊地位受到宋王朝的高度重视。马正林先生亦指出:"唐宋汴河是维系唐宋王朝繁荣的支柱。唐代中叶,转运到长安的漕粮,一般每年保持在四百万石左右,北宋时仅汴河就猛增至六七百万石的数字。唐宋两代通过汴河转运的漕粮到底有多少,难于用数字表达,每年航行在汴河上的船只成千上万,一般有六七千只之多。从唐代中叶

---

① 宋·李焘《续资治通鉴长编·神宗熙宁八年》,北京:中华书局2004年版,第6592页。
② 元·脱脱等《宋史·张方平传》,北京:中华书局1985年版,第10355—10356页。
③ 宋·李焘《续资治通鉴长编·哲宗元祐七年》,北京:中华书局1992年版,第11326页。

起,汴河就是维持唐王朝存在的生命线,……是真正的交通大动脉和生命线。"①汴河漕运直接关系到北宋政权的稳固。

第三节 治理汴河的意义

汴河承担着"以输京师之粟,以振河北之急,内外仰给"②的重大责任,有着其他运河无法替代的作用。

宋太宗至道元年(995),张洎写道:"今带甲数十万,战骑称是,萃于京师,仍以亡国之士民集于辇下,比汉、唐京邑民庶,十倍其人矣。甸服时有水旱,而不至艰歉者,有惠民、金水、五丈、汴水等四渠,派引脉分,会于天邑,舳舻相接,赡足京师,以无匮乏也。唯汴之水横亘中国,首承大河,漕引江、湖,利尽南海,半天下之财赋并山泽之百货,悉由此路而进。然则大禹疏凿以分水势,炀帝开圳以奉巡游,虽数陻废,而通流不绝于百代之下,终为国家之用者,其上天之意乎。"③治理汴河是宋代政权建设不可或缺的组成部分。为了保证汴河畅通及航运安全,宋代统治者采取了一系列强有力的措施。

其一,宋朝以大梁为国都有一百七十多年的历史,在这一过程中,北宋统治者为寻找新水源及改变汴河完全依靠黄河济运的局面,进行了多方面的尝试。起初,汴河的主要水源来自黄河。史有"臣闻开汴之时,大河旷岁不决,盖汴口析其三分之水,河流常行七分也"④之说。这一情况表明,如果在黄河保持正常水位的条件下,将黄河三分之一的流量引入汴河当然不成问题。然而,如果发生意外情况即黄河无法保持正常水位时,那么,将黄河三分之一的流量引入汴河将是一句空话。在这样的背景下,为汴河寻找新的水源及调节航道水位和保证航道畅通已迫在眉睫。史称:"太祖建隆二年春,导索水自旃然,与须水合入于汴。"⑤索水、须水等引入汴河,初步改善了汴河完全依赖黄河水源的情况。宋神宗元丰二年,宋用臣提出引伊水、洛水等入汴,建坡塘蓄索水以补给汴河的建议。如史有"自任村沙谷口至汴口开河五十里,引伊、洛水入汴河,每二十里置束水一,以刍楗为之,以节湍急之势,取水深一丈,以通漕运。引古索河为源,注房家、黄家、孟家三陂及三十六陂,高仰处潴水为塘,以备洛水不足,则决以入河"⑥之说。宋哲宗绍圣四年(1097),杨琰根据汴河出现航道干浅的新情

---

① 马正林《论唐宋汴河》,《陕西师范大学学报》(哲学社会科学版)1986年,第3期,第81页。
② 元·脱脱等《宋史·河渠志三》,北京:中华书局1985年版,第2317页。
③ 宋·李焘《续资治通鉴长编·太宗至道元年》,北京:中华书局2004年版,第820页。
④ 元·脱脱等《宋史·河渠志四》,北京:中华书局1985年版,第2332页。
⑤ 同②。
⑥ 同④,第2328页。

况,提出了"减放洛水入京西界大白龙坑及三十六陂,充水匮以助汴河行运"①的补给汴河水源的方案,等等。这些治汴方案为改变汴河单纯依靠黄河补给水位和防止汴河航道干浅进行了有益的尝试。史称:"同管勾外都水监丞程昉等言:'尝乞以京西三十六陂为塘,潴水入汴通运。其陂内民田,欲先差官量顷亩,依数拨还,或给价钱。又采买材木遥远,清汴闸欲作二三年修,仍选知河事臣僚再按视措置。'诏翰林侍读学士陈绎、人内都知张茂则与昉等覆视以闻。其后,绎等言:'奉诏覆视清汴水源,管城、新郑、密县界数处泉源甚壮,将来引水入汴,预须疏导,可济行运。'诏开封府界提点司、京西北路转运司计工料以闻。绎等又言:'若于正月开汴口,取一河未浑之水,即闭汴口,疏古索水、金水、蔡水三水入汴,已见清汴必成之理。其置闸疏密、土工物料,见令杨琰等计置。'诏候相度毕,具合行事节以闻。"②在寻求新的水源补给汴河的过程中,除了将不同的河流引入汴河外,还采取了修建陂塘蓄水和引泉水入汴等措施来探索补给汴河航道水位的新途径。当然也应该看到,新水源补入汴河后,同样给汴河带来了航运安全隐患问题。如史有"洛水又大溢,注于河,若广武埽坏,河、洛为一,则清汴不通"③之说,这些都是治理汴河以及为其寻找新水源时所必须关注的问题。

其二,重点建设汴口(与黄河交汇的河口)和汴河沿线水闸。从历时的角度看,黄河水文复杂,有枯水期和丰水期,流量极不稳定。丰水期来临时,大量的黄河水涌入汴河或造成汴河决口、漫溢及堤岸坍塌,或因水势过大影响航行;枯水期来临时,黄河水量小或无法正常补给汴河,或因水流放缓、泥沙淤积航道,造成泥沙堵塞及航道干浅等情况。针对这些情况,宋代统治者采取了一系列的措施。一是根据黄河不同季节有不同的流量,在河口采取有针对性的技术手段"均调水势";根据黄河"向背不常,故河口岁易"等水文情况,有意识地采取改变汴口即接受黄河水源地点的措施,以保证漕船不受水流湍急的影响,能顺利地入汴及进入黄河。史称:"汴河,自隋大业初,疏通济渠,引黄河通淮,至唐,改名广济。宋都大梁,以孟州河阴县南为汴首受黄河之口,属于淮、泗。每岁自春及冬,常于河口均调水势,止深六尺,以通行重载为准。……其浅深有度,置官以司之,都水监总察之。然大河向背不常,故河口岁易,易则度地形,相水势,为口以逆之。"④根据水文变化开挖新汴口以后,有效地提升了漕船自汴入河或自河入汴的安全系数。二是制定了"汴口之法",是指在汴口"其分水河,量其远迩,作为斗门,启闭随时,务乎均济"⑤。除了在汴口调节黄河流量外,还在汴口建造斗门即控制黄河入汴流量的水闸。三是根据黄河水势及影响汴河航道安全的程度,适时地塞堵和修复汴口。史称:"太宗太平兴国二年七月,开封府言:'汴水溢坏开封大宁堤,浸民田,害

---

① 元·脱脱等《宋史·河渠志四》,北京:中华书局1985年版,第2334页。
② 宋·李焘《续资治通鉴长编·神宗熙宁八年》,北京:中华书局2004年版,第6347页。
③ 同①,第2332页。
④ 元·脱脱等《宋史·河渠志三》,北京:中华书局1985年版,第2316—2317页。
⑤ 元·脱脱等《宋史·河渠志一》,北京:中华书局1985年版,第2259页。

稼。'诏发怀、孟丁夫三千五百人塞之。三年正月,发军士千人复汴口。六月,宋州言:'宁陵县河溢,堤决。'诏发宋、亳丁夫四千五百人,分遣使臣护役。四年八月,又决于宋城县,以本州诸县人夫三千五百人塞之。"①汴水溢坏大宁堤,主要是因黄河流量过大直接灌入汴河造成的。为保证京师的安全,宋代统治者采取了洪峰来临时,堵塞汴口切断汴河与黄河的联系,等水势变小后再恢复汴口入黄河的做法。四是在汴河与黄河的交汇处建造船闸。如宋神宗元丰二年,宋用臣提出"自汜水关北开河五百五十步,属于黄河,上下置闸启闭,以通黄、汴二河船筏"②的建议。船闸建成后,提高了汴河进入黄河航段的航运能力。五是在沿线设置一系列的水闸负责调节汴河的水位和流量。如为了防止新水源补入汴河后水势过大,在汴河沿线修建了可适时开关的水闸。宋神宗元丰元年(1078),范子渊上导洛通汴十利书,建议"每百里置木闸一,以限水势"③。这些水闸具有航道水位暴涨时泄水和水位枯竭时补水的作用。

其三,采取有针对性的措施清理汴河航道中的泥沙。汴河的主要补给水源是黄河,黄河泥沙淤积、航道抬高河床后给汴河带来了不容忽视的安全隐患。沈括叙述汴河泥沙淤积情况时写道:"久之,治沟洫之工渐弛,邑官徒带空名,而汴渠至有二十年不浚,岁岁堙淀。异时京师沟渠之水皆入汴,旧尚书省都堂壁记云:'疏治八渠,南入汴水,'是也。自汴流湮淀,京城东水门下至雍丘、襄邑,河底皆高出堤外平地一丈二尺余,自汴堤下瞰民居,如在深谷。"④从大梁东水门到雍丘(在今河南杞县)、襄邑(在今河南睢县)境内,"河底皆高出堤外平地一丈二尺余,自汴堤下瞰,民居如在深谷"。如果再以大梁与泗州(在今江苏盱眙)汴河河床进行比较的话,大梁河床竟高出泗州河床近二十丈。沈括是北宋著名的科学家,他在叙述其测量方法时指出:"予尝因出使,按行汴渠,自京师上善门量至泗州淮口,凡八百四十里一百三十步。地势:京师之地,比泗州凡高十九丈四尺八寸六分。于京城东数里白渠中心穿井至三丈,方见旧底。验量地势,用水平望尺干尺量之,不能无小差。汴渠堤外,皆是出土故沟水,令相通,时为一堰节其水。候水平,其上渐浅涸,则又为一堰,相齿如阶陛。乃量堰之上下水面相高下之数会之,乃得地势高下之实。"⑤这一数字可谓是惊心动魄。

从表面上看,汴河河床不断地抬高是因"汴渠至有二十年不浚,岁岁堙淀"造成的。其实,汴河河床抬高有着更悠久的历史。从宋太祖建隆元年(960)到宋神宗熙宁年间(1068—1077),黄河泥沙经过一百多年的淤积,早已使汴河成为悬河。汴河泥沙淤积的历史可以上

---

① 元·脱脱等《宋史·河渠志三》,北京:中华书局1985年版,第2317页。
② 元·脱脱等《宋史·河渠志四》,北京:中华书局1985年版,第2328页。
③ 同②。
④ 宋·沈括《梦溪笔谈·杂志二》,胡道静《梦溪笔谈校证》,上海:上海古籍出版社1987年版,第795—796页。
⑤ 同④,第796页。

溯到东汉兴修汴渠以及兴修浚仪渠之时。东汉兴修汴渠（汴河）时，利用了鸿沟的航道，如果进一步追溯汴河泥沙淤积及抬高河床的历史，完全可以上溯到春秋战国时期。不过，先秦鸿沟航线与宋代汴河航线已有很大的不同，因此可以忽略不计。尽管如此，如果以东汉兴修汴渠为起点，那么，黄河泥沙淤积于汴河之中已有千年的历史。如至道元年，宋太宗"问近臣汴河疏凿之由，参知政事张洎退而讲求其事以奏"①时，张洎将其上溯到汉唐时期。从历史的角度看，黄河泥沙淤积汴河最为严重的时期当为唐代。如李焘记载道："汴渠派分黄河，自唐迄今，皆以为莫大之利。然迹其事实，抑有深害，何哉？凡梁、宋之地，畎浍之水，凑流此渠以成其深。至隋炀帝将幸江都，遂析黄河之流，筑左右堤三百余里，旧所凑水悉为横绝，散漫无所，故宋、亳之地，遂成沮洳卑泾。且昔之安流，今乃湍悍，覆舟之患，十有二三。昔之漕运，冬夏无阻，今则春开秋闭，终岁漕运，止得半载。昔之溯沿，两无难阻，今则逆上，乃重载而行，其为难也甚矣。沿流而下，则虚舟之往，其为利也背矣。矧自天子建都而汴水贯都东下，每岁霖澍决溢为虑。由斯观之，其利安在？然历世浸远，讵可猝图，异日明哲之士，开悟积惑，言复囊迹，始信兹言之不谬。"②从"自唐迄今"一语中当知，从唐代起，因水文变化及黄河中下游地区过度开发，黄河泥沙不断地淤积汴河，一直是困扰汴河漕运的大问题。与前朝相比，宋代汴河泥沙淤积的情况更为严重。究其原因，宋代是黄河水文巨变的时代，这一时期黄河改道、决口、漫溢等进入了高频期，进入了灾害频仍的年代。进而言之，从"就京城东数里渠心穿井至三丈，方见旧底"的情况看，一旦汴河决口或漫溢，势必要威胁大梁及百姓性命和财产的安全。为了改变这一局面，宋代统治者采用了蓄水冲沙的办法，力图最大限度地清理淤积在汴河航道中的泥沙。如宋神宗元丰二年有"导洛清汴"之举。其具体做法是，自巩县任村沙谷口至汴口开河五十里引洛水入汴即"四月导洛通汴，六月放水"，在黄河丰水季节切断黄河水源，以引含沙量较小的洛水补给汴河，进而形成"四时行流不绝"③的势态以期尽可能地带走淤积在汴河航道中的泥沙，从而改善泥沙淤积抬高汴河河床带来的险境。

其四，采用"狭河"等方案治理汴河。所谓"狭河"，主要是指用筑板压缩航道宽度的办法，加快水流冲刷淤积在航道中的泥沙，通过压缩航道宽度可提高水位，可有效地解决航道干浅无法航行等问题。史有宋仁宗嘉祐元年（1056）"诏三司自京至泗州置狭河木岸，仍以入内供奉官史昭锡都大提举，修汴河木岸事"④之说。这一方案实施后，通过提高水位有效地解决了航道干浅不利航行的情况，又通过压缩河道宽度、加快水流延缓了泥沙淤积航道的速度。元丰三年（1080），宋用臣提出"洛水入汴至淮"的狭河工程。李焘详细地记载了这一事件："都大提举导洛通汴宋用臣言：'洛水入汴至淮，河道甚有阔处，水行散漫，故多浅涩，乞

---

① 宋·李焘《续资治通鉴长编·太宗至道元年》，北京：中华书局2004年版，第820页。
② 同①，第820—821页。
③ 元·脱脱等《宋史·河渠志四》，北京：中华书局1985年版，第2333页。
④ 宋·李焘《续资治通鉴长编·仁宗嘉祐元年》，北京：中华书局2004年版，第4448页。

计功料修狭河。'从之。后用臣上狭河六百里,为二十一万六千步。诏给坊场钱二十余万缗,仍伐并河林木,以足梢桩之费。"①史称:"三年二月,宋用臣言:'洛水入汴至淮,河道漫阔,多浅涩,乞狭河六十里,为二十一万六千步。'以四月兴役。五月癸亥,罢草屯浮堰。五年三月,宋用臣言:'金水河透水槽阻碍上下汴舟,宜废撤。'从之。十月,狭河毕工。"②从时间上看,这一工程延续了两年半的时间,从中可见狭河工程之浩大,所耗时间和财力等不亚于开挖一条新的运河。史称:"都大提举导洛通汴司言,所狭河道欲留水面阔八十尺以上,束水水面阔四十五尺。诏狭河处留水面阔百尺。"③无论是将航道的宽度缩为八十尺,还是保留一百尺,狭河时均需要使用大量的木材。在这一过程中出现了就地取材"仍伐并河林木,以足梢桩之费"的不当行为。由于这一行为严重地影响了固堤,为此,余良肱提出了不同的意见。史称:"改知明州。朝廷方治汴渠,留提举汴河司。汴水淀淤,流且缓,执政主挟河议。良肱谓:'善治水者不与水争地。方冬水涸,宜自京左浚治,以及畿右,三年,可使水复行地中。'弗听。又议伐汴堤木以资挟河。良肱言:'自泗至京千余里,江、淮漕卒接踵,暑行多病喝,藉荫以休。又其根盘错,与堤为固,伐之不便。'屡争不能得,乃请不与其事。"④余良肱敏锐地发现了"伐汴堤木以资挟河"给堤岸带来的严重后果,为此,坚决反对这种竭泽而渔的做法。这一事件说明了治理汴河是长远的大事,不能急功近利,不当的行为将会给汴河治理带来无法挽回的损失。

其五,除了根据汴河航道及堤坝的毁坏情况进行修缮外,加强航道的日常管理工作也是修缮汴河的重要内容。建隆三年(962)十月,宋太祖诏书曰:"缘汴河州县长吏,常以春首课民夹岸植榆柳,以固堤防。"⑤史称:"五年正月,帝以河堤屡决,分遣使行视,发畿甸丁夫缮治。自是岁以为常,皆以正月首事,季春而毕。是月,诏开封大名府、郓澶滑孟濮齐淄沧棣滨德博怀卫郑等州长吏,并兼本州河堤使,盖以谨力役而重水患也。"⑥自宋太祖乾德五年(967)巡视河堤常态化以后,汴河治理亦形成了常态化的管理制度。如宋真宗一朝,谢德权提出了三年疏浚一次汴河的治理方案,同时又提出以地方长官兼管汴河日常事务的方案。沈括进一步记载道:"国朝汴渠,发京畿辅郡三十余县夫岁一浚。祥符中,阁门祗候使臣谢德权领治京畿沟洫,权借浚汴夫。自尔后三岁一浚,始令京畿民官皆兼沟洫河道,以为常职。"⑦除此之外,谢德权又推荐张君平等负责管理汴河日常事务。史称:"谢德权荐君平河阴窖务,擢阁门祗候,管勾汴口。建言:岁开汴口,当择其地;得其地,则水湍驶而无留沙,岁可省功百余万。又请沿河县植榆柳,为令佐、使臣课最,及瘗汴河流尸。悉从其言。天圣初,

---

① 宋·李焘《续资治通鉴长编·神宗元丰三年》,北京:中华书局2004年版,第7354页。
② 元·脱脱等《宋史·河渠志四》,北京:中华书局1985年版,第2329页。
③ 同①,第7383页。
④ 元·脱脱等《宋史·余良肱传》,北京:中华书局1985年版,第10716页。
⑤ 元·脱脱等《宋史·河渠志三》,北京:中华书局1985年版,第2317页。
⑥ 元·脱脱等《宋史·河渠志一》,北京:中华书局1985年版,第2257页。
⑦ 宋·沈括《梦溪笔谈·杂志二》,胡道静《梦溪笔谈校证》,上海:上海古籍出版社1987年版,第795页。

议塞滑州决河,以君平习知河事,命以左侍禁签书滑州事兼修河都监。既而河未塞,召同提点开封府界县镇公事。以尝护滑州堤有功,特迁内殿崇班。君平以京师数罹水灾,请委官疏凿近畿诸州古沟洫,久之,稍完,遂诏畿内及近畿州县长吏,皆兼管勾沟洫河道。"①经此,由地方长官兼管治理汴河事务得到了肯定和推广。

其六,因汴河水源主要取自黄河,受其水文变化等影响,通常是十月停止漕运,第二本年春汛来临后再行恢复。也就是说,每年的汴河漕运时间实际只有二百来天。赵彦卫指出:"王荆公当国,熙宁中欲行冬运。汴渠旧制,有闭口,十月则舟不行,于是以小船数十,前设碓以捣冰,役夫苦寒,死者甚众。京师谚语有'昔有磨,磨浆水;今有碓,捣冬凌,之诮。"②王安石为相时,试图改变旧制进行冬运,但因受客观条件的制约失败了。

其七,黄河善徙善淤,这样一来,清理汴河淤沙遂成了历久弥新的话题。史称:"嘉祐六年,汴水浅涩,常稽运漕。都水奏:'河自应天府抵泗州,直流湍驶无所阻。惟应天府上至汴口,或岸阔浅漫,宜限以六十步阔,于此则为木岸狭河,扼束水势令深驶。梢,伐岸木可足也。'遂下诏兴役,而众议以为未便。宰相蔡京奏:'祖宗时已尝狭河矣,俗好沮败事,宜勿听。'役既半,岸木不足,募民出杂梢。岸成而言者始息。旧曲滩漫流,多稽覆溺处,悉为驶直平夷,操舟往来便之。"③宋仁宗嘉祐六年(1061),针对岸阔浅漫等问题,有司都水提出了筑木岸限宽的方案,在这中间,虽出现一些波折,但最终解决了"旧曲滩漫流,多稽留覆溺处"等不利于航行的大问题。

从历时的角度看,宋代治理汴河的最大工程发生在宋神宗元丰年间(1078—1085),主要的倡导者和身体力行者是张从惠、宋用臣和范子渊。史称:"元丰元年五月,西头供奉官张从惠复言:'汴口岁开闭,修堤防,通漕才二百余日。往时数有建议引洛水入汴,患黄河啮广武山,须凿山岭十数丈,以通汴渠,功大不可为。去年七月,黄河暴涨,水落而稍北,距广武山麓七里,退滩高阔,可凿为渠,引洛入汴。'范子渊知都水监丞,画十利以献。又言:'氾水出玉仙山,索水出嵩渚山,合洛水,积其广深,得二千一百三十六尺,视今汴流尚赢九百七十四尺。以河、洛湍缓不同,得其赢余,可以相补。犹虑不足,则旁堤为塘,渗取河水,每百里置木闸一,以限水势。两旁沟、湖、陂、泺,皆可引以为助,禁伊、洛上源私引水者。大约汴舟重载,入水不过四尺,今深五尺,可济漕运。起巩县神尾山,至土家堤,筑大堤四十七里,以捍大河。起沙谷至河阴县十里店,穿渠五十二里,引洛水属于汴渠。'疏奏,上重其事,遣使行视。

二年正月,使还,以为工费浩大,不可为。上复遣入内供奉宋用臣,还奏可为,请'自任村沙谷口至汴口开河五十里,引伊、洛水入汴河,每二十里置束水一,以刍楗为之,以节湍急之

---

① 元·脱脱等《宋史·张君平传》,北京:中华书局1985年版,第10525页。
② 宋·赵彦卫《云麓漫钞》(唐宋史料笔记丛刊)(傅根清点校),北京:中华书局1996年版,第10页。
③ 元·脱脱等《宋史·河渠志三》,北京:中华书局1985年版,第2322—2323页。

势,取水深一丈,以通漕运。引古索河为源,注房家、黄家、孟家三陂及三十六陂,高仰处潴水为塘,以备洛水不足,则决以入河。又自汜水关北开河五百五十步,属于黄河,上下置闸启闭,以通黄、汴二河船筏。即洛河旧口置水磉,通黄河,以泄伊、洛暴涨。古索河等暴涨,即以魏楼、荥泽、孔固三斗门泄之。计工九十万七千有余。仍乞修护黄河南堤埽,以防侵夺新河'。从之。

三月庚寅,以用臣都大提举导洛通汴。四月甲子兴工,遣礼官祭告。河道侵民家墓,给钱徙之,无主者,官为瘗藏。六月戊申,清汴成,凡用工四十五日。自任村沙口至河阴县瓦亭子;并汜水关北通黄河;接运河,长五十一里。两岸为堤,总长一百三里,引洛水入汴。七月甲子,闭汴口,徙官吏、河清卒于新洛口。戊辰,遣礼官致祭。十一月辛未,诏差七千人,赴汴口开修河道。

三年二月,宋用臣言:'洛水入汴至淮,河道漫阔,多浅涩,乞狭河六十里,为二十一万六千步。'诏四月兴役。五月癸亥,罢草屯浮堰。五年三月,宋用臣言:'金水河透水槽阻碍上下汴舟,宜废撤。'从之。十月,狭河毕工。"①

宋神宗元丰元年五月,根据黄河河道不断北移的新情况,张从惠提出了开凿广武山(在今河南荥阳北)引洛水入汴的方案。史称:"初,去年五月,西头供奉官张从惠言:'汴河口岁岁闭塞,又修堤防劳费,一岁通漕才二百余日。往时数有人建议引洛水入汴,患黄河啮广武山,须凿山岭十五丈至十丈以通汴渠,功大不可为。自去年七月,黄河暴涨异于常年,水落而河稍北去,距广武山麓有七里远者,退滩高阔,可凿为渠,引水入汴,为万世之利。'知孟州河阴县郑佶亦以为言。"②针对张从惠的主张,都水监丞范子渊经过周密的思考"画十利以献"。《宋史·河渠志四》略去的"十利",在宋人李焘那里有详细的记载。如李焘记载道:"时范子渊知都水监丞,画十利以献:岁省开塞汴口工费,一也;黄河不注京城,省防河劳费,二也;汴堤无冲决之虞,三也;舟无激射覆溺之忧,四也;人命无非横损失,五也;四时通漕,六也;京、洛与东南百货交通,七也;岁免河水不应,妨阻漕运,八也;江、淮漕船免为舟卒镌凿沉溺以盗取官物,又可减溯流牵挽人夫,九也;沿汴巡河使臣、兵卒、薪楥皆可裁省,十也。"③张从惠、范子渊治理汴河的要点:一是黄河北移后,为开凿广武山引洛入汴提供了可能,根据这一新情况即原有的引洛入汴航道已堵塞的情况,以恢复洛水入汴的功能;二是针对广开水源后,增加汴河流量可能引起水流增大而妨碍航道安全的情况,沿途设置控制水位的木闸;三是禁止在伊水、洛水的上游取水,以保证汴河水源;四是加固从巩县(在今河南巩义)神尾山到土家堤的黄河大堤,防止黄河决堤后灌入汴河。

---

① 元·脱脱等《宋史·河渠志四》,北京:中华书局1985年版,第2327—2329页。
② 宋·李焘《续资治通鉴长编·神宗元丰二年》,北京:中华书局1992年版,第7224页。
③ 同②。

张从惠、范子渊的治理方案除了有以上四个方面的功能外,还有另外三个方面的功能值得注意:一是开新航道后,改变了黄河水流湍急容易毁坏汴口的情况;二是以水流舒缓的洛水等补充汴河,在一定程度上改变了汴河受黄河水势控制的现实,进一步提高了航道通航时的安全系数;三是黄河泥沙严重,水流放缓后携带的泥沙容易淤积汴河,泥沙较少的洛水入汴后既可解决汴河干浅不利通航的状况,又可起到冲沙保护航道的作用。经过长时间的酝酿和准备,元丰二年至三年,宋用臣将这一方案付诸实践。其间,宋用臣采取了分段治理的方案:一是开新航道五十里引伊水、洛水等入汴;二是每二十里置一水闸,由水闸调节汴河航道的水位;三是建坡塘蓄积索水,以备洛水等水量不足时补给汴河;四是在汜水关(虎牢关,在今河南荥阳汜水镇)的北面开辟新航道,"上下置闸启闭,以通黄、汴二河船筏";五是建控制水位的斗门(水闸),防止伊水、洛水、索水暴涨时危及汴河航道;六是针对"洛水入汴至淮,河道漫阔,多浅涩"的情况采取"狭河六十里"即缩小航道宽度的措施,通过提高航道水位确保航道安全;七是拆除妨碍汴河航运的金水河"透水槽"。在宋用臣的治理下,汴河的通航能力得到了提升。

治理汴河是长期的事,需要根据不断发生的情况采取行之有效的治理方案。具体地讲,元丰六年(1083)八月,范子渊提出加固堤坝和开河的方案;稍后,都提举司又针对汴河水涨的新情况提出兴建新斗门和"开淘旧河,创开生河"的治理方案。在这中间,无论是兴修新斗门,还是利用旧河道、开挖新河道,目的只有一个,就是针对汴河水涨建立泄水机制以保证航行安全。史称:"六年八月,范子渊又请'于武济山麓至河岸并嫩滩上修堤及压埽堤,又新河南岸筑新堤,计役兵六千人,二百日成。开展直河,长六十三里,广一百尺,深一丈,役兵四万七千有奇,一月成'。从之。十月,都提举司言:'汴水增涨,京西四斗门不能分减,致开决堤岸。今近京惟孔固斗门可以泄水下入黄河。若孙贾斗门虽可泄入广济,然下尾窄狭,不能尽吞。宜于万胜镇旧减水河、汴河北岸修立斗门,开淘旧河,创开生河一道,下合入刁马河,役夫一万三千六百四十三人,一月毕工。'诏从其请,仍作二年开修。七年四月,武济河溃。八月,诏罢营闭,纵其分流,止护广武三埽。"①经过持续不间断的治理,元丰年间的汴河基本上保持着良好的航运能力。史有"诸侯有兵,江淮不通,籴贵"②之说,这一说法深刻地揭示了汴河在维护宋王朝政权稳定方面有着特殊的作用。

黄河改道、决口除了毁坏汴河外,还影响到御河、五丈河(广济河)、蔡河(惠民河)等运河。史称:"天禧三年六月乙未夜,滑州河溢城西北天台山旁,俄复溃于城西南,岸摧七百步,漫溢州城,历澶、濮、曹、郓,注梁山泊;又合清水、古汴渠东入于淮,州邑罹患者三十二。即遣使赋诸州薪石、楗橛、芟竹之数千六百万,发兵夫九万人治之。四年二月,河塞,群臣入贺,上

---

① 元·脱脱等《宋史·河渠志四》,北京:中华书局1985年版,第2329页。
② 元·脱脱等《宋史·天文志三》,北京:中华书局1985年版,第1017页。

亲为文,刻石纪功。"①在建设大梁这一漕运中心的过程中,宋代统治者建立了汴河、蔡河、五丈河、御河之间的互通关系,这一漕运大通道建立后,加强了不同地区的水上交通,但同时因受黄河的制约也给流经不同地区的运河带来了灾难性的后果。

---

① 元·脱脱等《宋史·河渠志一》,北京:中华书局1985年版,第2263页。

第五章　御河沿革与漕运

宋代御河(卫河)的变迁与黄河迁徙有密切的关系。史家在叙述宋初河北境内的黄河河道的基本情况时记载道："宋初河道，与唐五代略同，所谓京东故道也。真宗景德元年，河决澶州横陇埽(在今开州东)，寻复修塞。景祐元年，又决横陇，遂为大河之，经流今濮州东(河在州东六十里)、东平州西范县东(河在州西七十里接范县界)，阳谷县东南(河在县东南六十里)、东阿县北(河在县北六十里，东径铜城南，又东北径杨刘南)、长清县北(河在县北五十五里)，皆有黄河即横陇决河之所行也。自长清而下(东北入平原界)则与京东故道合矣。庆历八年，河又决澶州之商胡埽，而横陇断流，谓之横陇故道。"①又称："宋大中祥符四年，河决通利军，合御河，寻经塞治。至庆历八年，自澶州东北三十里商胡埽决，北经清丰县西，又北经南乐县，又北至大名府东，北合永济渠(即今卫河)，又东北径冠氏县西北，又东北径馆陶县西，又东北径临清县西，又东北径宗城县东，又东北径清河县东(县北一里有黄河故道，亦名黄路河)，又东北径夏津县西北，又东北径武城县西，又东北径枣强县西，又东径将陵县北，又东径蓨县南，又东北径东光县西，又东北径南皮县西，又东北径清池县西，而北与漳水合，又东北径乾宁军东，又东北径独流口，又东至劈地口入于海。以今舆地言之，开州大名元城、冠、馆陶、邱县、临清、威县、清河、夏津、武城、枣强、故城、恩县、德州、吴桥、景州、东光、南皮、交河、沧州、青县、静海、天津诸州县界，中皆宋时黄河北流之所经也。商胡决后二十二岁，为神宗熙宁二年己酉，导东流而北流闭。又十二岁，为元丰四年辛酉，河复北流。哲宗绍圣初又闭，后数岁，为元符二年己卯。东流断绝，河竟北流。盖自仁宗及庆历八年戊子，下逮金章宗明昌五年甲寅，实宋光宗之绍熙五年，而河决阳武出胙城南，南北分流入海，凡一百四十六岁。"②黄河行经区域与永济渠行经区域大体相当，黄河为永济渠及宋代御河提供了充足的补给水源。

宋代御河航道主要有四个来源：一是古清水(北济水、清河)故道；二是黄河的支流淇水；三是曹操利用古清水旧道和淇水兴修的白沟；四是隋炀帝以白沟为基础兴修的永济渠。

---

① 《山东通志·河防》，《四库全书》第540册，上海：上海古籍出版社1987年版，第252页。
② 同①，第253页。

第一节　御河的历史沿革

胡渭考证古清水、淇水、白沟和永济渠之间的关系时指出："永济渠即古之清河,《汉志》之国水,《水经》之清、淇二水。曹公自枋头遏其水为白沟,一名白渠。隋炀帝导为永济渠,一名御河,今称卫河者也。"①隋唐两代,永济渠为加强长安与洛阳以及洛阳与河北及辽东的联系发挥了重要作用。胡渭叙述淇水、清水与白沟的关系时指出："出河内隆虑县沮洳山,东流合清水,至魏郡内黄县为白沟,亦曰清河。"②淇水出自隆虑(在今河南林州),淇水和清水是白沟共同的补给水源,二水自内黄(在今河南内黄)汇入白沟,经此向北进入大名(在今河北大名)这一边防重镇。

后晋天福三年(938),石敬瑭将燕云十六州割让给契丹,从此,永济渠经过的区域分属宋和契丹两个政权。进而言之,御河是永济渠的一部分,宋王朝所说的御河不包括由契丹行使统治权的区域。史称："御河源出卫州共城县百门泉,自通利、乾宁入界河,达于海。"③这里所说的"乾宁"是"乾宁军"的省称。从地理形势上看,这里所说的"界河"是指海河,是说以海河为宋与契丹疆域的分界线,形成了宋与契丹两个隶属不同的管辖区。

在历史的变迁中,御河从乾宁军(在今河北青县南)入海河,发生在宋仁宗皇祐元年(1049)二月以后。胡渭指出："御河即卫河,亦名永济渠、今河间府青县南二里有合口镇,为漳、卫合流处。其地有中山,山岩耸峙,悬瀑数十丈,俗呼为高土冈,岂即所谓石山耸立,状如小孤者邪:盖宋时商胡北流,合永济渠,至乾宁军入海。"④御河除了以淇水、清水为补给水源外,沿途又接纳了漳水等。

宋代的御河都经过了哪些地区呢? 对此,清代有详细的交代。如张廷玉等修撰《明史》时记载道："卫河,源出河南辉县苏门山百门泉。经新乡、汲县而东,至畿南浚县境,淇水入焉,谓之白沟,亦曰宿胥渎。宋、元时名曰御河。由内黄东出,至山东馆陶西,漳水合焉。东北至临清,与会通河合。北历德、沧诸州,至青县南,合滹沱河。北达天津,会白河入海。"⑤这一叙述准确地描述了宋代御河经过的地区和走向,这一航线在向北方延伸的过程中,先后与黄河、淇水、漳水、会通河、滹沱河、白河等河流或运河发生联系,在以其为补给水源或航道的过程中,向沿岸地区纵深拓展,形成了贯穿华北主要地区的航线。

---

① 清·胡渭《禹贡锥指》(邹逸麟整理),上海:上海古籍出版社2006年版,第507页。
② 同①,第40页。
③ 元·脱脱等《宋史·河渠志五》,北京:中华书局1985年版,第2353页。
④ 同①,第360—361页。
⑤ 清·张廷玉等《明史·河渠志五》,北京:中华书局1974年版,第2128页。

永济渠的基础是白沟，又称"白沟水""白渠"。从历时的角度看，"御河"之称出现于隋代。李吉甫指出："白沟水，本名白渠，隋炀帝导为永济渠，亦名御河，西去县十里。"①"西去县十里"是指在馆陶县西十里处，从中可见馆陶县是御河的重要节点城市。从另一个层面看，凡隋代兴修的运河均可以"御河"相称。史有"世充军至，令数百骑渡御河"②之说，王世充渡"御河"的地点在郾师、邙山一带，因此这里所说的"御河"应指通济渠。隋末，李勣劝说翟让到宋州（在今河南商丘）、郑州（在今河南郑州管城）等富饶的地区掠取财物，以求扩充军备。史有"且宋、郑两郡，地管御河，商旅往还，船乘不绝，就彼邀截，足以自相资助"③之语，此处所说的"御河"当指通济渠。李吉甫叙述通济渠和邗沟航道时亦以"御河"相称，他指出："汴渠，在县南二百五十步，亦名蒗荡渠。……自宋武北征之后，复皆堙塞。隋炀帝大业元年更令开导，名通济渠，自洛阳西苑引谷、洛水达于河，自板渚引河入汴口，又从大梁之东引汴水入于泗，达于淮，自江都宫入于海，亦谓之御河。河畔筑御道，树之以柳，炀帝巡幸，乘龙舟而往江都。"④这一情况到宋代发生了变化，"御河"开始成为永济渠在宋代辖区内的特称。

建安九年（204），曹操"遏淇水入白沟以通粮道"⑤。白沟建成后奠定了隋代永济渠和宋代御河的基础。乐史指出："白沟起在卫县，南出大河，北入魏郡。"⑥曹操在卫县（在今河南淇县西南）截取淇水，并利用古清水故道即淇水河道形成了南及黄河、北通魏郡（在今河北临漳西南）的航道。淇水"东至黎阳入河"⑦，黎阳（在今河南淇县东）入河口即淇口是重要的漕运中转地。淇口又称"淇水口""清口""清河口"。郦道元叙述清水故道及淇水入河情况时指出："谓之清口，即淇河口也，盖互受其名耳。《地理志》魏郡曰：清河水出内黄县南，内黄无清水可来，所有者惟钟是水耳。盖河徙南注，清水渎移，汇流径绝，余目尚存，故东川有清河之称，相嗣不断。曹公开白沟，遏水北注，方复故渎矣。"⑧胡渭亦指出："淇水口亦名清河口，以淇、清二水合流入河，故互受其名也。"⑨淇口既是淇水入黄口，同时也是清水故道的入河处。

胡渭叙述淇水、清水与白沟之间的历史渊源及航线走向等情况时指出："《汉志》河内共

---

① 唐·李吉甫《元和郡县图志·河北道一》（贺次君点校），北京：中华书局1983年版，第450页。
② 唐·魏徵等《隋书·李密传》，北京：中华书局1973年版，第1632页。
③ 后晋·刘昫等《旧唐书·李勣传》，北京：中华书局1975年版，第2483页。
④ 同①，第137页。
⑤ 晋·陈寿《三国志·魏书》，北京：中华书局1959年版，第25页。
⑥ 宋·乐史《太平寰宇记·河北道五》（王文楚等校点）第3册，北京：中华书局2007年版，第1156页。
⑦ 汉·班固《汉书·地理志上》，北京：中华书局1962年版，第1554页。
⑧ 北魏·郦道元《水经注·清水》，杨守敬、熊会贞疏，段熙仲点校，陈桥驿复校《水经注疏》上册，南京：江苏古籍出版社1989年版，第817页。
⑨ 清·胡渭《禹贡锥指》（邹逸麟整理），上海：上海古籍出版社2006年版，第454页。

县下云:北山,淇水所出,东至黎阳入河。隆虑县下云:国水东北至信成入张甲河,过郡三,行千八百四十里。魏郡内黄县下云:清河水出南。《水经》:淇水出隆虑县西大号山,东过内黄县南为白沟,又东北过广宗县东为清河。清水出修武县北黑山,东北过获嘉县,又东过汲县北,又东入于河。《郦注》云:谓之清河口,即淇河口也。《地理志》曰:清河水出内黄县南。无清水可来,所有者唯钟是水耳。盖河徙南注清水,渎移唯留径绝余目。故东川有清河之称。曹公开白沟,遏水北注,方复故渎矣。渭按:《水经》隆虑所出之淇水即国水,宿胥故渎乃禹河之所行,国水自西来注之,势不得东出内黄县南为清河。清河盖禹河下流渐淤决而为此川,犹汉屯氏河之类。及周定王时,宿胥口塞,大河之水不至,国水循宿胥故渎,东北径内黄县南为清河。《汉志》所谓'东北至信成入张甲河,行千八百四十里'者也。其后故渎又塞,清河随淇水至黎阳入河,故淇水口亦名清河口。及曹公堰淇口,因宿胥故渎而加其功,使东北流为白沟,是为复故渎也。苏秦说赵曰东有清河,说齐曰西有清河。清河之来已久,疑春秋前有之。"①胡渭旁征博引,从历史沿革的角度论述了淇水、清水与白沟之间的关系。在历史的变迁中,黄河南徙后淤塞了古清水的部分河道,曹操开白沟时遏淇水注入清水故道,形成了以黎阳为白沟入河口的格局。从这样的角度看,白沟主要利用了清河故道。

  南北分治结束后,隋炀帝在白沟的基础上兴修了永济渠。隋炀帝开永济渠虽以白沟为主要航道,但因洛阳为漕运中心,为了方便与河北地区的联系,根据水文变化的新特点,兴建了从沁口(在今河南沁阳境内)进入河北地区的新航道。史称:"四年春正月乙巳,诏发河北诸郡男女百余万开永济渠,引沁水南达于河,北通涿郡。"②大业四年(608),新航道兴修后,从洛阳走水路经洛口(在今河南巩义东北)驶入黄河对岸的沁口,可减少在黄河上航行的时间,以及规避在黄河上航行的风险。史称:"将兴辽东之役,自洛口开渠,达于涿郡,以通运漕。"③新航线建立后,经淇口北上的航线继续使用,甚至还因在淇口建黎阳仓,强化了淇口的交通枢纽地位。质言之,隋炀帝开永济渠后,在黄河航道上形成西面有沁口、东北有淇口及远通涿郡(在今北京西南)的局面。沁口和淇口两个入河口构成的复线有不同的漕运方向。具体地讲,沁口在淇口的西南,缩短了从河洛地区到河北的航运距离;淇口在沁口的东北,缩短了从齐鲁、两淮等地到河北的航程。永济渠自黎阳淇口北上基本上沿用了白沟旧道,沿白沟北上后除了可抵涿郡等地外,还与曹操兴修的平房渠等联系,从而构成入海河再入渤海的水上交通。可以说,永济渠是一条联系黄河流域和海河流域的水上大通道。

  宋王朝定都大梁,因政治中心远离大梁以西的洛阳或长安,为此,从沁口入河北的御河航线日趋衰落。而淇口到大梁的距离比从沁口到大梁的距离近,这样一来,从淇口入河北的御河

---

① 清·胡渭《禹贡锥指》(邹逸麟整理),上海:上海古籍出版社2006年版,第472页。
② 唐·魏徵等《隋书·炀帝纪上》,北京:中华书局1973年版,第70页。
③ 唐·魏徵等《隋书·阎毗传》,北京:中华书局1973年版,第1595页。

航线开始繁忙起来。史称:"河北州军赏给茶货,以至应接沿边榷场要用之物,并自黄河运至黎阳出卸,转入御河,费用止于客军数百人添支而已。向者,朝廷曾赐米河北,亦于黎阳或马陵道口下卸,倒装转致,费亦不多。"①在与河北地区的商贸往来中,淇口是最繁忙的集散地。不过,这一航线最重要的使命是承担输粮入边及为河北驻军提供战略物资的重任,如史有"缘边漕运独赖御河"②之说。为了提高其航运能力,宋代统治者对御河进行了综合治理。

史称:"河北诸水,有通转饷者,有为方田限辽人者。太宗太平兴国六年正月,遣八作使郝守浚分行河道,抵于辽境者,皆疏导之。又于清苑界开徐河、鸡距河五十里入白河。自是关南之漕,悉通济焉。

淳化二年,从河北转运使请,自深州新砦镇开新河,导胡卢河,分为一派,凡二百里抵常山,以通漕运。胡卢河源于西山,始自冀州新河镇入深州武强县,与滹沱河合流,其后变徙,入大河。至神宗熙宁中,内侍程昉请开决引水入新河故道,诏本路遣官按视。永静军判官林伸、东光县令张言举言:'新河地形高仰,恐害民田。'昉言:'地势最顺,宜无不便。'乃复遣刘瑄、李直躬考实,而瑄等卒如昉言,伸等坐贬官。

四年春,诏六宅使何承矩等督戍兵万八千人,自霸州界引滹沱水灌稻为屯田,用实军廪,且为备御焉。初,临津令黄懋上封事,盛称水田之利,乃以承矩泊内供奉官阎承翰、殿直张从古同制置河北缘边屯田事,仍以懋为大理寺丞,充屯田判官,其所经画,悉如懋奏。

真宗咸平四年,知静戎军王能请自姜女庙东决鲍河水,北入阎台淀,又自静戎之东,引北注三台、小李村,其水溢入长城口而南,又壅使北流而东入于雄州。五年,顺安军兵马都监马济复请自静戎军东,拥鲍河开渠入顺安军,又自顺安军之西引入威房军,置水陆营田于渠侧。济等言:'役成,可以达粮漕,隔辽骑。'帝许之,独盐台淀稍高,恐决引非便,不从其议。因诏莫州部署石普并护其役。逾年功毕。帝曰:'普引军壁马村以西,开凿深广,足以张大军势。若边城壕沟悉如此,则辽人仓卒难驰突而易追袭矣。'其年,河北转运使耿望开镇州常山镇南河水入浽河至赵州,有诏褒之。

景德元年,北面都钤辖阎承翰,自嘉山东引唐河三十二里至定州,酾而为渠,直蒲阴县东六十二里会沙河,径边吴泊,遂入于界河,以达方舟之漕。又引保州赵彬堰徐河水入鸡距泉,以息挽舟之役,自是朔方之民,灌溉饶益,大蒙其利矣。八月,诏沧州、乾宁军谨视斗门水口,壅潮水入御河东塘堰,以广溉荫。四年五月,知雄州李允则决渠为水田,帝以渠接界河,罢之。因下诏曰:'顷修国好,听其盟约,不欲生事,姑务息民。自今边城止可修葺城壕,其余河道,不得辄有浚治。'"③

---

① 元·脱脱等《宋史·河渠志五》,北京:中华书局1985年版,第2356页。
② 元·脱脱等《宋史·河渠志二》,北京:中华书局1985年版,第2289页。
③ 同①,第2364—2366页。

宋太宗太平兴国六年(981),自清苑(在今河北保定)开新运道徐河、鸡距河五十里,建立了与白河(白沟、永济渠)相连的漕运通道;宋太宗淳化二年(991),自深州(在今河北深州)新砦镇开新河,形成以胡卢河为补给水源,与常山(在今河北正定)等相连、与御河相通的新运道;宋真宗咸平四年(1001)至咸平六年(1003)建立以鲍河(鲍丘水)等为水源的新运道,将白沟与曹操兴修的平虏渠等联系起来;宋真宗景德元年(1004),自嘉山(在今河北)引唐河至定州(在今河北定州),增强了御河联系河北各地的能力。这些新运道以御河为主干线,在向不同地区延展的过程中,形成了自淇口入御河,进而与徐河、鸡距河、新河等相通的航线。

第二节　御河与漕运

御河是宋王朝向北防御契丹入侵、转运粮草及军备物资的漕运大通道。史有"岁漕百万石"[1]到河北之说,从侧面说明了这条漕运通道的重要性。其实,除了每年调集一百万石的军粮到河北边地外,御河还承担了转运其他战略物资的任务,在商品流通中还扮演着重要的角色。

为减轻御河的漕运负担及有效地应对边防的需要,宋代统治者采取了一系列的措施。一是强化御河建设,在以御河为主航线的同时进行凡"抵于辽境者,皆疏导之"的建设。通过持续不断地疏浚御河旧道和开挖新道,御河与河北境内的河流互通改善了已有的漕运状况。二是在从事河渠建设时,注意发掘河渠在漕运、灌溉等方面的综合能力。如采用屯田之策,通过屯田"用实军廪,且为备御",改变依赖御河漕运的格局;又如王沿曾提出利用漳水开渠发展当地农业的主张,王沿在给朝廷的上疏中写道:"夫善御敌者,必思所以务农实边之计。河北为天下根本,其民俭啬勤苦,地方数千里,古号丰实。今其地,十三为契丹所有,余出征赋者,七分而已。魏史起凿十二渠,引漳水溉斥卤之田,而河内饶足。唐至德后,渠废,而相、魏、磁、洺之地并漳水者,累遭决溢,今皆斥卤不可耕。故沿边郡县,数蠲租税,而又牧监占地,占民田数百千顷,是河北之地,虽十有其七,而得赋之实者,四分而已。以四分之力,给十万防秋之师,生民不得不困也。且牧监养马数万,徒耗刍豢,未尝获其用。请择壮者配军,衰者徙之河南,孳息者养之民间。罢诸坰牧,以其地为屯田,发役卒、刑徒田之,岁可用获谷数十万斛。夫漳水一石,其泥数斗,古人以为利,今人以为害,系乎用与不用尔。愿募民复十二渠,渠复则水分,水分则无奔决之患。以之灌溉,可使数郡瘠卤之田,变为膏腴,如是,则民富十倍,而帑廪有余矣。以此驭敌,何求而不可。"[2]王沿从历史上河北地区引漳水灌溉农田的

---

[1] 宋·李焘《续资治通鉴长编·神宗熙宁八年》,北京:中华书局2004年版,第6489页。
[2] 元·脱脱等《宋史·王沿传》,北京:中华书局1985年版,第9957—9958页。

状况入手,提出了以漳水改造盐碱地发展当地农业的主张。三是提出了兴修河渠时将发展漕运和利用河渠延缓契丹骑兵进攻结合起来的主张。客观地讲,这一方案为在河北地区兴修河渠、发展漕运提出了新的理念。四是建立以御河为主体的漕运通道,通过开挖新运道将各个战略要地联络起来并形成呼应之势,为灵活机动地调动兵力和转运军事战略物资提供了方便。具体地讲,从宋真宗咸平四年到六年,宋代统治者在建立以御河为漕运主干线的过程中,不断地开挖联系静戎军(在今河北徐水)、雄州(在今河北保定雄县)、顺安军(在今河北高阳东)、威虏军(在今保定徐水西北)等地的漕运通道,在河北地区构建了一条为军事斗争服务的漕运大通道。从另一个层面看,宋代御河疏浚及建设的范围主要集中在"抵于辽境"的以南地区,这一情况表明宋代御河建设的范围和里程已在隋唐永济渠的基础上大大地缩短了。尽管如此,经过长时间的建设,御河经大梁与汴河(通济渠)相连,已形成了江淮漕粮经汴河入黄河,从黄河入淇口,再入御河的大通道。

宋仁宗皇祐元年二月,"河北黄、御二河决,并注于乾宁军"①,御河改道从乾宁军(在今河北青县南)东入渤海。这一事件标志着宋代的御河修整工程从此发生了新的变化。追溯御河溃决与黄河一再地溃决有直接的联系。具体地讲,与宋仁宗庆历八年(1048)"河决澶州商胡埽"②有直接的关系。商胡埽在澶州(在今河南濮阳)境内,是御河和黄河交汇的区域。黄河在澶州不断地溃决,挟带大量的泥沙淤塞御河,直接破坏了业已建立的漕运秩序,影响了宋王朝转运粮草及军备物资入边的事务。如果从宋太祖建隆三年(962)"河决澶州"③事件算起的话,那么,经宋真宗、宋仁宗、宋神宗数朝再到宋哲宗元符元年(1098)"澶州河溢"④,一百三十六年的时间里,黄河在澶州一带决口或漫溢几乎成了家常便饭。这里仅以《宋史·五行志》中的记载为证:"(开宝五年)河决澶州濮阳,绛、和、庐、寿诸州大水。……(开宝八年)五月,京师大雨水。濮州河决郭龙村。六月,澶州河决顿丘县。……太平兴国二年六月,孟州河溢,坏温县堤七十余步,郑州坏荥泽县宁王村堤三十余步;又涨于澶州,坏英公村堤三十步。……(太平兴国四年)九月,澶州河涨。郓州清、汶二水涨,坏东阿县民田。……(淳化四年)九月,澶州河涨,冲陷北城,坏居人庐舍、官署、仓库殆尽,民溺死者甚众。……十月,澶州河决,水西北流入御河,浸大名府城,知府赵昌言壅城门御之。……景德元年九月,宋州汴水决,浸民田,坏庐舍。河决澶州横陇埽。……(景德四年)七月,河溢澶州,坏王八埽。……(大中祥符七年)八月,河决澶州。……天禧三年六月,河决滑州城西南,漂没公私庐舍,死者甚众,历澶州、濮、郓、济、单至徐州,与清河合,浸城壁,不没者四

---

① 元·脱脱等《宋史·五行志一上》,北京:中华书局1985年版,第1326页。
② 同①。
③ 元·脱脱等《宋史·太祖纪三》,北京:中华书局1985年版,第44页。
④ 元·脱脱等《宋史·哲宗纪二》,北京:中华书局1985年版,第351页。

板。……(天圣)七年六月,河北大水,坏澶州浮梁。……(景祐元年)七月,澶州河决横陇埽。……庆历元年三月,汴流不通。八年六月乙亥,河决澶州商胡埽。……(元丰)四年四月,澶州临河县小吴河溢北流,漂溺民居。"①一般来说,凡入《宋史·五行志》的水灾均属特大型的水患。也就是说,从宋太祖开宝五年(972)到宋神宗元丰四年(1081)仅在澶州发生的后果严重的水灾就有十四次之多,如果再把《宋史·河渠志》等记载的小灾合到一起计算的话,在此期间,黄河在澶州一带决口或漫溢的事件几乎连年发生,起码说有数十次以上。然而,御河是宋代转运粮草及军备物资不可或缺的漕运通道,宋代统治者将重点治理澶州一带的御河航段提到议事日程上,乃至一些官员因治理御河有功常常得到升迁。如宋太宗淳化(990—994)初年,孔守正"塞澶州决河,就命知州军"②。澶州既是宋王朝为前方将士提供后勤的补给站,同时也是大梁北面的重要屏障。从澶州到大梁一马平川,几乎无险可守。黄河不断地在澶州决口直接影响到宋王朝的防务及政权稳定,所以,宋王朝在都水监负责管理河渠事务的基础上又"置局于澶州,号曰外监"③,进一步加强了对御河的管理。

还需要补充的是,御河是指永济渠在宋王朝版图的部分,在宋、辽边境一带的永济渠因不再使用,向四周流淌,成了众水淤积的"塘泺"。根据这一情况,宋王朝利用塘泺建立了一条水上防线,有效地阻止了辽人的进攻。如《宋史》《续资治通鉴长编》《武经总要》等典籍均有专门的章节记载塘泺的情况,可以说,这是历史文献中仅有的现象。塘泺是北宋建造的独特的国防工程。这一工程主要是由河流、湖泊、沟渠、沼泽等构成的水网。这一工程建成后,在一定程度上将宋、辽的边境线固定在以霸州为核心的地区。范镇指出:"今塘水东西三百余里,多于先朝也。岁予金缯五十万,礼聘又十余万,亦多于先朝也。以多于先朝之塘水,多于先朝之金缯,以备契丹而与之和也,宜省兵以息民,而益多兵以困民者,臣所以深惑也。契丹自知顾塘水之限,贪金缯之利而不敢动者,五十年于今矣。"④从防御骑兵的角度看,产生了一定的效果。史家叙述塘泺水文及与永济渠的关系时指出:"其水东起沧州界,拒海岸黑龙港,西至乾宁军,沿永济河合破船淀、灰淀、方淀为一水,衡广一百二十里,纵九十里至一百三十里,其深五尺。东起乾宁军、西信安军永济渠为一水,西合鹅巢淀、陈人淀、燕丹淀、大光淀、孟宗淀为一水,衡广一百二十里,纵三十里或五十里,其深丈余或六尺。东起信安军永济渠,西至霸州莫金口,合水汶淀、得胜淀、下光淀、小兰淀、李子淀、大兰淀为一水,衡广七十里,或十五里或六里,其深六尺或七尺。东北起霸州莫金口,西南保定军父母砦,合粮料淀、回淀为一水,衡广二十七里,纵八里,其深六尺。霸州至保定军并塘岸水最浅,故咸平、景德

---

① 元·脱脱等《宋史·五行志一上》,北京:中华书局1985年版,第1320—1328页。
② 元·脱脱等《宋史·孔守正传》,北京:中华书局1985年版,第9371页。
③ 元·脱脱等《宋史·职官志五》,北京:中华书局1985年版,第3921页。
④ 宋·范镇《上仁宗论益兵困民》,《四库全书》第432册,上海:上海古籍出版社1987年版,第505页。

中，契丹南牧，以霸州、信安军为归路。东南起保安军，西北雄州，合百世淀、黑羊淀、小莲花淀为一水，衡广六十里，纵二十五里或十里，其深八尺或九尺。东起雄州，西至顺安军，合大莲花淀、洛阳淀、牛横淀、康池淀、畴淀、白羊淀为一水，衡广七十里，纵三十里或四十五里，其深一丈或六尺或七尺。东起顺安军，西边吴淀至保州，合齐女淀、劳淀为一水，衡广三十余里，纵百五十里，其深一丈三尺或一丈。起安肃、广信军之南，保州西北，畜沈苑河为塘，衡广二十里，纵十里，其深五尺，浅或三尺，曰沈苑泊。自保州西合鸡距泉、尚泉为稻田、方田，衡广十里，其深五尺至三尺，曰西塘泊。自何承矩以黄懋为判官，始开置屯田，筑堤储水为阻固，其后益增广之。凡并边诸河，若滹沱、胡卢、永济等河，皆汇于塘。"①这些以"淀"相称的诸水均属塘泺。

御河是大梁漕运中心建设的重要组成部分。经过长时期的建设，逐步形成了从御河经黄河到大梁，从大梁入汴河进而远接江淮之势。如大中祥符元年（1008），宋真宗赵恒为封禅泰山下达了诏令。史称："始诏今年十月有事于泰山。遣官告天地、宗庙、社稷、太一宫及在京祠庙、岳渎，命翰林、太常礼院详定仪注，知枢密院王钦若、参知政事赵安仁为封禅经度制置使并判兖州，三司使丁谓计度粮草，引进使曹利用、宣政使李神福修行宫道路，皇城使刘承珪等计度发运。诏禁缘路采捕及车骑蹂践田稼，以行宫侧官舍、佛寺为百官宿顿之所，调充、郓兵充山下丁役。行宫除前后殿外，并张幕为屋，覆以油帊。仍增自京至泰山驿马，令三司沿汴、蔡、御河入广济河运仪仗什物赴兖州，发上供木，由黄河浮筏至郓州，给置顿费用，省辇送之役。"②从"令三司沿汴、蔡、御河入广济河运仪仗什物赴兖州"等语中当知，各地进奉的"仪仗什物"是沿汴河、蔡河、御河经广济河运往泰山的。在这中间，大梁是联系不同地区的中转地。

第三节　御河与汴河之关系考述

宋代，经御河运往河北前线的战略物资主要来自汴河。当时的航线是从汴河经大梁入黄河，再从黄河入御河。此时，御河和广济河在河北、山东境内的航道虽近在咫尺，但不相通。此外，汴河和蔡河在淮北境内的航道虽十分靠近，但也不相通。

这一时期，汴河和蔡河虽然都与广济河（五丈河）相通，但需要经大梁才能进入广济河。当时的形势是：如果建立一条从汴河入蔡河或从汴河入广济河再入御河的航线，完全可以缩短从汴河入御河的航程。事实上，汴河在淮北境内的航段与蔡河相距不远，有的航段甚至处

---

① 元·脱脱等《宋史·河渠志五》，北京：中华书局1985年版，第2358—2359页。
② 元·脱脱等《宋史·礼志七》，北京：中华书局1985年版，第2527—2528页。

于平行状态。如果选择适当的地点开挖连线,完全可以从汴河直接进入蔡河、广济河和御河。除此之外,汴河虽与菏水相通,但从汴河入菏水再入广济河的话同样要绕道而行。史称:"真宗咸平三年五月,河决郓州王陵埽,浮巨野,入淮、泗,水势悍激,侵迫州城。命使率诸州丁男二万人塞之,逾月而毕。"①郓州是广济渠航段节点城市,巨野(在今山东巨野)是菏水航段节点城市。黄河在王陵埽决堤后,冲向巨野,灌入淮泗河道。这一情况表明,汴河通淮、泗的航道距菏水不远,如果在汴河和菏水之间开挖一条不需绕行的航线,可直接进入广济河。然而,从汴河入菏水再入广济河的沿途海拔不一及水位落差很大,因此存在着无法通航的情况,同样,从汴河入蔡河也存在着水位落差的问题。宋真宗景德三年(1006)曾有"自京东分广济河由定陶至徐州入清河,以达江、湖漕路"②的举措。遗憾的是,这条航线虽然兴修了,但终因无法解决水位落差等问题而没有被投入使用,故史有"帝以地有隆阜,而水势极浅,虽置堰埭,又历吕梁滩碛之险,非可漕运,罢之"③之说。这一事件也说明了宋代为缩短漕运航程曾做过积极的探索。

那么,为什么宋代以前没有遇到这样的问题呢?道理很简单,宋代运河的基础是汉唐时期的运河。汉、唐时期,大一统帝国的政治中心或在长安或在洛阳,这一情况决定了漕运通道建设必须围绕着长安和洛阳进行。隋唐时期,长安是政治中心,洛阳是第二个政治中心,受地理条件限制,无法围绕长安进行漕运中心建设,在这样的背景下,只能以洛阳为中心加强漕运通道建设,进而形成经洛阳中转长安的漕运通道建设机制。除此之外,隋唐时期在各地区兴建的运河有调集不同地区赋税及粮食的功能,建设相对单一的航线是为了缩短进入洛阳这一漕运中心的航程,这样一来,故没有必要在汴河、蔡河、广济河之间开挖曲折迂回的互通连线或复线。隋唐统治者建立的漕运体系是由不同地区的运河及航线构成的,为了发挥运河的最大效益,每条航线只需要负责与之相应地区的漕运,因此没有必要在不同的职能区建立运河互通的连线或复线。

宋朝定都大梁,因政治形势、经济形势发生了变化,势必要引起漕运方向的变化。在这一背景下,宋代统治者如果继续沿用原有的漕运线路进行漕运的话,势必要出现不相适应的情况,具体主要表现在三个方面:一是宋取东南后,江淮地区成为国家赋税的倚重对象,与江淮地区相连的汴河成为最重要的漕运通道;二是当河北地区成为宋王朝抵御契丹入侵的前线时,需要及时地把从江淮等地调集的战略物资经汴河用最经济的手段运往河北地区;三是以汴河、蔡河、广济河为漕运通道输送战略物资进入河北时,因其缺少与御河直接相通的连接线,乃至调集战略物资到河北前线时需要先沿各自的航线绕道大梁,再进入黄河,最后入

---

① 元·脱脱等《宋史·河渠志一》,北京:中华书局1985年版,第2260页。
② 元·脱脱等《宋史·河渠志四》,北京:中华书局1985年版,第2339页。
③ 同②。

御河。客观地讲,前代建立的这一航线亟须改造,如不进行改造的话将无法适应新的形势。

为了减少航运里程、节约运输成本、提高运输效率和促进商品流通,宋代统治者有计划、有目的地从不同的层面探讨了兴修新航道的途径。史称:"神宗熙宁七年,赵济言:'河浅废运,自此物贱伤农,宜议兴复,以便公私。'诏张士澄、杨琰修治。八月,都提举汴河堤岸司言:'欲于通津门汴河岸东城里三十步内开河,下通广济,以便行运。'从之。八年,又遣琰同陈祐甫因汴河置渗水塘,又自孙贾斗门置虚堤八,渗水入西贾陂,由减水河注雾泽陂,皆为河之上源。九年,诏依元额漕粟京东,仍修坝闸,为启闭之节。九年三月,诏遣官修广济河坝闸。元丰五年三月癸亥,罢广济辇运司,移上供物自淮阳军界入汴,以清河辇运司为名,命张士澄都大提举。七月,御史王植言:'广济安流而上,与清河溯流入汴,远近险易较然,废之非是。'诏监司详议。七年八月,都大提举汴河堤岸司言:'京东地富,谷粟可漕,独患河涩。若因修京城,令役兵近汴穴土,使之成渠,就引河水注之广济,则漕舟可通,是一举而两利也。'从之。"①熙宁七年(1074),赵济提出疏浚汴河的主张是为了在疏通航道的基础上解决"河浅废运"带来的问题,也是为了以汴河为商品流通的大通道解决"物贱伤农"等问题。同年八月,负责汴河事务的官员提出开汴河与广济河相连的航道,其目的在于缩短漕运航程。元丰五年(1082)至元丰七年(1084),引黄河入广济河并疏浚这一航段,旨在加强京东地区的漕运。可以说,在不断兴修和改道的过程中,宋代为提高漕运效率进行了不懈的努力。

宋代建立御河与汴河、蔡河、广济河之间的联系主要分三个时段进行:一是结合疏浚黄河,重点修缮了河北地区的御河;二是兴建汴河与蔡河间的连接航线;三是利用沙河故道即部分鸿沟旧道改造御河。澶州位于御河和黄河交汇的地方,黄河经常在此决口或漫溢直接影响御河航道的安全和畅通,故治理黄河是宋代治理御河的重要组成部分。为了提高北方防御能力,保证漕运畅通,宋王朝重点治理了澶州一带的御河航道。从时间上看,治理御河可以上溯到宋太祖建隆三年"河决澶州"②之时。不过,宋代集中力量治理御河发生在宋神宗一朝。

史称:"神宗熙宁二年九月,刘彝、程昉言:'二股河北流今已闭塞,然御河水由冀州下流,尚当疏导,以绝河患。'先是,议者欲于恩州武城县开御河约二十里,入黄河北流故道,下五股河,故命彝、昉相度。而通判冀州王庠谓,第开见行流处,下接胡卢河,尤便近。彝等又奏:'如庠言,虽于河流为顺,然其间漫浅沮洳,费工犹多,不若开乌栏堤东北至大、小流港,横截黄河,入五股河,复故道,尤便。'遂命河北提举籴便粮草皮公弼、提举常平王广廉按视,二人议协,诏调镇、赵、邢、洺、磁、相州兵夫六万浚之,以寒食后入役。

三年正月,韩琦言:'河朔累经灾伤,虽得去年夏秋一稔,疮痍未复。而六州之人,奔走河

---

① 元·脱脱等《宋史·河渠志四》,北京:中华书局1985年版,第2339—2340页。
② 元·脱脱等《宋史·太祖纪三》,北京:中华书局1985年版,第44页。

役,远者十一二程,近者不下七八程,比常岁劳费过倍。兼镇、赵两州,旧以次边,未尝差夫,一旦调发,人心不安。又于寒食后入役,比满一月,正妨农务。'诏河北都转运使刘庠相度,如可就寒食前入役,即亟兴工,仍相度最远州县,量减差夫,而辍修塘堤兵千人代其役。二月,琦又奏:'御河漕运通流,不宜减大河夫役。'于是止令枢密院调兵三千,并都水监卒二千。三月,又益发壮城兵三千,仍诏提举官程昉等促迫功限。六月,河成,诏昉赴阙,迁宫苑副使。四年,命昉为都大提举黄、御等河。"①

宋神宗熙宁二年(1069)九月,刘彝、程昉提出了治理御河的方案。当时,黄河在武城(在今山东武城)决口后分流两派:一派即"北流"出现了因河道干浅而无法通航的情况;另一派水势浩大,不断地侵入御河并毁坏御河航道。针对这一情况,刘彝、程昉提出了在武城开御河二十里新航道,利用黄河北流故道改造御河的方案。这一工程完成后,改善了御河在武城一带的航道及漕运条件。熙宁三年(1070)正月,韩琦为提高效率,建议改变兴修河道入役的时间。从"御河漕运通流,不宜减大河夫役"的建议中当知,治理御河与黄河是一个问题的两个层面,兴修御河的过程实际上是兴修黄河的过程。当时负责兴修御河工作的是程昉。完工后,程昉奉命管理这一航段的御河和黄河事务。史称:"程昉,开封人。以小黄门积迁西京左藏库副使。熙宁初,为河北屯田都监。河决枣强,酾二股河导之使东,为锯牙,下以竹落塞决口。加带御器械。河决商胡北流,与御河合为一。及二股东流,御河遂浅淀。昉以开浚功,迁宫苑副使。又塞漳河,作浮梁于洺州。兼外都水丞,诏相度兴修水利。河决大名第五埽,昉议塞之,因疏塘水溉深州田。又导葫芦河,自乐寿之东至沧州二百里。塞孟家口,开乾宁军直河,作桥于真定之中渡。又自卫州王供埽导沙河入御河,以广运路。累迁达州团练使,制置河北河防水利。"②从"河决商胡北流,与御河合为一。及二股东流,御河遂浅淀。昉以开浚功,迁宫苑副使"的情况看,程昉参与治河后,极大地改善了御河的通航条件。在这一过程中,程昉"自卫州王供埽导沙河入御河",改变了御河原有的漕运航线。

再来看看兴修汴河、蔡河与御河之间连接航线的情况。针对御河入汴河需要绕道大梁等诸多情况,宋神宗熙宁八年(1075),侯叔献、刘瑾提出开丁字河引汴河入蔡河的建议。李焘记载道:"都水监言,汴、蔡两河可就丁字河置闸通漕,从之。时有诏籴京西米赴河北封桩,患蔡河舟运不能达河北,故水官侯叔献、刘瑾建议,汴、蔡两河间有丁字河,可因其故道凿堤置闸,引汴水入蔡河,以通舟运,运河成可漕。"③这一方案实施后,改变了从汴河进入御河必须绕道大梁的历史。改变了东南漕运到河北地区必先从汴河入大梁,再从大梁入蔡河,由蔡河再入御河的历史。客观地讲,这一方案实施后既缩短了从汴河入御河的航程,同时引汴入

---

① 元·脱脱等《宋史·河渠志五》,北京:中华书局1985年版,第2353—2354页。
② 元·脱脱等《宋史·程昉传》,北京:中华书局1985年版,第13653页。
③ 宋·李焘《续资治通鉴长编·神宗熙宁八年》,北京:中华书局2004年版,第6487页。

蔡也解决了蔡河水量不足、航道干浅等问题。在船闸技术普遍运用于航道建设之前，解决航道因水位落差引起的泄水等问题主要采取了修建堰埭的方式。在丁字河"置闸通漕"一事表明，时至宋代，船闸技术已相当成熟，并得到了广泛的运用和推广。从表面上看，在汴河与蔡河之间建控制水位的船闸似与治理御河没有关系，其实不然，这一工程实际上是御河建设的重要组成部分。需要补充的是，唐代安史之乱后，虽建有"出浚仪十里入琵琶沟，绝蔡河，至陈州而合，……由白沙趣东关，历颍、蔡，涉汴抵东都"①的航道，但琵琶沟距大梁仅十里，因此，沿这一航线经汴河入黄河再入御河时，缩短的航程有限。此外，从陈州经汴河入蔡河再入汴河，主要是为应对藩镇割据采取的迫不得已的办法，这一航程远远地超出了绕道大梁的航程。

最后，再来看看利用沙河故道改造御河航道的情况。神宗熙宁八年，在侯叔献、刘璹实施引汴河入蔡河并建造丁字河船闸的同时，程昉向刘璹提出了改造御河航道的建议。史称："八年，昉与刘璹言：'卫州沙河湮没，宜自王供埽开浚，引大河水注之御河，以通江、淮漕运。仍置斗门，以时启闭。其利有五：王供危急，免河势变移而别开口地，一也。漕舟出汴，横绝沙河，免大河风涛之患，二也。沙河引水入于御河，大河涨溢，沙河自有限节，三也。御河涨溢，有斗门启闭，无冲注淤塞之弊，四也。德、博舟运，免数百里大河之险，五也。一举而五利附焉。请发卒万人，一月可成。'从之。"②在刘璹的支持下，程昉主持了从沙河引黄河入御河的工程。程昉写道："卫州界创开运河口，取黄河水入沙河，下合御河，以通江、淮漕运。"③程昉从兴修卫州（在今河南卫辉）的沙河旧道入手，将黄河引入御河，形成了远通江淮的能力。为了提高从沙河到御河的通航能力，程昉在沙河与御河交汇的河口建造了斗门。所谓"有斗门启闭"，是指程昉在御河与沙河及黄河的交汇口建造了提高航运水平的船闸。如宋神宗在熙宁八年九月七日的诏书中明确地写道："卫州所开沙河，令程昉等相度，置上下闸。"④所谓"置上下闸"，是指在航道上建造控制船只通行的负有不同功能的上闸和下闸。从沙河入御河的航道建成后，成功地减少了需要在黄河上航行的里程，也降低了船只在这一航道上航行的风险，提高了御河的通航能力。

熙宁九年（1076），改造御河的工程在程昉的努力下顺利竣工了。与此同时，宋神宗令文彦博负责评估这一新航道在漕运中产生的作用如何，由此引起了一场使用新航道还是沿用旧航道的争论。在调查研究的基础上，文彦博提出了新的见解："臣勘会自去年秋于卫州界王供埽次下开旧沙河取黄河行运，欲通江、淮舟楫，彻于河北极边。自今年春开口放水，后来

---

① 宋·欧阳修等《新唐书·食货志三》，北京：中华书局1975年版，第1369页。
② 元·脱脱等《宋史·河渠志五》，北京：中华书局1985年版，第2354页。
③ 宋·李焘《续资治通鉴长编·神宗熙宁九年》，北京：中华书局2004年版，第6780页。
④ 宋·李焘《续资治通鉴长编·神宗熙宁八年》，北京：中华书局2004年版，第6562页。

涨落不定,所行舟楫,多是轻载,官船木筏,其数至少。濒河官吏至于众人,无不知其有害无利,枉费工料极多。臣勘会所开运河在臣部内,兼御河穿北京城中过,始初犹未审知,开具子细。今即目睹利害,所系甚大。苟雷同缄默,年岁间必须破坏却御河久来行运,致公私受弊,乃是臣坐观而不言之罪。臣按御河上源,止是百门泉水,其势壮猛,相次至卫州以下,可胜三四百斛之舟,四时行运,未尝阻滞,公私为利。其河道大小一如蔡河之类,其堤防不至高厚,亦无水患。今来取黄河水入御河,大即吞纳不得,必至决溢;小则缓漫浅涩,必淤淀却河道。凡上下千余里,必难岁岁开淘,此必然之理。

今年初冬,已见淤淀却河道,阻滞舟船处甚多。若谓通江、淮之运,即益见其有害无利,自江、浙、淮、汴入黄河,顺流而下,又合于御河,计每岁所运江、淮之物,必不能过一百万斛。臣勘会前年自汴入黄河,运粳米二十二万五百余石,至北京下卸,止用钱四千五百四十余贯,和雇车乘般至城中,临御河仓贮纳。若般一百万斛至北京,只计陆脚钱一万五六千贯。若却要于御河装船,般赴沿边,无所不可,用力不多,所费极少。臣勘会得所开运河口并置闸,自去秋至今年四月终,已役过一百一十四万六千余工,五月后至冬闭口所用人工不在此数。自今年正月后至九月终,已使过物料一百二十余万,钱粮计七万七千余贯石,十月后至闭口所费物料不在此数。又特置河清兵士六百人,每岁衣粮约用二万七八千贯、石、匹、两。又称费用物料,全类汴口,每岁所要梢草、桩橛、竹索,就小计之,合用百余万数。假使黄河入御河无决溢浅淤之患,每年般得及一百万石,其费与顺河而下至北京,止费脚钱一万五六千贯般至御河,其利害明白可见。"①

通过考察,文彦博发现了这条新航道有许多自身难以克服的缺陷,因此提出了继续沿用旧航道的主张。在充分调查研究的基础上,文彦博提出了沿用旧航道、废弃新航道的主张。具体地讲,文彦博的理由主要有四个:一是将黄河这一补给水源引入御河后,御河水位受黄河水位的控制,将会出现"涨落不定"即不利于通航的情况;二是御河本身有良好的航运条件,引黄河入御河后,一旦洪水来临将会出现"决溢"的情况,洪水过后,泥沙淤积会给御河航道带来"浅涩"和"淤淀"的灾难;三是新航道开通后虽避免了在黄河上航行的风险,但需要"岁岁开浚",所耗费的"工役、物料"等远远地超过了继续使用御河旧道的成本;四是建新航道的目的是为了降低漕运成本,但如果不用这一新航道漕运,采用阶段性改走陆路的方案,可以大大地节约漕运成本。类似的记载也见于《宋史·河渠志五》,史称:"去秋开旧沙河,取黄河行运,欲通江、淮舟楫,彻于河北极边。自今春开口放水,后来涨落不定,所行舟楫皆轻载,有害无利,枉费功料极多。今御河上源,止是百门泉水,其势壮猛,至卫州以下,可胜三四百斛之舟,四时行运,未尝阻滞。堤防不至高厚,亦无水患。今乃取黄河水以益之,大即不

---

① 宋·李焘《续资治通鉴长编·神宗熙宁九年》,北京:中华书局2004年版,第6810—6812页。

能吞纳,必致决溢;小则缓漫浅涩,必致淤淀。凡上下千余里,必难岁岁开浚。况此河穿北京城中,利害易睹。今始初冬,已见阻滞,恐年岁间,反坏久来行运。倘谓通江、淮之漕,即尤不然。自江、浙、淮、汴入黄河,顺流而下,又合于御河,大约岁不过一百万斛。若自汴顺流径入黄河,达于北京,自北京和雇车乘,陆行入仓,约用钱五六千缗,却于御河装载赴边城,其省工役、物料及河清衣粮之费,不可胜计。"①。那么,究竟应如何评估开御河新航道的价值呢?在争论不休的过程中,熙宁九年十二月,朝廷令知制诰熊本与都水监、河北转运司官调查和评估御河新航道的利弊。

经过一番调查,熊本与都水监、河北转运司官在奏折上写道:"河北州军赏给茶货,以至应接沿边榷场要用之物,并自黄河至黎阳出卸,转入御河,费用止于客军数百人添支而已。向者,朝廷曾赐米河北,亦于黎阳或马陵道口下卸,倒装转致,费亦不多。昨因程昉等擘画,于卫州西南,循沙河故迹决口置闸,凿堤引河,以通江、淮舟楫,而实边郡仓廪。自兴役至毕,凡用钱米、功料二百万有奇。今后每岁用物料一百一十六万,厢军一千七百余人,约费钱五万七千余缗。开河行水,才百余日,所过船栿六百二十五,而卫州界御河淤浅,已及三万八千余步;沙河左右民田,潦浸者几千顷,所免租税二千贯石有余。有费无利,诚如议者所论。

然尚有大者,卫州居御河上游,而西南当王供向著之会,所以捍黄河之患者,一堤而已。今穴堤引河,而置闸之地,才及堤身之半。询之土人云,自庆历八年后,大水七至,方其盛时,游波有平堤者。今河流安顺三年矣,设复攀水暴涨,则河身乃在闸口之上。以湍悍之势而无堤防之阻,泛滥冲溢,下合御河,臣恐垫溺之祸,不特在乎卫州,而濒御河郡县,皆罹其患矣。

夫此河之兴,一岁所济船栿,其数止此,而萌每岁不测之患,积无穷不赀之费,岂陛下所以垂世裕民之意哉!臣博采众论,究极利病,咸以谓葺故堤,堰新口,存新闸而勿治,庶可以销淤淀决溢之患,而省无穷之费。万一他日欲由此河转粟塞下,则暂开亟止,或可纾飞挽之劳。"②

在这份奏折中,熊本通过深入的调查肯定了文彦博的结论,进而在充分认识开沙河新航道可能给航行带来危险的基础上,提出了"葺故堤,堰新口,存新闸而勿治,庶可以销淤淀决溢之患,而省无穷之费"的建议。在这中间,熊本没有完全否定沙河新航道自身存在的价值。从"万一他日欲由此河转粟塞下,则暂开亟止,或可纾飞挽之劳"等语当知,熊本对这一新航道在未来可能存在的作用是有所认识的。除此之外,针对文彦博的观点,管理漕运的机构都水监亦提出了不同看法,如史有"已而都水监言,运河乞置双闸,例放舟船实便,与彦博所言不同"③之说。李焘有更明确的记载:"彦博又言,卫州开旧沙河入御河行运,众皆知其有害

---

① 元·脱脱等《宋史·河渠志五》,北京:中华书局1985年版,第2354—2355页。
② 同①,第2356—2357页。
③ 同①,第2356页。

无利,亦乞委官相视。而都水监言,运河乞置双闸,倒放舟船实便,与彦博所言皆不同,故并以命本。"①客观地讲,文彦博只注意到了降低漕运成本等问题,却忽略了新航道在促进河北地区与江淮地区之间的商贸往来中所起的作用。进而言之,御河河北段虽存在着如何治理黄河确保通航等诸多问题,但不等于所有的航段都不能通航,只要认真地加以维护,新航道有其继续利用的价值。为了让御河在漕运及商贸活动中发挥更重要的作用,宋哲宗绍圣三年(1096)、宋徽宗崇宁元年(1102)、政和五年(1115)又多次修缮了这一航道。

史称:"元丰五年,提举河北黄河堤防司言:'御河狭隘,堤防不固,不足容大河分水,乞令纲运转入大河,而闭截徐曲。'既从之矣。明年,户部侍郎蹇周辅复请开拨,以通漕运,及令商旅舟船至边。是时,每有一议,朝廷辄下水官相度,或作或辍,迄莫能定。大抵自小吴埽决,大河北流,御河数为涨水所冒,亦或湮没。哲宗绍圣三年四月,河北都转运使吴安持始奏,大河东流,御河复出。诏委前都水丞李仲提举开导。

徽宗崇宁元年冬,诏侯临同北外都水丞司开临清县坝子口,增修御河西堤,高三尺,并计度西堤开置斗门,决北京、恩、冀、沧州、永静军积水入御河枯源。明年秋,黄河涨入御河,行流浸大名府馆陶县,败庐舍,复用夫七千,役二十一万余工修西堤,三月始毕,涨水复坏之。

政和五年闰正月,诏于恩州北增修御河东堤,为治水堤防,令京西路差借来年分沟河夫千人赴役。于是都水使者孟揆移拨十八埽官兵,分地步修筑,又取枣强上埽水口以下旧堤所管榆柳为桩木。"②

从"户部侍郎蹇周辅复请开拨,以通漕运,及令商旅舟船至边"等情况看,御河利用沙河旧道开挖的新航道依旧是有存在和利用价值的。具体地讲,熙宁九年"河果决卫州"③以后,黄河决口及改道一再地威胁御河航道的安全。此外,"大河东流,御河复出"后,因泥沙带入御河淤塞航道,需要一定的时间进行疏浚。从这样的角度看,程昉、刘璯改造御河工程即以沙河故道为主航道的工程,因在客观上起到建立御河复线的作用,继而为后世利用这一航线维持通航能力起到了辅助性的作用,也为"万一他日欲由此河转粟塞下,则暂开亟止,或可纾飞挽之劳"埋下了伏笔。

在侯叔献等兴建丁字河船闸、程昉等兴修御河的过程中,汴河与蔡河、沙河等形成了一定的关系。如李焘记载道:"都水监言,汴、蔡两河可就丁字河置闸通漕,从之。时有诏籴京西米赴何北封桩,患蔡河舟运不能达河北,故水官侯叔献、刘璯建议,汴、蔡两河闲有丁字河,可因其故道凿堤置闸,引汴水入蔡河,以通舟运,运河成可漕。"④其实,汴河、蔡河及沙河等

---

① 宋·李焘《续资治通鉴长编·神宗熙宁九年》,北京:中华书局2004年版,第6828—6829页。
② 元·脱脱等《宋史·河渠志五》,北京:中华书局1985年版,第2357—2358页。
③ 同②,第2357页。
④ 宋·李焘《续资治通鉴长编·神宗熙宁八年》,北京:中华书局2004年版,第6487页。

是鸿沟在不同历史时期的不同称谓。进而言之,鸿沟有不同的航段,这些航段在历史的变迁中出现了汴河、蔡河、沙河等称谓。胡渭考证汴河、蔡河、沙河与鸿沟之间的关系时指出:"鸿沟又兼沙水之目。沙水东南流,至新阳县为百尺沟,注于颍水(汉汝南郡百新阳县,当在今陈州界)。此即班固所谓'狼荡渠首受沛,东南至陈入颍'者也,其一水自百尺沟分出,东南流至义城县西,而南注淮(义城今怀远),谓之沙汭。《左传·昭二十七年》:楚子常以舟师及沙汭而还,即此也。沙水所出又有睢水、涡水。睢水自陈留县首受,东南流,至下相县入泗(下相今宿迁)。涡水自扶沟县首受,东南流,至义城县南而东注淮。以上诸渠,同源于出河之济(即石门水)。故言鸿沟者,则指此为鸿沟;言蒗荡渠者,指此为蒗荡;言汴水者,指此为汴水;言浚仪渠者,指此为浚仪渠;皆以下流之目,追被上源也。此外有济隧,上承河水于卷县北河,南流与出河之济会,自于岑造八激堤,而其流遂断。"①所说甚明,从中可见汴河、蔡河、沙河与鸿沟之间的历史渊源。

从另一个层面看,侯叔献、刘璯等兴建汴河和蔡河之间的丁字河船闸,与程昉、刘璯开沙河旧道为御河主航道,实际上是两个相互联系的工程。从当时的情况看,兴建丁字河船闸的工程因与客观情况不符失败了。史称:"八年,诏京西运米于河北,于是侯叔献请因丁字河故道凿堤置闸,引汴水入于蔡,以通舟运。河成,舟不可行,寻废。"②以汴河补给蔡河没能从根本上解决蔡河航道干浅的问题,因此这一航线于熙宁九年出现了"河成而舟不可行,寻复废之"③情况。不过,程昉、刘璯改造御河以沙河故道为主航道的工程虽不理想,甚至还出现了"葺故堤,堰新口,存新闸而勿治,庶可以销淤淀决溢之患,而省无穷之费"的情况,但由于有"漕舟出汴,横绝沙河"的功能,因此部分航道或航段依旧有漕运的功能并继续被得到修缮。史称:"大中祥符元年六月,开封府言:'尉氏县惠民河决。'遣使督视完塞。二年四月,陈州言:'州地洿下,苦积潦,岁有水患,请自许州长葛县浚减水河及补枣村旧河,以入蔡河。'从之。九年,知许州石普请于大流堰穿渠,置二斗门,引沙河以漕京师。遣使按视。四月,诏遣中使至惠民河,规画置坝子,以通舟运。"④惠民河是蔡河在宋代的新称,沙河是蔡河在历史上的称谓。"引沙河以漕京师",是指经过疏浚后,沙河旧道成为通往大梁的新漕运通道。在这中间,许州长葛县(在今河南长葛)既是蔡河入御河的关键航段,同时也是程昉、刘璯改造御河"欲通江、淮舟楫,彻于河北极边"的关键航段。当然,宋代修缮御河的活动虽然没有达到预期的目标,但河北、山东境内的御河航段经过持续不断地修缮,始终有着一定的通航能力。客观地讲,这一航段的兴修为元王朝兴修河北、山东境内的运河奠定了基础。进而言

---

① 清·胡渭《禹贡锥指》(邹逸麟整理),上海:上海古籍出版社2006年版,第597页。
② 元·脱脱等《宋史·河渠志四》,北京:中华书局1985年版,第2338页。
③ 宋·李焘《续资治通鉴长编·神宗熙宁九年》,北京:中华书局2004年版,第6741页。
④ 同②,第2337页。

之,该段运河的兴修为明代全线开通京杭大运河提供了必要的条件。

御河在为军事斗争服务的过程中,受自然因素及人为因素的影响处于被不断地破坏和建设之中。太平兴国四年(979)的进士卢之翰通判洺州(在今河北永年广府)时,为抵御契丹的进攻,加固城防时采取了以水代兵之策。在这一过程中,通过开决漳河和御河,有效地遏制了契丹的进攻。史称:"会契丹入寇,之翰募城中丁壮,决漳、御河以固城壁,虏不能攻。"①起初,卢之翰采取以水代兵之策只是因兵力不足而临时采取的应急措施,然而,这一措施受到了宋王朝的重视并一度成为阻止契丹南下的重要措施。宋仁宗庆历六年(1046),宋廷议论如何经略河北武备时,大名府通判夏竦在上奏中写道:"镇、定二路当内外之冲,万一有警,各籍重兵,控守要害,迭为应援。若合为一,则兵柄太重,减之则不足以备敌。又沧州久隶高阳关,道里颇近,濒海斥卤,地形沮洳,东北三百里,野无民居,非贼蹊径。万一有警,可决漳、御河东灌,塘淀隔越,贼兵未易奔冲,不必别建一路。惟北京为河朔根本,宜宿重兵,控扼大河南北,内则屏蔽王畿,外则声援诸路。请以大名府、澶、怀、卫、滨、棣、德、博州、通利军建为北京路。四路各置都总管、副都总管一人,钤辖二人,都监四人。平时只以河北安抚使总制诸路,有警,即北京置四路行营都总管,择尝任两府重臣为之。"②从"万一有警,可决漳、御河东灌"一语中当知,御河在建设的同时又在不断地遭受着破坏。这一过程除了受黄河决口等自然因素影响外,还受到人为破坏等因素的影响。然而,建设与破坏同步进行,都必须服从军事斗争的需要。

---

① 元·脱脱等《宋史·卢之翰传》,北京:中华书局1985年版,第9423页。
② 元·脱脱等《宋史·兵志十》,北京:中华书局1985年版,第4897页。

第六章 治理江淮运河与开辟新航道

宋代十分重视邗沟和江南运河的整治,整治邗沟的目的是加强江淮漕运。如傅泽洪论述道:"江淮漕运尚矣,春秋时吴穿邗沟,汉吴王濞开邗沟通道海陵,隋开邗沟,自山阳至扬子入江(此宋徽宗宣和三年诏)。扬州沿于江海,达于淮泗。《东坡书传》云:吴王夫差阙沟通水,而江始有入淮之道,禹时则无之。愚按:吴之通水有二焉。《左氏传·哀公九年》:吴城邗,沟通江淮,此自江入淮之道也。《哀十三年》会黄池(注云:陈留封丘县南有黄亭,近济水)此自淮入汴之道也(阎若璩云:按此句从初刊本增补,《困学纪闻》)。《吴越春秋》:吴将伐齐,自广陵阙江通淮,曰渠水。《汉志》:江都县有渠水,首受江,北至射阳入湖是也,又名中渎水。《水经注》:中渎水首受江于江都县,县城临江。昔吴将伐齐,北霸中国,自广陵城东南筑邗城,城下掘深沟,谓之韩江,亦曰邗溟沟,自广陵出山阳白马湖,径山阳城西。又东,谓之山阳浦,又东入淮,谓之山阳口是也。山阳本汉射阳县,属临淮郡。晋义熙中改曰山阳。"①在"国家根本,仰给东南"②的背景下,如何提高江淮运河的通航能力成为北宋统治者关注的大事。

邗沟指从扬州到淮阴之间的运河,宋代及宋代以后又有"扬州运河""楚州运河""扬楚运河""江淮运河"等称谓,其水文特殊。胡渭论述道:"吴幼清云:江北淮南,地高于水,虽曰沟通江、淮,二水之间,掘一横沟,两端筑堤,壅水在沟中,若欲行舟,须自江中拽舟上沟,行沟既尽,又拽舟下淮。江、淮二水,实未尝通流也。渭按:后世堰闸之法,可以随时启闭,舟至则开,舟过则闭。今运河诸闸皆然,不闻有拽舟之事,邗沟当亦如此。且左氏明言沟通江、淮,何以云未尝通流邪。"③这一条从扬州到淮阴的运河一头联系长江,一头联系淮河,越过淮河后与汴河相连。

---

① 清·傅泽洪《行水金鉴·运河水》,《四库全书》第581册,上海:上海古籍出版社1987年版,第430—431页。
② 元·脱脱等《宋史·范祖禹传》,北京:中华书局1985年版,第10796页。
③ 清·胡渭《禹贡锥指》(邹逸麟整理),上海:上海古籍出版社2006版,第195页。

第一节　江淮运河淮阴段整治

宋代治理邗沟可分为北宋和南宋两个时段。淮阴是邗沟的入淮口，同时也是经淮河与汴河相连的关键航段。

宋代十分重视汴河与邗沟的接点建设。汴河与邗沟相接的中间航段是淮河和洪泽湖，这一航道有两大特点：一头与汴河相接，一头与邗沟相接，是运河不可或缺的航段；水面宽阔，风大浪急，航行时存在极大的风险。如苏轼在《发洪泽，中途遇大风，复还》一诗中写道："风浪忽如此，吾行欲安归。挂帆却西迈，此计未为非。洪泽三十里，安流去如飞。"①因遇大风，苏轼被迫返回出发地。在《过淮三首赠景山兼寄子由》一诗中，苏轼又写道："晚来洪泽口，捍索响如雷。"②从其描述中当知，在洪泽湖上航行十分艰难。史称："初，楚州北山阳湾尤迅急，多有沈溺之患。雍熙中，转运使刘蟠议开沙河，以避淮水之险，未克而受代。乔维岳继之，开河自楚州至淮阴，凡六十里，舟行便之。"③淮河入邗沟前的航段有巨大的水位落差，容易发生船毁人亡的事件，为了躲避风险，刘蟠提出了开挖沙河航道的方案。之后，乔维岳在刘蟠方案的基础上开挖了沙河即从楚州（在今江苏淮安）到淮阴的运河，开辟的新航道成功地避开了淮河山阳湾风险，提高了航行时的安全系数。毕沅将乔维岳开沙河的时间定为宋太宗雍熙元年（984）二月④。

在沙河开通之前，从淮河到楚州治所山阳（在今江苏淮安）的航行线路为：从淮河经山阳湾到末口再入邗沟。末口在淮阴故城（在今江苏淮安淮阴码头镇）一带。杜预注《左传·哀公九年》"秋，吴城邗，沟通江淮"语有邗沟入淮处在末口的说法："于邗江筑城穿沟，东北通射阳湖，西北至末口入淮，通粮道也。"⑤郦道元指出："淮水右岸，即淮阴也。城西二里有公路浦，昔袁术向九江，将东奔袁谭，路出斯浦，因以为名焉。又东径淮阴县故城北。北临淮水，汉高帝六年，封韩信为侯国。王莽之嘉信也。昔韩信去下乡而钓于此处也。城东有两冢：西者，即漂母冢也，周回数百步，高十余丈。昔漂母食信于淮阴，信王下邳，盖投金增陵以报母矣。东一陵即信母冢也。县有中渎水，首受江于广陵郡之江都县。县城临江，应劭《地

---

① 宋·苏轼《发洪泽中途遇大风复还》，曾枣庄、舒大刚主编《三苏全书·苏轼诗集》第6册，北京：语文出版社2001年版，第522页。
② 宋·苏轼《过淮三首赠景山兼寄子由》曾枣庄、舒大刚主编《三苏全书·苏轼诗集》第7册，北京：语文出版社2001年版，第523页。
③ 元·脱脱等《宋史·河渠志六》，北京：中华书局1985年版，第2379页。
④ 清·毕沅《续资治通鉴·宋纪十二》，北京：中华书局1957年版，第293页。
⑤ 清·阮元《十三经注疏·春秋左传正义》，北京：中华书局1980年版，第2165页。

理风俗记》曰：县为一都之会，故曰江都也。县有江水祠，俗谓之伍相庙也。子胥但配食耳，岁三祭，与五岳同。旧江水道也。昔吴将伐齐，北霸中国，自广陵城东南筑邗城，城下掘深沟，谓之韩江，亦曰邗溟沟，自江东北通射阳湖。《地理志》所谓渠水也，西北至末口入淮。"①邗沟又称"中渎水"，结合淮阴县"有中渎水"等情况，邗沟入淮处末口在淮阴故城北。

因淮河到末口须走山阳湾，为了避开这一风险极大的航道，乔维岳在刘蟠开沙河的基础上，开挖了从末口到淮阴磨盘口的航道，其目的就是避开水流湍急的淮河山阳湾。史称："淮河西流三十里曰山阳湾，水势湍悍，运舟多罹覆溺。维岳规度开故沙河，自末口至淮阴磨盘口，凡四十里。"②《宋史》记载这一事件时有两种说法：一是《河渠志》称乔维岳"开河自楚州至淮阴，凡六十里"；一是本传称乔维岳开沙河"自末口至淮阴磨盘口，凡四十里"。说法不一，可能是因计算方法不同造成的。具体地讲，"六十里"既有新开挖的航道，也有疏浚后的旧航道。"四十里"可能是指实际开挖的航道。在兴修这一航道的过程中，乔维岳又采取破堰建斗门等措施，改造了这一航段，提高了通航速度。史称："又建安北至淮澨，总五堰，运舟所至，十经上下，其重载者皆卸粮而过，舟时坏失粮，纲卒缘此为奸，潜有侵盗。维岳始命创二斗门于西河第三堰，二门相距逾五十步，覆以厦屋，设县门积水，俟潮平乃泄之。建横桥岸上，筑土累石，以牢其址。自是弊尽革，而运舟往来无滞矣。"③乔维岳破堰建斗门是宋代治理运河的重要创举，所谓"俟潮平乃泄之"，是说在不同的时间开关堰坝不同方位的斗门，等潮水灌入斗门内的航道即平衡航道水位后再放船只通行。破堰建斗门的技术运用于航道建成之后，改变了船只过堰时必须先卸船再装船的历史，展开"运舟往来无滞"的新局面。

河口是不同运河航段的咽喉，是航道建设的重要区段。为了提高邗沟淮阴航段的漕运能力，在乔维岳开沙河以后，宋代统治者又先后开挖了洪泽渠、龟山运河等新航道。

宋仁宗赵祯庆历年间(1041—1048)，马仲甫提议开挖从淮阴到洪泽(在今江苏洪泽)的航道。史称："自淮阴径泗上，浮长淮，风波覆舟，岁罹其患。仲甫建议凿洪泽渠六十里，漕者便之。"④洪泽渠开挖后，通过缩短在淮泗主河道上航行的里程，成功地避开了在淮河上航行时可能遇到的风险。又如从汴河入淮河再入邗沟末口时必经洪泽湖，然而，洪泽湖湖面宽阔，航行风险很大，为提高航行安全系数，宋神宗赵顼元丰六年(1083)又开挖了龟山运河。史称："六年正月戊辰，开龟山运河，二月乙未告成，长五十七里，阔十五丈，深一丈五尺。"⑤龟山运河是由江淮发运副使蒋之奇、都水监丞陈祐甫负责开挖的。

---

① 北魏·郦道元《水经注·淮水》，杨守敬、熊会贞疏，段熙仲点校，陈桥驿复校《水经注疏》下册，南京：江苏古籍出版社1989年版，第2553—2555页。
② 元·脱脱等《宋史·乔维岳传》，北京：中华书局1985年版，第10118页。
③ 同②。
④ 元·脱脱等《宋史·马仲甫传》，北京：中华书局1985年版，第10647页。
⑤ 元·脱脱等《宋史·河渠志六》，北京：中华书局1985年版，第2381页。

龟山运河是改造江淮运河的重要工程,运河建成后,改善了由淮河进入江淮运河的航运条件。胡渭叙述龟山运河开挖始末的情况时写道:"县西南一里有上龟山。县东北三十里有下龟山,为龟山镇。其下有运河,一名新河。宋初发运使许元自淮阴开新河,属之洪泽,避长淮之险,凡四十九里。久而湮涩。熙宁四年,发运副使皮公弼修泗州洪泽河六十里,以避漕运涉淮风涛之患。元丰六年,发运使罗拯复欲自洪泽而上,凿龟山里河,以达于淮。会发运使蒋之奇入对,建言,上有清汴,下有洪泽,中间风波之险,不过百里。宜自龟山蛇浦下属洪泽,凿左肋为复河,取淮为源,不置闸堰,可免风涛覆溺之虞。议者以为便,遂成之,亘五十七里有奇,广十五丈,深丈有五尺。南渡后浸废。"①龟山运河开挖后,形成了"漕运往来,免风涛百年沉溺之患"②的局面,成功地化解了在淮河及洪泽湖上航行时可能遇到的风险。进而言之,沙河、洪泽渠、龟山运河开挖后,既避开了在淮河上航行时可能遇到的风险,同时也缩短了航程。

龟山运河究竟开挖于何时?前人有不同的看法。如李焘《续资治通鉴长编·神宗熙宁七年》记载道:"乙卯,江淮等路发运副使、朝举大夫蒋之奇,都水监丞、承务郎陈祐甫,各迁一官,余减磨勘年,循资有差。以上批'闻所开龟山运河,于漕运往来免风涛百里沈溺之患,彼方上下人情莫不忻快,其本建言及董役成者,令司勋第赏以闻'故也。"③按照这一说法,开挖龟山运河的时间应发生在宋神宗熙宁七年(1074),比元丰六年早了九年。不过,徐光烈考证道:"开龟山河,在六年十一月二十八日。《神宗宝训·议河渠篇》:七年,江淮发运副使蒋之奇请凿泗州龟山左肋至洪泽五十七里为新河,以避长淮之险。二月,以成功闻。之奇奏计至京,绘图来上,上问曰:'龟山亦故道耶?'之奇对曰:'凿龟山为渠,非故河也。方凿河时,获钱十四,其文皆"开通",识者以为开河必通之兆,犹李泌之凿砥柱,获戟,文有"平陆",为平陆之应也。'上喜,遂下诏曰:'所开龟山河,于漕运往来免风涛百里沈溺之患,其始建言及董役成者,令司勋第赏以闻。'乃以之奇直龙图阁,进秩二等,余迁官、减磨勘年,循资有差。六年十一月二十八日开河,七年二月十六日迁两官。之奇除直龙图阁,升发运使,在哲宗即位后,本传可考,《宝训》误也。《河渠志》第二卷:龟山运河,熙宁中,皮公弼议濬许元所开新河,自淮阴属于洪泽,四十九里,以避长淮之险,诏从之。发运使罗拯议凿龟山河,属于洪泽,公弼力沮之。上察公弼沮坏事功,尤欲用拯议。元丰六年,会发运副使蒋之奇奏计京师,建言:'上有清汴,下有洪泽,而风浪之险止百里长淮,迩岁沈毁漂失公私之载,何可胜计!自诸道转输经湖、江数千里之远,而覆败于百里之近,良可惜也。'上乃遣都水监丞陈祐甫经度。之奇议欲上自龟山蛇浦,下属洪泽,凿为复河,取淮为源,不置

---

① 清·胡渭《禹贡锥指》(邹逸麟整理),上海:上海古籍出版社2006年版,第618页。
② 元·脱脱等《宋史·食货志上三》,北京:中华书局1985年版,第4255页。
③ 宋·李焘《续资治通鉴长编·神宗熙宁七年》,北京:中华书局2004年版,第8260页。

堰闸。祐甫以其言奏,因复陈工费浩大,上曰:'工费虽大,然为利亦博矣。'祐甫曰:'异时淮中岁失船百七十艘,若捐数年所损之费,足以济役事。'上曰:'损费尚小,如人命何!'诏遣之奇、祐甫董役事,起十二州丁夫十万三千有奇,于正月戊辰始事,二月乙未奏功。河亘五十七里有奇,漕运往来无风涛覆溺之患。上遣中贵人劳赐有差,诏建言成功之人第赏以闻,命之奇撰记,刻石于龟山。"①

从"元丰六年,会发运副使蒋之奇奏计京师"中当知,蒋之奇等开龟山运河发生在元丰六年。只是具体的时间不是发生在元丰六年的正月,而是于元丰六年十一月二十八日动工,于元丰七年(1084)二月竣工。不过,南宋王应麟有不同的看法。王应麟有"元丰七年三月十六日,以开龟山运河"②之说。此外,在整治淮阴段邗沟的过程中,宋哲宗元符元年(1100)三月,兴修了新的运盐河支家河。如史有"三月甲寅,工部言:'淮南开河所开修楚州支家河,导涟水与淮通。'赐名通涟河"③之说。

值得注意的是,元祐八年(1093)十月,朝廷已令江淮发运司整治涟水至海州的运盐河及兴修支家河。如苏颂在《奏乞罢起夫修支家河》中写道:"臣勘会扬州近得江淮发运司牒,准元祐八年十月二十六日朝旨,令发运司总领开修楚州涟水县至海州石闼堰下运盐河,并创开支家河。要见扬州管下县分乡村等第人户立定式样,取索五等人户内有系灾伤去处,及出役钱与不出役钱人户等事,并放税分数,诣实供报。本州虽已依应施行,臣窃见淮南系灾伤路分,又得转运司牒,经冬未有雨雪,请差官祈求。本州自十一月上旬于诸神寺观祈祷备至,并未有应。访闻民间尚未下得麦种,已是过时,来春必是阙食。若更起夫役,窃恐民情嗟怨,有伤和气。臣伏见朝廷故事,每遇灾伤之岁,诸色工役并权罢免。今来楚、海及本路诸处夫役,亦非目下急务。欲望圣慈特降指挥,下发运转运司,应系诸处夫役虽已得许差朝旨,以今来亢旱,并且权罢。候将来丰熟日,再取朝旨。所贵人情安帖,灾诊自息。(贴黄:议者或谓官出钱粮雇召人夫,岂妨农事?臣以为若雇募情愿,只合出榜招召,人自应募。今来预行勘会,取索乡村,限定人数。诸县必须据数差科。虽不愿行,官司督迫,岂得避免?如此,何名雇召?)"④苏颂认为,整修涟水至海州的运盐河以及兴修支家河,都是加强淮盐外运的必要之举。苏颂还认为,在发生自然灾害的时刻不应扰民,还应避开农时,防止破坏农业生产秩序,激起民变。应该说,此时苏颂提出先放弃兴修支家河的主张是有见地的。

---

① 宋·李焘《续资治通鉴长编·神宗熙宁七年》,北京:中华书局2004年版,第8260—8261页。
② 宋·王应麟《玉海·地理》,南京:江苏古籍出版社1987年版,第448页。
③ 元·脱脱等《宋史·河渠志六》,北京:中华书局1985年版,第2383页。
④ 宋·苏颂《苏魏公文集·奏议》(附魏公谭训)(王同策,管成学,颜中其等点校),北京:中华书局1988年版,第269—270页。

第二节　江淮运河扬州段整治

邗沟扬州段即江淮运河扬州段是宋代重点治理的航段。从兴修及疏浚的区段看,主要集中在陈登塘、邗沟绕扬州城段、扬州到真州的航段、邗沟与长江相连的入江口瓜洲等四个区段进行。

陈登塘初名"爱敬陂",建安时期由广陵太守陈登兴修。起初,陈登塘是为运河提供补给水源,兼有灌溉功能的陂塘。李吉甫指出:"爱敬陂,在县西五十里。魏陈登为太守,开陂,民号爱敬陂,亦号陈登塘。"①唐代,陈登塘除了有蓄水、灌溉农田、补给航道水位等作用外,还是邗沟扬州段的组成部分。马端临指出:"自刘晏后,江淮米至渭桥浸减矣,至巽乃复如晏之多。初,扬州疏太子港、陈登塘,凡三十四陂,以益漕河,辄复堙塞。淮南节度使杜亚乃浚渠蜀冈,疏句城湖、爱敬陂,起堤贯城,以通大舟。"②在唐代的基础上进行疏浚和改造后,宋代陈登塘重新具有了航运、灌溉、补给航道水位等综合性的功能。史称:"大中祥符间,江、淮制置发运置司真州,岁藉此塘灌注长河,流通漕运。其塘周回百里,东、西、北三面,倚山为岸,其南带东,则系前人筑垒成堤,以受启闭。废坏岁久,见有古来基趾,可以修筑,为旱干溉田之备。凡诸场盐纲、粮食漕运、使命往还,舟舰皆仰之以通济,其利甚博。"③陈登塘畅通与否关系到江淮运河是否畅通,也关系到江淮漕运、农业生产、交通、商贸等事宜。为了加强这一航段的管理和进一步明确责任,宋孝宗淳熙九年(1182),淮南漕官钱冲之提出:"乞于扬子县尉阶衔内带'兼主管陈公塘'六字,或有损坏,随时补筑,庶几久远,责有所归"④的建议,旨在加强漕运通道重要航段的管理。

邗沟的主要补给水源来自淮河,其中包括沿线地区的河流与湖泊。与黄河相比,淮河的泥沙虽然不是十分严重,但同样会淤积航道。与此同时,邗沟堤岸在水流的冲击下不断地坍塌给航道带来干浅等问题。这样一来,邗沟航道需要经常性地疏浚和治理是必然的。如天禧四年(1020),宋真宗"开扬州运河"⑤;熙宁七年,宋神宗"诏真、扬、楚州运河依两浙运河择尤浅涩处先开淘"⑥,宣和二年(1120年)四月,宋徽宋在诏书中写道:"江、淮漕运尚矣。春秋时,吴穿邗沟,东北通射阳湖,西北至末口。汉吴王濞开邗沟,通运海陵。隋开邗沟,自山阳至扬子入江。

---

① 唐·李吉甫《元和郡县图志·淮南道》,北京:中华书局1983年版,第1072页。
② 元·马端临《文献通考·国用考三》,杭州:浙江古籍出版社1988年版,第242页。
③ 元·脱脱等《宋史·河渠志七》,北京:中华书局1985年版,第2394页。
④ 同③,第2394—2395页。
⑤ 元·脱脱等《宋史·真宗纪三》,北京:中华书局1985年版,第167—168页。
⑥ 宋·李焘《续资治通鉴长编·神宗熙宁七年》,北京:中华书局2004年版,第6207页。

雍熙中，转运使刘蟠以山阳湾迅急，始开沙河以避险阻。天禧中，发运使贾宗始开扬州古河，缭城南接运渠，毁三堰以均水势。今运河岁浅涩，当询访故道，及今河形势与陂塘潴水之地，讲究措置悠久之利，以济不通。可令发运使陈亨伯、内侍谭稹条具措置以闻。"①等等，这些均说明了疏浚邗沟扬州段航道是长期的事，需要根据航道出现的新情况及时地进行治理。

与前代相比，宋代整修邗沟扬州航段时，发生了重大的变化。客观地讲，这一变化是以破堰改造航道为标志的。如宋真宗天禧二年（1018），贾宗提出了破龙舟堰、新兴堰、茱萸堰等三堰即改造邗沟扬州段的方案。史称："二年，江、淮发运使贾宗言：'诸路岁漕，自真、扬入淮、汴，历堰者五，粮载烦于剥卸，民力罢于牵挽，官私船舰，由此速坏。今议开扬州古河，缭城南接运渠，毁龙舟、新兴、茱萸三堰，凿近堰漕路，以均水势。岁省官费十数万，功利甚厚。'诏屯田郎中梁楚、阁门祇候李居中按视，以为当然。明年，役既成，而水注新河，与三堰平，漕船无阻，公私大便。"②贾宗的建议受到朝廷的重视，很快进入实施阶段。为什么利用扬州运河旧道"缭城南接运渠"后便可以拆除三堰，改变"粮载烦于剥卸，民力罢于牵挽，官私船舰，由此速坏"的局面呢？其实，毁堰是和建造斗门即船闸联系在一起的。经过长时间的探索，斗门已在扬州地区得到广泛运用。如在唐玄宗开元十八年（730）以前，扬州斗门已建成并投入使用。斗门建成后，为提高扬州航段水位、平衡堰埭之间的水位落差奠定了基础。

扬州斗门是唐代建在邗沟南端的船闸，这一船闸建成后抬高了邗沟扬州段水位，为破除距扬州斗门不远的龙舟堰、新兴堰、茱萸堰创造了必要的条件。进而言之，斗门有控制和调节航道水位的功能，为破除堰埭提高通航速度奠定了基础。具体地讲，邗沟航道的基本地理形势是南低北高，当然，不同的航段地势多有起伏。不过，基本形势是，以北端入淮口末口的水位最高，南端入江口瓜洲的水位最低。在建斗门之前主要是通过建造堰埭控制航道水位并防止航段泄水，建造堰埭虽解决了因航道泄水无法通航的难题，但船只通过堰埭时需要卸船和装船或拉纤，从而放慢了船只过堰时的速度。斗门技术走向成熟并广泛地运用到航道建设后，为有选择地在一些航段率先破堰建斗门即消除该航段水位落差，提高通航速度提供了必要的条件。从表面上看，破堰建斗门完全否定了原有的堰埭功能，其实不然，起初，破堰不是将原有的堰埭彻底拆除，只是在原有的堰埭上开口建斗门。如宋太宗雍熙年间（984—987），乔维岳在楚州航段"创二斗门于西河第三堰"，是一个典型的利用原有的堰埭建造潮闸的范例。在邗沟上建斗门是从建楚州和扬州斗门开始的。楚州和扬州斗门在邗沟的南北两端，两座斗门通过抬高和控制水位不但提高了相应航段的通航能力，而且为有选择地拆除相近或相邻航段的堰埭创造了条件。在历史的进程中，破堰建斗门是逐步展开的。起初，邗沟斗门建设是先从入淮段和入江段入手的。具体的做法是：先利用原有的堰埭开建斗门，通过提高某一航段的水位，部分地提高与之相关航段的通航能力。在这中间，楚州和扬州斗门

---

① 元·脱脱等《宋史·河渠志六》，北京：中华书局年版，第2388—2389页。
② 同①，第2380页。

与沿途原有的堰埭相互配合,起到了平衡与之相近或相邻航段水位的作用。伴随着这一技术走向成熟,遂为在邗沟上破堰铺平了道路,这一经验很快得到推广,并广泛地运用于运河航道建设。进而言之,宋代在邗沟航线上破堰是以扬州、楚州建造斗门为前提的。

除了有天禧二年破龙舟、新兴、茱萸三堰的说法外,宋代又有宋仁宗天圣四年(1026)破龙舟、茱萸二堰的说法。沈括指出:"淮南漕渠,筑埭以蓄水,不知始于何时。旧传召伯埭谢公所为。按李翱《来南录》;唐时犹是流水,不应谢公时已作此埭。天圣中,监真州排岸司右侍禁陶鉴始议为复闸节水,以省舟船过埭之劳。是时工部郎中方仲荀、文思使张纶为发运使、副。表行之,始为真州闸,岁省冗卒五百人,杂费百二十五万。运舟旧法,舟载米不过三百石;闸成,始为四百石船。其后所载浸多,官船至七百石;私船受米八百余囊,囊二石。自后北神、召伯、龙舟、茱萸诸埭,相次废革,至今为利。予元丰中过真州,江亭后粪壤中见一卧石,乃胡武平为《水闸记》,略叙其事,而不甚详具。"①沈括言之凿凿地认为,破龙舟堰、茱萸堰的事件发生在陶鉴主持建造真州闸以后。这一时间与《宋史》中的记载至少误差了八年,孰对孰错姑且存疑。

李焘记载宋仁宗天圣七年(1029)建召伯闸的情况时写道:"扬州召伯闸成,赐发运使钟离瑾敕书奖谕。初,监楚州税王乙请自召伯埭东至瓜步浚河一百二十里,以废二堰。下发运使规度,而瑾言功大不可就,止置闸召伯埭旁。既成,公私利之。"②破堰是以建造斗门即船闸为前提的,建堰的目的是为了防止航道泄水。当破堰建闸技术成熟后,利用原有的堰埭建造斗门控制水位同样可以解决航道存在的泄水问题,为破堰建闸提高通航速度提供了可能。

在邗沟航线破堰建斗门即建造船闸的历史是由乔维岳揭开的。乔维岳开沙河建造了"二门相距逾五十步,覆以厦屋,设县门积水,俟潮平乃泄之"的斗门。在发明船闸的初期,建造船闸主要是在充分利用原有堰埭的基础上通过破堰建斗门实现的。此时的船闸没有专门的注水箱,需要待潮水进入闸区及填平闸区的水位落差后才能开闸放船,所以,这一类型的船闸又称"潮闸"。潮闸是指"建在运河与天然河流相交段,具备引潮与借潮行运功能的工程设施"③的船闸,潮闸由上下两个斗门即两个闸门构成,沈括又将这一类型的船闸称为"复闸"。宋代潮闸即复闸又有"堰闸""澳闸"等称谓。扬州斗门实际上是一座有双斗门的潮闸,负责受潮的斗门有"上闸"或"外闸"之称,另一方向的斗门有"下闸"或"内闸"之称。胡宿描述真州船闸的情况时记载道:"扼其别浦,建为外闸,……即其北偏,别为内闸。凿河开奥,制水立防。"④这一记载大体上道出了宋代建造的船闸以潮闸为主的实情。

---

① 宋·沈括《梦溪笔谈·官政二》,胡道静《梦溪笔谈校证》,上海:上海古籍出版社1987年版,第432页。
② 宋·李焘《续资治通鉴长编·仁宗天圣七年》,北京:中华书局2004年版,第2499页。
③ 卢嘉锡总主编,周魁一著《中国科学技术史·水利卷》,北京:科学出版社2002年版,第372页。
④ 宋·胡宿《真州水闸记》,《丛书集成初编·文恭集》,上海:商务印书馆1935年版,第420页。

潮闸是宋代船闸的主要形式。宋代在水位落差大的航段建潮闸并利用潮闸调节航道水位的方法一直延续到南宋后期。史称:"十四年,扬州守臣熊飞言:'扬州运河,惟藉瓜洲、真州两闸潴积。今河水走泄,缘瓜洲上、中二闸久不修治,独潮闸一坐,转运、提盐及本州共行修整,然迫近江潮,水势冲激,易致损坏;真州二闸,亦复损漏。令有司葺理上、下二闸,以防走泄。'从之。"①"十四年",指宋孝宗淳熙十四年(1187)。扬州是建造船闸最为集中的地区,除了有真州闸外,仅瓜洲一处就建有上闸、中闸和潮闸等三座船闸。这一系列的情况表明,扬州虽然在长江的边上,但这一区域内的水源主要来源于淮河水系,同时,运河的补给水源亦来自淮河。特殊的地理形势决定了扬州区域的水流方向是由北向南,运河的水流方向亦不例外,这样一来,北高南低的地理形势及水位落差大的形势决定了扬州必然要成为船闸重点建设的区域。为了加强管理,宋代设置了专门的船闸管理机构并派专人负责管理。如宋徽宗崇宁元年(1102)十二月,"置提举淮、浙澳闸司官一员,掌杭州至扬州瓜洲澳闸,凡常、润、杭、秀、扬州新旧等闸,通治之。"②这些情况均表明,建造船闸是宋代提高通航能力的有效的技术手段。

第三节　江淮地表水与邗沟

江淮地表水的基本构成有二:一是江潮退去留在江北的湖泊,二是淮河下行时形成的河流和湖泊。从江潮变化看江淮地表水变化,可以分为唐前和唐后等两个阶段。唐前,江潮留在江北的地表水与淮河下行时留下的地表水大体相当。唐代宗大历(766—779)以后,扬州至润州(今江苏镇江)的江面从宽四十里缩为十八里,至此,原本可以上涌到九江郡境内长江边的江潮(在今安徽安庆一带的江潮)在扬州周边攀上江岸的规模已经远远不如从前。时至清代,扬州到润州的江面宽度进一步变窄,可以说,原本抵达扬州的江潮几乎不复存在。胡渭论述道:"杨子江旧阔四十里,瓜洲本江中一洲。今北与杨子桥相连,而江面仅七八里。"③因江潮变化,江淮地表水的构成发生了许多变化,然而,不管如何变化,江淮之间的地表水主要来自江潮和淮河水系当不成问题。

江淮地表水成为夫差开邗沟的基本依据。具体地讲,邗沟经过的地区是湖泊河流密布的地区,湖泊除了为邗沟提供充足的补给水源外,同时也是其航道的有机组成部分。

从先秦到后世,邗沟曾多次改建及改道,不过,所利用的河流湖泊大体相同。明清两代,邗沟被形象地称为"湖漕",这一称谓准确生动形象地揭示了邗沟是一条由湖泊串联起来的

---

① 元·脱脱等《宋史·河渠志七》,北京:中华书局1985年版,第2395页。
② 元·脱脱等《宋史·河渠志六》,北京:中华书局1985年版,第2384页。
③ 清·胡渭《禹贡锥指》(邹逸麟整理),上海:上海古籍出版社2006年版,第574页。

航线。史称:"漕河之别,曰白漕、卫漕、闸漕、河漕、湖漕、江漕、浙漕。因地为号,流俗所通称也。……湖漕者,由淮安抵扬州三百七十里,地卑积水,汇为泽国。山阳则有管家、射阳,宝应则有白马、氾光,高邮则有石臼、甓社、武安、邵伯诸湖。仰受上流之水,傍接诸山之源,巨浸连亘,由五塘以达于江。虑淮东侵,筑高家堰拒其上流,筑王简、张福二堤御其分泄。虑淮侵而漕败,开淮安永济、高邮康济、宝应弘济三月河以通舟。至扬子湾东,则分二道:一由仪真通江口,以漕上江湖广、江西;一由瓜洲通西江嘴,以漕下江两浙。本非河道,专取诸湖之水,故曰湖漕。"①针对邗沟航道以湖泊为基本航线的特点,历代兴修时,无论是维修旧道,还是根据不同时代水文变化的特点建设新航道及裁弯取直,都必须从治理沿线的湖泊及与湖泊相联系的河流入手。如李吉甫引《纪胜楚州》一书时指出:"渎水,今谓之山阳渎,即邗沟也。旧水道屈曲,隋文帝重加修,水颇通利。"②为了改变因湖面宽阔而影响航行的情况,以及改变湖水漫溢毁堤事件不断发生的历史,宋代治理邗沟时,采取了相应的措施及分段治理的措施。宋真宗景德(1004—1007)中,李溥任江淮发运使时,采取了沿高邮新开湖(在今江苏高邮湖)建造石堤,将漕运航道与湖面隔开的治理方案。史称:"江、淮岁运米输京师,旧止五百余万斛,至溥乃增至六百万,而诸路犹有余畜。高邮军新开湖水散漫多风涛,溥令漕舟东下者还过泗州,因载石输湖中,积为长堤,自是舟行无患。"③为了提高效率减少开支,李溥特地下令在漕船放空东归时,从泗州(在今江苏盱眙)运载石头到高邮卸船。这一举措为建造石堤提供了大量的石材。新开湖石堤是一条将运河航道与新开湖分开的长堤,这一石堤建成后,船只航行在石堤以内的航道,减少了在湖面上航行的风险,提高了漕运的安全系数。

邗沟是联系江淮的唯一航道,为了保证通航,北宋统治者在常态化治理方面进行了不懈的努力。宋神宗熙宁七年,史有"诏真、扬、楚州运河依两浙运河择尤浅涩处先开淘,令发运转运司借上供钱米雇夫"④之说。李焘记载这一事件时写道:"淮南等路发运司言:'真、扬、楚州运河久不浚,乞赐钱粮下两司,候纲运稍空,募人兴工。'从之,仍许戴留上供钱米各五万四千贯石。"⑤又如熙宁八年(1075),史有"淮南发运司言,自五月不雨,扬、楚州运河,通、泰等州运盐河皆不通舟船。诏发运司开浚,听留上供钱米给其费,仍遣都水监官督视"⑥之说。从持续不间断治理的情况看,邗沟航道运行的情况虽好于汴河等黄河流域的运河,但需要根据新情况进行不间断地治理。更重要的是,淮盐输出需要依赖邗沟。按照规定,淮盐的行销区主要有两个:一是南下入江,向湖广等地行销;二是自邗沟入淮北上,以淮北及京畿等为行

---

① 清·张廷玉等《明史·河渠志三》,北京:中华书局1974年版,第2078—2079页。
② 唐·李吉甫《元和郡县图志·淮南道》(贺次君点校),北京:中华书局1983年版,第1075页。
③ 元·脱脱等《宋史·李溥传》,北京:中华书局1985年版,第9939页。
④ 宋·李焘《续资治通鉴长编·神宗熙宁七年》,北京:中华书局2004年版,第6207页。
⑤ 同④,第6273页。
⑥ 宋·李焘《续资治通鉴长编·神宗熙宁八年》,北京:中华书局2004年版,第6523页。

盐销售区。丘浚注"端拱二年,置折中仓,听商人输粟京师,优其直,给江淮盐"语云:"此后世招商中盐之始。盖以折中粮草,以赡边兵。中纳金银,以实官库。无起倩丁夫之扰,无冒涉水陆之虞。官得用而民不告劳,商得利而民不淡食。是诚实边足用之良法也。"①实行"招商中盐"之策后,北宋统治者实现了三个目标:一是实现了"中纳金银,以实官库。无起倩丁夫之扰,无冒涉水陆之虞"的目标;二是达到了"官得用而民不告劳,商得利而民不淡食"的目标;三是在产盐区设转运司和提举司,规定行盐区,建立了新的盐政秩序。所谓"优其直,给江淮盐",是指以优惠的价格,给商人以淮盐。采用"招商中盐"后,只要商人运输粮食入京城的折中仓,那么,商人便可获得盐引(取盐的凭证),领取到优质的淮盐。在这一过程中,邗沟在淮盐输出中扮演了不可替代的角色,可以说,没有邗沟的参与,在淮盐输出的过程中将会失去价格上的优势。

此时,输往湖广等地的淮盐主要从建安军(在今江苏仪征)入江,随后溯江而上。如明丘浚论述道:"宋初盐钞未行,是时于建安军置盐仓(在真州),乃令真州发运。是时李沆为发运使,运米转入其仓,空船回,皆载盐,散于江浙、湖广诸路,各得盐资船运,而民力宽。林驷曰:宋朝淮钞未行,置仓建安。江浙、湖广以船运米而入真州。真州因船回盐,而散江浙湖广。此之发盐,得船为便,彼之回船,得盐为利。"②史称:"宋初,盐钞未行。真宗时于建安军置盐仓,乃令真州发运。适李沆为发运使,运米转入其仓,空船回皆载盐,散入江浙诸路,各得盐资,船运而民力宽。"③两段文字强调了不同的侧重点,不过,也有相同之处,如共同强调了"空船回皆载盐"等内容。也就是说,在建盐仓后,漕船运米至建安,原本放空返航的漕船可载淮盐以归,这样一来,减轻了百姓的负担。

宋室南渡后,江淮成为宋、金反复争夺的战略攻防要地。这一时期,金兵屡屡地突破南宋的淮河防线,在侵占和反侵占的战争中,不断遭受破坏又不断重建的邗沟留下了深深的军事斗争的印记。史称:"绍兴初,以金兵蹂践淮南,犹未退师,四年,诏烧毁扬州湾头港口闸、泰州姜堰、通州白莆堰,其余诸堰,并令守臣开决焚毁,务要不通敌船;又诏宣抚司毁拆真、扬堰闸及真州陈公塘,无令走入运河,以资敌用。五年正月,诏淮南宣抚司,募民开浚瓜洲至淮口运河浅涩之处。"④绍兴四年(1134),宋高宗赵构两次下诏毁坏扬州一带的船闸和堰埭,其目的是为了防止金兵继续南侵时利用邗沟运兵、运粮及运战略物资。绍兴五年(1135),宋高宗下诏疏浚,从瓜洲到淮口的运河航道又与扬州收复及军事斗争的前线被稳定在楚州(在今

---

① 明·丘浚《大学衍义补·山泽之利上》(林冠群、周济夫校点),北京:京华出版社1999年版,第264页。
② 同①,第265—266页。
③ 清·赵弘恩等监修,黄之隽等编纂《江南通志·食货志》,《四库全书》第509册,上海:上海古籍出版社1987年版,第326页。
④ 元·脱脱等《宋史·河渠志七》,北京:中华书局1985年版,第2393页。

江苏淮安)一带相关。进而言之,无论是毁坏邗沟航道还是重建邗沟航道均要服从于军事斗争的需要。

南宋时期,淮南路成为宋、金两大政权的对峙前线,接连不断的战乱妨碍和摧残着淮南的农业生产。尽管如此,淮南依旧是宋王朝重要的产粮基地。针对农田抛荒,宋代统治者在淮南路采取了鼓励耕种的政策。徐松指出:"五年正月十七日,徐子寅言:'今往楚州界内相视到空闲水陆官田,敦请到归正头目人傅昌等,劝谕归正人王琮等四百二名,情愿结甲,从官中借给耕牛、农具、屋宇、种粮,请田耕种。今措置条具下项:据楚州具到宝应、山阳、盐城、淮阴四县空闲水陆官田,共计七千二百七十八顷一十四亩一角三十四步,内淮阴县系沿淮极边,盐城县系沿海,难以令归正官于逐处种田外,所有宝应县孝义村、艾塘村、白马村、侯村共有空闲水陆官田二万余顷,系南近高邮军界;山阳县大溪村有空闲水陆官田三百余顷,系在楚州之南。臣同傅昌等相视其田,各堪耕种。今措置,欲每名给田一顷,五家结为一甲,内一名为甲头,并就种田去处随其顷亩人数多寡,置为一庄,每种田人二名,给借耕牛一头,犁耙各一副,锄、锹、镢、镰刀各一件。每牛三头,用开荒鏧刀一副;每一甲用踏水车一部,石辘轴二条,木勒泽一具;每一家用草屋二间,两牛用草屋一间;每种田人一名,借种粮钱十贯文省,趁二月初一日开垦使用。仍委知县置籍,每一季亲诣劝谕耕种,其田给为己业,通计满十年日起纳税赋。仍令宝应、山阳知县纽计元置造农具、屋宇,及元买耕牛价直并所借种粮钱,均作五年拘还,其所收钱,每年从楚州类聚,解纳行在左藏南库桩管。仍令差元劝谕头目人武进校尉,添差淮东安抚司缉捕盗贼,不厘务;傅昌守阙,进义副尉,添差常州听候使唤,不厘务;韩礼并许带见任差遣前来部辖,进义校尉,王真守阙,进勇副将;谢彪永免文解,顾知古借补成忠郎,丛汝为借补承信郎,徐悦借补承信郎,王荣并充部辖。乞下淮东安抚司,将头目人八名各先次加借转一官资,内顾知古系永免文解,与借补进勇副尉,候耕种及二年,令楚州保明,缴纳元借转官文帖申三省、枢密院。如系真命人,与换给转一官资;若系借补人,乞斟酌补正。日后更有归正愿请田人,欲乞并依今来措置到事理施行。'诏令徐子寅措置。"①乾道五年(1169)正月十七日,宋孝宗采纳了徐子寅的建议,通过提供耕牛、农具、屋宇、种粮及借贷等措施安定了流离失所的百姓,增加了淮南地区的粮食产出。

这一政策后来得到进一步肯定和推广。徐松根据宋代档案记载道:"十月七日,诏淮东路帅、漕臣:'将诸州具到系官荒田,委守令招召人户种莳二麦,官为借种。其人户请佃未耕者,亦仰劝谕,尽行布种。其已种顷亩申三省、枢密院,岁终,差官核实取旨,殿最赏罚。淮西路依此施行。'先是,淮东安抚司具到系官荒田:真州:三百七十四顷五十亩;扬州:五十二顷九十一亩;通州:一百一顷八十一亩;泰州:二万一千二百四十八顷四十五亩;楚州:四千四百

---

① 清·徐松《宋会要辑稿·食货三》第 5 册,北京:中华书局 1957 年版,第 4844 页。

二十三顷八十六亩;滁州:一百五十九顷四十五亩;高邮军:一千一百六十九顷一十三亩;盱眙军:一百四十一顷三十四亩。人户请佃在户未耕荒田:直(真)州:一百三十五顷七十一亩;扬州:九十三顷;通州:六十九顷一十八亩;泰州:三百三十九顷一十五亩;楚州:三千六百九十七顷三十三亩;滁州:二百三十七顷七十七亩;高邮军:七百六十三顷三十八亩;盱眙军:二千一百二十一顷一十三亩。故有是命。"①乾道七年(1171)十月七日,宋孝宗再次颁布劝农的诏令,其中,淮南路是重点垦殖地区。进而言之,即使是在宋、金对峙的紧要关头,淮南地区依旧是宋代重要的产粮区。

整治邗沟对防止金兵入侵、维护南宋安全具有重要的意义。宋光宗绍熙五年(1194),陈损之针对从高邮到楚州的航道出现的"陂湖渺漫,茭葑弥满"的情况提出了系统的治理方案。这一治理方案包括从楚州高邮到山阳,再到淮阴段的运河。史称:"淮东提举陈损之言:'高邮、楚州之间,陂湖渺漫,茭葑弥满,宜创立堤堰,以为潴泄,庶几水不至于泛溢,旱不至于干涸。乞兴筑自扬州江都县至楚州淮阴县三百六十里,又自高邮、兴化至盐城县二百四十里,其堤岸傍开一新河,以通舟船。仍存旧堤以捍风浪,栽柳十余万株,数年后堤岸亦牢,其木亦可备修补之用。兼扬州柴墟镇旧有堤闸,乃泰州泄水之处,其闸坏久,亦于此创立斗门。西引盱眙、天长以来众湖之水,起自扬州江都,经由高邮及楚州宝应、山阳,北至淮阴,西达于淮;又自高邮入兴化,东至盐城而极于海;又泰州海陵南至扬州泰兴而彻于江:共为石硙十三,斗门七。乞以绍熙堰为名,镵诸坚石。'淮田多沮洳,因损之筑堤捍之,得良田数百万顷。"②陈损之在前人的基础上,创造性地完成了邗沟及江淮运河的治理工作。在兴修的过程中,陈损之采取修建堤堰、存旧堤、栽柳防御风浪、设斗门防止泄水等措施无疑是富有创造性的。这一兴修方案实施后,通过开辟新航道、利用旧堤护卫新航道、创立斗门泄水、引新水源补给航道等措施改善了邗沟即江淮运河的航运条件。与此同时,将原有的湿地改造为良田,提高了当地的农业生产水平。改湿地为良田的做法虽功在当代,但对后世来说未必是大好事。具体地讲,湿地具有调节湖泊河流水位和补给地下水位的功能,当大量的湿地被改造为农田时,虽然有利于当时的农业发展,但从长远的发展看未必值得称赞。

宋、金在江淮展开殊死的争夺,还与争夺淮盐有关。江淮之间有邗沟及纵横交错的运盐河,两者交织在一起,为淮盐外运提供了得天独厚的条件。

---

① 清·徐松《宋会要辑稿·食货六》第5册,北京:中华书局1957年版,第4889页。
② 元·脱脱等《宋史·河渠志七》,北京:中华书局1985年版,第2395页。

第七章　江南运河治理与漕运

狭义上的江南运河是指浙江(钱塘江)以西的运河。这一区域包括今浙江省的杭嘉湖地区和江苏南部的苏州、无锡、常州和镇江。由于这一区域在浙江以西、长江以南,以及其在春秋时期是吴国活动的中心区域,因此这条运河又有"浙西运河""江南河""吴运河"等称谓。史称:"浙西运河,自临安府北郭务至镇江江口闸,六百四十一里。"①浙西运河是一个与浙东运河相对应的概念,浙东运河主要指钱塘江以东的运河。广义上的江南运河既包括浙东运河,同时也是吴越即江浙地区各条运河的总称。

第一节　江南运河治理与破堰建闸

宋代十分重视两浙运河的治理工作。如果从宋太宗淳化(990—994)初年兴修京口闸算起的话,之后又有宋仁宗天圣元年(1023)"浚两浙运河"②、宋宁宗嘉泰二年(1202)"浚浙西运河"③等,从侧面说明兴修江南运河是贯穿两宋始终的大事。江南运河的基础是吴王阖闾、夫差等利用吴越即江浙地区旧水道开挖的运河。如果从伍子胥开堰渎形成东通太湖、西入长江的航道算起的话,那么,江南运河的历史可上溯到周敬王十四年(前506)。此后,经过历代持续不断地兴修,江南运河成为江浙地区对外联络的主要交通形式。

修建潮闸是宋代兴修江南运河的重要组成部分。据文献记载,江南运河最早兴建的船闸是京口闸。京口闸初建于唐代,此后兴废不断。如宋太宗淳化初年在旧闸即京口堰原址上重建了京口闸。俞希鲁指出:"京口闸,在城西北京口港口,距江一里许,莫究其所始。唐撤闸置堰。开元中,徙漕路由此。宋淳化初,废堰。绍圣、元符间,仍为闸。嘉定中更葺,宝祐中重建。"④联系上下文看,"绍圣、元符间,仍为闸"是指继淳化初年重建京口闸后,宋哲宗绍圣年间

---

① 元·脱脱等《宋史·河渠志七》,北京:中华书局1985年版,第2405页。
② 宋·李焘《续资治通鉴长编·仁宗天圣元年》,北京:中华书局2004年版,第2339页。
③ 元·脱脱等《宋史·宁宗纪二》,北京:中华书局1985年版,第732页。
④ 元·俞希鲁《至顺镇江志·地理》(杨积庆等校点),南京:江苏古籍出版社1999年版,第50—51页。

(1094—1098)、元符年间(1098—1100)又两次修缮京口闸。此后,宋宁宗嘉定年间(1208—1224)再次修葺,宋理宗宝祐年间(1253—1258)进行了大规模的重建。从时间上看,兴修京口闸几乎贯穿两宋的始终。宋代花费如此大的精力修缮京口闸,与其独特的地理位置相关,即京口闸不但是江南运河入江北上的锁钥,而且是两宋进行海外贸易时必经的航线。

余杭闸也是江南运河上重要的船闸。如李焘记宋仁宗天圣四年(1026)的事迹时写道:"浙江抱余杭,据岸为二闸,互启闭,纳温台、衢婺船,而潮坏北闸,久不治,两路船为之稽壅。辛酉,侍御史方慎言始奏复之。"①从叙述内容看,余杭闸早在天圣四年以前就已建成并正式投入使用。从地点上看,所谓"浙江抱余杭",是指这座船闸建在余杭(在今浙江杭州)运河与浙江(钱塘江)交汇的河口地区。从"据岸为二闸,互启闭"和"潮坏北闸,久不治"等语中当知,余杭闸是一座潮闸,其中,接受江潮的闸门为北闸,与江南运河及杭州运河相连的闸门当为南闸。这一呈南北向的潮闸与东西向的钱塘江形成夹角,其建造时间的上限应发生在钱镠兴修捍海石塘(堤坝)以后。之所以这样说,是因为在钱镠兴修捍海石塘以前,可以从钱塘江起程沿运河进入杭州城里,捍海石塘建成后,将从钱塘江进入杭州的航道隔断。如吴自牧描述杭州东南水门、保安水门时写道:"河道跨河桥,与江相隔耳;曰保安门,俗呼小堰门是也。"②起初,保安水门一带是杭州运河通往钱塘江的水道,后来出现"与江相隔"的情况是因为建造了堤坝即"小堰门"。从文献上看,这一"小堰门"很可能与钱镠修筑捍海石塘有某种内在的关联。史称:"浙江通大海,日受两潮。梁开平中,钱武肃王始筑捍海塘,在候潮门外。潮水昼夜冲激,版筑不就,因命强弩数百以射潮头,又致祷胥山祠。既而潮避钱塘,东击西陵,遂造竹器,积巨石,植以大木。堤岸既固,民居乃奠。"③开平是梁太祖朱温的年号,共五年,"开平中"当为开平三年(909)。古代建造潮闸时是在破除堰埭的基础上进行的,捍海石塘本身有堰埭的功能,只要略加改造便可通航。从这样的角度看,历史上的余杭闸由何人何时建造虽不可知,但基本上可以肯定,余杭潮闸建造时间的上限应在钱镠筑捍海石塘以后。考虑到宋仁宗天圣四年时已发生"潮坏北闸,久不治"的情况,那么,余杭闸建造的时间下限很可能是在宋初。

破堰建闸是宋代兴修江南运河时的重要举措,大规模地破堰建闸发生在宋哲宗元祐四年(1089)以后。如果从宋初破堰建斗门算起的话,时至宋哲宗时代,船闸技术已日臻成熟,在这样的条件下,破堰建闸进一步提高航运能力已是当务之急。史称:"哲宗元祐四年,知润州林希奏复吕城堰,置上下闸,以时启闭。其后,京口、瓜洲、奔牛皆置闸。是岁,知杭州苏轼浚茅山、盐桥二河,分受江潮及西湖水,造堰闸,以时启闭。……十二月,京东转运司言:'清

---

① 宋·李焘《续资治通鉴长编·仁宗天圣四年》,北京:中华书局1992年版,第2401页。
② 宋·吴自牧《梦粱录·杭州》,上海:商务印书馆1939年版,第51页。
③ 元·脱脱等《宋史·河渠志七》,北京:中华书局1985年版,第2396页。

河与江、浙、淮南诸路相通,因徐州吕梁、百步两洪湍浅险恶,多坏舟楫,由是水手、牛驴、纤户、盘剥人等,邀阻百端,商贾不行。朝廷已委齐州通判滕希靖、知常州晋陵县赵竦度地势穿凿。今若开修月河石堤,上下置闸,以时开闭,通放舟船,实为长利。乞遣使监督兴修。'从之。"①"复",此指拆除。所谓"复吕城堰,置上下闸",是指通过拆除吕城堰(在今江苏丹阳吕城),建造了有上下闸的潮闸。建造吕城闸以后,宋代统治者又在京口(在今江苏镇江)、瓜洲(在今江苏扬州瓜州)、奔牛(在今江苏常州奔牛)等航段掀起了建造潮闸的高潮,从而开创了"开修月河石堤,上下置闸,以时开闭"的新局面。

需要补充的是,"京口、瓜洲、奔牛皆置闸"并不是说在这些地区建造的船闸均在元祐四年以后。在此之前,这些地区已在不同的时间段建造了潮闸。由于这些地区是运河的重要航段,再加上水利工程是长期的事,需要不断地对原有的船闸进行维修,或为提高这些航段的通航能力需要重修船闸或兴建新的船闸。在运河开挖的初始阶段,为解决航段干浅无法航行等问题,通常采取的办法是在水位落差较大的航段筑堰修坝,通过筑堰修坝来防止航道泄水。堰坝修筑以后,虽然有效地解决了航段泄水带来的航道干浅等问题,但因堰坝拦腰截断航道带来了因拉纤、搬转等降低通航能力的诸多问题。这些问题在制约运河航运的同时,造成了人力、物力和财力的极大浪费。进而言之,建堰虽可以防止航道泄水,但船只行经此地时或需拉纤过堰,或需卸船另行装船,乃至船只经过其地时,要有很长的等候时间。宋代将船闸技术普遍运用于航道建设即采取分上水和下水船闸的技术以后,通过破除堰坝改善了航运条件,从而开创了"公私便之"的新局面。

元祐四年以后,苏轼和曾孝蕴为在江南运河上兴建船闸做出了重要贡献。苏轼在杭州疏浚茅山河、盐桥河时建造的堰闸是当时的重要收获。史称:"轼见茅山一河专受江潮,盐桥一河专受湖水,遂浚二河以通漕。复造堰闸,以为湖水畜泄之限,江潮不复入市。"②苏轼根据杭州城内运河的情况,在茅山运河和盐桥运河上建造了两座潮闸,其各有用途:茅山闸专门接纳钱塘江潮,形成船只经钱塘江入海或进入浙东运河之势;盐桥闸负责调节西湖水位,根据情况或受江潮为西湖蓄水或泄水。两闸调节航道水位,改善了杭州运河与外界联系的水上交通。

除了苏轼,曾孝蕴亦在破堰建闸中起到了关键性的作用。俞希鲁引《宋四朝史·曾孝蕴本传》云:"绍圣中,孝蕴管干发运司槖籴事,建言扬之瓜洲、润之京口、常之奔牛,宜易堰为闸,以便漕运商贾。"③史称:"孝蕴字处善。绍圣中,管干发运司槖籴事,建言扬之瓜洲,润之京口,常之奔牛,易堰为闸,以便漕运、商贾。既成,公私便之。"④"绍圣"是宋哲宗的年号,共

---

① 元·脱脱等《宋史·河渠志六》,北京:中华书局1985年版,第2382—2383页。
② 元·脱脱等《宋史·苏轼传》,北京:中华书局1985年版,第10812—10813页。
③ 元·俞希鲁《至顺镇江志·地理》(杨积庆等校点),南京:江苏古籍出版社1999年版,第51页。
④ 元·脱脱等《宋史·曾孝蕴传》,北京:中华书局1985年版,第10235页。

有五年,"绍圣中"当指绍圣三年(1096)。进而言之,绍圣三年,曾孝蕴提出了破瓜洲、京口、奔牛三堰为船闸的建议。

不过,李焘根据历史文献记录这一事件时,将时间定在绍圣四年(1097)七月,与绍圣三年相差一年。李焘在《续资治通鉴长编·哲宗绍圣四年》中记载道:"诏吴执中、韩粹彦、鲍朝宾、王绎、张逢、何执中、谢文瓘、石嗣庆、曾孝蕴,可并令阁门引见上殿。"①其注云:"《御集》七月九日。当考此九人召对因由,吴执中八月四日以朝散郎详定敕令所看详利害文字除提举河北西路常平;又韩粹彦七月二十七日以卫尉寺丞除京东东路提举常平,八月二十四日以承议郎为司勋员外郎;又鲍朝宾八月四日以通直郎新权知永州除两浙提举,二十八日改淮南东路;又王绎、张逢、何执中十二月五日以太学博士为诸王府记室参军;又石嗣庆八月二十一日以朝散郎除京东西路提举。九月乙卯,《布录》云京下引家彬、石嗣庆;曾孝蕴八月二十八日以发运司准备差遣除两浙提举。"②在"召对"的过程中,曾孝蕴提出了破瓜洲、京口、奔牛三堰改建船闸的建议。根据这一记载,绍圣四年应是曾孝蕴提出破堰建闸方案的具体时间。绍圣四年,在曾孝蕴即将出任两浙提举即负责两浙漕运事务时,应召到朝廷接受宋哲宗的询问,在汇报工作打算时提出了破堰建闸改善江南漕运的方案。从这样的角度看,绍圣四年应为曾孝蕴破堰建闸的时间节点。

破堰建闸是工作量巨大的水利工程。李焘记载道:"江淮发运司、两浙转运司言,今来润州京口、常州奔牛澳闸兴造毕,见依提举兴修澳闸两浙转运判官曾孝蕴相度,立定法则,日限启闭,通放纲船,委是经久可行。从之。"③"润州京口、常州奔牛澳闸兴造毕"的时间发生在宋哲宗元符二年(1099)闰九月。进而言之,从绍圣四年提出方案到元符二年正式建成京口闸、奔牛闸经历了两年多的时间。需要补充的是,这里不再提瓜洲船闸,很可能与瓜洲闸在此之前已建成并投入使用相关。瓜洲位于是江淮运河即邗沟与长江的交汇口,京口位于江南运河与长江的交汇口,奔牛是江南运河的重要节点。古人在瓜洲、京口、奔牛等地建堰,是为防止三地航道因水位落差大而泄水。

宋代在江南运河上建造的船闸虽然以潮闸为主,但在实际的运用中多有革新和创造,甚至在不断探索的过程中逐步提高了船闸建造的质量,以及在一定程度有了现代船闸建造的结构。现代船闸有注水箱的建造结构,主要由闸室、闸首、闸门、引航道、注水箱等相关设备及设施组成,现代船闸由建在航道两端的闸门控制闸室航道的灌水、泄水及升降水位等。在这一过程中,进入闸室的船只需等候水位落差上下平衡后才能出闸。具体地讲,船只上行时进入闸室前先开另一端的闸门进水,随后再开靠近船只一端的闸门泄水,等到闸室中的水位

---

① 宋·李焘《续资治通鉴长编·哲宗绍圣四年》,北京:中华书局2004年版,第11610页。
② 同①。
③ 宋·李焘《续资治通鉴长编·哲宗元符二年》,北京:中华书局2004年版,第12285页。

与下游水位平齐后,再让船只进入闸室。随后关闭下游的闸门,向闸室灌水,等到闸室中的水位与上游水位平齐后再开启上行闸门,让船只驶出闸室。船只下行时亦用相同的原理,只是方向相反。

李焘记元符元年(1098)建造吕城船闸的情况时写道:"朝散郎、知润州王念言:'吕城闸常切车水入澳,灌注闸身,应副官、私舟船行运。遇舟船拥并,人力不给,许于到闸船牵驾兵士内,量差二分,并力车水。即未应水则而辄开者,许人告,监官杖一百,不以失减。令佐失觉察,杖六十。若监官任内通及三次,展一任监。当满,运水委无走泄,升一年名次,令佐升半年,委知通监司常切觉察。'从之。"①史称:"元符元年正月,知润州王念建言:'吕城闸常宜车水入澳,灌注闸身以济舟。若舟沓至而力不给,许量差牵驾兵卒,并力为之。监官任满,水无走泄者赏,水未应而辄开闸者罚,守贰、令佐,常觉察之。'诏可。……二年闰九月,润州京口、常州奔牛澳闸毕工。先是,两浙转运判官曾孝蕴献澳闸利害,因命孝蕴提举兴修,仍相度立启闭日限之法。"②俞希鲁引《四朝国史志》云:"元符二年九月,润州京口,常州奔牛,澳闸毕工。先是两浙转运判官曾孝蕴献澳闸利害,命孝蕴兴修,仍相度立启闭日限之法。至是始告成。"③"澳",初指港湾,船舶休息时的停泊区。政和六年(1116)八月,宋徽宗诏书曰:"镇江府傍临大江,无港澳以容舟楫,三年间覆溺五百余艘。闻西有旧河,可避风涛,岁久湮废,宜令发运司浚治。"④"澳",是"港澳"的省称,指供船只停泊等待过闸的港湾;"澳"同时又是"澳闸"的省称。"澳闸"除了指供船只停泊的港区外,又指潮闸的闸区。如宋孝宗乾道六年(1170)有:"又命两浙运副刘敏士、浙西提举芮辉于新泾塘置闸堰,以捍海潮;杨家港东开河置闸,通行盐船。仍差闸官一人,兵级十五人,以时启闭挑撩。五月,又以两折转运司并常州守臣言,填筑五泻上、下两闸,及修筑闸里堤岸。仍于郭渎港口舜郎庙侧水聚会处,筑捺硬坝,以防走泄运水。委无锡知县主掌钥匣,遇水深六尺,方许开闸,通放客舟。"⑤从"修筑闸里堤岸"等语看,潮闸的闸区十分广大,实际上有一定长度和宽度的以航道为特征的港区,这一闸区与现代船闸的闸室有很大的区别。此外,从"常切车水入澳,灌注闸身"等语看,这一时期的潮闸已初步采用了"灌注闸身"即注水箱的技术,可以说,这一技术是船闸建造史上的一大发明。宋徽宗崇宁元年(1102)十二月,史有"置提举淮、浙澳闸司官一员,掌杭州至扬州瓜洲澳闸,凡常、润、杭、秀、扬州新旧等闸"⑥之说,将船闸纳入管理的范围是宋代加强运河航道管理的重要举措。

---

① 宋·李焘《续资治通鉴长编·哲宗元符元年》,北京:中华书局2004年版,第11740页。
② 元·脱脱等《宋史·河渠志六》,北京:中华书局1985年版,第2383—2384页。
③ 元·俞希鲁《至顺镇江志·地理》(杨积庆等校点),南京:江苏古籍出版社1999年版,第51页。
④ 同②,第2387页。
⑤ 元·脱脱等《宋史·河渠志七》,北京:中华书局1985年版,第2409页。
⑥ 同②,第2384页。

在破堰建闸的过程中,宋代还根据不同地区的不同情况采取了建闸与堰埭相互为用的措施。史称:"淳熙九年,又命守臣赵善悉发一万工,修治海盐县常丰闸及八十一堰坝,务令高牢,以固护水势,遇旱可以潴积。十年,以浙西提举司言,命秀州发卒浚治华亭乡鱼祈塘,使接松江太湖之水;遇旱,即开西闸堰放水入泖湖,为一县之利。"①宋孝宗赵昚淳熙九年(1182)至淳熙十年(1183)做了两项破堰建闸的工作:一是在加固常丰闸的同时,整修了与常丰闸相关的堰坝;二是疏浚了与航道相连的陂塘。闸与堰坝合为一体在防止航道泄水的同时,又通过蓄水为干旱时放水灌溉农田提供了帮助。从这样的角度看,宋代破堰建闸是有所选择的,没有采取一边倒的措施。正是因为这样,一些在运河支道上的堰埭继续存在,并在航运、灌溉、防洪排涝、蓄水中发挥着不可替代的作用。

在治理浙西运河的过程中,宋代除了通过采取破堰建闸的技术提高通航能力外,还有针对性地采取了一系列的治理方案。一是有意识地加固河堤,根据不同区域的水文情况开挖新的航道。宋哲宗赵煦元祐(1086—1094)初年,两浙转运副使毛渐"开无锡莲蓉河,武进庙堂港,常熟疏泾、梅里入大江;又开昆山七耳、茜泾、下张诸浦,东北道吴江,开大盈、顾汇、柘湖,下金山小官浦以入海。自是水不为患"②。在开挖航道的过程中,将航道建设与消除水患结合到一起,进一步提高了浙西运河通江达海的航运能力。二是注重航道管理制度建设。熙宁元年(1068)十月,宋神宗采纳了胡淮之的建议,并下诏曰:"杭之长安、秀之杉青、常之望亭三堰,监护使臣并以'管干河塘'系衔,常同所属令佐,巡视修固,以时启闭。"③在加强堰埭管理的基础上,进一步明确和强化了地方长官在管理运河即河渠设施中的责任。三是针对不同航段的具体情况采取有针对性的治理方案,分段整治了苏州、湖州、秀州、镇江、常州等关键航段,提高了漕运通航的质量。如元符三年(1100)二月,宋哲宗下诏:"苏、湖、秀州,凡开治运河、港浦、沟洫,修垒堤岸,开置斗门、水堰等,许役开江兵卒。"④宣和五年(1123)三月,整修了吕城(在今江苏丹阳东)到镇江的运河;同年四月又整修了常润运河(常州到镇江的运河)。史称:"五年三月,诏:'吕城至镇江运河浅涩狭隘,监司坐视,无所施设。两浙专委王复,淮南专委向子諲,同发运使吕淙措置车水,通济舟运。'四月,又命王仲闳同廉访刘仲元、漕臣孟庾,专往来措置常、润运河。"⑤根据各个航段的具体情况,采取不同的治理方案。四是重点疏通和整治运河的入海航道。如宋徽宗崇宁二年(1103)有疏浚吴淞江至大通浦(今属上海)入海之举。史称:"崇宁二年初,通直郎陈仲方别议浚吴松江,自大通浦入海,……朝廷下两浙监司详议,监司以为可行。"⑥又如宋徽宗大观三年(1109),有"开淘吴松

---

① 元·脱脱等《宋史·河渠志七》,北京:中华书局1985年版,第2415页。
② 元·脱脱等《宋史·毛渐传》,北京:中华书局1985年版,第11040页。
③ 元·脱脱等《宋史·河渠志六》,北京:中华书局1985年版,第2380页。
④ 同③,第2384页。
⑤ 同③,第2390页。
⑥ 同④。

江,复置十二闸"①之举。吴淞江是淞江运河的重要组成部分,通过疏浚及建吴淞江船闸,提高了运河通江达海的能力,同时使运河具有了防洪排涝等方面的功能。五是根据不同航段的具体情况采取相应的措施。宋徽宗大观四年(1110),针对镇江段形势高仰、"水浅易涸"等情况,提出"赖湖以济"②的方案,即实施以练湖为水源补充镇江段运河的方案。六是改造旧运道,开挖航线更为合理的新运河。宋徽宗宣和六年(1124)九月,利用江东古河旧道,开挖了自芜湖经宣溪、溧水至镇江的航道。史称:"六年九月,卢宗原复言:'池州大江,乃上流纲运所经,其东岸皆暗石,多至二十余处;西岸则沙洲,广二百余里。谚云"拆船湾",言舟至此,必毁拆也。今东岸有车轴河口沙地四百余里,若开通入杜湖,使舟经平水,径池口,可避二百里风涛拆船之险,请措置开修。'从之。七年九月丙子,又诏宗原措置开浚江东古河,自芜湖由宣溪、溧水至镇江,渡扬子,趋淮、汴,免六百里江行之险,并从之。"③这些运河兴修后,极大地方便了漕运。从加强制度管理到动员各方力量参与,宋代统治者通过采取重点治理、易堰为闸等措施,使浙西运河的漕运及商贸往来能力得到了全方位的提升。

浙西运河是江浙联系黄淮及北方各地的大通道,在各种因素的制约下,航道治理是一项长期的任务和常态化的工作,需要根据出现的新情况进行有针对性的治理。史称:"淳熙七年,帝因辅臣奏金使往来事,曰:'运河有浅狭处,可令守臣以渐开浚,庶不扰民。'至十一年冬,臣僚言:'运河之浚,自北关至秀州杉青,各有堰闸,自可潴水。惟沿河上塘有小堰数处,积久低陷,无以防遏水势,当以时加修治。兼沿河下岸泾港极多,其水入长水塘、海盐塘、华亭塘,由六里堰下,私港散漫,悉入江湖,以私港深、运河浅也。若修固运河下岸一带泾港,自无走泄。又自秀州杉青至平江府盘门,在太湖之际,与湖水相连;而平江阊门至常州,有枫桥、许墅、乌角溪、新安溪、将军堰,亦各通太湖。如遇西风,湖水由港而入,皆不必浚。惟无锡五泻闸损坏累年,常是开堰,彻底放舟;更江阴军河港势低,水易走泄。若从旧修筑,不独潴水可以通舟,而无锡、晋陵间所有阳湖,亦当积水,而四傍田亩,皆无旱暵之患。独自常州至丹阳县,地势高仰,虽有奔牛、吕城二闸,别无湖港潴水;自丹阳至镇江,地形尤高,虽有练湖,缘湖水日浅,不能济远,雨晴未几,便觉干涸。运河浅狭,莫此为甚,所当先浚。'上以为然。"④淳熙七年(1180),宋孝宗强调了及时疏浚航道的必要性。淳熙十一年(1184)的冬天,负责浙西运河事务的官员又根据这些航段的具体情况提出了新的治理方案。又称:"隆兴二年,常州守臣刘唐稽言:'申、利二港,上自运河发流,经营回复,至下流析为二道,一自利港,一自申港,以达于江。缘江口每日潮汐带沙填塞,上流游泥淤积,流泄不通;而申港又以江阴

---

① 元·脱脱等《宋史·河渠志六》,北京:中华书局1985年版,第2385页。
② 同①,第2386页。
③ 同①,第2390—2391页。
④ 元·脱脱等《宋史·河渠志七》,北京:中华书局1985年版,第2405—2406页。

军钉立标揭,拘拦税船,每潮来,则沙泥为木标所壅,淤塞益甚。今若相度开此二河,但下流申、利二港,并隶江阴军,若议定深阔丈尺,各于本界开淘,庶协力皆办。又孟渎一港在奔牛镇西,唐孟简所开,并宜兴县界沿湖旧百渎,皆通宜兴之水,藉以疏泄。近岁阻于吴江石塘,流行不快,而沿湖河港所谓百渎,存者无几。今若开通,委为公私之便。'至乾道二年,以漕臣姜诜等请,造蔡泾闸及开申港上流横石,次浚利港以泄水势。"①宋孝宗隆兴二年(1164),刘唐稽在调查研究的基础上提出在申港、利港的下游开河冲沙的建议。此后,乾道二年(1166)姜诜等人又提出造蔡泾闸以泄水势的建议,通过这一系列的改造和建设,提高了江南运河常州航段的航运能力。从这些事件中当知,治理浙西运河是长期的事,是常抓不懈的工作,需要根据出现的新情况采取相应的治理措施。

宋代在江南地区开挖运河始于宋太祖议征江南之时,为了顺利地转运军用物资,完成征伐南唐大业,李符提出了在历阳(在今安徽和县)开挖横江渠(横江河)转运粮草及军用物资的建议。在这一过程中,宋太祖下诏书动员了和州(在今安徽和县)三县数万壮丁参与兴建工作。史称:"开宝间,议征江南。诏用京西转运使李符之策,发和州丁夫及乡兵凡数万人,凿横江渠于历阳,令符督其役。渠成,以通漕运,而军用无阙。"②横江渠建成后,极大地方便了沿江调运粮草和军用物资。

李符擅长理财和转运,这一才能受到宋太祖的重视。李焘记载道:"先是,大理正内黄李符知归州,转运司制置不合理者,符即上言,上嘉之。秩满归阙,上以京西诸州钱币不登,八月癸巳,命符知京西南面转运事,书'李符到处,似朕亲行'八字赐之,令揭于大旗,常以自随。符前后条奏便宜,凡百余条,其四十八事皆施行著于令。"③征讨南唐时,李符负责从荆湖地区调集军粮及物资等事务。史称:"李符字德昌,大名内黄人。……后荆湖转运许仲宣随军讨南唐,诏符赴荘湖调发刍粮,符领船数千艘顺流而下。事毕,赐金紫。符又建议凿横江河以通漕运,发和州三县丁壮给其役。"④李焘记录此事时将开横江渠的时间定在开宝八年(975)八月。李焘记载道:"是月,始发和州三县丁夫,凿横江河以通粮道。从京西转运使李符之策也。"⑤"是月"为从前省,指八月。从"军用无阙""符领船数千艘顺流而下"等语中当知,横江渠与长江相通,从长江可以进入历阳,进而对南唐的首都金陵形成夹击之势。

最后顺便谈谈荆汉运河的情况。南渡前,宋都大梁,漕运主要依靠汴河。此时,长江流域的江西、湖南、湖北虽是重要的产粮区,但要调集其赋税及粮食入京需经长江入淮,再沿汴河北上。为了改变依靠汴河漕运的单一结构,探讨多元化的漕运机制,宋太宗太平兴国三年

---

① 元·脱脱等《宋史·河渠志七》,北京:中华书局1985年版,第2408—2409页。
② 元·脱脱等《宋史·河渠志六》,北京:中华书局1985年版,第2379页。
③ 宋·李焘《续资治通鉴长编·太祖开宝五年》,北京:中华书局2004年版,第288页。
④ 元·脱脱等《宋史·李符传》,北京:中华书局1985年版,第9274—9275页。
⑤ 宋·李焘《续资治通鉴长编·太祖开宝八年》,北京:中华书局2004年版,第346页。

(978),京西转运使程能提出开荆汉运河的建议。李焘记载道:"京西转运使程能献议,请自南阳下向口置堰,回白河水入石塘、沙河,合蔡河,达于京师,以通襄、潭之漕。上壮其言而听之。戊戌,诏发唐、邓、汝、颍、许、蔡、陈、郑丁夫及诸州兵凡数万人,以弓箭库使阳武王文宝、六宅使李继隆、内作坊副使李神祐、刘承珪等护其役。崭山堙谷,历博望、罗渠、小祐山,凡百余里。逾月,抵方城,地高,水不能至,又增役人以致水,然终不可通漕。会山水暴涨,石堰坏,河不克就,卒废焉。"①遗憾的是,这一航道开挖后终因主观与客观不合,导致失败。程能认为,在南阳(在今河南南阳)与方城(在今河南方城)之间开挖或疏浚可进入汉江支流白河的航道后,沿白河南下可入汉江,沿白河北上可与蔡河相通并进入大梁。建立这一漕运通道的目的是为了改变调集长江以南或长江流域的赋税必经邗沟(江淮运河)再入汴河的漕运结构。进而言之,建立这条从中原到荆楚的水上通道是为了以汉江为通道,将四川、两湖地区的赋税及战略物资经南阳运入大梁,进而改变江南漕运必须依赖汴河的单一结构。

李焘将荆汉运河开挖的时间定在宋太宗太平兴国三年正月,然而,《宋史·王文宝传》又有太平兴国二年(977)开挖之说。《宋史·王文宝传》云:"二年,京西转运使程能议开新河,自襄、汉至京师,引白河水注焉,以通湘、潭之漕。诏发唐、邓、汝、颍、许、蔡、陈、郑丁夫数万赴其役,又发诸州兵万人助之。命文宝与六宅使李继隆、作坊副使李仁祐、刘承珪分往护作。既而地高水下,不能通,卒堙废焉。"②那么,荆汉运河究竟是开于太平兴国二年还是三年,相比之下,李焘的观点应更为准确。一是李焘是宋代人,所述历史更接近开挖荆汉运河的年代,因此比元人的说法更具权威性。二是《宋史》开荆汉运河的记载有两处,两处记载不一。《宋史·河渠志四》亦称新河开于太平兴国三年,对比《宋史·河渠志四》中的文字基本上取自李焘,其云:"白河在唐州,南流入汉。太平兴国三年正月,西京转运使程能献议,请自南阳下向口置堰,回水入石塘、沙河,合蔡河达于京师,以通湘潭之漕。诏发唐、邓、汝、颍、许、蔡、陈、郑丁夫及诸州兵,凡数万人,以弓箭库使王文宝、六宅使李继隆、内作坊副使李神祐、刘承珪等护其役。堑山陻谷,历博望、罗渠、少柘山,凡百余里,月余,抵方城,地势高,水不能至。能献复多役人以致水,然不可通漕运。"③《宋史·河渠志四》称程能开荆汉运河的时间发生在太平兴国三年,《王文宝传》则称开挖的时间发生在太平兴国二年。两处记载不一,当有一处为误。三是李焘是宋代人,记载的时间应更为准确,进而言之,荆汉运河开于太平兴国三年更为合理;四是清代毕沅亦有太平兴国三年兴修荆汉运河之说。毕沅写道:"京西转运使程能献议,请自南阳下向口置堰,回白河水入石塘、沙河,合蔡河,达于京师,以通襄、潭之漕,帝壮其言而听之。戊戌,发兵役数万,分遣使护其役,堑山堙谷,历博望、罗渠、小祐山,凡百

---

① 宋·李焘《续资治通鉴长编·太宗太平兴国三年》,北京:中华书局2004年版,第420—421页。
② 元·脱脱等《宋史·王文宝传》,北京:中华书局1985年版,第9361页。
③ 元·脱脱等《宋史·河渠志四》,北京:中华书局1985年版,第2345页。

余里。逾月,抵方城,地高,水不能至,又增役以致水,然终不可通漕。会山水暴涨,石堰坏,河竟不克就。"①综合这些情况,当知《王文宝传》记载的关于荆汉运河开挖的时间有误。

荆汉运河开挖后,因无法打通沿途的崇山峻岭,最后以失败而告终了。尽管如此,探索从荆楚经南阳到大梁的漕运通道建设依旧在进行。为了打通荆南(在今湖北荆州、秭归、宜昌一带)通往襄州(在今湖北襄阳)的水上通道,缩短大梁与四川、湖南、湖北等地联系的直线距离,阎文逊、苗忠等于宋太宗端拱元年(988)提出了"开荆南城东漕河,至师子口入汉江,可通荆、峡漕路至襄州"的建议。经过开挖,建成了"可胜二百斛重载,行旅者颇便"的航道,这一航道建成后大大地缩短了从荆襄地区到大梁的水上交通里程。史称:"端拱元年,供奉官阁门祗候阎文逊、苗忠俱上言:'开荆南城东漕河,至师子口入汉江,可通荆、峡漕路至襄州;又开古白河,可通襄、汉漕路至京。'诏八作使石全振往视之,遂发丁夫治荆南漕河至汉江,可胜二百斛重载,行旅者颇便,而古白河终不可开。"②宋王朝两次以白河为运道开凿运河的行为表明,探索"通襄、潭之漕"和"荆、峡漕路至襄州"固然是宋王朝改变单一地依赖汴河漕运的重要举措,但更重要的是,长江流域的赋税已是宋王朝财政的重要支撑,能否将其以快捷、经济的方式运往大梁已是关系到宋王朝政权是否稳定的大事,为此,需要探索并建立新的漕运通道转运四川、两湖等地,以增加赋税。

第二节 浙东运河与鉴湖

浙东运河东西长二百余里,西入钱塘江,中跨浦阳江、曹娥江、余姚江等三江,东入甬江。在历史的变迁中,浙东运河逐步形成以杭州湾萧山西兴镇为起点,中经萧山、绍兴、上虞、余姚等地,至宁波入海的交通大通道。

隋唐以前,国家的政治中心主要建在黄河流域。在这中间,经济中心虽向江淮转移,但纳入国家视野的运河大通道只到钱塘江以西的余杭(在今浙江杭州)。进而言之,这一时期,浙江以东地区的运河虽早已建成,但没有被纳入国家大交通建设的范围。宋王朝建立后,形势发生了根本性的变化,江南经济的高速发展和海外贸易的异军突起拧结在一起,为把浙东运河纳入国家大交通体系开辟了道路。宋代将浙东运河纳入国家大交通管理范围始于宋太宗太平兴国三年。太平兴国三年三月,吴越王钱俶到大梁朝拜,迫不得已献吴越国归宋。仅时隔两月,宋太宗立即任命了一批官员到浙东赴职。史称:"命考功郎中范旻权知两浙诸州事;左赞善大夫侯陶、著作佐郎崔继宗检阅两浙诸州钱帛;刑部郎中杨克让充两浙西南路转

---

① 清·毕沅《续资治通鉴·宋纪九》,北京:中华书局1957年版,第221页。
② 元·脱脱等《宋史·河渠志四》,北京:中华书局1985年版,第2345页。

运使,宗正丞赵齐副之;祠部郎中河南刘保勋充两浙东北路转运使,右拾遗郑骧副之;右卫将军太原侯赟按行两浙诸州军储刍荄、粮廪;左赞善大夫孟贻孙通判两浙事。"①从这些官员的职掌看,转运两浙钱粮是宋代统治者关心的头等大事。宋代转运使除了负责转运相关地区的钱粮外,还负责辖区内的运河治理工作。如宋太祖开宝年间(968—976),京西转运使李符主持开挖了横江渠;宋太宗雍熙在位期间,转运使刘蟠有议开沙河之举。史称:"庚午,诏免两浙东北路转运使王德裔,仍削两任,追先所赐白金千两,坐简慢不亲事,部内不治也。"②太平兴国六年(981)八月,王德裔以"坐简慢不亲事,部内不治"的罪名被撤职查办,其中罪名当与他没有管理和治理运河有直接的关系。

宋代十分重视两浙转运使一职,太平兴国八年(983),周渭"徙知扬州,进殿中侍御史,改两浙东、西路转运使"③,经考核,周渭被从地方官提拔为京官,随后又改任两浙转运使,从中可见宋太宗对两浙东西路转运使的重视程度,同时也间接地表达了重视浙东运河的态度。宋代重视浙东运河的程度超过了以往任何一个朝代。熙宁七年(1074),沈括提出"浙西泾浜浅涸,当浚;浙东堤防川渎堙没,当修"④的建议后,宋神宗立即令沈括执掌浙西与浙东运河的事务,这一事件表明浙东运河作为大交通建设的一部分,其与浙西运河即江南运河有着同等重要的价值。又如"都泗堰因高丽使往来,宣和间方置闸"⑤,宋徽宗宣和年间(1119—1125),破都泗堰建造船闸是为了提高通航速度,这是因为浙东运河已成为外国使臣往来和从事海外贸易的大通道。

与北宋相比,南宋治理浙东运河的力度明显地加强。出现这样的情况,主要与政治中心迁往临安(在今浙江杭州)有密切的关系。据文献记载,从宋高宗南渡到南宋结束,治理浙东运河始终是南宋统治者关心的大问题。这里仅以宋孝宗一朝治理浙东运河为例,其间,大的疏浚或治理活动有隆兴元年(1163)、乾道三年(1167)和淳熙九年等三次。其实,这一时期疏浚浙东运河的次数远远地超过这一数字。如淳熙四年(1177)至淳熙八年(1181),先后发生"败上虞县堤及梁湖堰及运河岸;……绍兴府大水,五县漂浸民居八万三千余家,田稼尽腐;渔浦败堤五百余丈,新林败堤通运河"⑥等事件,针对这一情况,进行及时的修缮是必然的。然而,《宋史》没有这一时间修缮浙东运河相关航段的记载。南宋重视浙东运河的程度超过北宋,主要是由其交通地位的提升决定的,具体包括三个方面的原因:一是浙东运河沿岸是南宋赋税的重要来源,就近调入京城需要以浙东运河为航道;二是浙东运河是从临安到

---

① 宋·李焘《续资治通鉴长编·太宗太平兴国三年》,北京:中华书局2004年版,第428页。
② 宋·李焘《续资治通鉴长编·太宗太平兴国六年》,北京:中华书局2004年版,第494页。
③ 元·脱脱等《宋史·周渭传》,北京:中华书局1985年版,第10056页。
④ 元·脱脱等《宋史·河渠志六》,北京:中华书局1985年版,第2381页。
⑤ 元·脱脱等《宋史·河渠志七》,北京:中华书局1985年版,第2407页。
⑥ 元·脱脱等《宋史·五行志一上》,北京:中华书局1985年版,第1332页。

明州(在今浙江宁波)的通道,明州是重要的通商港口,从事海外贸易需要浙东运河的参与;三是浙东运河是从海上联系东南沿海及华南地区的通道,调集相关地区的赋税,以及实现这些地区的商品流通亦需要以浙东运河为通道。

浙东运河从西到东有三个重要的航段节点:一是西与钱塘江相接的萧山,二是区域政治中心山阴(在今浙江绍兴),三是与曹娥江相连的上虞。因特殊的地理和水文条件,三个航段节点一直是浙东运河重点治理的区域。

重点建设萧山航段是由萧山的地理位置决定的。前人在叙述萧山的地理交通形势时写道:"西南有虎爪山,东南有龛山,俱下临浙江。龛山傍有小山曰鳖子山,浙江自县西东北流,出其中,东接大海,亦曰海门。东南有峡山,钱清江经其中,复北折而东,入山阴县界。城西有运河,东接钱清江。又有湘湖。西南有渔浦巡检司。又西有西兴,亦曰西陵,往钱塘者由此渡江。"①萧山是浙东运河与浙西运河相连的节点,沿浙东运河向西经萧山西兴到钱塘江(浙江)即杭州湾的南岸,从萧山西兴出发,沿水路向东经萧山跨过钱清江后可抵达山阴。严格地讲,萧山是浙东联系浙西唯一的水上通道。在海外贸易兴起的年代,重点加强浙东运河萧山段的建设是必然的。

萧山初称永兴县,唐高宗仪凤二年(677),划分会稽、诸暨部分地区建永兴县。唐玄宗天宝元年(742)改称萧山县。史称:"萧山 仪凤二年,分会稽、诸暨置永兴县。天宝元年,改为萧山。"②不过,萧山有更久远的历史。李吉甫叙述萧山的地理位置及历史沿革时指出:"东北至州一百里。本曰余暨,吴王弟夫概邑。吴大帝改曰萧山,以县西一里萧山为名。"③王存进一步指出:"州西北一百里。一十五乡。西兴、渔浦二镇。有萧山、浙江、运河。"④南宋以后,因交通地位提升,浙东运河萧山段成为重点治理的区域。宋孝宗时期,绍兴知府汪纲主持了萧山境内的运河和入钱塘江船闸的修缮工作。史称:"萧山有古运河,西通钱塘,东达台、明,沙涨三十余里,舟行则胶。乃开浚八千余丈,复创闸江口,使泥淤弗得入,河水不得泄,于涂则尽甃以达城闉。十里创一庐,名曰'施水',主以道流。于是舟车水陆,不问昼夜暑寒,意行利涉,欢欣忘勚。"⑤汪纲治理浙东运河萧山段主要做了两方面的工作:一是疏浚航道,二是重修船闸。"复创闸江口",是指在萧山西兴重建与钱塘江相接的船闸。萧山西兴闸是在西兴埭即西陵埭的基础上兴建的。西兴是浙东运河与浙西运河相连的重点节点,从西兴跨钱塘江后,沿运河行十八里可入临安(在今浙江杭州),因此西兴船闸及航段畅通与否直接关系到浙东运河的兴废。其实,在汪纲以前,西兴闸已是重点治理的对象。史称:"萧山县

---

① 清·张廷玉等《明史·地理志五》,北京:中华书局1974年版,第1107页。
② 后晋·刘昫等《旧唐书·地理志三》,北京:中华书局1975年版,第1590页。
③ 唐·李吉甫《元和郡县图志·江南道二》(贺次君点校),北京:中华书局1983年版,第619页。
④ 宋·王存《元丰九域志·两浙路》(王文楚、魏嵩山点校),北京:中华书局1984年版,第209页。
⑤ 元·脱脱等《宋史·汪纲传》,北京:中华书局1985年版,第12308页。

西兴镇通江两闸,近为江沙壅塞,舟楫不通。乾道三年,守臣言:'募人自西兴至大江,疏沙河二十里,并浚闸里运河十三里,通使纲运,民旅皆利。复恐潮水不定,复有填淤,且通江六堰,纲运至多,宜差注指使一人,专以"开撩西兴沙河"系衔,及发捍江兵士五十名,专充开撩沙浦,不得杂役,仍从本府起立营屋居之。'"①

自西兴埭改建潮闸后,江沙淤塞航道的情况越来越严重。为了改变不利航行的情况,宋孝宗乾道三年,疏浚了这一航段,主要做了三方面的工作:一是疏浚了从西兴到钱塘江的运道,二是疏浚了两闸之间的闸区航道,三是建立了一套严密的航道管理制度。从"浚闸里运河十三里"当知,西兴闸是一座潮闸。西兴闸有上下闸门,有十三里的闸区航道。因船只入闸前,须等候江潮入闸,待闸区水位平衡后才能行船入江,当含有大量泥沙的江潮灌入闸区后,闸区很容易出现江沙淤积航道的情况。这样一来,需要及时地疏浚闸区航道。结合"西南有渔浦巡检司。又西有西兴,亦曰西陵"等记载看,乾道三年疏浚的"西兴镇通江两闸"应为渔浦闸和西兴闸。渔浦闸、西兴闸建于何时?已不清楚。史有"自定山进向渔浦,戍主孔睿率千余人据垒拒战。佃夫使队主阙法炬射杀楼上弩手,睿众惊骇,思仁纵兵攻之,斩其军主孔奴,于是败散。其月十九日,吴喜使刘亮由盐官海渡,直指同浦;寿寂之济自渔浦,邪趣永兴,喜自柳浦渡,趣西陵。"②西兴早在刘宋时期已是交通要道和战略要地。

山阴是浙东运河治理的又一个重点。顾祖禹叙述浙东运河与山阴的关系时指出:"运河,在城西。自西兴渡历萧山县而东,接钱清江,长五十里;又东径府城,长五十五里;复自城西东南出,又东而入上虞县接曹娥江,长一百里;自府城而南至嵩坝,长八十里,则为嵊县之运河矣。盖运河纵广俱二百里。宋绍兴初以余杭县言运道浅涩,诏自都泗堰至曹娥塔桥发卒修浚,此即宋时漕渠故址也。今道出府西北十里谓之官渎。其余大抵仍旧道云。"③山阴除了是浙东运河的重要航段外,同时还是经曹娥江南通嵊县(今嵊州市)的运河节点。从大的方面讲,山阴水文情况复杂,境内横亘三江,再加上山阴是浙东重镇和交通要道,因此成为重点建设区域是必然的。顾祖禹叙述浙东运河经过的区域时,先从中间航段山阴说起,然后再分别叙述两头的情况,客观地讲,这一叙述是有深意的,它在一定程度上表明了山阴在浙东运河中占有特殊的地位。

从历史沿革的角度看,山阴区域政治的地位即行政建制虽在某一历史时期出现下降,但绝大部分的时间一直是区域政治中心。更重要的是,即便是山阴的行政建制一度降格为县,但区域政治和经济中心的地位基本上没有受到动摇。之所以出现这样的情况,与山阴在春秋时曾是越国的国都有直接的关系。经过越国长时间的建设,山阴已成为重要的区域交通

---

① 元·脱脱等《宋史·河渠志七》,北京:中华书局1985年版,第2408页。
② 梁·沈约《宋书·孔觊传》,北京:中华书局1974年版,第2161页。
③ 清·顾祖禹《读史方舆纪要·浙江四》(贺次君、施和金点校),北京:中华书局2005年版,第4213页。

枢纽。进而言之,春秋时期的越国从历史的角度确认了山阴在浙东地区的政治地位。秦大一统帝国建立后,山阴虽降格为县级建制,但因其境内有山阴故水道等快捷的水上交通运输网络,以及从海上联络山东、福建等地的能力,再加上有发达的陆路交通和水陆交通联系着物产丰富的鱼米之乡,凭借这些交通上的优势,山阴依旧是当时屈指可数的重镇。具体地讲,从秦建立大一统帝国到汉顺帝刘保永建四年(129)"分会稽为吴郡"①即"分会稽立吴"②之前,在这二百五十年的时间中,山阴虽为县级建制,但辖区包括西自钱塘(在今浙江杭州)东至明州(在今浙江宁波)等地,因此山阴虽然没有区域政治中心之名,但有区域政治中心之实。当然也应该看到,在这一时段中,会稽郡的郡治一直在吴县(在今江苏苏州),山阴只是会稽郡的属县。

永建四年拆分会稽郡为吴郡和会稽郡以后,吴郡以吴县为郡治,山阴成为新会稽郡的郡治。这一时期,山阴政治地位的提高为社会经济的发展创造了良好的条件。此后,唐玄宗开元二十六年(738)"于越州鄮县置明州"③,通过拆分会稽郡缩小了其行政辖区,但交通地位不变。宋王朝南渡后,绍兴府(治所山阴)的政治地位得到了全面的提升。史称:"绍兴府,本越州,大都督府,会稽郡,镇东军节度。大观元年,升为帅府。旧领两浙东路兵马钤辖。绍兴元年,升为府。"④在历史的变迁中,行政区划方面虽出现多种变化,但山阴区域政治中心的地位却一直没有改变。

交通建设的基本原则是在行政区划的基础上分层级进行的。一般来说,交通建设首先要在政治中心、区域政治中心优先建设的原则下进行。由于山阴长期是浙东的政治中心和经济中心,这样一来,浙东地区围绕着山阴进行交通建设是必然的。从地理形势上看,浙东是河流、湖泊密集的地区,长期以来逐步形成了"以船为车,以楫为马"⑤的交通布局。根据这样的地理条件,加强山阴地区的交通建设势必要加强运河建设。以山阴为运河的重点建设区域除了与山阴长期以来是区域政治中心相关外,还与其独特的地理形势相关联。前人叙述山阴地理形势及交通线路时写道:"南有会稽山,其支山为云门山,又有法华山。西南为兰亭山。西北有涂山。北滨海,有三江口。三江者,一曰浙江;一曰钱清江,即浦阳江下流,其上源自浦江县流入,至县西钱清镇,曰钱清江;一曰曹娥江,即剡溪下流,其上源自嵊县流入,东折而北,经府东曹娥庙,为曹娥江,又西折而北,会钱清江、浙江而入海。又西有运河,自萧山县流入,又东南径会稽县,又东入上虞县界。又南有鉴湖,长十四五里,俗曰白塔洋,有若耶溪合焉。又北有白水湖,旁通运河。"⑥又写道:"海,自萧山入,径三江口,为杭州湾南

---

① 刘宋·范晔《后汉书·顺帝纪》,北京:中华书局1965年版,第257页。
② 唐·房玄龄等《晋书·地理志下》,北京:中华书局1974年版,第459页。
③ 后晋·刘昫等《旧唐书·地理志三》,北京:中华书局1975年版,第1590页。
④ 元·脱脱等《宋史·地理志四》,北京:中华书局1985年版,第2174页。
⑤ 汉·赵晔《吴越春秋·勾践伐吴外传》(苗麓校点),南京:江苏古籍出版社1999年版,第176页。
⑥ 清·张廷玉等《明史·地理志五》,北京:中华书局1974年版,第1107页。

岸水口,对岸为海宁。南大亹、中小亹扼其中。潮昔趋南,暴岸冲击,其后海塘东接会稽,西亘萧山。浦阳江西南自诸暨入。运河西北自萧山入,合鉴湖枝津北注瓜渚湖。湖分青电湖水入西水门,复合入铜盘湖港,抵港口与西小江会。江分为二,自萧山古万安桥入,缘北界,西溪出鸡头山注之。径钱清镇,错出复入,抵三江闸。湘湖自萧山贯运河来会,又东入海。鉴湖,古镜湖,周三百五十里,今只存西溪及会稽,若耶溪为其别源,湘湖为其正源,仅十五里矣。"①山阴地处萧绍宁平原的中部,海拔高度既高于浙东运河西端的萧山,也高于浙东运河东端的宁波。王国平等指出:"绍兴一带水网平原海拔为5米,余姚一带为2.5米,宁波一带大多在2米以上。杭州湾北岸杭嘉湖平原平均海拔3米左右。"②浙东运河西入钱塘江,东入甬江,中间经浦阳江、曹娥江、余姚江,其中,浦阳江、曹娥江、余姚江等三江皆在山阴境内。与其他地区相比,山阴的水文条件最为复杂,再加上三江经过的地区有不同的海拔,当三江及湖泊补给浙东运河形成不同流向时,复杂的水文和地理条件决定了兴修浙东运河时必须以山阴为重点。

  浙东运河的原型是春秋时越国兴修的山阴故水道。历史上的镜湖(今称鉴湖)曾是南北宽五里、东西长一百多里的"狭湖"。这一狭湖西连钱清江(浦阳江、小江)、东接曹娥江,是浙东运河不可或缺的航段。鉴湖虽然"在府城南三里",但东西长一百三十里、南北宽五里的水面是山阴故水道及浙东运河必不可少的航段。史称:"山阴镜湖,在府城南三里,亦名鉴湖。任昉《述异记》:轩辕氏铸镜湖边,因得名,或云黄帝护宝镜焉。或又云本王逸少语,山阴路上行,如在镜中游,是名。镜湖又名长湖,又名大湖。《水经注》:浙江又东北得长湖口,湖广五里,东西百三十里,沿湖开水门六十九所,下溉田万顷,北泻长江。湖南有覆斗山,周五百里,北连鼓吹山,山西枕长溪,溪水下注长湖,山之西岭有贺台。又云:石帆山北临大湖,水深不测,传与海通。何次道作郡,常于此水中得乌贼鱼。其源出会稽之五云乡,绵跨山、会二县,周三百五十八里,总纳二县三十六源之水,东至曹娥,西至小江,南至山,北至郡城。其初本潮汐往来之区,汉永和五年太守马臻始筑塘畜水,溉田九千余顷。又界湖为二,曰东湖,曰南湖。南湖所灌田大约在今山阴境,东湖所灌在今会稽境。自宋永和以来,民咸利之。"③又称:"浦阳江又名小江,在县东南十五里。其源出金华府浦江县,北流一百余里入诸暨县,与东江合流至官浦,浮于纪家汇,东北过峡山。又北至临浦注山阴之历溪,北过乌石山为乌石江,又北而东至钱清镇,则名钱清江。"④从山阴沿水路出发,无论是向东,还是向西都必须以鉴湖为航道。古代兴修运河的基本原则是充分地利用原有的河流湖泊,曹娥江是浙东运河

---

① 赵尔巽等《清史稿·地理志十二》,北京:中华书局1977年版,第2137—2138页。
② 王国平总主编《杭州运河历史研究》,杭州:杭州出版社2006年版,第3页。
③ 明·萧良干修,张元忭等纂《万历绍兴府志·山川志四》,《四库全书存目丛书·史部》第200册,济南:齐鲁书社1997年版,第472—473页。
④ 同③,第468页。

山阴段东向航线的必经之地,钱清江是浙东运河山阴段西向航线的必经之地,两江之间是呈东西走向的鉴湖。顾炎武叙述鉴湖航道的情况时指出:"且又往时运道,一在湖中,一在江海上。在湖中者,东自曹娥循湖塘,经城南至西兴;在江海上者,宋都钱塘时,凡闽广(漕运)入钱塘者,必经绍兴北海上,凡塘下泊处,辄成大市。今皆废矣。"①"湖塘"指鉴湖航道。沿山阴故水道在东入曹娥江,西入钱清江时,必须以鉴湖为基本航道。

鉴湖是浙东运河山阴段重点修缮的航段。自汉顺帝永建四年建新会稽郡以后,汉顺帝永和五年(140),会稽太守马臻进行了筑堤整治鉴湖的活动。后人记载道:"鉴湖之广,周回三百五十八里,环山三十六源。自汉永和五年,会稽太守马臻始筑塘,溉田九千余顷,至宋初八百年间,民受其利。"②又记道:"马臻字叔荐,永和中为会稽守,创筑镜湖蓄水溉田。湖高于田丈余,高于海丈余,旱则泄湖灌田,潦则闭湖泄田水入海,是以虽遇旱潦而无凶年。其塘周回三百一十里,溉田九千余顷,民甚赖之。"③胡渭亦记载道:"山阴镜湖,会稽太守马臻作,筑塘周回三百里,疏为二门,其北堤石闼二,阴沟十九,南堤阴沟十四。盖皆古法也,川水暴至,则开高门受水,使水得游荡陂中,以分杀其怒;川平则仍闭以蓄水,遇旱即开下门以溉田。"④前人评价马臻兴修鉴湖的历史功绩时,主要是肯定这一水利工程在发展农业方面的作用。其实,这一工程除了有"溉田"及防洪排涝的作用外,更重要的是,还具有疏浚航道、调节浙东运河水位的作用。进而言之,鉴湖本身是山阴故水道的一部分,通过兴修堤坝和创建斗门(水闸)即蓄水和泄水,有效地控制或调节了鉴湖的水位,从而为航运提供了安全保障。

马臻"筑塘"后,鉴湖堤坝遂有了"官塘""山阴官塘"等称。史称:"官塘跨山、会二县,在山阴者又谓之南塘,西自广陵斗门,东抵曹娥亘一百六十里,即故镜湖塘也。东汉永和五年太守马臻所筑,以蓄水。水高于田,田高于海,各丈余。旱则泄湖之水溉田,潦则泄田之水入海,沿塘置斗门,堰闸以时启闭,有十一堰五闸。然今堰闸或通或塞,或为桥,往往为居民填占。"⑤马臻建堤坝后将鉴湖一分为二,南塘(南湖)在山阴县境内,东塘(东湖)在会稽县境内。所谓"官塘跨山、会二县",是说鉴湖堤坝横跨山阴县和会稽县。山阴县和会稽县并立发生在唐代,在行政区划沿革的过程中,开皇九年(589)平陈后,隋文帝改山阴县为会稽县,与

---

① 清·顾炎武《天下郡国利病书》,《续修四库全书·史部》第597册,上海:上海古籍出版社2002年版,第56页。
② 元·脱脱等《宋史·河渠志七》,北京:中华书局1985年版,第2406页。
③ 明·萧良干修,张元忭等纂《万历绍兴府志·人物志三》,《四库全书存目丛书·史部》第201册,济南:齐鲁书社1997年版,第190页。
④ 清·胡渭《禹贡锥指》(邹逸麟整理),上海:上海古籍出版社2006年版,第650页。
⑤ 明·萧良干修,张元忭等纂《万历绍兴府志·水利志二》,《四库全书存目丛书·史部》第200册,济南:齐鲁书社1997年版,第645页。

此同时,撤销永兴、上虞、始宁等三县建制,并入新建的行政区划会稽县。唐武则天垂拱二年(686),拆分隋会稽县为山阴县和会稽县。李吉甫指出:"会稽县,望,郭下。山阴,越之前故灵文(国)[园]也。秦立以为会稽山阴。汉初为都尉。隋平陈,改山阴为会稽县,皇朝因之。《吴越春秋》云:'禹巡行天下,会计修国之道,因以会计名山,仍为地号。'山阴县,秦旧地,隋改为会稽。垂拱二年,又割会稽西界别置山阴,大历二年刺史薛兼训奏省山阴并会稽。七年,刺史刘少游又奏置,今复并入会稽。"①宋王朝建立后,合二为一的山阴县再度分立。山阴县和会稽县毗邻,治所均在郡城。"在山阴者又谓之南塘,西自广陵斗门,东抵曹娥亘一百六十里",是说经过改造后的鉴湖航道以南塘为主航道,沿这条航道从山阴县出发经鉴湖广陵斗门向东可抵达曹娥江。

官塘又称"运道塘"。《新唐书·地理志》云:"北五里有新河,西北十里有运道塘,皆元和十年观察使孟简开。"②《万历绍兴府志》云:"山阴官塘即连道塘,在府城西十里。自迎恩门起至萧山,唐观察使孟简所筑。"③"连道塘"应是"运道塘"的误写或误刻。从"运道塘"中可知,唐宪宗元和十年(815)孟简兴修新航道时,一是沿用了鉴湖旧航道,二是采用修筑堤坝的方式把鉴湖航道约束在一定的区域内。从这样的角度看,孟简开运道塘没有改变以鉴湖为航道的历史。

晋怀帝年间(307—313),会稽内史贺循主持兴修了浙东运河及山阴航段。史称:"运河自西兴抵曹娥横亘二百余里,历三县。萧山河至钱清,长五十里;东入山阴径府城至小江桥,长五十五里。又东入会稽,长一百里。其纵南自蒿坝北抵海塘,亦几二百里。旧经云:晋司徒贺循临郡,凿此以溉田,虽旱不涸,至今民饱其利。"④"历三县"是指浙东运河途经萧山、山阴、上虞三县;"萧山河"是指从萧山到钱清的萧山运河;"纵南"是指以府城南面的鉴湖南塘(南湖)为航道。"蒿坝",指建在距山阴四十里处蒿山附的堰坝,是"绍兴、台州二府往来必经之地"⑤。从绍兴经蒿坝到台州的航线主要以曹娥江为航线,因此前人论述浙东运河时,基本上对其忽略不计。"凿此以溉田"中的"凿此"是指贺循疏浚鉴湖及恢复蓄水溉田的功能。从航线上看,浙东运河航线自西兴向东经萧山河到钱清,向东五十里进入山阴,随后经府城行五十五里到小江桥即从府城东行经会稽县约一百里,中经曹娥江后再向东入甬江。西兴在山阴以西萧山境内的钱阳江边,曹娥江在山阴以东。从西兴起航中经山阴、会稽二县

---

① 唐·李吉甫《元和郡县图志·江南道二》(贺次君点校),北京:中华书局1983年版,第618页。
② 宋·欧阳修等《新唐书·地理志五》,北京:中华书局1975年版,第1061页。
③ 明·萧良干修,张元忭等纂《万历绍兴府志·水利志二》,《四库全书存目丛书·史部》第200册,济南:齐鲁书社1997年版,第645页。
④ 明·萧良干修,张元忭等纂《万历绍兴府志·山川志四》,《四库全书存目丛书·史部》第200册,济南:齐鲁书社1997年版,第469—470页。
⑤ 同③,第649页。

抵达曹娥江之前,必须以"东西百三十里"的鉴湖为航道。史称:"曹娥斗门,在县东南七十二里,俗传曾宣靖公宰邑所置。曾南丰《鉴湖序》云:'湖有斗门六所,曹娥其一也。三江斗门,在县东北八里。'三江说不同,俗传浙江、浦阳江、曹娥江。皆汇于此,旧有堰,今废,为斗门。东南通镜湖,运河北达于海。"①鉴湖是山阴故水道的重要航段,从山阴沿水路东行必走鉴湖广陵斗门。"自广陵斗门,东抵曹娥亘一百六十里",是以山阴故水道为主要航道的航段。袁康指出:"山阴故水道,出东郭,从郡阳春亭。去县五十里。"②东郭,是指会稽郡治山阴(在今浙江绍兴)外城的东门;阳春亭,在山阴东门外五十里;鉴湖,"在府城南三里"。按照这一方位,山阴故水道似不需要经鉴湖航道。其实不然,山阴故水道走城东不走城南,是因为府城"南至山"。如顾祖禹指出:"鉴湖,城南三里,亦曰镜湖,一名长湖,又为南湖。旧湖南并山,北属州城漕渠,东距曹娥江,西距西小江,潮汐往来处也。"③鉴湖环绕山阴两面即府城东面和南面,从府城东门出发后进入鉴湖航道,即可到达府城的南面。

从这样的角度看,贺循以山阴为节点兴修浙东运河时,主要是围绕鉴湖进行的。后世在叙述贺循兴修运河的情况时将其分为东西两段,并将西段称之为"西兴运河"。西兴运河从府城出发向西经鉴湖、柯桥、钱清、萧山到固陵入钱塘江,抵钱塘江北岸后进入杭州。历史上的固陵又有"西陵""西兴"等称谓,因此这一航段遂有了"西兴运河"之称。后世叙述这一航线时有"运河自西兴渡引浙江水,径望湖桥,湘湖汇西南诸山水贯之,又东南入山阴"④之说,大体上道出了西兴运河东入山阴的情况。贺循还利用山阴故水道兴修了向东抵曹娥江,远及上虞、余姚抵明州(在今浙江宁波)的航道,这一航段自山阴东行沿途经曹娥江、余姚江,从甬江入海。史称:"鉴湖之广,周回三百五十八里,环山三十六源。自汉永和五年,会稽太守马臻始筑塘,溉田九千余顷,至宋初八百年间,民受其利。"⑤从汉永和五年到宋初,历时八百年,鉴湖保证了当地农业用水方面的需要,在这中间,贺循重修鉴湖是其中不可或缺的环节。

宋代十分重视鉴湖的修缮工作。如宋孝宗隆兴元年,绍兴府守吴芾提出了"鉴湖自江衍所立碑石之外,今为民田者,又一百六十五顷,湖尽堙废。今欲发四百九十万工,于农隙接续开凿。又移壮城百人,以备撩洒浚治,差强干使臣一人,以'巡辖鉴湖堤岸'为名"⑥的建议。这一退田恢复鉴湖的方案对调节运河水位有着重要的意义。关于这点,从隆兴二年吴芾给朝廷的上疏中可以找到明确的答案。史称:"二年,芾又言:'修鉴湖,全藉斗门、堰闸蓄水,都

---

① 宋·施宿等《会稽志·斗门》,《四库全书》第486册,上海:上海古籍出版社1987年版,第85页。
② 汉·袁康《越绝书·越绝外传》,《四库全书》第463册,上海:上海古籍出版社1987年版,第108页。
③ 清·顾祖禹《读史方舆纪要·浙江四》(贺次君、施和金点校),北京:中华书局2005年版,第4211页。
④ 赵尔巽等《清史稿·地理志十二》,北京:中华书局1977年版,第2138页。
⑤ 元·脱脱等《宋史·河渠志七》,北京:中华书局1985年版,第2406页。
⑥ 同⑤,第2407页。

泗堰闸尤为要害。凡遇纲运及监司使命舟船经过,堰兵避免车拽,必欲开闸通放,以致启闭无时,失泄湖水。……'其后苬为刑部侍郎,复奏:'自开鉴湖,溉废田二百七十顷,复湖之旧。又修治斗门、堰闸十三所。夏秋以来,时雨虽多,亦无泛溢之患,民田九千余顷,悉获倍收,其为利较然可见。乞将江衍原立禁牌,别定界至,则堤岸自然牢固,永无盗决之虞。'"①从"全藉斗门、堰闸蓄水,都泗堰闸尤为要害"中当知,鉴湖上的航行安全与蓄水、放水即调节水位有莫大的关系。进而言之,鉴湖是保证浙东运河航行安全的关键工程。此外,"斗门"又有灌溉农田和防止水涝的功能。浙东运河自山阴向东至萧山,中途有唐代孟简兴修的新河。史称:"运河在府西一里,属山阴县。自会稽东流县界五十余里入萧山县。旧经云:晋司徒贺循临郡,凿此以溉田。新河,在府城西北二里。唐元和十年,观察使孟简所浚。"②新河在山阴西北二里,是浙东运河的重要组成部分。

第三节 浙东运河的堰埭建设

浙东运河上虞航段主要是围绕曹娥埭、梁湖堰、渔浦埭、通明堰、蒿坝、通明北堰、余姚下坝等进行的。

除了围绕山阴进行航道建设外,加强堰埭建设也是浙东运河建设的重要内容。堰埭大都建在水位落差大的航段节点上。因运河经过的地区海拔不同,同时也需要跨越不同的河流,这样一来,受海拔高度的控制,浙东运河在跨越河流时,不但存在着水流方向不一的情况,同时还存在着航道泄水和回流的现象。为了提高通航能力,自马臻以后,历代在浙东运河上兴修了一系列的堰埭。因文献缺载,这些堰埭建于何时已不可知,但发生在马臻"筑塘"以后当不成问题。之所以这样说,是因为在马臻"筑塘"以前,很难找到运河及浙东运河有建造堰埭的记载,出现这种情况是必然的,原因有三:一是运河堰埭建设是在航道建设的基础上进行的,航道变化后势必要引起堰埭建造地点上的变化;二是航道建设是以水文为依据的。受自然因素和人为因素的影响,各地的水文条件处于不断的变化之中;三是科学技术水平提高后,破堰建闸成为普遍情况。具体地讲,全面地在运河航道上破堰建闸始于宋代。如果以宋代为节点,那么,破堰建闸已有上千年的历史。面对早已尘封的历史,运河堰埭不再成为人们关注的对象并慢慢地淡出人们的视野是必然的。

起初,建造堰埭的目的是为了防止航道泄水。因堰埭是航段节点,后逐步演变为转运物

---

① 元·脱脱等《宋史·河渠志七》,北京:中华书局1985年版,第2407页。
② 宋·施宿等《会稽志·水》,《四库全书》第486册,上海:上海古籍出版社1987年版,第192—193页。

资的货场和征收商税的关卡。浙东运河以山阴为中点可分成东西两个航段：兴建在浙东运河西段，即从萧山到山阴航段的堰埭分别有西陵埭、回踵埭、都赐埭、越王山堰、钱清堰等；兴建在东段运河，即从山阴到明州航段的堰埭主要有曹娥埭、梁湖堰、渔浦埭、通明堰、蒿坝、通明北堰、余姚下坝等。

浙东运河上的堰埭兴建于何时，已不太清楚，但其中的大部分在南朝以前建成并投入使用应没有任何问题。堰埭大都建在重要的航段节点如河流交汇口和水位落差大的地段，在历史的变迁中，一些堰埭因成为交通枢纽或成为物资集散的货场，或成为征收商税的关卡，从文字学的角度看，"埭"和"堰"同义，起初，堰埭大都以"埭"相称，至于以"某堰"代替"某埭"应该发生在唐宋以后。如沈作宾、施宿等修纂《嘉泰会稽志》时写道："曹娥堰在县东南七十二里。唐光启二年钱镠破韩公汶于曹娥埭，与朱褒战，进屯丰山。后埭遂为堰。"①从"后埭遂为堰"中当知，"堰"是继"埭"以后出现的新词汇，宋代已广泛流行和使用。此外，"坝"也是后起词汇。

宋代在浙东运河上兴修堰坝，主要是在前代基础上进行的。具体地讲，西陵埭又称"奉公埭""西陵牛埭"等，其兴建的时间虽然模糊，但早在齐武帝永明六年（488）以前就已是重要的商税关卡。如因看到在西陵埭征收商税倍增的情况，杜元懿提出在浦阳埭、北津埭、南津埭、柳浦埭增设税收关卡的建议。史称："时西陵戍主杜元懿启：'吴兴无秋，会稽丰登，商旅往来，倍多常岁。西陵牛埭税，官格日三千五百，元懿如即所见，日可一倍，盈缩相兼，略计年长百万。浦阳南北津及柳浦四埭，乞为官领摄，一年格外长四百许万。西陵戍前检税，无妨戍事，余三埭自举腹心。'"②又称："时西陵戍主杜元懿以吴兴岁俭，会稽年登，商旅往来倍岁。西陵牛埭税，官格日三千五百，求加至一倍，计年长百万。浦阳南北津及柳浦四埭，乞为官领摄，一年格外长四百许万。武帝以示会稽，使陈得失。"③除了柳浦埭（柳浦牛埭）在钱塘凤凰山（在今浙江杭州凤凰山）之外，浦阳埭、北津埭、南津埭等三埭均建在浙东运河。

针对杜元懿在堰埭增设税关搜刮民财的做法，顾宪之对其进行了坚决驳斥："寻始立牛埭之意，非苟逼僦以纳税也。当以风涛迅险，人力不捷，屡致胶溺，济急利物耳。既公私是乐，所以输直无怨。京师航渡，即其例也。而后之监领者，不达其本，各务己功，互生理外。或禁遏别道，或空税江行，或扑船倍价，或力周而犹责，凡如此类，不经埭烦牛者上详，被报格外十条，并蒙停浸。从来喧诉，始得暂弭。案吴兴频岁失稔，今兹尤馑，去之从丰，良由饥棘。或征货贸粒，还拯亲累。或［提］携老弱，陈力糊口。埭司责税，依格弗降。旧格新减，尚未议登，格外加倍，将以何术？皇慈恤隐，振廪蠲调，而元懿幸灾榷利，重增困瘼。人而不仁，古今

---

① 宋·施宿等《会稽志·斗门》，《四库全书》第486册，上海：上海古籍出版社1987年版，第81页。
② 梁·萧子显《南齐书·陆慧晓传》，北京：中华书局1972年版，第807页。
③ 唐·李延寿《南史·孙宪之传》，北京：中华书局1975年版，第922页。

共疾。且比见加格置市者,前后相属,非惟新加无赢,并皆旧格犹阙。愚恐元懿今启,亦当不殊。若事不副言,惧贻谴诘,便百方侵苦,为公贾怨。元懿禀性苛刻,已彰往效,任以物土,譬以狼将羊,其所欲举腹心,亦当虎而冠耳。书云:'与其有聚敛之臣,宁有盗臣。'此言盗公为损盖微,敛民所害乃大也。今雍熙在运,草木含泽,其非事宜,仰如圣旨。然掌斯任者,应简廉平,廉则不窃于公,平则无害于民矣。愚又以便宜者,盖谓便于公,宜于民也。窃见顷之言便宜者,非能于民力之外,用天分地[也]。率皆即日不宜于民,方来不便于公。名与实反,有乖政体。凡如此等,诚宜深察。"①顾宪之从"幸灾榷利,重增困瘼""敛民所害乃大"等入手,指出增设关卡只会"有乖政体",严厉地驳斥了杜元懿的扰民、害民行为。

西陵埭以"牛埭"相称,是指用牛牵拉船只过堰。起初,拉船过堰主要依靠人力,后来为提高效率改用牛力。顾祖禹指出:"六朝时谓之西陵牛埭,以舟过堰用牛挽之也。"②从历时的角度看,"过堰用牛挽之",是技术进步的成果。其后,发明了绞盘,采用牵拉绞盘的办法,提升船只过堰的速度;再后来,用牛(主要是水牛)牵拉绞盘,从而节约了大量的人力。在这中间,由于拉船过堰的水牛是由官府提供的,为了补贴费用,往往会收取一些费用。从大的方面讲,船只过堰是一复杂的过程,特别是载重船只过堰时,除了要"用牛挽之"外,还需要卸货和重新装货。尽管"用牛挽之"提高了船只过堰时的效率,但仍需要耗费大量的时间。如宋代楼钥曾写下的《三日不得过都泗堰》一诗就有"船横三日不得渡"③之叹。因过堰艰苦,又因许多堰埭位于交通要道,因此这些区域有了率先成为货场的机遇。在这样的背景下,牛埭逐步演变为征收商税的关卡,如史有晋哀帝隆和元年(362)"钱塘以水牛牵埭税取钱直"④之说。后世在运河上设置榷关征收商税与"牛埭"制度有直接关系。

西陵埭除了是征收商税的关卡外,同时也是商旅深入浙东等地的交通要道。顾祖禹考证道:"西陵城,县西十二里。本名固陵。《水经注》:'浙江东经固陵城北,昔范蠡筑城于浙江之滨,言可固守,因名固陵。'句(勾)践入臣于吴,群臣祖之,军陈固陵,即此。后汉建安初孙策将取会稽,引兵渡浙江,会稽守王朗发兵拒策于固陵,策攻之不克。六朝时谓之西陵牛埭,以舟过堰用牛挽之也。宋元嘉末会稽太守随王诞遣兵向建康讨元凶劭,诞自顿西陵,为之后继,……盖西陵在平时为行旅辏集之地,有事则为战争之冲,……陈末西陵埭亦名奉公埭。隋开皇九年陈亡,东扬州刺史萧岩据州不下。隋将燕荣以舟师出东海,平吴郡,进到奉公埭,岩降。唐复曰西陵,……吴越时以陵非吉语,改曰西兴。宋为西兴镇,置寨于此。今有西兴场盐课司,在运河北岸。旧有戍兵,西兴驿亦置于此。下临西兴渡,渡浙江而西至钱塘

---

① 梁·萧子显《南齐书·顾宪之传》,北京:中华书局1972年版,第807—808页。
② 清·顾祖禹《读史方舆纪要·浙江四》(贺次君、施和金点校),北京:中华书局2005年版,第4216页。
③ 宋·楼钥《三日不得过都泗堰》,《楼钥集》(顾大朋点校),杭州:浙江古籍出版社2010年版,第8页。
④ 唐·房玄龄等《晋书·孔严传》,北京:中华书局1974年版,第2061页。

水驿十八里,公私商旅必经之道也。"①由于西陵埭是进入浙东的交通要道,经此又可以从海上进入苏闽等地区的腹地,因此成为兵家必争之地和商贸往来的要道。史称:"述进至奉公埭,萧岩、陈君范等以会稽请降。"②司马光亦有"述进至奉公埭,陈东扬州刺史萧岩以会稽降"③等记载,宇文述驻扎奉公埭的时间发生在隋文帝开皇九年。隋代以后,浙东运河的各个航段及航道在兴修的过程中虽然发生了诸多的变化,然而西陵埭始终是从浙东到浙西,以及到海上航线的咽喉。西陵埭在水上交通方面有着不可替代的作用,因此成为浙东征收商税的重要关卡。

回踵埭、都赐埭是建在山阴地区著名的堰埭。回踵埭的最早建造者是西晋时期的会稽相张景,初称"杨埭"。郦道元指出:"太守张景数往造焉,使开渎作埭,埭之西作亭,亭、埭皆以杨为名。孙恩作贼,从海来,杨亭被烧,后复修立,厥名犹在。"④从"埭之西作亭,亭、埭皆以杨为名"中当知,这座堰埭因地名杨亭有"杨埭"之称。史有晋安帝隆安三年(399)十二月二十八日,"恩为刘牢之所破,辅国将军高素于山阴回踵埭执穆夫及伪吴郡太守陆瑰之、吴兴太守丘尪"⑤之说。对比上引两段文字,当知杨埭就是回踵埭。杨埭建于何时?《晋书·贺循传》云:"赵王伦篡位,转侍御史,辞疾去职。后除南中郎长史,不就。会逆贼李辰起兵江夏,征镇不能讨,皆望尘奔走。辰别帅石冰略有扬州,逐会稽相张景,以前宁远护军程超代之,以其长史宰与领山阴令。"⑥"八王之乱"爆发后,在晋王朝的统治区域内硝烟四起,甚至波及一些远离政治中心的边远地区。赵王司马伦篡夺皇位的时间发生在晋惠帝永康二年(301),同年会稽相张景被逐。以此为下限,张景建杨埭即回踵埭的时间当在晋惠帝永康二年以前。

都赐埭是一古老的堰埭,建造的时间下限应在南朝梁代以前,如史有"及元简去郡,入山与胤别,送至都赐埭,去郡三里,因曰:'仆自弃人事,交游路断,自非降贵山薮,岂容复望城邑?此埭之游,于今绝矣。'执手涕零"⑦之说。王钦若等在《册府元龟·宗室部·礼士》中记载道:"衡阳王元简为会稽太守时,何胤居秦望山,元简甚加礼敬。及元简去郡,入山与胤别,送至都赐埭,去郡三里。因曰:'仆自弃人事,交游路断,自非降贵山薮,岂容复望城邑?此埭

---

① 清·顾祖禹《读史方舆纪要·浙江四》(贺次君、施和金点校),北京:中华书局2005年版,第4216—4217页。
② 唐·魏徵等《隋书·宇文述传》,北京:中华书局1973年版,第1464页。
③ 宋·司马光《资治通鉴·隋纪一》(附考异)(邬国义校点),上海:上海古籍出版社1997年版,第1602页。
④ 北魏·郦道元《水经注·浙江水》,杨守敬、熊会贞疏,段熙仲点校,陈桥驿复校《水经注疏》下册,南京:江苏古籍出版社1989年版,第3314页。
⑤ 梁·沈约《宋书·自序》,北京:中华书局1974年版,第2445页。
⑥ 唐·房玄龄等《晋书·贺循传》,北京:中华书局1974年版,第1825页。
⑦ 唐·姚思廉《梁书·何胤传》,北京:中华书局1973年版,第738页。

之游,于今绝矣。'执手涕零。"①检索文献,衡阳王元简担任会稽太守一职的时间为梁武帝天监三年(504)到天监六年(507)。天监六年以前,都赐埭已是著名的送友惜别之地。据此可知,都赐埭的建造时间应该更早。

都赐埭后称"都泗堰","都泗"是"都赐"的别写或讹写。沈作宾、施宿等修纂《嘉泰会稽志》时写道:"都泗堰在县东三里,宋何胤至都赐埭,去郡三里。因曰:仆弃人事,此埭之游,于今绝矣。梁江总言:王父昔莅此邦,卜居山阴都赐里。都赐,今作'都泗'。"②顾祖禹引《修城记》叙述会稽县城的情况时有"城有九门:东面旧曰雷门,句(勾)践所作,晋时改曰五云门,今因之;稍北不二里曰都赐门,或曰本名都护门,晋中军王憺所作,今讹都泗门"③之说,据此可知,都赐埭就是后世所说的"都泗堰",亦可知,都赐埭是距离山阴郡城最近的堰埭。都赐埭的得名与建在都赐门附近有内在的联系。山阴是浙东运河上的重镇,因此这一堰埭实际上是山阴与外界交通联络的咽喉。沈作宾、施宿等认为"都泗堰在县东三里",但顾祖禹认为都赐门在山阴旧城的东北。其实,两说并不矛盾,出现这一问题主要是唐代以后,山阴县和会稽县分治,行政区划和城市建设均发生了重大的变化,因此,宋代与清代有不同的情况。

据《梁书·何胤传》,何胤曾隐居秦望山。郦道元有"秦望山,在州城正南"④之说,结合元简"入山与胤别,送至都赐埭,去郡三里"等语,似表明都赐埭在山阴郡城的南面。其实,秦望山在郡城的南面,不等于都赐埭也在郡城的南面。此语是说元简到秦望山与何胤告别时,将何胤送到都赐埭。

史有"自都泗堰至曹娥塔桥,开撩河身、夹塘"⑤之说,都赐埭建在浙东运河鉴湖航段上,沿这一航段东行须跨越曹娥江,因此都赐埭实际上是通往曹娥江的锁钥和航段节点。马端临记载道:"兴隆(隆兴)元年,知绍兴府吴芾乞浚会稽、山阴、诸暨县旧湖,以复水利,及筑萧山县海塘,以限咸潮。从之。又开掘鉴湖。"⑥顾祖禹亦记载道:"隆兴初守臣吴芾言:'鉴湖自江衍所立碑石外废为田者,又一百六十五顷,请以时浚治。'二年又言:'修鉴湖全藉斗门、堰闸,而都泗堰尤为要害。宣和间因高丽使往来,方改置闸,自是启闭无时,湖水失泄,今乞废罢。'从之。"⑦又如楼钥在《三日不得过都泗堰》中写道:"南朝何公栖禹穴,嘉遁悠然志高洁。一朝送人都泗埭,归叹此途于此绝。我亦何为走尘埃,数年不记几往来。船横三日不得

---

① 宋·王钦若等《册府元龟·宗室部》第4册,北京:中华书局1960年版,第3438页。
② 宋·施宿等《会稽志·斗门》,《四库全书》第486册,上海:上海古籍出版社1987年版,第81页。
③ 清·顾祖禹《读史方舆纪要·浙江四》(贺次君、施和金点校),北京:中华书局2005年版,第4207页。
④ 北魏·郦道元《水经注·浙江水》,杨守敬、熊会贞疏,段熙仲点校,陈桥驿复校《水经注疏》下册,南京:江苏古籍出版社1989年版,第3306页。
⑤ 元·脱脱等《宋史·河渠志七》,北京:中华书局1985年版,第2408页。
⑥ 元·马端临《文献通考·田赋考六》,杭州:浙江古籍出版社1988年版,第70页。
⑦ 同③,第4212页。

度,愧想高风安在哉。"①尽管诗人出于无意,但从诗题中的"都泗堰"和诗中出现的"都泗埭"中当知,宋代已出现了"堰""埭"混用或同时并用的情况。都赐埭是浙东运河重要的航段节点,由于来往于浙东和浙西之间的船只需在此等候过埭,从而形成了船只"三日不得过"的局面,由此可见等候过埭的船只数量之多,亦可知浙东运河是一条繁忙的商业通道。

越王山堰位于浙东运河的西段,在山阴府城北三十里处。史称:"北三十里有越王山堰,贞元元年,观察使皇甫政凿山以畜泄水利,又东北二十里作朱储斗门。"②在这里,欧阳修等人明确地说,唐德宗贞元元年(785),皇甫政建造了越王山堰。不过,顾祖禹认为越王山堰建造的时间是贞元二年(786)。顾祖禹记载道:"越王山堰,府北三十里。唐贞元二年观察使皇甫政凿山以蓄泄水利。又府东北二十里有朱储斗门,北五里有新河,皆唐元和十年观察使孟简所开。西北四十六里有新径斗门,则太和七年观察使陆亘所置也。"③欧阳修等人的记载与顾祖禹的考证相差一年。与浙东运河上的其他堰埭相比,越王山堰建造的时间明显滞后,不过,这一具有蓄水、泄水及调节航道水位功能的工程却揭开了兴修鉴湖航道的新篇章,具体作用有二:一为唐宪宗元和十年,孟简兴修新河即运道塘提供了必要的先决条件,二为唐文宗大和七年(833)陆亘建造新径斗门奠定了坚实的基础。

钱清堰建在山阴西境与钱清江(小江)交汇的地方。顾祖禹指出:"钱清镇,府西五十里。旧尝设关于此。宋建炎三年车驾自越州次钱清镇,将如浙西迎敌金人,百司有至曹娥江者,有至钱清镇者,不果而还。志云:钱清镇西抵杭州八十里。"④历史上的钱清堰有钱清旧堰和钱清新堰之分,如建炎三年(1129)"帝发越州,次钱清堰"⑤,绍兴二年(1132)"帝至钱清堰,乘马而行"⑥。此处所说的钱清堰是钱清旧堰,即宋高宗赵构渡江后在越州时的停留之所。

因文献缺载,钱清旧堰建造的具体时间已无法得知。然而,综合各种文献可以确认:钱清旧堰建造的时间应与浙东运河西段的西陵埭、回踵埭、奉公埭、都赐埭等建造的时间大体相当。史称:"钱清旧堰在县西北五十里。钱清新堰在县西北五十一里,嘉泰元年置。先是小江南北岸各一堰,官舟行旅沿溯往来者如织,每潮汛西下,壅遏不前,则纷争斗援,甚至殴伤,堰卒革日继夜不得休,或以病告。提举茶盐叶公(籈),因寓公之请始为之,仍于堰旁各置

---

① 宋·楼钥《三日不得过都泗堰》,《楼钥集》(顾大朋点校),杭州:浙江古籍出版社2010年版,第8页。
② 宋·欧阳修等《新唐书·地理志五》,北京:中华书局1975年版,第1061页。
③ 清·顾祖禹《读史方舆纪要·浙江四》(贺次君、施和金点校),北京:中华书局2005年版,第4215页。
④ 同③。
⑤ 清·毕沅《续资治通鉴·宋纪一百六》,北京:中华书局1957年版,第2805页。
⑥ 清·毕沅《续资治通鉴·宋纪一百十》,北京:中华书局1957年版,第2917页。

屋,以舍人牛盖捐锸二百万,而两堰告成,人皆便之。"①在宋宁宗嘉泰元年(1201)建钱清新堰之前,钱清旧堰已是浙东运河航道上十分重要的堰埭。此外,从"先是小江南北岸各一堰"一语中当知,钱清旧堰应有钱清江南岸和北岸两座堰埭。从"两堰落成"一语中当知,钱清新堰亦有钱清江南岸和北岸两堰。进而言之,无论是旧堰还是新堰,都有防止航道泄水的作用。然而,如果是简单地解决航道水位落差的话,似乎不需要放弃旧堰另建新堰,因为简单的位移不可能提高船只过堰的速度。从这样的角度看,钱清新堰落成后出现"人皆便之"的局面,是因为新堰不再是一般的防止航道泄水的堰埭,而是具有潮闸性质的堰埭。在科学技术进步的前提下,宋代已出现建堰必建斗门的情况。待江潮涌入两堰之内的航道即抬高两堰之间的水位并与其他航段的水位持平后,开启斗门放行,不仅可以提高船只过堰即闸区的通行速度,还可以改变船只过堰时需要绞盘牵拉的历史。根据这些情况,钱清新堰实际上是一座潮闸。

曹娥埭有"浦阳北津埭""曹娥堰""曹娥坝"等称谓。顾祖禹指出:"曹娥堰,在府东九十里。水流湍急,两岸逼江。其地有曹娥渡及曹娥埭,又西岸为东关驿,驿南有曹娥场,旧设寨于此,东岸又有曹娥堰营,皆设险处也。胡氏曰:'浦阳江有南津埭,今上虞县梁湖堰是;有北津埭,今曹娥堰是。'"②史称:"浦阳江南北各有埭,司以稽察行旅。胡梅涧曰浦阳江南津即今之梁湖堰,北津即今之曹娥堰。"③曹娥埭建在曹娥江西岸即浙东运河东入曹娥江的交汇口上,起初以"埭"相称,表明曹娥埭有悠久的建造历史。史称:"会稽曹娥坝,在曹娥江西岸。旧有闸,又有斗门,宋曾公亮宰邑时所置。曾《南丰鉴湖序》云:湖有斗门六,曹娥其一也,旧时县之水东流入江。今斗门废而为坝,水遂却行。入官河同诸堰北,注之水达诸乡汇玉山放应宿闸,而朝宗于海。"④曾公亮任会稽太守时,通过改造旧埭兴修了调节航道水位的斗门。史称:"曾公亮字明仲,泉州晋江人。举进士甲科,知会稽县。民田镜湖旁,每患湖溢。公亮立斗门,泄水入曹娥江,民受其利。"⑤检索史料,萧子显撰写《南齐书》时,已提到浦阳北津埭即曹娥埭的情况。萧子显撰写及完成《南齐书》的时间是在梁武帝萧衍天监年间(502—519)。据此可知,在南齐王朝建立以前,与曹娥江相接的曹娥埭已是浙东运河上重要的堰埭。如果再考虑到浙东运河上兴建的西兴埭、回踵埭、奉公埭、都赐埭等可追溯到西晋

---

① 宋·施宿等《会稽志·斗门》,《四库全书》第486册,上海:上海古籍出版社1987年版,第82页。
② 清·顾祖禹《读史方舆纪要·浙江四》(贺次君、施和金点校),北京:中华书局2005年版,第4215页。
③ 清·储家藻修,清·徐致靖纂《光绪上虞县志校续·舆地志七》,《中国地方志集成·浙江府县志辑》第42册,上海:上海书店1993年版,第467页。
④ 明·萧良干修,张元忭等纂《万历绍兴府志·水利志二》,《四库全书存目丛书·史部》第200册,济南:齐鲁书社1997年版,第649页。
⑤ 元·脱脱等《宋史·曾公亮传》,北京:中华书局1985年版,第10232页。

及南朝的话,那么,曹娥埭建造的时间当与这些堰埭建造的时间大体相当。

宋代以后出现了将"某埭"改称"某堰"的情况。不过,出于对历史的尊重,宋代史学家在叙述历史事件时基本上沿用旧称。具体地讲,北宋史学家司马光记唐僖宗光启二年(886)十月,钱镠进取越州的事件时写道:"董昌谓钱镠曰:'汝能取越州,吾以杭州授汝。'镠曰:'然,不取终为后患。'遂将兵自诸暨趋平水,凿山开道五百里,出曹娥埭,浙东将鲍君福帅众降之。镠与浙东军战,屡破之,进屯丰山。"①此时,曹娥埭已有"曹娥堰"这一新的称谓。又如袁枢记载这一事件时亦写道:"光启二年冬十月,董昌谓钱镠曰:'汝能取越州,吾以杭州授汝。'镠曰:'然,不取终为后患。'遂将兵自诸暨趋平水,凿山开道五百里,出曹娥埭,浙东将鲍君福帅众降之。镠与浙东军战,屡破之,进屯丰山。十一月丙戌,钱镠克越州,刘汉宏奔台州。十二月,台州刺史杜雄诱刘汉宏,执送董昌,斩之。昌徙镇越州,自称知浙东军府事,以钱镠知杭州事。"②司马光、袁枢等记叙钱镠进取越州时,不约而同地使用"曹娥埭"这一名词,不用宋代出现的新词"曹娥堰",这一做法虽说是传达了尊重历史的信息,但同时也隐约地传达了"曹娥埭"这一词汇早已深入人心的信息,故没有必要采用新称。

梁湖堰有"南津埭""梁湖埭""梁胡坝"等称,"堰""坝"是继"埭"以后出现的新称谓。梁湖堰在上虞县境内的曹娥江东岸,近年来的考古发现表明这一遗址在梁湖镇的梁湖村。顾祖禹叙述梁湖堰的历史沿革时指出:"梁湖堰,县西三十里。王氏云:'浦阳江有南津埭、梁湖埭。'是也。六朝时置税官于此。亦曰梁胡坝,坝之西即曹娥江东岸,为往来必由之道。风潮冲啮,移置不常。元至元中以溃圮重建。"③从"六朝时,置税官于此"一语中当知,早在六朝时期,梁湖堰已是交通要道上的税收关卡,其建造时间应发生在东晋以前。在这中间,受自然力的支配即不断发生"风潮冲啮"的背景下,梁湖堰多次出现"移置不常"的情况,由于这一系列的原因,梁湖堰一直是浙东运河重点治理的对象。史称:"绍兴初,高宗次越,以上虞县梁湖堰东运河浅涩,令发六千五百余工,委本县令、佐监督浚治。既而都省言,余姚县境内运河浅涩,坝闸隳坏,阻滞纲运,遂命漕臣发一万七千余卒,自都泗堰至曹娥塔桥,开撩河身、夹塘,诏漕司给钱米。"④梁湖堰位于从上虞到余姚的航段节点上,因此是宋代治理浙东运河的重点区间。

刘宋时期,会稽郡太守孔灵符建造了渔浦埭。郦道元指出:"县之东郭外有渔浦湖,中有大独小独二山。又有覆舟山。覆舟山下有渔浦王庙。庙今移入里山。此三山孤立水中。湖外有青山、黄山、泽兰山,重岫垒岭,参差入云。泽兰山头有深潭,山影临水,水色青绿。山中

---

① 宋·司马光《资治通鉴·唐纪七十二》(邬国义校点):上海:上海古籍出版社1997年版,第2399页。
② 宋·袁枢《通鉴纪事本末·钱氏据吴越》,北京:中华书局1964年版,第3618—3619页。
③ 清·顾祖禹《读史方舆纪要·浙江四》(贺次君、施和金点校),北京:中华书局2005年版,第4230页。
④ 元·脱脱等《宋史·河渠志七》,北京:中华书局1985年版,第2408页。

有诸坞,有石楗一所,右临白马潭。潭之深无底,传云创湖之始,边塘屡崩,百姓以白马祭之,因以名水。湖之南,即江津也。江南有上塘、阳中二里。隔在湖南,常有水患。太守孔灵符遏蜂山前湖以为埭。埭下开渎,直指南津。"①宋孝武帝大明四年(460),孔灵符在丹阳尹任上,如史有"大明四年二月乙巳,甘露降丹阳秣陵龙山,丹阳尹孔灵符以闻"②之说。孔灵符由丹阳尹转任会稽太守当在大明四年以后,因此,建渔浦埭的时间应在孔灵符任会稽太守之后、被杀之前。

通明堰、蒿坝、通明北堰、余姚下坝等是浙东运河上虞段著名的堰埭。通明堰又称"通明坝",通明北堰又称"中坝",余姚下坝又称"新坝"。史称:"蒿坝,在十一都,近蒿山,长十丈。绍兴、台州二府往来必经之地。……中坝,在县东十里,石湫坝也。宋时在急递铺侧,名通明北堰。明洪武初鄞人郑度建言开浚,移郑监山下,又名郑监山堰。……通明坝,在县东三里,宋嘉泰元年置。海潮自定海历庆元南抵慈溪,西越余姚至北堰,几四百里,地势高仰,潮至辄回如倾注,盐船经此必需大汛。若重载当衢,则百舟坐困,旬日不得前。于是,增此坝分导壅遏,通官民之舟,而北堰专通盐运。宋蔡舍人肇明州谢上表云:三江重复,百怪垂涎。七堰相望,万牛回首。盖自浙江抵鄞有七坝,兹乃第五坝也。余姚下坝,一名新坝,亦石甃。西去中坝十八里,东至县四十里,左江右河。河高于江丈有五尺。明、越舟航往来所必经。然坝高舟难能猝上,又候夜潮乃行,率夜半始群至坝下,至则各登涯争先绁缆。每相持或竟夜不车一舟,遇雨雪之夕,衣服濡湿,饥寒僵缩,股栗不禁,尽死力争之,尝有斗而死者。王穉登《客越志》:滩声下磕怒如惊涛,船从枯堤而下,木皮如削,为之毛发森耸。何必瞿塘峡,方知蜀道难也。"③顾祖禹亦云:"通明堰,在县东三里。宋嘉泰元年置,亦曰通明坝。其东有七里滩,以去城七里而名。"④从时间上看,通明堰、蒿坝、中坝、余姚下坝等应建于宋宁宗嘉泰元年,当不成问题。上虞的地理形势是南高北低,两者之间形成五米左右的落差,浙东运河从境内穿过时大体上的走向是从北到南。浙东运河的原型是春秋时期的山阴故水道,山阴故水道穿过上虞时,与曹娥江及其支流交汇,复杂的地理形势决定了这一航段需要建造堰埭以防止航道泄水,然而文献只有南朝时在浙东运河上虞段建造梁湖堰、曹娥埭(堰)的记载。从地理位置看,梁湖堰距通明堰约二十里。这一情况的出现很可能是南宋时上虞水文发生变化导致,才出现了废梁湖堰择地而建造新堰通明堰等的情况。上虞境内的通明堰等建成后,进一

---

① 北魏·郦道元《水经注·浙江水》,杨守敬、熊会贞疏,段熙仲点校,陈桥驿复校《水经注疏》下册,南京:江苏古籍出版社1989年版,第3334—3335页。
② 梁·沈约《宋书·符瑞志中》,北京:中华书局1974年版,第822页。
③ 明·萧良干修,张元忭等纂《万历绍兴府志·水利志二》,《四库全书存目丛书·史部》第200册,济南:齐鲁书社1996年版,第649—650页。
④ 清·顾祖禹《读史方舆纪要·浙江四》(贺次君、施和金点校),北京:中华书局2005年版,第4230页。

步加强了越州(在今浙江绍兴)与明州(在今浙江宁波)的水上联系,有效地解决了"地势高仰"即航段水位落差大造成的航道泄水等问题。

综上所述,宋代重点治理浙东运河是由开展海外贸易决定的。海外贸易兴起后,明州因建市舶司成为重要的口岸。浙东运河的西端是钱塘江,东端是甬江,中间跨越浦阳江、曹娥江、余姚江等。浙东运河向西经钱塘江入杭州再入江南运河即浙西运河,向东入甬江,从海上构成了与华南广大区域相接的大交通。在疏浚旧道和兴建新航道的过程中,宋代通过整治航道、兴修闸堰等提高了浙东运河的通航质量。加强漕运成为宋代统治者关心的大事,所不同的是,南宋打破运河以运输钱粮及赋税为主的格局后,加快了商品流通的速度。南渡以后,浙东运河不但担负起转运浙东及福建以远的粮食及物资的重任,而且成为南宋的大后方和开展海外贸易的大通道。在这中间,政治形势、交通布局等方面的变化彰显了浙东运河的历史地位。进而言之,海外贸易在南宋财政收入中占有重要的份额,作为联系明州和杭州之间的大通道,浙东运河成为南宋重点经营的对象是必然的。

第八章　宋代转般仓与东南六路漕运

宋代转般仓属漕运中转仓。为提高漕运效率,宋代在漕路的重要节点上建造了有储存租籴和财赋的中转仓。从本质上讲,宋代转般仓与隋唐水次仓有一脉相承的关系,两者的建造理念相同,都有从水路押解租籴和财赋等入京及保障京师供给和战略储备、中转调拨、赈灾救荒等功能。隋唐水次仓和宋代转般仓虽有共同的建造理念,但建造区域多有不同,具体表现在两方面:隋唐两代的政治中心在长安(在今陕西西安),农业经济发达地区集中在黄河中下游地区,因此水次仓大部分建在黄河沿岸;宋代的政治中心在大梁(在今河南开封),农业经济的中心移往东南,因此转般仓主要建在大梁以东的江淮及东南六路。

转般仓主要为分级接运而设。不过,宋代转般仓明显地扩大了中转范围,有更为严密的管理制度:一是明确规定了不同转般仓的岁运次数;二是强调仓储范围以粮仓为主,盐仓为辅,兼及其他的范围;三是强调了转般仓进出管理等。因其制度严密,其管理制度为后世所遵循。丘浚考证道:"臣按:此宋朝转般之法。似于今日,亦可行者。今两京之间,运道所经,凡三运司。淮盐在南,沧盐在北,山东之盐居其中。往时会通之河未开,水陆分隔,各自通商给民。今则一水可通,惟今三处之盐,价直各有低昂,中纳各有等则,而惟淮盐之价最高,殆居其倍。山东之盐,抵河颇远,而沧盐近河,而价最廉。臣请行宋人转般之法,遇有官军运粮,空船南回,道经沧州,每船量给与官盐,每引量给脚价,俾其运到扬州河下。官为建仓于两岸,委官照数收贮。原数不亏,然后给与脚钱。少有亏损,即与折算。如此,则官得倍称之息,军得顺回之利,积盐既多,乃令通算。累年客商所中常股、存积等盐,共该若干,依次给与见盐。不出一二年间,支给完足,然后行臣向所陈,官给牢盆,民自煎煮之策。此后又乞于河间、沿海一带,出盐去处,不分民丁灶户,皆许其私煮。既已成盐,具数赴官告卖。量为定价,给与见钱。阴雨之时,则或加或倍。有私卖或买者,皆抵以私盐之罪。其钱乞于内帑豫借,待成效之后算还。年年存积,岁岁转股,积之既多,遇有急用,即出榜定直,召商于所用之地,或上粮仓,或输金帛,付以执照,定以仓分,俾其亲诣其所,即给以见盐于行盐地方发卖。如此,比之旧法,当得倍利。非惟得以足今日之用,亦可以销他日之患。草茅偏见,未必可行,姑述之以俟。"①丘浚的观点对我们认识转般仓的仓储功能有着重要的意义。汴河冬季航道干浅不能通航或通航能力下降是最大的原因。转般仓是漕运时分级接运的产物。分级接运,是指将航道分成若干个航段,船只将不同地区的租粟和财赋运送到指定的中转仓即转般仓,随后根据各航段通航的情况,决定再次发运的时间。

第一节 宋代转般仓的建设与管理

转般仓是宋代漕运不可或缺的环节,遵循了"堤起仓廪,以便漕运"②的原则。马端临指出:"宋东京之制:受四方之运者,谓之'船般仓',……凡漕运所会,则有转般仓。"③"船般仓"与"转般仓"同义,同是漕运中转仓。由于上供的租粟和财赋主要是用船只运送入仓或进京的,故又称"船般仓"。"转",陆运;"般"通"搬",搬,搬运。又由于仓储时需要搬运并有陆运参与,故又称"转般仓"和"转搬仓"。进而言之,转般仓主要建在河口、航段节点、堰埭、船闸、水陆交通枢纽等地区。

在发运司成立以前,转般仓主要集中在京城,由中央派员管理。李焘记宋太宗太平兴国二年(977)事迹时写道:"自江南平,岁漕米数百万石给京师,增广仓舍,命常参官掌其出纳,内侍副之。上犹恐吏概量不平,遣皇城卒变服觇逻,于是廉得永丰仓持量者张遇等凡八辈受赇为奸,庚辰,悉斩之。监仓右监门卫将军范从简等四人免官,同监内侍决杖。"④马端临亦记载道:"自江南东(平),岁漕米数百万给京师,太宗恐仓吏给受不平,遣皇城卒变服侦逻,廉得永丰仓持量者八辈受赇为奸,悉斩之,监仓免官治罪。"⑤这里透露的信息有三点:一是京城转般仓由朝廷派常参官(日常参朝的官吏)和内侍(宦官)共掌,在此基础上,形成相互监督的机制;二是平定江南后即从宋太宗太平兴国二年起,漕运方向转向东南,因"岁漕米数百万石给京师",增加或扩大了京师转般仓的规模;三是为加强京城转般仓管理,防止朝官和宦官勾结,采用了暗中查访的方法来阻止官员舞弊行为及惩办不法官员。

宋太宗端拱元年(988),徐休复提出"七人共掌"转般仓的建议。马端临记载道:"端拱元年,徐休复上言:'京师内外凡大小二十五仓,官吏四百二人,计每岁所给不下四百万石,望自今米、麦、菽各以一百万石为一界,每界命常参官、供奉官、殿直各一人,专知、副知各二人,凡七人共掌之。'诏可。"⑥通过改革转般仓管理制度,徐休复提出以一百万石为一界,每界由

---

① 明·丘浚《大学衍义补·山泽之利上》(林冠群,周济夫校点),北京:京华出版社1999年版,第266页。
② 元·脱脱等《宋史·杨日严传》,北京:中华书局1985年版,第9991页。
③ 元·马端临《文献通考·国用考三》,杭州:浙江古籍出版社1988年版,第244页。
④ 宋·李焘《续资治通鉴长编·太宗太平兴国二年》,北京:中华书局2004年版,第408页。
⑤ 同③。
⑥ 同③。

"七人共掌"的建议。这一建议为进一步督查转般仓出纳、堵塞管理漏洞奠定了基础。

发运司成立后,转般仓隶属发运司。此后,隶属关系多有变化。马端临叙述转般仓隶属关系及历史沿革时指出:"宋诸仓,京城有船般仓、税仓、中仓。总二十五名监官,每界二人,以京朝官及三班使臣充。元丰后,二十五仓属司农。官吏军兵禄食,凡纲运受纳及封桩支用,月具报数,以报司农。中兴后,又有丰储仓。初,绍兴以上供米余数桩管别廪,以为水旱之助,后益增广收籴,置监官二员,监门官一员。淳熙间,命右司为之提领,后以属检正。非奉朝廷指挥,不许支拨。凡外州军起到桩管米,从司农寺差官盘量,据纳到数报本所桩管。"①史称:"建炎三年,罢司农寺,以事务并隶仓部。绍兴三年,复置丞二员。凡有合行事务,申户部施行。四年,复置寺,仍置卿、少。十年,复置簿。隆兴元年,并省主簿一员。明年,诏如旧制。乾道三年,诏粮纲有欠,从本寺断遣监纳,情理重者,大理寺推勘。分案五,南北省仓、草料场、和籴场隶焉。监仓官分上中下界,司其出纳。诸场皆置监官。外有监门官,交量则有检察斛面官,纲运下卸有排岸司官,各分其事以佐本寺。丰储仓所,置监官二员,监门官一员。初,绍兴以上供米余数,桩管别廪,以为水旱之助,后又增广收籴,淳熙间,命右司为之提领,后以属检正,非奉朝廷指挥不许支拨。别置赤历,提领官结押,不许衮同司农寺收支经常米数。凡外州军起到桩管米,从司农寺差官盘量,据纳到数报本所桩管。监官、监门官遇考任满,所属批书外,仍于本所批书,视其有无欠折,以定其功过。在外,则镇江、建康置仓焉。"②转般仓的隶属关系发生大的变革有两大节点:一是以宋哲宗元祐年间(1086—1094)为节点,二是以宋室南渡为节点。转般仓的隶属关系变化主要表现在六个方面:一是元丰(1078—1085)以后,转般仓改由司农寺管辖;二是宋高宗建炎三年(1129),罢司农寺,将转般仓事务归属仓部;三是宋高宗绍兴四年(1134),恢复司农寺;四是宋室南渡后,宋高宗另建丰储仓,分担转般仓的职能;五是宋孝宗乾道三年(1167),以监仓官、监门官、排岸司官等监理入仓和出仓过程;六是宋孝宗淳熙年间(1174—1189),改由右司提领丰储仓。在这中间,转般仓的隶属关系虽出现了某些细微的变更,但监管力度在不断地加强。

以宋室南渡为标志,漕运方向发生了根本性的变化,与此同时,转般仓建设也发生了新的变化。史称:"高宗建炎元年,诏诸路纲米以三分之一输送行在,余输京师。二年,诏二广、湖南北、江东西纲运输送江宁府,福建、两浙路输送平江府,京畿、淮南、京东西、河北、陕西及川纲输送行在。又诏二广、湖南北纲运如过两浙,许输送平江府;福建纲运过江东、西,亦许输送江宁府。三年,又诏诸路纲运见钱并粮输送建康府户部,其金银、绢帛并输送行在。绍兴初,因地之宜,以两浙之粟供行在,以江东之粟饷淮东,以江西之粟饷淮西,荆湖之粟饷鄂、岳、荆南。量所用之数,责漕臣将输,而归其余于行在,钱帛亦然。"③在金兵凌厉的攻势下,

---

① 元·马端临《文献通考·职官考十》,杭州:浙江古籍出版社1988年版,第508页。
② 元·脱脱等《宋史·职官志五》,北京:中华书局1985年版,第3905—3906页。
③ 元·脱脱等《宋史·食货志上三》,北京:中华书局1985年版,第4260页。

宋王朝不得不逃往东南。因溃败,宋王朝迁徙不定,又因大梁一带成为宋、金反复争夺的地区,以及出于维护政权和"兵食"等方面的需要,漕运开始面向江浙、大梁等方向。具体地讲,建炎三年,宋高宗行跸建康(在今江苏南京);绍兴元年(1131),高宗行跸会稽(在今浙江绍兴),绍兴二年(1132),行跸临安(在今浙江杭州),形成以建康、会稽、临安等地漕运方向的局面。史称:"绍兴元年十一月戊戌诏:以会稽漕运不继,移跸临安。二年正月丙午,车驾自绍兴府幸临安府。"①除去南渡时迁徙不定的时间,漕运方向发生根本性的变化发生在宋王朝以杭州为"行在"或"行在所"以后。漕运方向发生变化后,与之相应的转般仓即仓廪建设势必要发生大的变化,从而在一定程度上消解了北宋建立的漕运制度。

　　大梁有四条漕运通道转运来自各地的租籴和财赋等。陈傅良指出:"本朝定都于汴,漕运之法,分为四路。江南,淮南,浙东西。荆湖南北六路之粟,自淮入汴至京师。陕西之粟,自三门、白波,转黄河入汴至京师。陈蔡之粟,自闵河、蔡河入汴至京师。京东之粟,自五丈河,历陈济及郓,至京师。四河所运,惟汴河为最重。"②大梁的漕运航线具体包括以下四条:一是从大梁到江淮再到长江,以汴河联系江淮的航线;二是从陕西自三门峡到大梁,以黄河为主的航线;三是从大梁到陈、蔡等地,以惠民河为主的航线;四是从大梁到京东,以广济河为主的航线。徐松亦指出:"凡水运,自江淮、南剑、两浙、荆湖南、北路运,每岁租籴至真、杨、楚、泗州,置转般仓受纳,分调舟船,计纲溯流入汴,至京师,发运使领之;诸州钱帛、杂物、军器上供亦如之。陕西诸州菽粟自黄河三门沿流入汴,亦至京师,三门、白波发运使、判官、催纲领之。陈、颖、许、蔡、光、寿诸州之粟帛,自石塘惠民河沿溯而至,置催纲领之(周显德六年,引闵水入于蔡河,以通漕运)。京东诸州军粟帛自广济河而至。"③四条漕运通道担负起转输天下租籴和财赋的重任,与其他三条航线相比,通往东南六路的航线最为重要,如史有宋代政治稳定和社会经济发展及商贸往来"皆借东南漕运"④之说。从大的方面讲,东南六路是宋代租籴和财赋等的重要征收地区,其中,江淮运河是入汴到大梁的关键航段,因其航道与长江、淮河、黄河三大水系相连,构造最为复杂,故徐松只提东南六路在江淮运河沿岸真州(在今江苏仪征)、扬州(在今江苏扬州)、楚州(在今江苏淮安)、泗州(在今江苏盱眙)建转般仓的情况,没有不提其他三条漕运航线建转般仓的情况;又因四条漕运通道担负着上供京师租籴和财赋重任的航线,转般仓建设除了要遵循"堤起仓廪,以便漕运"的原则外,大梁及京畿地区、东南六路也是转般仓重点建设的区域。

---

①　宋·潜说友《咸淳临安志·行在所录》,《四库全书》第490册,上海:上海古籍出版社1987年版,第10页。
②　宋·陈傅良《论汴河最重》,明·李濂《汴京遗迹志·河渠二》,《四库全书》第587册,上海:上海古籍出版社1987年版,第578页。
③　清·徐松《宋会要辑稿·食货四六》第6册,北京:中华书局1957年版,第5604页。
④　元·脱脱等《宋史·河渠志四》,北京:中华书局1985年版,第2333页。

马端临亦指出："凡水运自淮南、江南、荆湖南、北路所运粟,于扬、真、楚、泗州四处置仓以受其输,既而分调舟船溯流而入京师,发运使领之。荆湖、江、淮、两浙以及岭表金银、香药、犀象、百货亦同之。惟岭表陆运至虔州而后水运(咸平五年七月,又命户部判官凌策,与江南转运同计度,省自京至广南香药驿递军士及使臣计六千一百余人)。陕西诸州菽粟,自黄河三门沿流由汴河而至,亦置发运使领之。陈、颍、许、蔡、光、寿等六州之粟帛,由石塘惠民河而至。京东十七州之粟帛,由广济河而至,皆有京朝官廷臣督之。凡三水皆通漕运,而岁计所赖者,惟汴流焉。河北卫川东北有御河达乾宁军,其运物亦有廷臣主之。川陕诸州金帛,自剑门列传置,分辇负担,以至租布、及官所市布,由水运送江陵。自江宁遣纲吏运送京师,咸平中,定岁运六十六万匹,分为十纲(旧常至数百万匹)。"①从内容看,徐松与马端临的叙述大体一致。不过,马端临叙述转运时,专门提到"金银、香药、犀象、百货"等,又提到"川陕诸州金帛,自剑门列传置,分辇负担"等,据此,宋代转输上供之物虽以粮食为主,但包罗万象,同时又实行水陆联运。马端临又指出:"到得宋朝定都于汴,是时,漕运之法分为四路:东南之粟自淮入汴至京师;若是陕西之粟,便自三门、白波转黄河入汴至京师;若是陈、蔡一路粟,自惠民河至京师。京东粟自广济河至京师。四方之粟有四路,四条河至京师。当时最重者惟是汴河最重,何故? 河西之粟,江无阻,及入汴,大计皆在汴;其次北方之粟,自三门、白波入关,自河入汴入京师,虽惠民、广济来处不多,其势也轻。本朝置发漕两处,最重者是江淮至真州,陆路转输之劳;其次北之粟,底柱之门,舟楫之利。若其他置发运,如惠民河、广济河虽尝立官,然不如两处之重。此宋朝之大略如此。然而宋朝所谓岁漕六百万石,所专倚办江淮,其所谓三门、白波之类,非大农仰给之所,惟是江淮最重。"②四条漕运通道担负起"以广军储、实京邑"③的重任。因江淮运河是转运东南租籴和财赋的重要航段,在"江淮最重"的基础上,为江淮运河沿岸重点建设转般仓提供了必要的先决条件。

第二节　大梁及京畿地区的转般仓

北宋时期,大梁及京畿地区共建了多少所转般仓呢? 前人主要有两种看法。

其一,大梁及京畿地区共建有二十五所转般仓。马端临记宋太宗端拱元年,徐休复语时,有"京师内外凡大小二十五仓"④之说。马端临将徐休复的话放在"漕运"条目下,据此,

---

① 元·马端临《文献通考·国用考三》,杭州:浙江古籍出版社1988年版,第245页。
② 同①,第248页。
③ 元·脱脱等《宋史·食货志上三》,北京:中华书局1985年版,第4240页。
④ 同①,第244页。

"二十五仓"均为转般仓。马端临又指出:"宋东京之制:受四方之运者,谓之'船般仓',曰永丰、通济、万盈、广衍(通济有四仓,景德四年改第三曰万盈,第四曰广衍)、延丰(旧广利,景德中改。大中祥符二年,增第二)、顺成(旧常丰,景德中改)、济远(旧常盈,景德中改)、富国,凡十仓,皆受江淮所运,谓之东河,亦谓之里河。曰永济、永富二仓,受怀、孟等州所运,谓之西河。曰广济第一,受颍、寿等州所运,谓之南河,亦谓之外河。曰广积、广储二仓,受曹、濮等州所运,谓之北河。受京畿之租者,谓之税仓。曰广济,受京东诸县。广积第一、左右骐骥、天驷监凡三仓,受京北诸县。左天厩坊仓受京西诸县(旧有义丰仓,大中祥符元年停)。大盈、右天厩二仓,受京南诸县。受商人入中者,谓之折中仓,有里、外河二名,又有茶库仓,或空则兼受船般斛斗。"①宋神宗元丰四年(1081),因转运方面的需要,宋政府扩建了京畿地区的万盈仓和广衍仓。史称:"都大提点在京仓场司言:'汴河粮纲岁运六百余万石,及司农寺起发淮、浙四十余万石,并于沿途汴仓分纳。乞于万盈、广衍两仓增廒屋四百间。'诏遣开封府推官曾孝廉按视,具图以闻。"②从"在京仓场司"等语中当知,万盈仓和广衍仓建在大梁汴河的沿岸。

宋代,转般仓主要由三类构成:一类负责储存租粢,其中,"接受江淮地区漕粮的仓共有十所,接受京西漕粮的仓有二所,接受京南漕粮的仓有一所,接受京东漕粮的仓有两所"③;第二类负责储存从京畿地区征收的租税,此类仓库又称"税仓";第三类负责储存商人"入中"之物即运往大梁货物的仓库,此类仓库又有储茶和空仓时储粮等功能,又称"折中仓"或"中仓"。三类转般仓中储粮的共十五座,储租税和"入中"货物的共十座。一般来说,转般仓是粮仓、税仓和折中仓的统称,由于税仓和折中仓有专门的储存对象,数量虽少于粮仓,但因与钱财挂钩,故在叙述转般仓的功能时,又将其单列,分开表述。马端临指出:"宋诸仓,京城有船般仓、税仓、中仓。总二十五名监官,每界二人,以京朝官及三班使臣充。元丰后,二十五仓属司农。"④宋代转般仓实行监官制,在"受四方之运"的前提下,三类转般仓有不同的分工。

其二,大梁及京畿地区建有五十多所转般仓。孟元老叙述大梁及京畿地区转般仓的分布情况时写道:"诸米麦等:自州东虹桥元丰仓、顺成仓,东水门里广济、里河折中、外河折中、富国、广盈、万盈、永丰、济远等仓,陈州门里麦仓子,州北夷门山、五丈河诸仓,约共有五十余所。"⑤其中,大梁的虹桥、顺成仓桥、东水门里、里河、外河等地是转般仓集中建设的区域。

从表面上看,孟元老的说法与徐休复、马端临的说法有很大的不同,其实,是因时间断限

---

① 元·马端临《文献通考·国用考三》,杭州:浙江古籍出版社1988年版,第244页。
② 宋·李焘《续资治通鉴长编·神宗元丰四年》,北京:中华书局2004年版,第7567页。
③ 陈峰《漕运与古代社会》(中国社会史文库),西安:陕西人民教育出版社2000年版,第49页。
④ 元·马端临《文献通考·职官考十》,杭州:浙江古籍出版社1988年版,第508页。
⑤ 宋·孟元老《东京梦华录·外诸司》,北京:中国商业出版社1982年版,第11页。

和计算方式不同造成的。具体地讲,徐休复、马端临所说的是宋初时转般仓的数量,孟元老所说的是北宋中后期转般仓的数量。马端临注"通济、万盈、广衍"等仓时有"通济有四仓,景德四年改第三曰万盈,第四曰广衍"之说,注延丰仓时有"旧广利,景德中改。大中祥符二年,增第二"之说,按照这样的说法,一是通济仓是通济仓、万盈仓、广衍仓等四仓的总称,二是延丰仓即广利仓于宋真宗太中祥符二年(1009)增为两仓。这一情况表明,二十五所转般仓的规模在不断地扩大,出现了析一仓为多仓的情况。关于这一情况,还可能从转般仓因扩建多有"重累"即重名的情况中得知。如宋神宗元丰元年(1078),负责大梁及京畿仓场事务的官员提出在京的仓廪多有"重累",主张应在保留旧名的基础上重新命名。史称:"提点在京仓场所言:'在京诸仓有名额重累者,乞改易。其延丰、永济、广子各第一仓依旧名外,欲以延口第二为元丰仓,永济第二为永丰仓,广积南仓为大盈仓,广济税仓为广阜仓。'从之。"①原有的转般仓扩大后出现了跨越不同街区的情况,为防止不必要的混乱,采取了保留原有的仓名并析大仓为小仓另立新名的措施。进而言之,在转般仓扩建的过程中,经重新命名,一仓变成数仓。从这样的角度看,孟元老与徐休复、马端临的说法并不矛盾,其说法不同是因时间节点不同和计算方法不同造成的,或者说是"增廒"后析大仓为小仓即由一仓变为数仓造成的。

大梁及京畿地区既是漕运的终点,同时也是漕运中转的起点。在经济中心向东南转移的过程中,宋王朝的赋税大部分来自东南,然而,赵匡胤代周并定都大梁后,其边患主要集中在北方,这一特殊的政治和经济布局,形成了运送东南六路租籴和财赋时,需要以大梁为终点和中转站的结构。在这中间,转运粮食及战略物资到抵御契丹等入侵的前线即重点布防的河北等地时,汴河担负起东南漕运的重任。史称:"汴河,自隋大业初,疏通济渠,引黄河通淮,至唐,改名广济。宋都大梁,以孟州河阴县南为汴首受黄河之口,属于淮、泗。每岁自春及冬,常于河口均调水势,止深六尺,以通行重载为准。岁漕江、淮、湖、浙米数百万,及至东南之产,百物众宝,不可胜计。又下西山之薪炭,以输京师之粟,以振河北之急,内外仰给焉。故于诸水,莫此为重。"②汴河在保卫京师和为军事斗争的前线提供物资供应方面有着不可替代的作用。

汴河常年转运东南六路租籴和财赋的岁额为六百万石。孟元老记载道:"汴河,自西京洛口分水入京城,东去至泗州,入淮,运东南之粮,凡东南方物,自此入京城。"③大梁汴河两岸是转般仓密集的区域,汴河在担负转运江淮漕粮重任的同时,还促进了江淮与中原地区的商贸往来。大梁虽说是漕运终点,但由于担负了调拨军粮的任务,因此又是漕运的起点。在

---

① 宋·李焘《续资治通鉴长编·神宗元丰元年》,北京:中华书局2004年版,第7103页。
② 元·脱脱等《宋史·河渠志三》,北京:中华书局1985年版,第2316—2317页。
③ 宋·孟元老《东京梦华录·河道》,北京:中国商业出版社1982年版,第7—8页。

这样的前提下,加强大梁及京畿地区的转般仓建设是必然的。史称:"宋都大梁,有四河以通漕运:曰汴河,曰黄河,曰惠民河,曰广济河,而汴河所漕为多。"①尽管"四河"在漕运的过程中同等重要,然而面向东南漕运的汴始终是最繁忙的航线。史称:"今天下甲卒数十万众,战马数十万匹,并萃京师,悉集七亡国之士民于辇下,比汉、唐京邑,民庶十倍。甸服时有水旱,不至艰歉者,有惠民、金水、五丈、汴水等四渠,派引脉分,咸会天邑,舳舻相接,赡给公私。所以无匮乏,唯汴水横亘中国,首承大河,漕引江、湖,利尽南海,半天下之财赋,并山泽之百货,悉由此路而进。……国家漕运,以河渠为主。国初浚河渠三道,通京城漕运,自后定立上供年额:汴河斛斗六百万石,广济河六十二万石,惠民河六十万石。广济河所运,止给太康、咸平、尉氏等县军粮而已。惟汴河专运粳米,兼以小麦,此乃大仓蓄积之实。今仰食于官廪者,不惟三军,至于京师士庶以亿万计,太半待饱于军稍之余,故国家于漕事,至急至重。然则汴河乃建国之本,非可与区区沟洫水利同言也。"②与其他三河相比,汴河漕运的岁额最大。进而言之,汴河之所以为"建国之本",是因为其重要性远远超过其他的漕运航线。

第三节　东南六路转般仓的建设

东南六路通往大梁的水上交通线主要由江南运河、长江航道、江淮运河(邗沟)和汴河等四个航段构成。四个航段有不同的日航程节点,由此形成的水陆交通枢纽往往是选择建造转般仓的地点。与江南运河、长江、汴河航段相比,江淮运河的航程虽然最短,然而却是转般仓集中建造的区域。由此提出的问题是:为什么会在航段最短的区域集中建造真州、扬州、楚州、泗州等大型的转般仓呢?为此,需要做进一步的探讨。

其一,江淮运河位于东南漕运的中段,沿线是建造转般仓的理想航段。长江航线以荆湖北路、荆湖南路到江淮运河的航程最远,如果从鄂州(荆湖北路的治所,在今湖北武昌)起运,到江淮运河与长江交汇河口约一千六百里;如果从潭州(荆湖南路的治所,在今湖南长沙)起运,到江淮运河约一千八百里。江淮运河的航程最短,"自扬州江都县至楚州淮阴县三百六十里"③。宋代汴河的原型是隋代的通济渠,汴河长约一千里。史称:"隋炀帝大业三年,诏尚书左丞皇甫谊发河南男女百万开汴水,起荥泽入淮千余里,乃为通济渠。"④从表面上看,四个航段有不同的航程,但采取分级接运并以江淮运河的沿岸城市来调整运程的话,那

---

① 元·脱脱等《宋史·食货志上三》,北京:中华书局1985年版,第4250页。
② 元·脱脱等《宋史·河渠志三》,北京:中华书局1985年版,第2321—2323页。
③ 元·脱脱等《宋史·河渠志七》,北京:中华书局1985年版,第2395页。
④ 同②,第2319页。

么,经调整后各航段的航程在距离上大致相等。具体地讲,从两浙路最南端的临安(在今浙江杭州)起运,到江淮运河的入汴口泗州约一千里;从江南西路的治所洪州(在今江西南昌)起运,到江淮运河的入江口,全程约一千里;从江南东路的治所江宁(在今江苏南京)起运,全程约二百里,但如果从腹地算起,并经江淮运河到泗州入仓的话,亦有近千里的航程。从潭州和鄂州到江淮运河入江口的航程虽然远超过一千里,但在长江上顺流而下的速度超过在江南运河、江淮运河上航行的速度,即长江日航程的里程超过江南运河和江淮运河日航程的里程,因此绝对的航行时间与在江南运河和江淮运河上航行的时间大致相等。进而言之,长江运程的绝对时间并不比在江南运河和江淮运河航运的时间长。采取分级接运及调整原有航段的运程后,江淮运河成为大梁通过汴河联系东南六路的航程中段,因在江淮运河转运可以最大限度地提高漕运效率,这样一来,其沿线势必要成为建造转般仓的理想航段。

其二,四大航段中,以黄河为主要补给水源的汴河通航能力最差。每年冬季,黄河进入枯水期后,汴河都会出现航道干浅而无法通航的情况。根据这一情况,需要寻找离汴河最近的转运点建造转般仓,以便枯水季节结束时能及时地发运东南六路的租籴和财赋等入京。徐松根据宋代档案记载论述道:"东南诸路斛斗自江、湖起纲,至于淮甸,以及真、扬、楚、泗建置转般仓七所,聚蓄粮储,复自楚、泗置汴纲般运上京。"①由于江淮运河越过淮河后与汴河相接,又由于江淮运河的水量较为充沛,通航时间基本上不受季节的限制,再加上长江航段和江南运河航段的通航时间基本上不受季节的限制,如果要选择距汴河航段最近的航运节点,那么,只能是在江淮运河沿线。进而言之,要缩短从东南到大梁的航程,及时地通过通航能力差的汴河航段,在江淮运河沿岸特别是泗州等地建转般仓是必然的选择。丘浚比较唐宋与明代漕运的特点时指出:"昔人谓,宋人以东南六路之粟,载于真、泗、楚转般之仓。江船之人,至此为止,无留滞也。汴船之出,至此而发,无复溺也。江船不入汴,汴船不入江,岂非良法欤?臣窃以谓,宋人都汴,漕运比汉唐为便易。前代所运之夫,皆是民丁,惟今朝则以兵运。前代所运之粟,皆是转递,惟今朝则是长运。唐宋之船,江不入汴,汴不入河,河不入渭,今日江河之船,各远自岭北、湖南,直达于京师。唐宋之漕卒,犹有番休,今则岁岁不易矣。"②在江淮运河沿线集中建造供中转使用的转般仓,既可最大限度地缩短航程、提高漕运效率,又可为京师及"兵食"的需求提供必要的保障,进而让长期在外奔波的漕卒和船工得到轮番休息的机会。

其三,江淮运河的水文构造极为复杂。黄河夺淮之前,江淮运河的一端是长江,另一端是淮河。黄河夺淮后,江淮运河除了与长江、淮河发生联系外,又与黄河发生联系。具体地

---

① 清·徐松《宋会要辑稿·食货四三》第6册,北京:中华书局1957年版,第5579页。
② 明·丘浚《大学衍义补·漕挽之宜下》(林冠群、周济夫校点),北京:京华出版社1999年版,第306页。

讲,江淮运河的走势是北高南低,从淮河口到长江口之间有大约三十米的水位落差,楚州、泗州在淮河的沿岸,绝对水位比扬州、真州高出约三十米。扬州、真州地区虽在长江边上,但主要接受淮河的辐射。江淮运河的主要补给水源是淮河,因水位落差大,受到自然因素的制约,再加上航道管理存在诸多的问题,所以,位于江淮运河南端并与长江相接的真州和扬州段时,常会出现航道泄水及影响通航等问题。史称:"宣和二年九月,以真、扬等州运河浅涩,委陈亨伯措置。三年春,诏发运副使赵亿以车畎水运河,限三月中三十纲到京。宦者李琮言:'真州乃外江纲运会集要口,以运河浅涩,故不能速发。按南岸有泄水斗门八,去江不满一里。欲开斗门河身,去江十丈筑软坝,引江潮入河,然后倍用人工车畎,以助运水。'从之。"①江淮运河航道浅涩,从长江取水补给航道时,采取了"以车畎水运河""去江十丈筑软坝,引江潮入河,然后倍用人工车畎,以助运水"等措施,从侧面道出了扬州、真州等地高出长江的事实,同时也道出了在长江沿岸的扬州、真州等地属淮河流域的事实。古人对这一问题有清醒的认识,如唐代淮南节度使的治所设在扬州,下辖淮南及江北各州。楚州、泗州的绝对水位虽高于扬州、真州,但沿途河流湖泊密布,这些河流湖泊作为江淮运河的补给水源分散在各地,因这些河流湖泊所处的地理位置不同,地势高低不同,从而形成了不同的水流方向和区间性的水位落差。进而言之,船只在向同一方向行驶时,因同时存在顺流和逆流等水流方向,这样一来,势必要增加航行时的难度。更重要的是,宋神宗熙宁十年(1077)黄河改道分成两支后,一支沿泗水河道南下夺淮,使原先复杂的水文变得更加复杂。黄河侵入江淮运河后,不但给运河航道治理带来了困难,同时也给航运增添了新的变数。具体地讲,宋徽宗宣和年间(1119—1125)已出现"自江至淮数百里,河高江、淮数丈"②的情况,大大地增加了江淮运河航行的难度。进而言之,黄河泥沙淤积江淮运河楚州一带的航段后,航道不断地抬高,直接影响到了江淮运河的通航能力。这一时期,由于江淮运河同时接受长江、淮河和黄河等三大水系的控制,船只航行这一航段时的难度明显地增大。真州、扬州位于江淮运河与长江的交汇口上,楚州位于江淮运河与黄河的交汇口上,泗州位于淮河与汴河的交汇口上,船只过河口时,需要通过堰埭或船闸,这一复杂的水文形势使江淮运河成为漕运时最困难的航道。进而言之,受诸多因素的制约,江淮运河沿线的河口地区及沿线相关城市势必要成为航段节点,这些航段节点经过建设后,为从江南运河或长江经汴河再入大梁的船只提供停泊、沿途转运、补充给养和休整等提供了极大的方便。进而言之,为提高漕运效率需要在江淮运河沿岸及相关的河口地区建造转般仓。

其四,江淮运河是由河流湖泊构成的航线,同时与长江、淮河、黄河发生联系,受自然地理条件的限制,航道曲折迂回,有不同的走向,与此同时,同一航向的航程中往往同时存在着

---

① 元·脱脱等《宋史·河渠志六》,北京:中华书局1985年版,第2388页。
② 元·脱脱等《宋史·向子諲传》,北京:中华书局1985年版,第11639页。

顺流和逆流。客观地讲,江淮运河的水文情况要比长江、江南运河更为复杂。为了安全起见,有效地控制河口和航道水位落差,需要根据复杂的水文及水位落差情况在不同的地点建造堰埭。建造堰埭的利弊明显:一方面,提高了船只航行时的安全系数,解决了水位落差及航道泄水等问题;另一方面,船只通过堰埭时因停靠等待、拉纤、卸船和装船等需要耗费大量的时间。为防止船只在某一堰埭长时间地滞留,影响漕运,需要在堰埭及与堰埭相联系的沿岸城市建造转般仓。史称:"往年,南自真州江岸,北至楚州淮堤,以堰潴水,不通重船,般剥劳费。遂于堰旁置转般仓,受逐州所输,更用运河船载之入汴,以达京师。"①在堰埭地区及相关城市建转般仓是为了方便转运租籴及财赋,提高漕运效率。此外,淮南是控引江淮的战略要地,在江淮运河沿线及堰埭建造转般仓可以进行战略储备及方便赈灾。宋真宗大中祥符三年(1010),江淮发运使李溥在给朝廷的上疏中写道:"今春运米凡六百七十九万石,诸路各留三年支用。江南留百七十万石,外有上供五十万石;淮南留三百三十万石,外有上供五十七万石,所留以备赈粜。两浙有米百五十万石,上供外,有九十一万石备淮南赈粜。"②江淮运河沿岸是从黄河流域进入长江流域的战略通道,在此建转般仓可以同时兼顾南北两大区域。

其五,为了提高漕运效率,江淮运河真州、扬州、楚州和泗州等地的转般仓在接纳和转运东南六路租籴和财赋的过程中有着不同的分工。如史有"江、湖有米,可籴于真,两浙有米,可籴于扬,宿、亳有麦,可籴于泗"③之说。杨允恭主持淮南漕运时,明确地规定"江、浙所运,止于淮、泗,由淮、泗输京师",即以淮、泗为起点,经汴河运往大梁。又如李焘记载道:"先是,三路转运使各领其职,或廪庾多积,而军士舟楫不给,虽以官钱雇丁男挽舟,而土人惮其役,以是岁上供米不过三百万。允恭尽籍三路舟卒与所运物数,令诸州择牙吏,悉集,允恭乃辨数授之。江、浙所运,止于淮、泗,由淮、泗输京师,行之一岁,上供者六百万。"④真州转般仓主要负责接纳和转运江南东路、江南西路、荆湖南路和荆湖北路等路的租籴和财赋,扬州转般仓主要负责接纳和转运两浙路的租籴和财赋等,楚州转般仓负责接纳和转运江南东路、江南西路和两浙路的租籴和财赋等,泗州转般仓负责接纳和转运淮南路宿州、亳州等地的租籴和财赋等。当然,江淮运河各转般仓在接纳和转运东南六路租籴和财赋时既有明确的分工,同时又有一定的交叉。造成这一现象的原因是多方面的:一是需要根据各转般仓已有的仓储情况作必要的调整,令漕船临时改变装卸的地点;二是江淮运河沿线在真、扬、楚、泗等四州共建有七仓,虽在同一地点装卸或起运,但可能是不同的转般仓。从大的方面讲,六路租籴和财赋等分入不同的转般仓,是为了通过分级接运来提高漕运效率。如果不采取这一方

---

① 元·脱脱等《宋史·食货志上三》,北京:中华书局1985年版,第4258页。
② 宋·李焘《续资治通鉴长编·真宗大中祥符三年》,北京:中华书局2004年版,第1691页。
③ 同①,第4259页。
④ 宋·李焘《续资治通鉴长编·太宗淳化四年》,北京:中华书局2004年版,第761页。

案的话,将会妨碍漕运。如江南、两浙、荆湖等路的租籴和财赋全部在长江与江淮运河的交汇口,扬州或真州入仓中转的话,势必会给河口地区的航道带来拥堵。宋王朝将转般仓建在江淮运河沿线的真、扬、楚、泗等四州,由其负责接纳不同区域的租籴及财赋主要有两个目的:一是为了通过分流解决船只航行中遇到的拥堵问题;二是以这些航段节点作为水陆交通枢纽向该地区的腹地延伸,可以最大限度地方便征收不同地区的租籴及财赋。与其他航段相比,江淮运河在漕运中转方面有着不可比拟的优势。进而言之,位于从东南到大梁中间航段的江淮运河负有接纳和转运东南六路租籴和财赋的使命,经过长期的建设,沿岸建成了七座大型的转般仓。

其六,在经济中心由黄河中下游地区向东南转移的过程中,淮南路是率先崛起的经济区域。这一区域不但物产丰富,而且水上交通发达,一直是宋代租籴和财赋的主要征收地。史称:"淮南东、西路,本淮南路,盖《禹贡》荆、徐、扬、豫四州之域,而扬州为多。当南斗、须女之分。东至于海,西抵滩、涣,南滨大江,北界清、淮。土壤膏沃,有茶、盐、丝、帛之利。人性轻扬,善商贾,鄽里饶富,多高赀之家。扬、寿皆为巨镇,而真州当运路之要,符离、谯、亳、临淮、朐山皆便水运,而隶淮服。"[①]淮南经济发达,在东南六路中占有重要的份额。更重要的是,淮南路不但是宋王朝不可或缺的粮仓,同时又盛产有茶、盐、丝等物产,再加上船只航行时需要选择适合的地点进行补给和休整等,而淮南各地有为船只中途补给和休整等提供帮助的能力。

其七,刘晏主持漕政即中唐以后,江淮运河沿线成为转般仓重点建设的区域,这些转般仓为宋代转般仓建设奠定了坚实的基础。追溯江淮运河沿线转般仓建设的历史,可上溯到隋代甚至隋代以前。李吉甫引《纪胜楚州》云:"故仓城,东南接州城。隋开皇初将伐陈,因旧城储畜军粮,有逾百万,迄于大业末,常有积谷,隋乱荒废。"[②]在征伐陈朝的过程中,隋王朝在楚州旧城的基础上建造了仓城,以此为士兵供粮及军用物资的基地,将其建设成储蓄超过百万石的粮仓,这一中转仓虽因隋末战争而荒废,但因楚州战略位置独特,且位于与淮河相接的河口地带,后来成为唐代建造转般仓的重点地点。从大的方面讲,唐代转般仓主要沿用了隋代旧仓。因漕运目的地是关中及长安,东南远离关中,因此租籴和财赋等的主要来源集中在关东各地。又因隋代以长安为政治中心,漕运以河南地区为中转站,因此大部分的转般仓集中在关中和河南境内的黄河沿岸。史称:"隋初,漕关东之粟以实京邑,卫州黎阳仓、荥阳洛口仓、洛州河阳仓、陕州常平仓、潼关、渭南亦皆有仓,以转运之,各有监官。皇朝因之。"[③]安史之乱后,因藩镇占据黄河中下游地区,唐王朝不得不把租籴和财赋的重点征收地区转向江淮及长江以南。由于此前隋代很少在江淮运河沿线建转般仓,因此,唐代采用分级

---

① 元·脱脱等《宋史·地理志四》,北京:中华书局1985年版,第2185页。
② 唐·李吉甫《元和郡县图志·淮南道》(贺次君点校),北京:中华书局1983年版,第1075页。
③ 唐·李林甫等《唐六典·司农寺》(陈仲夫点校),北京:中华书局1992年版,第528页。

接运之策后,需要在江淮运河沿线城市或河口地区建造新的转般仓。

刘晏描述从淮泗流域到长安建章宫、长乐宫的漕运通道及航段时写道:"浮于淮泗。达于汴入于河。西循底柱硖石少华。楚帆越客。直抵建章长乐。"①结合"江船不入汴,汴船不入河,河船不入渭;江南之运积扬州,汴河之运积河阴,河船之运积渭口,渭船之运入太仓"②等情况看,"浮于淮泗"似乎只提到漕运时经过淮河及其支流泗水这一航段的情况,没有将发运的起点、江南运河和长江航道等包括在内。然而,结合"楚帆越客,直抵建章、长乐"语来看的话,应该说刘晏时期的漕运已包括长江流域及长江以南的地区。马端临指出:"唐时漕运,大率三节:江淮是一节,河南是一节,陕西到长安是一节。"③自江淮成为唐代漕运的重点区域后,在此基础上形成了江淮、河南和陕西到长安(关中)等三大航段。由于河南和关中地区建有大量的转般仓,作为漕运重要航段的江淮运河自然应建有供中转或转运的转般仓。

刘晏改革漕政后,江淮运河沿线分别有淮南仓、扬州仓、楚州仓和海陵仓等。从文献上看,这些转般仓或为唐代新建,或在原有州仓及常平仓的基础上重修。如唐宪宗元和九年(814),李稣在盱眙都梁山建淮南仓,沈亚之《淮南都梁山仓记》详细记载了建造淮南仓的情况。史称:"汴水别河而东合于淮。淮水东,米帛之输关中者也,由此会入。其所交贩往来,大贾豪商,故物多游利,盐铁之臣亦署致其间。国择官分曹,以权庶货,而部贡之。吏尽令盐铁诸官,校遣之疾徐用赏罚。大梁、彭城控两河,皆屯兵居卒,食出官田。而畎亩颇夹河,与之俱东,仰泽河流,言其水温而泥多,肥比泾水,四月农事作,则争为之派决而就所事,视其源绵绵,不能通槁叶矣。天子以为两地兵食所急,不甚阻其欲。舟舻曝滞,相望其间,岁以为常,而木文多败裂。自四月至七月,舟佣食尽不能前。元和九年,陇西李稣为盐铁官,掌淮口院。病其涸滞,思欲以为救,而乃与扬子留使议之曰:'今闽越已西,百郡所贡,辇挽皆出于是。而以炎天累月之久,滞于咫尺之地。篙工诸佣,尽其所储不能赈。十年之食,只益奸偷耳。几或有终岁而不得返其家者。今诚得十敖之仓,列于所便,以造出入,计无忧也。正月河冰始泮,尽发所蓄而西。六月之前,虚廪以待东之至者。如此则役者逸,而弊何从生哉!'议定,即以状白,得遂其便。于是稣度泗土卑湿无堪地,遂创庾于淮南都梁山。十二年,诏以诛蔡之师食窘,促令盐铁所挽皆趋郾城下。是时下淮南仓,发春吏计春。其工人曰:"春材必栎若榆。"吏欲令工就山林剪市之,稣曰:'夫火方焚,日将燋,万家当顷刻之间,虽得弊秽之器,奋浊污之波,百夫汲而扬之,立足灭患。如曰不然,我欲利其器,待我柘桂之杓,致滂沲之流,操以救之,彼言而后谋,则然灰尚不可望,而况全者。今县军十万,旦暮不赈,其为急也,间不容厘,今待汝访山求材然后用,何异乎柘杓滂流之语耶?其仓材所剪之余,大可以为臼,

---

① 唐·刘晏《遗元载书》,清·董诰等《全唐文》卷三百七十,北京:中华书局1983年版,第3762页。
② 宋·欧阳修等《新唐书·食货志三》,北京:中华书局1975年版,第1368页。
③ 元·马端临《文献通考·国用考三》,杭州:浙江古籍出版社1988年版,第248页。

小可以为杵,长可以为杵之梁,簸可以为？枢夹峙.'促命裁之,即日而舂,成百具。其余米与吏分办之,先以家奴就役,次及群吏,各有差。所舂凡二十八万石。不涉旬,俱得浮淮而西矣。十三年夏,泗水大灾,淮溢坏城,邑民人逃水西岗,夜多掠夺,更相惊恐号呼。而盐铁货帛十余万,乃囊之于布,缄用吏名,载与渡,货帛无遗尺,乃纳仓中,不能盈一敖,其余皆荫仕家之急。时余过泗上,得其事,故与悉论善济之方,而著之以明其绩。"①。淮南仓投入使用后,为宋代建造河口转般仓即泗州仓奠定了坚实的基础。白居易为扬州仓曹参军王士宽作墓志铭有"假本州司仓。专掌运务。"②语,又如王播的父亲王恕曾"为扬州仓曹参军"③,此前,隋文帝曾下令各州郡建常平仓,并于仁寿三年(603)九月"置常平官"④。从王士宽"假本州司仓,专掌运务"的情况看,当知唐代扬州仓是在隋常平仓的基础上兴修的。同时,亦可证楚州仓也是在州仓或常平仓的基础上兴修的。如权德舆在给朝廷的上书中写道:"漕运之事。以济关中。有司量入。固以支计。以臣愚所见。且自东都以来。缘路仓所贮米。随水陆节给。倍程般运。应给脚价。皆与实钱。务令速到京师。不计在途省费,续计料江淮米入运,以备恒数。"⑤史称:"江淮运米。本实关中。只缘徐州用军。发遣全无次第。运脚价妄被占射。本色米空存簿书。遂使仓廪渐虚。支备有阙。"⑥从"缘路仓所贮米,随水陆节给"这里所说的"仓廪"指江淮运河沿岸的转般仓,其中包括楚州转般仓。海陵仓是汉代吴刘濞建造的仓廪,唐代继续使用。如枚乘在《上书重谏吴王》一文中写道:"转粟西乡,陆行不绝,水行满河,不如海陵之仓。"⑦李善注引臣瓒:"海陵,县名,有吴太仓。"⑧李白亦写道:"陛下西以峨嵋为壁垒。东以沧海为沟池。守海陵之仓。猎长洲之苑。"⑨刘长卿在《送营田判官郑侍御赴上都》诗中写道:"幸论开济力,已实海陵仓。"⑩刘晏亦写道:"晏自尹京。入为计相。共五年矣。京师三辅百姓。唯苦税亩伤多。若使江湖米来。每年三二十万。即顿减徭赋。歌舞皇泽。其利一也。东都残毁。百无一存。若米运流通。则饥人皆附。村落邑廛。从此滋多。命之日引海陵之仓。以食巩、洛。是计之得者。其利二也。"⑪据此可知,海

---

① 清·董诰等《全唐文》卷七三六,北京:中华书局1983年版,第7605页。
② 唐·白居易《唐扬州仓曹参军王府君墓志铭》,清·董诰等《全唐文》卷六百七十九,北京:中华书局1983年版,第6940页。
③ 宋·欧阳修等《新唐书·王播传》,北京:中华书局1975年版,第5115页。
④ 唐·魏徵等《隋书·高祖纪下》,北京:中华书局1973年版,第52页。
⑤ 唐·权德舆《论旱灾表》,清·董诰等《全唐文》卷四百八十七,北京:中华书局1983年版,第4980页。
⑥ 唐·李懁《南郊赦文》,清·董诰等《全唐文》卷八十九,北京:中华书局1983年版,第931页。
⑦ 汉·枚乘《上书重谏吴王》,梁·萧统《文选》下册,上海:商务印书馆1936年版,第864页。
⑧ 同⑦。
⑨ 唐·李白《为宋中丞请都金陵表》,清·董诰等《全唐文》卷三百四十八,北京:中华书局1983年版,第3529页。
⑩ 唐·刘长卿《送营田判官郑侍御赴上都》,中华书局《全唐诗》,北京:中华书局1960年版,第1497页。
⑪ 唐·刘晏《遗元载书》,清·董诰等《全唐文》卷三百七十,北京:中华书局1983年版,第3762—3763页。

陵仓是唐代重要的转般仓,只是宋代漕运不同于唐代,漕运通道改变后,海陵仓废弃不用。宋代漕运实行唐代分级接运之策,在江淮运河沿线真州、扬州、楚州、泗州等地建造了七座转般仓。史称:"江南、淮南、两浙、荆湖路租籴,于真、扬、楚、泗州置仓受纳,分调舟船溯流入汴,以达京师,置发运使领之。诸州钱帛、杂物、军器上供亦如之。"①马端临指出:"转般之法,东南六路斛斗,自江、浙起纲至于淮甸,以及真、扬、楚、泗,为仓七以聚蓄军储。复自楚、泗置汴纲般运上京,以发运使董之。"②两相对比,当知宋代在江淮运河沿岸建造转般仓沿袭了唐代的传统。

其八,宋代采用载盐以归的漕运政策,通过让利于民的政策稳定了漕运秩序。淮南路是东南漕运的咽喉,腹地有丰富的盐业资源,在江淮运河建转般仓可以为安定漕运秩序提供强有力的支持。

综上所述,在江淮运河重点建设转般仓,是由淮南路特定的地理位置、社会经济发展水平及特色经济等决定的。江淮运河贯穿于淮南,东南六路的粮食等运往大梁必经江淮运河,在这样的背景下,在江淮运河沿线重点建设转般仓是必然的选择。大梁以东的粮仓建设主要有三大作用:一是突出粮仓所在城市的政治地位,彰显沿岸运河城市的经济地位及战略地位,真州升格为州级建制,与漕运及转般仓建设有直接的关系;二是真州、扬州、楚州、泗州成为转搬仓建设的重点区域,是因为四州转般仓负责转运江南东路、江南西路、淮南路、两浙路、荆湖北路、荆湖南路等六路征收的租籴和财赋等;三是漕运的过程又是商品流通的过程,采取载盐以归的政策后,转般仓向周边地区辐射,促进了淮南地区社会经济的发展。在这一过程中,江淮运河沿岸建有转搬仓的城市得到优先发展的机会。与此同时,集中在江淮运河沿线的城市因占据商品流通上的优势,必然要出现经济繁荣的局面,其商品经济活跃的程度必然要超过那些与漕运关系不大的城市。可以说,经济重心向江淮的转移,为江淮运河沿线城市的崛起创造了必要的条件。

东南六路是指淮南路、江南东路、江南西路、两浙路、荆湖南路、荆湖北路,是宋代租籴和财赋的重要征收地。

淮南路的辖区为安徽长江以北、江苏长江以北、淮河以南的地区。为了加强其行政管理和漕运管理,淮南路多次出现一分为二和合二为一的情况。如宋神宗熙宁五年(1072),淮南路分为淮南西路和淮南东路两路,史有"淮南路,旧为一路,熙宁五年,分为东西两路。"③之说。宋哲宗元祐元年(1086),"淮南西路、淮南东路并为淮南路,其后仍分为两路。"④淮南路

---

① 元·脱脱等《宋史·食货志上三》,北京:中华书局1985年版,第4251页。
② 元·马端临《文献通考·国用考三》,杭州:浙江古籍出版社1988年版,第246页。
③ 元·脱脱等《宋史·地理志四》,北京:中华书局1985年版,第2178页。
④ 元·脱脱等《宋史·地理志一》,北京:中华书局1985年版,第2107页。

虽多次出现分立的情况,但大部分时间为一路,因此,人们习惯上把淮南西路和淮南东路统称为"淮南路"。宋室南渡前,淮南路下辖一府十七州四军。史称:"东路。州十:扬,亳,宿,楚,海,泰,泗,滁,真,通。军二:高邮,涟水。县三十八。南渡后,州九:扬、楚、海、泰、泗、滁、淮安、真、通,军四:高邮、招信、淮安、清河,为淮东路,宿、亳不与焉。绍兴三十二年,户一十一万八百九十七,口二十七万八千九百五十四。……西路。府:寿春。州七:庐,蕲,和,舒,濠,光,黄。军二:六安,无为。县三十三。南渡后,府二:安庆、寿春,州六:庐、蕲、和、濠、光、黄,军四:安丰、镇巢、怀远、六安,为淮西路。"①南渡后,淮南路的行政辖区虽略有缩小,但变化不大。不过,此时的淮南路已成为宋金对峙的前线。

两浙路的辖区为江苏的南部和浙江的全境。史称:"两浙路。熙宁七年,分为两路,寻合为一;九年,复分;十年,复合。府二:平江,镇江。州十二:杭,越,湖,婺,明,常,温,台,处,衢,严,秀。县七十九。南渡后,复分临安、平江、镇江、嘉兴四府、安吉、常、严三州、江阴一军,为西路;绍兴庆元瑞安三府、婺台衢处四州,为东路。绍兴三十二年,户二百二十四万三千五百四十八,口四百三十二万七千三百二十二。……两浙路,盖《禹贡》扬州之域,当南斗、须女之分。东南际海,西控震泽,北又滨于海。有鱼盐、布帛、秔稻之产。人性柔慧,尚浮屠之教。俗奢靡而无积聚,厚于滋味。善进取,急图利,而奇技之巧出焉。余杭,四明,通蕃互市,珠贝外国之物,颇充于中藏云。"②江南运河贯穿两浙路的全境,江南运河跨越长江后,经江淮运河入汴,远接大梁。同时,两浙路的余杭(在今浙江杭州)和四明(在今浙江宁波)是重要的海外贸易口岸。

江南路初为江南东路和江南西路两个行政,宋高宗建炎四年(1130),两路合并为一路。前人叙述江南路的历史沿革时写道:"江南东、西路。建炎元年,以江宁府、洪州并升帅府,四年,合江东、西为江南路,以鄂、岳来属。又置三帅:鄂州路,统鄂岳筠袁虔吉州、南安军;江西路,统江洪抚信州兴国南康临江建昌军;建康府路,统建康府、池饶宣徽太平州、广德军。绍兴初,复分东西,以建康府、池饶徽宣信抚太平州、广德建昌军为江南东路;以江洪筠袁虔吉州、兴国南康临江南安军为江南西路。寻以抚州、建昌军还隶西路,南康军还隶东路。置帅于池、江二州。未几,以二州地僻隘,复还建康府、洪州。"③江南路的主要辖区为今江苏南京、安徽南部和江西全部。南渡以前,江南路下辖一府十三州六军;南渡后重新划分行政区域,江南路下辖地区为三府十三州六军。史称:"东路。府一:江宁。州七:宣,徽,江,池,饶,信,太平。军二:南康,广德。县四十三。南渡后,府二:建康,宁国。州五:徽,池,饶,信,太平。军二:南康,广德,为东路。绍兴三十二年,户九十六万六千四百二十八,口一百七十二

---

① 元·脱脱等《宋史·地理志四》,北京:中华书局1985年版,第2178—2182页。
② 同①,第2173—2177页。
③ 同①,第2186页。

万四千一百三十七。……西路。州六：洪，虔，吉，袁，抚，筠。军四：兴国，南安，临江，建昌。县四十九。南渡后，府一：隆兴。州六：江，赣，吉，袁，抚，筠。军四：兴国，建昌，临江，南安，为西路。绍兴三十二年，户一百八十九万一千三百九十二，口三百二十二万一千五百三十八。"①与北宋和南宋时期相比，江南东路的行政区划在名称上虽然多有变化，但下辖地区基本不变。江南路物产丰富，自晋室南渡开发江南后，经过长达六百多年的发展已成为宋代不可或缺的租籴及财赋的征收地。史称："江南东、西路，盖《禹贡》扬州之域，当牵牛、须女之分。东限七闽，西略夏口，南抵大庾，北际大江。川泽沃衍，有水物之饶。永嘉东迁，衣冠多所萃止，其后文物颇盛。而茗荈、冶铸、金帛、秔稻之利，岁给县官用度，盖半天下之入焉。其俗性悍而急，丧葬或不中礼，尤好争讼，其气尚使然也。"②两路以长江为漕运通道，经江淮运河入汴将租籴和财赋等运往大梁。

荆湖北路的行政辖区为湖北全境，荆湖南路的行政辖区为湖南全境，历史上的荆湖北路有"荆湖西路"之称，荆湖南路有"荆湖东路"之称。史称："荆湖南、北路。绍兴元年，以鄂岳潭衡永郴道州、桂阳军为东路，鄂州置安抚司；鼎澧辰沅靖邵全州、武冈军为西路，鼎州置安抚司。二年，罢东、西路，仍分南、北路安抚司，南路治潭州；北路治鄂，寻治江陵。"③前人叙述荆湖南北两路的情况时写道："北路。府二：江陵，德安；州十：鄂，复，鼎，澧，峡，岳，归，辰，沅，靖。军二：荆门，汉阳。县五十六。南渡后，府三：江陵，常德，德安。州九：鄂，岳，归，峡，复，澧，辰，沅，靖。军三：汉阳，荆门，寿昌。绍兴三十二年，户二十五万四千一百一，口四十四万五千八百四十四。……南路。州七：潭，衡，道，永，邵，郴，全。军一：武冈。监一：桂阳。县三十九。南渡后，增茶陵军。绍兴三十二年，户九十六万八千九百三十，口二百一十三万六千七百六十七。……荆湖南、北路，盖《禹贡》荆州之域。当张、翼、轸之分。东界鄂渚，西接溪洞，南抵五岭，北连襄汉。唐末藩臣分据，宋初下之。鄂、岳本属河南，安、复中土旧地，今以壤制而分隶焉。江陵国南巨镇，当荆江上游，西控巴蜀。澧、鼎、辰三州，皆旁通溪洞，置兵戍守。潭州为湘、岭要剧，鄂、岳处江、湖之都会，全、邵屯兵，以扼蛮獠。大率有材木、茗荈之饶，金铁、羽毛之利。其土宜谷稻，赋入稍多。而南路有袁、吉壤接者，其民往往迁徙自占，深耕概种，率致富饶，自是好讼者亦多矣。北路农作稍惰，多旷土，俗薄而质。归、峡信巫鬼，重淫祀，故尝下令禁之。"④荆湖北路和荆湖南路经长江入江淮运河，再入汴，远接大梁。

---

① 元·脱脱等《宋史·地理志四》，北京：中华书局 1985 年版，第 2186—2198 页。
② 同①，第 2192 页。
③ 同②。
④ 同①，第 2192—2202 页。

第九章　发运司与转运司的职能及其分工

为维护政治稳定,宋代采取了加强漕运制度建设的措施:一是在中央及地方建立发运司和转运司,负责统管、征收和转运来自不同地区的租籴和财赋等;二是加强过程管理,在健全和完善管理机构的过程中,尽可能地堵塞漕运过程中出现的漏洞,如重点监管漕运过程中的各个环节;三是扩大发运司和转运司的职权,通过提高其政治待遇,确认发运司和转运司的权威性;四是采取分纲运输①的管理制度;五是在官运的同时,鼓励商运和民运,将运河打造成商贸往来的大通道,在鼓励商贸的过程中为商品流通注入活力。宋代制定了严格的漕运制度,为后世漕运管理提供了基本范式。宋代建立的漕运制度在长期的实践中出现了两面性:一方面,通过兴修新航道和疏浚旧航道、派员进行常态化巡堤、运用新技术建造具有船闸性质的斗门、破堰建闸、兴建转般仓等改善了漕运环境,提高了漕运质量;另一方面,漕运的过程又是贪腐、侵盗等不断滋生的过程,在政治腐败日趋严重的背景下,宋代的漕运制度受到了严重的破坏。在这一过程中,加强管理与消解管理作为一对矛盾体遂在此消彼长中构成了宋代漕运及其制度建设的独特景观。

第一节　发运使与发运司

承袭周制,宋王朝的漕运即发运事务主要由度支司发运案管辖。史称:"一曰赏给案(掌诸给赐、赠赠:例物、口食、内外春冬衣、时服、绫、罗、纱、縠、绵、布、鞋、席、纸、染料,市舶、榷物务、三府公吏。),二曰钱帛案(掌军中春冬衣、百官奉禄、左藏钱帛、香药榷易),三曰粮料案(掌三军粮料、诸州刍粟给受、诸军校口食、御河漕运、商人飞钱),四曰常平案(掌诸州平籴。大中祥符七年,置主吏七人),五曰发运案(掌汴河广济蔡河漕运、桥梁、折斛、三税),六曰骑案(掌诸坊监院务饲养牛羊、马畜及市马等),七曰斛斗案(掌两京仓廪廥积,计度东京

---

① 分纲运输,通常指将发运的货物分成不同的纲目即种类由船队或车队运输,此指编成船队运送租籴和财赋等入京。

粮料、百官禄粟厨料），八曰百官案（掌京朝幕职官奉料、祠祭礼物、诸州驿料）。"①度支司下分八案，其中，发运案掌汴河、广济河、蔡河等漕运事务。

赵匡胤建宋的第二年改革漕运，发运案的事务由兼任发运使的朝官执掌。考宋代职官制度，是先有发运使，后有发运司。起初，发运使一职由朝官临时兼任。如宋太祖建隆二年（961），"以鸿胪少卿卢浚为京畿东路发运使"②，此为以朝官兼任发运使之始；乾德二年（964），"以吏部郎中何幼冲充京畿东面水陆发运使"③，此为以朝官任水陆发运使之始；开宝五年（972），参知政事薛居正"兼淮南、湖南、岭南等道都提举三司水陆发运使"④，此为以副宰相兼发运使之始；开宝六年（973），中书侍郎、平章事沈伦"兼提点荆南、剑南水陆发运事"⑤，此为以宰相兼发运使之始。赵匡胤登基后有建隆、乾德和开宝等三个年号，以此为节点考察发运使任命情况，当知宋代重发运，以官高者兼发运使一职发生在开宝以后。进而言之，在正式成立发运司以前，以官高者兼任在一定程度上提升了发运使的政治地位。史称："沈起字兴宗，明州鄞人。进士高第，调滁州判官，与监真州转般仓。"⑥转般仓是发运司的下属机构，以州判官监转般仓表明，发运使的政治地位提高后，其属官的官职也随之提高。

漕运是宋代巩固政权和稳定社会秩序的生命线。追溯历史，发运使一职初设于唐玄宗先天二年（713），史称："李杰本名务光，……先天中，进陕州刺史、水陆发运使。置使自杰始。"⑦陕州（在今三门峡陕州）既是通往关中的门户，又是转输粮食及赋税西入关中的交通枢纽。由地方官员陕州刺史李杰任水陆发运使，是为了加强对陕州漕运事务的领导，进一步保证关中及长安在粮食和赋税等方面的需求。李杰以后，发运使一职基本上不设。检索文献，只有唐僖宗乾符五年（878）、广明元年（880）有授受发运使的记载，如史有"会大同防御使段文楚兼水陆发运使"⑧、"高骈奏改杨子院为发运使"⑨等说。据此，唐代发运使属临时的加衔。马端临考证道："唐先天二年，李杰（始名务先）始为水陆发运使，盖使名之起。开元二十一年，裴耀卿以侍中充江南、淮南转运使，而崔希逸、萧旻为副，盖副使始此。天宝以韦坚充句当转运使，第五琦充诸色转运使，刘晏充诸路转运使。其后韩滉、杜悰、杜让能、崔昭纬皆以宰相充使，而诸道分置巡院，皆统于此。五代罢巡院，始置转运使。"⑩马端临记载

---

① 元・脱脱等《宋史・职官志二》，北京：中华书局1985年版，第3809页。
② 宋・李焘《续资治通鉴长编・太祖建隆二年》，北京：中华书局2004年版，第54页。
③ 清・徐松《宋会要辑稿・职官四二》第6册，北京：中华书局1957年版，第3242页。
④ 元・脱脱等《宋史・薛居正传》，北京：中华书局1985年版，第9110页。
⑤ 元・脱脱等《宋史・沈伦传》，北京：中华书局1985年版，第9113页。
⑥ 元・脱脱等《宋史・沈起传》，北京：中华书局1985年版，第10727页。
⑦ 宋・欧阳修等《新唐书・李杰传》，北京：中华书局1975年版，第4461页。
⑧ 宋・司马光《资治通鉴・唐纪六十九》（附考异）（邬国义校点），上海：上海古籍出版社1997年版，第2364页。
⑨ 同⑧，第2368页。
⑩ 元・马端临《文献通考・职官考十五》，杭州：浙江古籍出版社1988年版，第556页。

发运使的事迹时,将其列在"转运使"条目之下,表明了发运使等同转运使。开元二十一年(733),裴耀卿任转运使后,似有以转运使取代发运使的迹象。在这中间,刘晏改革漕政后,出现了宰相兼任转运使的情况。

自建立发运司以后,发运使又有"擘画发运使"和"制置发运使"等称。擘画,指筹划和安排;制置,指奉君主之命临时负责规划和处理某一方面的事务。从历时的角度看,设立制置使一职可追溯到唐宣宗大中五年(851),唐代制置使主要负责筹划边防及征讨等事务。宋代沿袭唐制,亦有相同的事职,然不常设。马端临考证唐宋两代制置使一职沿革时指出:"唐宣宗大中五年,以白敏中充招讨党项行营都统、制置等使,制置使之名始此。宋朝不常置,掌经画边鄙军旅之事。政和中,熙、秦用兵,以内侍童贯为之。宣和末,姚古为京畿辅郡兵马制置使。靖康初,种师道为河东路制置使,钱盖为陕西五路制置使。建炎元年,有招捉盗贼制置使,自王渊始。三年,有行在五军制置使,自刘光世始。又诸路皆有副使,自江浙陈彦文、程千秋始。六月,浙西安抚使康允之带本路制置使,安抚带制置自此始也(四年罢)。有沿江都制置使(管江南东路,知建康府)。绍兴二年,有沿海制置使(系建康、两浙东路)。三年,有安抚制置使(大使之名,自江南西路大使赵鼎始)。六年,始铸印,以某路制置司为名,从浙西、淮东制置使梁汝嘉所请也。其后尽省,惟四川、沿海有焉(四川系成都府,沿海明州)。开禧用兵,起丘宗卿守金陵,留钥、宗卿尝以签枢督视军马,于是赵淳已为江淮制置,命宗卿为江、淮制置大使。已而罢四川宣抚,又以安子文为制置大使,朝议以子文恩数视执政,特加'大'字。属官有参谋、参议、主管机宜、书写文字各一员,干办公事三员,准备将领、差遣、差使各五员,余随时势轻重而增损焉。"①根据这一情况,宋代将"擘画发运使"改称"制置发运使",表明了漕运及征收租弁和财赋与筹划边防军备等同等重要。

宋代发运使有"制置发运使"之称,始自杨允恭。史称:"时缘江多贼,命督江南水运,因捕寇党。行及临江军,择骁卒挐轻舟伺下江贼所止,夜发军城,三鼓,遇贼百余,拒敌久之,悉枭其首。又趣通州境上蹑海贼,贼系众舟。张幕,发劲弩、短炮。允恭兵刃所向,多为幕所萦,炮中允恭左肩,流血及袖,容色弥壮。徐遣善泅者以绳连铁钩散掷之,坏其幕,士卒争进,贼赴水死者太半,擒数百人。自是江路无剽掠之患。以功转洛苑副使,江、淮、两浙都大发运、擘画茶盐捕贼事;赐紫袍、金带、钱五十万。先是,三路转运使各领其职,或虞庾多积,而军士舟楫不给,虽以官钱雇丁男挽舟,而土人惮其役,以是岁上供米,不过三百万。允恭尽籍三路舟卒与所运物数,令诸州择牙吏,悉集,允恭乃辨数授之。江、浙所运,止于淮、泗,由淮、泗输京师,行之一岁,上供者六百万。

淳化五年,转西京作坊使。初,产茶之地,民输赋者悉计其直,官售之,精粗不校,咸输权务。商人弗肯售,久即焚之。允恭曰:'竭民利而取之,积腐而弃之,非善计也。'至道初,刘式

---

① 元·马端临《文献通考·职官考十六》,杭州:浙江古籍出版社1988年版,第561页。

建议请废缘江榷务，许商人过江，听私货鬻。允恭以为诸州新陈相糅，两河诸州风土，各有所宜，非杂以数品，即商人少利。请依旧江北置务，均色号，以年次给之。事下三司，盐铁使陈恕等以允恭议为是，诏从之。即命允恭为发运使，始改'擘画'为'制置'，以西京作坊副使李廷遂、著作佐郎王子舆并为同发运使。"①

宋太宗太平兴国年间（976—984），杨允恭"以功转洛苑副使，江、淮、两浙都大发运、擘画茶盐捕贼事"。"都"有统领之意，"大"与"以安子文为制置大使，朝议以子文恩数视执政，特加'大'字"的含义相同，强调重视。"都大发运"指负责统领相关地区的水陆转运、征收租籴和财赋等事务。宋太宗至道元年（995），将"擘画发运使"改称"制置发运使"，旨在通过职衔上的改变进一步提升发运使的政治地位。在继承度支司发运案职能的过程中，发运司职能扩大，逐步形成了"掌经度山泽财货之源，漕淮、浙、江、湖六路储廪以输中都，而兼制茶盐、泉宝之政，及专举刺官吏之事"②等职能。其实，发运司除了有上述职能外，还有职掌银、铜、铅、锡的冶炼，铸钱，治理航道和市舶司（海外贸易）等权力。

发运使兼制置茶盐使一职及领茶盐等事务始于宋太宗至道元年。事情的起因与宋太宗淳化三年（992）监察御史薛映等"请罢诸榷务"有直接的关系。史称："淳化三年，监察御史薛映、秘书丞刘式等请罢诸榷务，令商人就出茶州军官场算买，既大省辇运，又商人皆得新茶。诏以三司盐铁副使雷有终为诸路茶盐制置使，左司谏张观与映副之。四年二月，废沿江八务，大减茶价。诏下，商人颇以江路回远非便，有司又以损直亏课为言。七月，复置八务，罢制置使、副。至道初，刘式犹固执前议，西京作坊使杨允恭言商人市诸州茶，新陈相糅，两河、陕西诸州，风土各有所宜，非参以多品则少利，罢榷务令就茶山买茶不可行。太宗欲究其利害之说，命宰相召盐铁使陈恕等与式、允恭定议，召问商人，皆愿如淳化所减之价，不然，即望仍旧。有司职出纳，难于减损，皆同允恭之说，式议遂寝。即以允恭为江南、淮南、两浙发运兼制置茶盐使。二年，从允恭等请，禁淮南十二州军盐，官鬻之，商人先入金帛京师及扬州折博者，悉偿以茶。自是鬻盐得实钱，茶无滞积，岁课增五十万八千余贯，允恭等皆被赏。"③"请罢诸榷务"的目的是为了通过放宽征收商税，促进商品流通。杨允恭以江南、淮南、两浙发运使兼制置茶盐使以后，通过改革茶政和盐政提高了商人参与茶盐交易的积极性，进而增加了中央税收。不过，以发运使兼制置茶盐使并没有一以贯之，后来又出现了新的变化，如史有"元祐中，诏发运使兼制置茶事。至崇宁三年，始别差官提举茶盐。"④之说。从宋哲宗元祐年间（1086—1094），"诏发运使兼制置茶事"和宋徽宗崇宁三年（1104）"始别

---

① 元·脱脱等《宋史·杨允恭传》，北京：中华书局1985年版，第10160—10161页。
② 元·脱脱等《宋史·职官志七》，北京：中华书局1985年版，第3963页。
③ 元·脱脱等《宋史·食货志下五》，北京：中华书局1985年版，第4479—4480页。
④ 同②。

差官提举茶盐"等语中当知,至道元年以后发运使"兼置茶盐使"出现过不同的变化。

权茶、权盐是指对茶叶和食盐实行官营与专卖。权盐制度始于汉武帝时期,如汉武帝一朝曾"以东郭咸阳、孔仅为大农丞,领盐铁事"①。班固记载道:"大农上盐铁丞孔仅、咸阳言:'山海,天地之藏,宜属少府,陛下弗私,以属大农佐赋。愿募民自给费,因官器作煮盐,官与牢盆。浮食奇民欲擅管山海之货,以致富羡,役利细民。其沮事之议,不可胜听。敢私铸铁器煮盐者,钛左趾,没入其器物。郡不出铁者,置小铁官,使属在所县。'使仅、咸阳乘传举行天下盐铁,作官府,除故盐铁家富者为吏。"②唐代刘晏改革盐政后,形成了"天下之赋,盐利居半"的局面。马端临指出:"然诸道加榷盐钱,商人舟所过有税。晏奏罢州县率税,禁堰埭邀以利者。晏之始至也,盐利岁才四十万缗,至大历末,六百余万缗。天下之赋,盐利居半,宫闱服御、军饷、百官禄俸皆仰给焉。"③面对如此之巨利,宋代加强权盐是必然的。

权茶制度始于唐代,如唐文宗大和九年(835),有"王涯献权茶之利,乃以涯为权茶使。茶之有权税,自涯始也。"④之说,又有唐穆宗长庆年间(821—824)、唐德宗建中年间(780—783)或贞元年间(785—805)权茶等说法。如高承指出:"起于唐建中、贞元之间,赵赞、张滂建议'税其什一'。一云德宗贞元八年,张滂奏收茶税。……一云穆宗时,王涯始权茶。"⑤宋代承袭唐制,权茶始于宋初。史称:"宋初,拜户部。遭母丧,起复,出掌蕲口权茶。徙云安监盐制置使,岁满,出羡余百万,转运使欲以状闻,保勋曰:'贪官物为己功,可乎?'乃止。开宝初,迁司封员外郎、监左藏库。"⑥宋太祖开宝(968—975)以前,刘保勋已"掌蕲口权茶",但此时权茶没有纳入发运使职掌范围。

在发运使掌权茶事务之前,宋代的茶马贸易主要由都大提举茶马司管辖。茶叶专营的目的是为了发展边境贸易,通过以茶易马为御边提供必要的战马,故史有都大提举茶马司"掌权茶之利,以佐邦用。凡市马于四夷,率以茶易之"⑦之说。发展茶马贸易实际上是宋王朝与周边游牧民族的共同需求。如马端临指出:"盖祖宗时所市马分而为二:其一曰战马,生于西边,强壮阔大,可备战阵,今宕、昌峰贴峡文州所产是也。其二曰羁縻马,产于西南诸蛮,格尺短小,不堪行阵,今黎、叙等五州军所产是也。"⑧元符三年(1100),宋徽宗召问马政时,程之邵答道:"戎俗食肉饮酪,故贵茶,而病于难得,原禁沿边鬻茶,专以蜀产易上乘。"⑨宋王

---

① 汉·司马迁《史记·平准书》,北京:中华书局1982年版,第1428页。
② 汉·班固《汉书·食货志下》,北京:中华书局1962年版,第1165—1166页。
③ 元·马端临《文献通考·征榷考二》,杭州:浙江古籍出版社1988年版,第152页。
④ 后晋·刘昫等《旧唐书·文宗纪下》,北京:中华书局1975年版,第561页。
⑤ 宋·高承《事物纪原·利源调度》,北京:中华书局1989年版,第49页。
⑥ 元·脱脱等《宋史·刘保勋传》,北京:中华书局1985年版,第9385—9386页。
⑦ 元·脱脱等《宋史·职官志七》,北京:中华书局1985年版,第3969页。
⑧ 元·马端临《文献通考·兵考十二》,杭州:浙江古籍出版社1988年版,第1394页。
⑨ 同⑦。

朝需要通过茶马贸易换取战马来巩固边防,与此同时,游牧民族希望得到茶叶以调适身体机能。

宋代茶马交易有三个特点:一是蜀地盛产茶叶,秦地及周边地区盛产良马,初以就近为原则,从蜀地运茶到秦地易马,后来茶叶起运地远及东南,交易口岸扩大;二是及时地调配资源,根据情况或将茶司和马司合并为一司,或将茶马司分立为两司;三是茶马互市基本上属于以物易物的交易,虽以茶马为主,但丝绸等也是交易的重点对象。史称:"旧制,于原、渭、德顺三郡市马。熙宁七年,初复熙、河,经略使王韶言:'西人颇以善马至边,其所嗜唯茶,而乏茶与之为市,请趣买茶司买之。'乃命三司干当公事李杞运蜀茶至熙、河,置买马场六,而原、渭、德顺更不买马,于是杞言:'买茶买马,一事也,乞同提举买马。'杞遂兼马政,然分合不常。至元丰六年,群牧判官提举买马郭茂恂又言:'茶司既不兼买马,遂立法以害马政,恐误国事,乞并茶场买马为一司。'从之。"①熙宁七年(1074),宋神宗增加茶马互市地点,合并茶司和马司。这一时期,茶叶主要取自蜀地。史称:"先是,市马于边,有司幸赏,率以驽充数。绍圣中,都大茶马程之邵始精拣汰,仍以八月至四月为限,又以羡茶转入熙、秦市战骑,故马多而茶息厚,……宣和中,以茶马两司吏员猥众,于是朝奉大夫何渐请遵丰、熙成宪,称其事之繁简而定以员数,从之。绍兴四年,初命四川宣抚司支茶博马。七年,复置茶马官,凡买马州县黎、文、叙、长宁、南平、珍皆与知州、通判同措置任责。通判许茶马司辟置,视买马额数之盈亏而赏罚之。岁发马纲应副屯驻诸军及三衙之用。旧有主管茶马、同提举茶马、都大提举茶马,皆考其资历授之。乾道初,用臣僚言省罢,委各郡知州、通判、监押任责;寻复置。绍熙三年,茶马司拖欠马数过多,诏将本年分马纲钱价,责茶马司拨付湖广总领所,劳付军官自买土马。嘉泰三年,以所发纲马不及格式,诏茶马官各差一员,遂分为两司(文臣成都主茶,武臣兴元主马)。"②根据形势的需要,采取了时分时合,以及撤销和恢复的措施。马端临记载道:"乾道间,川、秦买马之额,岁为万有一千九百匹有奇。川司六千,秦司五千九百。益、梓、利三路漕司,岁应副博马绸绢十万四千匹。成都、利州路十一州,产茶二千一百二万斤,茶马司所收,大较若此。其后文州复隶秦司,而川司增珍州之额,共为四千八百九十六;秦司六千一百二十。合两司为万有一千十有六匹,此庆元初之额也。喜泰末,川司五场又增为五千一百九十六匹,秦司三场增为七千七百九十八匹,合两司为万有二千九百九十四。"③在进行茶马交易时,丝绸是边境贸易的大宗。宋高宗建炎二年(1128),因"时川、陕马纲路通塞不常,肖胄请于广西邕州置司,互市诸蕃马,诏行之"④,在广西邕州置司市马超出了旧有的

---

① 元·脱脱等《宋史·职官志七》,北京:中华书局1985年版,第3969页。
② 同①,第3969—3970页。
③ 元·马端临《文献通考·兵考十二》,杭州:浙江古籍出版社1988年版,第1393—1394页。
④ 元·脱脱等《宋史·韩肖胄传》,北京:中华书局1985年版,第11690页。

茶马互市范围。

发运使领榷茶事务与负责发运有直接的关系。受地理条件的支配,茶大都产在南方,马大都产在北方。为解决战马陆运时损失巨大的问题,宋代采取了水陆转运的措施。马端临指出:"羁縻马每纲五十匹,其间良驯不过三五匹,中等十许匹,余皆下等,不可服乘。守倅贪于赏格,以多为贵。起纲远来,或死道路,其仅至者但存皮骨。茶马司以其将毙者责付诸路鬻之,至则随死。而计纲赴江上者,又为押纲卒校窃其刍粟,道毙相望焉。成都府马务,每年排发江上诸军马五十八纲,一月券食钱米二百贯,五十八纲,一年总计一万一千六百贯。押马官五十三员,每员六百贯,共计三万一千八百贯。兴元府马务,每年排养三衙马一百十二纲,所费称此。率未尝如数,盖茶马司靳吝钱帛,蕃蛮马至,多不即偿故也。或为守倅兵官有市马赏,茶司属官亦有,而都大主管官独无之,故至此。旧蕃蛮中马,高下良驽各有定价。绍兴中,张松为黎倅,欲马溢额以幸赏,高其直以市之。自是夷人所欲无厌,愈肆邀索。癸已变故之后,邛部川蛮邀功,赵彦博始以细茶、锦与之。至今夷人常以博马,茶锦不堪籍。曰淳熙中,龚总为黎守,又与印部蛮设席于倅厅之副阶,犒以酒食,夷人益肆,稍不如欲,则诋诃官吏,牵马出场。宕昌马旧止三千,淳熙中始增其数。庆元中,金人既为蒙国所侵,冀之北土遂失,由是马至秦司者差罕矣。旧川、秦市马赴密院多道毙者。绍兴二十四年,始拨秦马付三衙,命小校往取之。三司取马,一岁再往,反用精甲四百四十人,州县颇惮其费。二十七年秋,又诏川马不赴行在,分隶江上诸军,镇江、建康、荆、鄂军各七百五十,江、池军各五百,殿前司二千五百,马步司各千,而以川马良者二百进御。凡以川、秦纲马皆遵陆。乾道初,吴璘为宣抚使,始议马纲劳费。又均、房一带多峻岭乱石,马多伤蹄道毙,请以舟载马而东。上命夔路造舟。明年,夔路转运司主管文字任续上言:'造舟已毕,工役遂事,山程滩险,利害相当,在所不论,惟欲拨陆路之刍秣,以免沿流之烦费,辍四路之军兵,以免篙梢之追扰,四路厢禁军数目不少,若各辍五千人于沿流十郡充水军,其衣粮令元来处科拨,马纲行则迎送舟舡,马纲住则训习水战,莫此为便。'上大喜,令制置司拨厢禁军三千五百人如其请。王十朋、虞允文力论其扰人。其后言者又谓马纲所至,骚扰江村,而商贩米斛之舟,尤被其毒,况水路马数较之陆行存亡相若,而于籴场大有妨碍,乃诏川路马舡日下废罢,盖自璘建请之后,利夔两路沿江十余郡之被其害者,三载而后得免焉。淳熙八年,新兴国军朱晞颜朝辞,奏:'四川茶马司岁于宕、昌、黎、文、阶、叙、南州、珍州等处买马一万子千余匹,并四尺二寸以上,十岁以下,方许起纲。不合格者,虽骨相骁骏,驰骤超逸者,亦不收买,又不许民间私买。臣愚以为弃之于化外,不若养之民间,缓急收之,实朝廷之外厩,况沿边之地,去西北不远,风土水草相类,养之易以蕃息。而有愿中卖于官者,依所直之数与之,孰不乐归于官者?是则民间之马,皆吾厩中物。乞于茶马司所买马外不堪排发起纲之马,令官用退印,不拘军民,并听从便收买,则不惟得夷人欢心,且俾沿边牧马,日以蕃息,可为缓急之备,是一举而数利也。'从之。

信阳军守臣言:'秦司排拨纲马,兵士已至,而马数未足,官司每以多支日券为忧。马数已登,而兵士未至,官司复以多费草料为念。幸而人马俱集,则督促发遣,一不暇顾。且马产于深蕃,涉远而至,力犹未充,不问羸病,遽责之以经涉险阻,沿路倒毙,皆此之由。乞下秦司,今后纲马有羸瘠病患者,且须医疗饲养十分克壮。然后拨发。'从之。"①在运马的过程中,采取了"计纲赴江",因发运司全面负责漕政,其中自然有发运司的参与。

宋代边患严重,输粮入边和巩固边防是长期的任务。然而,长途转运特别是陆运势必要耗费大量的财力、物力和人力,为解决这一棘手的问题,宋代施行了鼓励商人输粮入边的政策。进而言之,为解决输粮入边不利的局面,从宋太宗雍熙年间(984—987)起,采取了"交引"之策。"交引",是指采办军用粮草时使用的代价证券。输送粮草入边后,凭官方给予的证券可到京城结算银两。因在边境贸易中,茶、盐占有重要的份额,为了提高商人输粮入边的积极性,官方采取了让利于商的政策,商人输粮后可凭券到江、淮、荆湖等地领取茶叶和盐结算。史称:"茶之为利甚博,商贾转致于西北,利尝至数倍。雍熙后用兵,切于馈饷,多令商人入刍粮塞下,酌地之远近而为其直,取市价而厚增之,授以要券,谓之交引,至京师给以缗钱,又移文江、淮、荆湖给以茶及颗、末盐。端拱二年,置折中仓,听商人输粟京师,优其直,给茶盐于江、淮。"②商人参与茶马交易后,拓展了以蜀茶易马的空间,从而将东南六路生产的茶叶纳入了茶马交易的范围。马端临认为宋代实行"交引"之策始于雍熙年间,但宋人认为始于宋太宗淳化四年(993),如沈括指出:"淳化四年,初行交引,罢贴射法;西北入粟给交引,自通利军始。"③榷茶、榷盐等事务归各路发运司管辖后,商人到江、淮、荆湖等地领取茶叶和盐,以漕运航道为商贸往来的大通道,在一定程度上促进了商品流通。

发运司除了有《宋史·职官志》中记载的职掌外,还有疏浚航道和开挖新运河的职能,如史有"胡师文昨为发运使,创开泗州直河,及筑签堤阻遏汴水"④之说,又有"方春旱,发运使调民浚漕渠以通盐舸"⑤之说。针对航道曲折迂回及堵塞等情况,发运司提出了开挖新河和疏浚航道的建议。但也应该看到,除了发运使负有疏浚航道和开挖新运河等职能外,转运使、都水监及地方官员等亦有开挖新航道和疏浚旧航道的职能。从其职能交叉的情况看,确保航道畅通是宋代东南漕运各级官员必须全力以赴的大事。史称:"提点益州路刑狱,历开封盐铁判官、江东淮南河北转运使、江浙荆淮发运使。岁漕米至八百万,或疑其多,长卿曰:'吾非欲事羡赢,以备饥岁尔。'议者谓楚水多风波,请开盱眙河,自淮趣高邮,长卿言:'地阻

---

① 元·马端临《文献通考·兵考十二》,杭州:浙江古籍出版社1988年版,第1394页。
② 元·脱脱等《宋史·食货志下五》,北京:中华书局1985年版,第4479页。
③ 宋·沈括《梦溪笔谈·官政二》,胡道静《梦溪笔谈校证》,上海:上海古籍出版社1987年版,第442页。
④ 元·脱脱等《宋史·河渠志四》,北京:中华书局1985年版,第2334页。
⑤ 元·脱脱等《宋史·孙洙传》,北京:中华书局1985年版,第10423页。

山回绕,役大难就。'事下都水,调工数百万,卒以不可成,罢之。时又将弛茶禁而收其征,召长卿议,长卿曰:'本祖宗榷茶,盖将备二边之籴,且不出都内钱,公私以为便。今之所行,不足助边籴什一,国用耗矣。'"①孙长卿任转运使、发运使时,有人提出了开挖盱眙运河的建议。孙长卿认为这一做法不妥,于是由都水监负责开盱眙运河,在耗费大量的财力、物力和人力后终以失败而告终。这一事件表明,疏浚及开挖新航道可由不同的部门负责进行。史称:"时发运司建议浚淮南漕渠,废诸堰,臻言:'扬州召伯堰,实谢安为之,人思其功,以比召伯,不可废也。浚渠亦无所益。'召为三司度支判官,而发运司卒浚渠以通漕,臻坐前异议,降监察御史、知睦州。"②这一事例进一步证实了疏浚及治理航道可以由不同的职官负责。宋太宗淳化二年(991),"属澶州河决,流入御河,涨溢浸府城,昌言籍府兵负土增堤,数不及千,乃索禁卒佐役,皆偃蹇不进。"③地方官员亦参与到治理运河航道的行列之中。尽管有不同职务的官员参与疏浚治理和开新航道,但发运使始终负有疏浚及开挖新河这一主要职能。

在不断扩大执掌的过程中,发运使拥有了掌管冶炼银、铜、铅、锡,铸钱,市舶司(专掌海外贸易的机构)等的权力。李焘记宋神宗熙宁八年(1075)事迹时写道:"中书言:'江、淮等路发运使副并兼制置茶、盐、矾、酒税,提举逐路巡检兵甲贼盗,都大提举江、浙、荆湖、福建、广南路银铜铅锡坑冶、市舶、铸钱等事,职务至众,无徭办集。请以江、淮、荆、浙等路制置盐矾,兼发运使副结衔,余事毋得管句。'从之。"④起码说,在熙宁八年以前,发运使已有了执掌冶炼银、铜、铅、锡,铸钱,市舶司等的权力。史称:"八年,福建市舶陈岘言:'福建自元丰二年转运使王子京建运盐之法,不免有侵盗科扰之弊,且天下州县皆行钞法,独福建膺运盐之害。绍兴初,赵不已尝措置钞法,而终不可行者,盖漕司则藉盐纲为增盐钱,州县则藉盐纲以为岁计,官员则有卖盐食钱、縻费钱,胥吏则有发遣交纳常例钱,公私龃龉,无怪乎不可行也。钞法未成伦序,而纲运遽罢,百姓率无食盐,故漕运乘此以为不便,请抱引钱而罢钞法。钞法罢而纲运兴,官价高,私价贱,民多食私盐而官不售,科抑之弊生矣。'于是诏岘措置。岘请从榷货务自立五千斤至百斤,分为五等,造大小钞给买,仍预措置卖钞,先以本钱界三仓买盐,以备商旅请买。九年正月,以福建盐自来运卖,近为钞法敷扰害民,于是诏福建转运司,诸州盐纲依旧官般官卖。三月,诏转运傅自得、杨由义廉察官卖盐未便者,措置以闻。"⑤发运使一向有兼管盐务的职事,福建是海盐的重要产地,发运使又有兼管市舶司的职能,因职事方面的关系,陈岘以福建市舶使的身份谈论盐务及漕运属正常的职责范围。

除了掌管与发运及漕运相关的事务外,发运使在"专举刺官吏之事"的过程中,又拥有谏

---

① 元·脱脱等《宋史·孙长卿传》,北京:中华书局1985年版,第10642页。
② 元·脱脱等《宋史·王臻传》,北京:中华书局1985年版,第10009页。
③ 元·脱脱等《宋史·赵昌言传》,北京:中华书局1985年版,第9196页。
④ 宋·李焘《续资治通鉴长编·神宗熙宁八年》,北京:中华书局2004年版,第6548页。
⑤ 元·脱脱等《宋史·食货志下五》,北京:中华书局1985年版,第4464页。

言、举贤、监察等权力,并可干预和介入相关发运地区的狱讼即案件审理等事务。如张锡任江淮发运使期间,"召兼侍御史知杂事、判大理寺、权知谏院"①,从"兼"字中可知,发运使有监察、审案、谏言等职能。如徐松引《神宗正史·职官志》记载道:"制置发运司、计度转运司,并使、副或判官二人;提点刑狱司,提点官一人;提举司,提举官一人。各分路列职,掌按察官吏之事。"②从"掌按察官吏之事"等语中当知,发运使也有监察地方官员和举贤的职能。

在"专举刺官吏之事"时,发运使还有"自辟其属"的人事权。史称:"熙宁初,辅臣陈升之、王安石领制置三司条例,建言:'发运使实总六路之出入,宜假以钱货,继其用之不给,使周知六路之有无而移用之。凡上供之物,皆得徙贵就贱,用近易远,令预知在京仓库之数所当办者,得以便宜蓄买以待上令,稍收轻重敛散之权归于公上,则国用可足,民财不匮矣。'从之。既又诏六路转运使弗协力者宜改择,且许发运使薛向自辟其属。又令举真、楚、泗守臣及兼提举九路坑冶、市舶之事。元祐中,诏发运使兼制置茶事。"③熙宁(1068—1077)初年,允许发运使薛向"自辟其属",开启了发运使自行任命属官的先河。这样做的目的是为了改变对漕运不利的局面,通过增加"自辟其属"的权力加强过程管理,进而强化领导责任制。从表面上看,宋哲宗元祐(1086—1098)中"诏发运使兼制置茶事",是指赋予发运司征收茶税和专卖的权力,其实不然,早在宋太宗至道元年,发运使已兼制置茶盐使一职,领茶盐等事务。那么,《宋史》的编纂者为什么还要这样说呢?道理很简单,此前,发运使的职能经过调整后,已不再掌权茶事务,故需重新强调。

发运司建立时,其官职略低于转运使。其时,发运使的官职与转运副使大体相当。宋真宗咸平元年(998),卞衮"为淮南转运副使、同荆湖发运事"④;咸平三年(1000),刘师道"改淮南转运副使兼淮南、江、浙、荆湖发运使"⑤,这些情况均从侧面道出了发运使官职低于转运使的事实。然而,尽管发运使的官职比转运使低,但发运使肩负着发运租籴和财赋等重任,朝廷给予其穿戴与转运使同样官服的政治礼遇。史称:"太宗太平兴国二年,诏朝官出知节镇及转运使、副,衣绯、绿者并借紫。知防御、团练、刺史州,衣绿者借绯,衣绯者借紫;其为通判、知军监,止借绯。其后,江淮发运使同转运,提点刑狱同知刺史州。"⑥从时间节点上看,发运使享有穿着转运使官服的待遇应发生在太平兴国二年(977)以后。

发运使的政治待遇得到提升主要有三方面的原因:一是与太平兴国二年以后,形成"江淮发运使同转运"的制度有直接的关系;二是与正式建立发运司官署有直接的关系;三是与

---

① 元·脱脱等《宋史·张锡传》,北京:中华书局1985年版,第9826页。
② 清·徐松《宋会要辑稿·职官四二》第4册,北京:中华书局1957年版,第3237页。
③ 元·脱脱等《宋史·职官志七》,北京:中华书局1985年版,第3963页。
④ 元·脱脱等《宋史·卞衮传》,北京:中华书局1985年版,第9434页。
⑤ 元·脱脱等《宋史·刘师道传》,北京:中华书局1985年版,第10065页。
⑥ 元·脱脱等《宋史·舆服志五》,北京:中华书局1985年版,第3561页。

重视发运司,以重臣兼任发运使有直接的关系。发运司建立后,明确了发运使的官职,这一时期,发运使的官职略低于转运使。然而,宋代当局者认为,发运在漕运中有着不可替代的地位,因此发运使的官职虽略低于转运使,但在官服穿着方面可享受转运使的待遇。此后,又由于发运使与转运使在漕运及征收租籴和财赋中有同等重要的地位,遂为发运使享有与转运使相同的待遇和官职奠定了基础。宋太宗至道元年,王嗣宗"徙知耀州,又知同州,加比部郎中、淮南转运使、江浙荆湖发运使"①;又如宋真宗咸平年间(998—1003),命同荆湖发运使的卞衮"入判三司开拆司,再为淮南转运使兼发运使"②。从其任职情况看,因身兼二职时,转运使在前、发运使在后,可以视为转运使兼任发运使。进而言之,在这一时期,发运使的官职是低于转运使的。然而,到了薛奎由"改尚书户部员外郎、淮南转运副使,迁江、淮制置发运使"③时,这一情况发生了变化。具体地讲,"迁"表明提升,薛奎由淮南转运副使"迁江、淮制置发运使"一事表明,在不断扩大职事的过程中,发运使已成为与转运使平级的官员。薛奎是淳化三年的进士,宋真宗天禧二年(1018)二月,迁江、淮制置发运使。根据这一时间线索当知,发运使官职与转运使相同完全可以天禧二年为时间下限,起码说,天禧二年以后,发运使的官职已完全与转运使的相同,他们是平级官员。

在高度重视漕运的前提下,发运使的权力呈现出扩大的势态。权力扩大后,虽有利于调动各种资源加强漕运,但也会因缺少必要的约束和监督而给一些行为不轨的官员留下舞弊的机会。史称:"后发运使权益重,六路上供米团纲发船,不复委本路,独专其任。文移壅并,事目繁夥,不能检察。操舟者赇诸吏,得诣富饶郡市贱贸贵,以趋京师。自是江、汴之舟,混转无辨,挽舟卒有终身不还其家、老死河路者。籍多空名,漕事大弊。"④为此,宋代统治者采取了分权的措施。史称:"朝官充都大提举河渠司,勾当及提举宫观,并催遣辇运、催纳,诸州监物务等,自十五千至七千,凡三等。(任四路,给铁钱七十千。)京官充催促辇运、催装斛斗纲船,并诸州监物务等,自七千至五千,凡二等。(任四路,给铁钱五十千。)都大提举修护黄河堤埽岸,诸处巡检,并监北京大内军器库,并蔡河拨发催纲等,并以两省供奉官以下至内品充,自十千至三千,凡七等。"⑤发运司原本有监管漕运即"催遣辇运、催纳,诸州监物务"等职能,经调整后,这一职掌划归都大提举河渠司掌管,由此形成了制约和监督发运使的机制。马端临记载道:"政和改元,诏江、淮、荆浙六路共置茶盐提举一员。宣和三年,诏河北、京东路推行新法钞盐,可添置提举官一员。此提举茶盐之所始也(国朝茶盐事,旧隶发运司。元丰间,或以转运、常平官兼提举,或以提刑兼领,知、通提辖。政和以后,始专置官吏)。"⑥本

---

① 元·脱脱等《宋史·王嗣宗传》,北京:中华书局1985年版,第9648页。
② 元·脱脱等《宋史·卞衮传》,北京:中华书局1985年版,第9434—9435页。
③ 元·脱脱等《宋史·薛奎传》,北京:中华书局1985年版,第9630页。
④ 元·脱脱等《宋史·食货志上三》,北京:中华书局1985年版,第4252页。
⑤ 元·脱脱等《宋史·职官志十二》,北京:中华书局1985年版,第4133—4134页。
⑥ 元·马端临《文献通考·职官考十五》,杭州:浙江古籍出版社1988年版,第559页。

来,东南六路的榷茶、榷盐等事务由发运司掌管,宋徽宗政和元年(1111)发生变化,设置了专门管理的职官。

第二节　发运司建撤考述

宋代发运司建于何时,前人主要有两种说法:一是宋人认为,发运司成立于宋太宗淳化四年;一是元人认为,发运司成立于宋太宗太平兴国二年。

持发运司建于淳化四年的观点的以张邦基等为代表。张邦基指出:"发运使,淳化四年始建官焉。"①"建官"有两层含义:一是指设发运使一职,二是指建立发运司。因宋太祖建隆二年已设发运使,因此,张邦基所说的应指发运司成为正式的官署。张邦基生卒年不详,公元1131年前后在世。他的观点与李弥逊、王应麟等一脉相承。李弥逊指出:"祖宗之法有便于国,利于民,可行于今者发运一司是也,其制始于太宗淳化间,而备于仁宗皇祐之后。"②王应麟亦指出:"发运一司,其制始于淳化而备于皇祐之后。"③根据这些情况,后人认为发运司建在淳化四年。

持发运司建于太平兴国二年观点的以马端临等为代表。马端临论述宋代发运司沿革时指出:"宋太平兴国二年,置江、淮水陆发运于京师。端拱元年罢,以其事分隶排岸司。至道元年,始命洛苑副使杨允恭、西京作坊使副李延遂及太子中允王子舆为江、淮南、两浙发运使兼知制茶盐事,就淮南置局,三年省。咸平二年,盐铁判官王子舆复为制置淮南茶盐,是年令兼制置矾税,仍领荆湖路。三年,以子舆充淮南转运使;四年,又加都大发运事,兼以淮南转运使领其务而无使名。景德二年复置一人,后亦有二人。副使以诸司副使充。景德二年,置都监。天禧二年,官崇者或为副使,秩轻者为都监,副使、都监不常备。景祐元年罢,宝元元年复。庆历七年,上命发运副使,更不置正使。置司真州,岁漕江、湖粟六百万斛以赡中都;渡江后,江湖寇盗多,发运司第职籴买而已。绍兴二年罢,以其钱帛赴行在。八年,起居舍人句龙如渊言户部非生财之道,请置诸路水陆度支转运等使,置司苏、杭。户部侍郎李弥逊请复置发运使,别给籴本钱数百万缗,广行储积。徽猷阁待制程迈为江、湖、荆、浙、闽、广经制发运使,专掌籴事。九年,废发运司。乾道六年,虞丞相当国,奏复发运司,以户部侍郎史正志为江、浙、荆、湖、淮、广、福建等路都大发运使。朝论不以为宜,汪圣锡黄通老二尚书言之

---

① 宋·张邦基《墨庄漫录》(孔凡礼点校),北京:中华书局2002年版,第117页。
② 宋·李弥逊《筠溪集》,清·纪昀等《四库全书》第1130册,上海:上海古籍出版社1987年版,第603页。
③ 宋·王应麟《玉海·食货》,南京:江苏古籍出版社1987年版,第3350页。

尤力,执政不听。其年十二月,正志以奏课诞谩,遂废司焉。后复置,以平江府守臣兼,专领籴运之事,以饷淮军。"①在表述中,马端临虽没有明确地写下"发运司"一词,但联系上下文看,已完整地表达了太平兴国二年,江、淮水陆发运司在大梁正式成立的意思。具体地讲,"置"有设置之义,从表面上看,"置"既可指设置发运使,又可指设置发运司。问题是,宋初已设置发运使一职,这样一来,"置"只能是指太平兴国二年正式建水陆发运司。史有李若拙"四年,……又同掌水陆发运司"②之说,"四年"指太平兴国四年(979)。这里只提"同掌",表达了太平兴国四年以前发运司已正式建立的意思。根据这一情况,后人认为,马端临所说的"宋太平兴国二年,置江、淮水陆发运于京师"应指在大梁正式建立江淮水陆发运司。

其实,张邦基、马端临等人的观点都有缺陷,都有值得商榷的地方。这里先谈谈张邦基等认为发运司建于淳化四年的观点。首先,《宋史》的编纂者明显地不同意发运司官署建于淳化四年的观点。如有太平兴国七年(982)"会汴漕壅滞,军食不给,诏别置水陆发运两司"③之说,又有刘蟠太平兴国八年(983)"知京城陆路发运司事"④之说,又有宋太宗雍熙四年(987),并水路发运司和陆路发运司为水陆发运司一说。史称:"雍熙四年,并水陆路发运为一司。"⑤这些时间均早于淳化四年,从这些记载中当知,淳化四年以前,发运司已正式建立。换句话说,假定《宋史》关于发运司建于淳化四年以前的记载只有一处的话,那么,作为个案自然无法证明发运司建于淳化四年以前。然而,出自众人之手的《宋史》多处提到淳化四年以前发运司就已建立的情况,显然这不是笔误,而是淳化四年以前正式建立发运司的证据。进而言之,根据这些情况,基本上可以证明发运司始建于淳化四年以前,即以淳化四年为发运司成立时间的说法是有误的。其次,《宋史》有王宾"淳化四年,出知扬州兼淮南发运使"⑥之说,从"出知"中当知,王宾是在扬州兼任淮南发运使一职的。根据文献,发运司初建于大梁。这里透露的信息是,由"出知扬州"的王宾兼任发运使,当知淳化四年发运司已成为中央派出机构。以此为时间节点,淳化四年以后,发运司已移往各路或府、州治所,发运使已成为隶属中央的外官。根据这些情况,淳化四年成立发运司的说法值得商榷。

再来谈谈马端临发运司建于太平兴国二年的观点。史有宋太祖开宝八年(975),"乃择干强之臣,在京分掌水陆路发运事"⑦之说,"分掌"与兼任有明显的区别,从"乃择干强之臣,在京分掌"的语意看,应包含了建立发运司官署的意向。那么,发运司究竟建于何时?王栐

---

① 元·马端临《文献通考·职官考十六》,杭州:浙江古籍出版社1988年版,第561页。
② 元·脱脱等《宋史·李若拙传》,北京:中华书局1985年版,第10133页。
③ 元·脱脱等《宋史·王宾传》,北京:中华书局1985年版,第9410页。
④ 元·脱脱等《宋史·刘蟠传》,北京:中华书局1985年版,第9388页。
⑤ 元·脱脱等《宋史·食货志上三》,北京:中华书局1985年版,第4251页。
⑥ 同③。
⑦ 同⑤,第4250页。

的记载应引起重视:"皇朝初下江南,置水路、陆路发运二使,运江南之粟以瞻京师。其后以陆路不便,悉从水路。雍熙四年四月己亥,诏合水路、陆路发运为一路,以王继升掌之,董俨为同掌,自此讫于宣和不改。"①"皇朝初下江南",是指开宝七年(974)至开宝八年宋太祖为统一南方派军征伐南唐一事。从语法结构上看,王栐所说的"置水路、陆路发运二使"与马端临所说的"置江、淮水陆发运于京师"大体相同,所不同的是,前者以数量词"二使"补足,后者以介词"于"补足地点。从历时的角度看,宋太祖建隆二年已出现"以鸿胪少卿卢浚为京畿东路发运使"的情况,因此"皇朝初下江南,置水路、陆路发运二使"中的"置"应指任命专门负责执掌漕政的官员即发运使。由于此前为兼职,因此有专职官员后,应建立相应的官署即发运司。进而言之,发运司应建于开宝七年或八年。可见,马端临等人关于宋代建发运司的时间有明显的错误。

综上所述,东南六路成为租赋和财赋的重点征收区域后,发运使的工作重点转向了东南六路。起初,江、淮发运司设在京城,负责掌管东南六路的发运事务。宋太宗端拱元年(988),撤销江、淮发运司建制,所掌事务归属排岸司及下卸司。史称:"端拱元年,罢京城水陆发运,以其事分隶排岸司及下卸司。"②淳化五年(994)七月,在京城重新建立主管东南漕运事务的发运使,如史有"置江、淮、两浙发运使"③之说。至道元年,发运司移往淮南路,"就淮南置局"即在淮南建发运司官署。这一举措标志着发运司移往京城以外的地方,并成为中央的派出机构。在这一演变过程中,参与发运事务的既有京官、外官,又有负责军务的官员。进而言之,发运司虽出现时建时撤及移治江淮的情况,但大的趋势是通过发运司建设加强东南六路的漕运工作。

北宋时期,江、淮、两浙发运司初建于真州或泗州,宋室南渡后治所建在苏州。如宋高宗绍兴四年(1134)冬天,时任户部尚书的章谊说:"祖宗设官理财,内则户部,外则诸路转运使、副,东南委输最盛,则又置发运,以督诸路供输之入,皆有移用补助之法,户部仰以不乏者也。今川、广、荆湖土贡岁输,不入王府者累年矣,皆发运使失职之罪也。顷因定都汴京,故发运使置司真、泗,今驻吴会,则发运当在荆湖南、北之间。望讨论发运置司之地,选能臣以充其任。"④"吴会"指苏州。赵翼指出:"西汉时会稽郡治本在吴县,时俗以郡县连称,故云吴会。"⑤纳兰性德亦指出:"世多称平江为吴会,意谓吴为东南一都会也。自唐以来如此,今郡中有吴会亭,府治前有吴会坊。"⑥其中,江、淮、两浙发运司是重要的派出机构。

---

① 宋·王栐《燕翼诒谋录》(诚刚点校),北京:中华书局1981年版,第49页。
② 元·脱脱等《宋史·食货志上三》,北京:中华书局1985年版,第4251页。
③ 元·脱脱等《宋史·太宗纪二》,北京:中华书局1985年版,第95页。
④ 元·脱脱等《宋史·章谊传》,北京:中华书局1985年版,第11688页。
⑤ 清·赵翼《陔余丛考·吴会》,上海:上海古籍出版社2011年版,第378页。
⑥ 清·纳兰性德《通志堂集·渌水亭杂识》,上海:上海古籍出版社1979年版,第600页。

发运司时建时撤,是宋王朝独特的政治景观。具体地讲,至道元年"就淮南置局",至道三年(997)五月,度罢江淮发运使和发运司,这一事件似乎表明,发运司的存在有害于漕运管理。李焘记载道:"壬申,罢江淮发运使、诸路转运使司承受公事,朝臣、使臣悉召归阙。上初听政,务从简易也。"①然而,时隔不久,宋王朝又恢复了发运司。徐松记载道:"景德二年五月,以崇仪副使李溥制置淮南江浙荆湖茶盐矾税,兼都大发运使。时新易榷茶法,故专任溥以集其事。八月,以大理寺丞李渭为太子中舍,充黄河三门发运使。三年二月,以虞部员外郎冯亮为度支员外郎、淮南江浙荆湖制置茶盐,兼都大发运使,赐金紫。太平兴国五年正月,命右赞善大夫姚沇在陕西三门发运。十月,命太子中允刘顺监三门发运务。八年九月,以儒州刺史许昌裔,洛苑使、演州刺史王宾,同知水路发运;军器库使、领顺州刺史王继升,驾部员外郎刘蟠,同知陆路发运。先是,每岁运江淮米四五百万斛以给京师,率用官钱僦牵船役夫,颇为劳扰。至是,每船计其直给与舟人,令自召募,甚以为便。既而舟数百艘留河津,月余不得去,计史自言有司除常载外,别科置皮革、赤烟、铅锡、苏木等物,守藏者不即受故也。太宗怒,夺三司使一月俸,分命昌裔等领水陆发运,自是贡输无滞也。"②景祐元年(1034)十月,宋仁宗又诏罢江淮发运使。徐松记载这一事件时写道:"景祐元年十月五日,诏罢江淮发运使,以其使黄总为淮南发运使,与吴遵路同兼发运司事。所有制置茶盐矾税,令逐路转运使、副兼领之。二年四月二十九日,中书门下言:'近省罢淮南、江浙、荆湖等路制置发运司,其公事令淮南转运司兼领,辇运上京斛斗,专委逐路转运司,各认年额起发。尚虑逐路不切趁办,致亏元数,欲下淮南及逐路转运司,并须公共计置,依元额上供,不得亏少,有误支用。如违,并干系人吏置之法。'从之。"③

发运司时撤时建,反映了宋代漕运管理面临的两难的困境:一方面,为了提高漕运效率需要撤销发运司;另一方面,发运司在漕运管理中的职能需要加强。其实,出现这样的情况是必然的,其主要原因与发运司和转运司的职能多有交叉相关,同时又与漕运发生危机需要成立发运司统揽相关的事务有密切的关系。政和六年(1116),为了重整漕运秩序,宋徽宗下达了恢复转般仓的诏令。史称:"六年,诏复转般仓,命发运判官卢宗原措置,寻以靖康之难,迄不能复。渡江后,惟领给降籴本,收籴米斛,广行储积,以备国用。绍兴二年,用臣僚言省罢,以其职事分委漕臣。八年,户部复言广籴储积之便,再置经制发运使(并理经制司财赋,故名。),以徽猷阁待制程迈充使,专掌籴事。迈上疏,以租庸、常平、盐铁、鼓铸各分于诸司而总于户部,发运使无所用之。固辞不行。九年,遂废发运司,以户部侍郎梁汝嘉为经制使,检察中外失陷钱物,与催未到纲运、措置籴买、总领常平为职。未几,复以臣僚言,分其责于逐

---

① 宋·李焘《续资治通鉴长编·太宗至道三年》,北京:中华书局2004年版,第865页。
② 清·徐松《宋会要辑稿·职官四二》第4册,北京:中华书局1957年版,第3242页。
③ 同②。

路监司。乾道六年复置,以户部侍郎史正志为两浙、京、湖、淮、广、福建等路都大发运使。是冬,以奏课诞谩贬,并废其职。"①几经波折,转般仓得到了恢复。在这中间,发运司时建时撤,或以户部侍郎领发运使一职,在一定程度上反映了宋人进退两难的矛盾心态。

与北宋相比,南宋发运司的建撤最为频繁。出现这样的情况是必然的,主要表现在两个方面。一是政治形势变化后,征收租粜和财赋地区随之发生变化。吴曾指出:"惟本朝东南岁漕米六百万石,以此知本朝取米于东南者为多。然以今日计,诸路共六百万石。而江西居三之一,江西所出尤为多。"②本来,在东南六路征收的租粜和财赋中,江南西路的岁额最低,然而,政治中心迁徙及疆土发生变化后,地处南宋腹地的江南西路开始成为租粜和财赋重点征收的地区。二是漕运方向发生变化后,淮南、两浙、荆湖等路成为重点设防地区。淮南、荆湖等路位于对金、元军事斗争的前线,当这些地区征收的租粜和财赋仅够维持边防前线的需求,甚至还要从其他地区调拨时,以及两浙所出需要为庞大的官僚机构服务时,政治形势即版图缩小后的形势决定了建撤发运司的形势。南渡后,漕运范围大大地缩小,当周边地区皆成为军事斗争前线时,处于腹地的江南西路势必要成为租粜和财赋重点征收的地区。在这中间,因重点建设的江淮不再是主要的发运地,其地的发运司势必要出现撤销的情况。

发运制度是宋代漕运的重要成果。战略空间压缩后,军事斗争依旧需要漕运的参与。因为这样的缘故,发运司是留是撤成为南宋两难的选择,于是就出现了如下三种情况:一是在州级行政建制以上建府,出现了以发运使兼任府级建制通判的情况,如史有"以程元凤为淮、浙发运使、判平江府"③之说;二是根据军事斗争形势上的需要,以掌军事的长官兼任发运使,如史有吴渊"迁兵部尚书、知平江府兼浙西两淮发运使"④之说;三是一度省去负责钱谷事务的常平官,改归发运使管辖。毕沅记载道:"自建炎初,省诸路提举常平官,并其职于提刑司。次年,朝议复置,且讨论其得失,书成未颁,而帝南渡。继而言者谓常平之法不可行,遂寝。中间常平之职,常隶发运司,亦隶经制司,已而复隶提刑司。至是王鈇言:'常平一司,钱谷敛散,宜专使领之,请复置诸路提举官。'九月,诏以诸路提举茶盐官为提举茶盐常平公事,川、广以宪臣兼领。"⑤南宋征收租粜和财赋的地区及岁额均发生了新的变化。尽管如此,发运司作为宋代特有的职官制度,在特定的时期有着特定的作用,所以,研究宋代漕运制度变迁的过程时,对发运司的考证是不可或缺的。

---

① 元·脱脱等《宋史·职官志七》,北京:中华书局1985年版,第3963—3964页。
② 宋·吴曾《能改斋漫录·唐宋运漕米数》,上海:上海古籍出版社1960年版,第396页。
③ 元·脱脱等《宋史·理宗纪五》,北京:中华书局1985年版,第875页。
④ 元·脱脱等《宋史·吴渊传》,北京:中华书局1985年版,第12467页。
⑤ 清·毕沅《续资治通鉴·宋纪一百二十七》,北京:中华书局1957年版,第3358—3359页。

第三节　发运司与转运司

转运司的最高长官是都转运使,转运使"掌经度一路财赋,而察其登耗有无,以足上供及郡县之费;岁行所部,检察储积,稽考帐籍,凡吏蠹民瘼,悉条以上达,及专举刺官吏之事。……中兴后,置官掌一路财赋之入,按岁额钱物斛斗之多寡,而察其稽违,督其欠负,以供于上;间诣所部,则财用之丰欠,民情之休戚,官吏之勤惰,皆访问而奏陈之;有军旅之事,则供馈钱粮,或令本官随军移运,或别置随军转运使一员,或诸路事体当合一,则置都转运使以总之"①。转运使"专举刺官吏之事"应发生在宋太祖一朝,如史有开宝九年(976)十一月,宋太祖"诏诸道转运使察州县官吏能否,第为三等,岁终以闻"②之说。宋真宗大中祥符五年(1012),经核编全国设三十个转运使,故史有"转运使,三十人"③之说。

宋代职官制度规定:"其外官制置、发运、转运使副使,不限官品,著位并在提点刑狱之上。"④"提点刑狱"是提点刑狱司的省称,"提点"有掌管之意,提点刑狱司是路一级(相当于省级)的司法机构,掌辖区府、州、军的刑狱等事务,并与转运司、发运司、提举常平司等共同负责一方的监察。虽然提点刑狱使的官职与发运使、转运使相当,但宋代典宪明确地规定,转运使、发运使著位时排在提点刑狱使的前面,同时,又"不限官品"将转运副使也排在提点刑狱使的前面。李焘记宋太宗至道元年事迹时写道:"八月乙亥朔,荆湖转运使何士宗上言:'望自今执政大臣出领外郡,应合申转运使公事,只署通判以下姓名。'上谓宰相曰:'大臣品位虽崇,若出临外藩,即转运使所部,要系州府,不系品位,此朝廷典宪,不可轻改也,宜仍旧贯。'"⑤转运使的官职虽不高,但因"要系州府",故有很高的政治地位。

宋代十分重视转运使和发运使及其属官的任用,规定任职期满后,在同等的条件下可以"优迁"即优先提拔,如熙宁二年(1069),宋神宗"诏转运使用本资序人即充,资序下一等为权,二等为权发遣"⑥。所谓"用本资序人",是指选择或提拔转运使时,转运司的属官及有相应资历的官员将是优先提拔的对象。"资序下一等"的即没有两任资历的官员,因有才干且业绩显著者可充当代理。"权"是"权知"的省称,指代理。"权发遣",指资历浅但有才干的官员可以破格提拔使用,并代理相关职务。"发遣",指出任。如宋孝宗淳熙三年(1176),中

---

① 元·脱脱等《宋史·职官志七》,北京:中华书局1985年版,第3964—3965页。
② 元·脱脱等《宋史·太宗纪一》,北京:中华书局1985年版,第54页。
③ 元·脱脱等《宋史·职官志十》,北京:中华书局1985年版,第4075页。
④ 元·脱脱等《宋史·职官志八》,北京:中华书局1985年版,第4001页。
⑤ 宋·李焘《续资治通鉴长编·太宗至道元年》,北京:中华书局2004年版,第818页。
⑥ 元·马端临《文献通考·职官考十五》,杭州:浙江古籍出版社1988年版,第557页。

书舍人程大昌称:"旧制,选人改秩后两任关升通判,通判两任关升知州,知州两任即理提刑资序。除授之际,则又有别以知县资序隔两等而作州者,谓之'权发遣',以通判资序隔一等而作州者,谓之'权知',上而提刑、转运亦然。隔等而授,是择材能也;结衔有差,是参用资格也。"①史称:"使阙,则有权使事;又阙,则有权发遣公事。"②李焘记宋仁宗庆历三年(1043)事迹时写道:"虞部员外郎杜杞权发遣度支判官事,太常博士燕度权发遣户部判官事,仍理本资序,毋得差出,俟三年有劳,令三司保明,当议升陟之。权发遣三司判官始此。"③凡担任过转运副使、运判资历的官员,选官时可优先担任转运使或代理转运使。

作为选官制度,"用本资序人"适用于不同的职官系列。马端临记载道:"二年,殿中侍御史吕陶言:'郡守提封千里,生聚万众,所系休戚,而不察能否,一以资格用之,凡再为半刺,有荐者三人,则得之矣。不公不明,十郡而居三四,是天下之民半失其养。请令内外从臣,岁举可为守臣者各三人,略资序而采公言,庶其可以择才庇民也。'诏:'内外待制、大中大夫以上,岁举再历通判资序、堪任知州者一人,籍于吏部。遇三路及一州而四县者,其守臣有阙,先差本资序人,次案籍以及所荐者。'"④"二年"指元祐二年(1087),此可以《宋史·选举志六》记载宋哲宗的诏书为证,史称:"诏:'内外待制、太中大夫以上,岁举再历通判资序、堪任知州者一人,籍于吏部。遇三路及一州而四县者,其守臣有阙,先差本资序人,次案籍以所荐者。'"⑤在遵循"用本资序人"用人规则的同时,因转运司和发运司同为中央派出机构,在转运司或发运司任职或做属官有更多"优迁"的机会。

在选拔官员的过程中,宋代形成了一套独特的制度。史称:"凡正言、监察以上,皆特恩或被举方除。其任馆阁、三司、王府职事,开封府判官、推官,江淮发运、诸路转运使、提点刑狱,皆得优迁,或以勤效特奖者亦如之。"⑥这里将"江淮发运、诸路转运使"等列入优先提拔的范围,是因为江淮及东南六路发运司和转运司掌握着国家财赋的重要来源,在国家政治中有着举足轻重的地位。熙宁二年"诏转运使用本资序人即充"以后,为优先提拔和使用转运司属官铺平了道路。熙宁五年(1072)八月,宋神宗诏曰:"内外待制以上及诸路转运使副判官、提点刑狱各举才行堪升擢官一员,中书审察,随材试用。"⑦熙宁十年(1077)八月又诏曰:"内外待制以上及台谏官,发运转运使、提点刑狱、转运判官,各举文臣才行堪升擢官一员,令中书审察,随才试用。毋得举馆职及两府、若己之亲。"⑧八年中,宋神宗三次下诏强调任命

---

① 元·脱脱等《宋史·选举志四》,北京:中华书局1985年版,第3716页。
② 元·脱脱等《宋史·职官志二》,北京:中华书局1985年版,第3807页。
③ 宋·李焘《续资治通鉴长编·仁宗庆历三年》,北京:中华书局2004年版,第3377页。
④ 元·马端临《文献通考·选举考十一》,杭州:浙江古籍出版社1988年版,第362—363页。
⑤ 元·脱脱等《宋史·选举志六》,北京:中华书局1985年版,第3747页。
⑥ 同①,第3701页。
⑦ 宋·李焘《续资治通鉴长编·神宗熙宁五年》,北京:中华书局2004年版,第5771页。
⑧ 宋·李焘《续资治通鉴长编·神宗熙宁十年》,北京:中华书局2004年版,第6957页。

及提拔转运使、发运使等事宜,不难发现转运使和发运使及其属官在提拔使用方面是有优先权的。

从建立之日起,宋王朝一直处于内忧外患之中。在与不同政权对峙及攻防的过程中,及时地把各地的租粲和财赋运往京城及战事吃紧的地区,需要转运司和发运司为其提供必要的保障。因为这些原因,提高转运使和发运使的政治待遇并扩大其职权范围,有序地加强转运司队伍建设和调动其工作积极性是宋代统治者必须要考虑的大问题。史称:"太宗太平兴国二年,诏朝官出知节镇及转运使、副,衣绯、绿者并借紫。"①"出知节镇",是指派遣节度使镇守具有战略意义及富庶的府州。时有"亲王、枢密使、留守、节度使兼侍中、中书令、同平章事者,皆谓之使相"②之说,节度使属封疆大吏,任职时又加宰相衔。从这样的角度看,节度使的官职远远地高于转运使和转运副使,然而,转运使和转运副使在着官服方面可享受与节度使相同的待遇,在一定程度上提升了转运使的政治地位。

此外,转运使可穿着节度使的官服与其分担节度使的事务有一定的关系。李焘记宋太宗至道三年(997)事迹时写道:"国初罢节镇统支郡,以转运使领诸路事,其分合未有定制。京西分为两路;河北既分南路,又分东、西路;陕西分为陕西河北、西南两路,又为陕府西北路;淮南分为西路;江南分为东、西路;荆湖两路,或通置一使;两浙或为东北路,其西南路实兼福建;剑南初曰西川,后分峡路,西川又分东、西路,寻并之。是岁,始定为十五路:一曰京东路,二曰京西路,三曰河北路,四曰河东路,五曰陕西路,六曰淮南路,七曰江南路,八曰荆湖南路,九曰荆湖北路,十曰两浙路,十一曰福建路,十二曰西川路,十三曰峡路,十四曰广南东路,十五曰广南西路。"③转运使的官阶虽低于节度使,但可"领诸路事"即分担节度使的部分权力。

转运使的官职不高,因转运关系到军国大事,君主往往要亲自过问。如宋太宗"令宰相以下至御史中丞各举朝官一人为转运使",试图通过举贤来圈定出任转运使的人选。马端临记载道:"端拱三年④,令宰相以下至御史中丞各举朝官一人为转运使。是日,诏曰:'国家详求干事之吏,外分主计之司,虽曰转输,得兼按察,总览郡国,职任尤重,物情舒惨,靡不由之。尚虑徼功,固当责实,交相绳检,于理攸宜。自今转运使凡厘革庶务,平反狱讼,漕运金谷,成绩居最,及有建置之事,果利于民者,令诸州岁终件析以闻,非殊异者不得条奏。'诏:'三司、三馆职事官已升擢者,不在论荐;其有怀材外任,未为朝廷所知者,方得奏举。'四年,令内外官所保举人有变节逾滥者,举主自首,原其罪。"⑤《宋史·选举志六》记载这一事件时将时间

---

① 元·脱脱等《宋史·舆服志五》,北京:中华书局1985年版,第3561页。
② 元·脱脱等《宋史·职官志一》,北京:中华书局1985年版,第3774页。
③ 宋·李焘《续资治通鉴长编·太宗至道三年》,北京:中华书局2004年版,第901页。
④ "端拱"是宋太宗的年号(988—989),前后只有两年的时间,此称"端拱三年"应有误。
⑤ 元·马端临《文献通考·选举考十一》,杭州:浙江古籍出版社1988年版,第358页。

定在淳化三年。史称："淳化三年,令宰相以下至御史中丞,各举朝官一人为转运使,乃诏曰：'国家详求干事之吏,外分主计之司,虽曰转输,得兼按察,总览郡国,职任尤重,物情舒惨,靡不由之。尚虑徼功,固当责实。凡转运使厘革庶务,平反狱讼,漕运金谷,成绩居最,及有建置之事,果利于民,令岁终以闻。非殊异者不得条奏。'又诏：三司、三馆职事官已升擢者,不在论荐；其有怀材外任,未为朝廷所知者,方得奏举。始令内外官,凡所举荐有变节逾矩者,自首则原其联坐之罪。"①对比两段文字,除了时间不同外,所述内容基本一致。

宋人记载宋太宗钦定转运使人选时,将时间定在淳化五年。李焘记淳化五年十一月的事迹时写道："丁卯,大雨雪,近臣称贺。上因言：'多士满朝,朕试令索班簿阅之,周行之人,鱼贯栉比,不胜其众。比于其中求一材中转运使、三司判官者,了不可得,虽多,亦奚以为?'宰相吕蒙正对曰：'臣等职在辩论官材,总领众职,而使陛下孜孜劳于求贤,臣等之罪也。'上曰：'人心不同如其面。'遂诏蒙正以下至知制诰,各举有器业可任以事者一人。"②吕祖谦也有类似的观点,马端临转引其语时指出："然而太宗时,转运使皆人主亲自选择,故淳化五年十一月,上曰：'多士满朝,朕试令索班簿阅之,周行之人,鱼贯栉比,不胜其众矣。比于其中求一才中转运使、三司判官者,了不能得,虽多,亦奚以为?'臣以此知转运使自人主亲择之也。"③马端临、脱脱等人的记载虽然笼统,但所说"令宰相以下至御史中丞,各举朝官一人为转运使"与李焘、吕祖谦所述事件大体相同,只不过是没有叙述事情的起因罢了。相比之下,后者的叙述更为详细,交代了事件的来龙去脉。细绎其所指,两者所说应为同一件事。马端临、脱脱是元代人,李焘、吕祖谦是宋代人,其中,李焘生年比吕祖谦早二十二年,但卒年比吕祖谦晚三年,根据这一系列的情况,李焘和吕祖谦的记载应比马端临、脱脱等的更为可靠。进而言之,起初,转运使任命主要由相关职能机构及官员负责。淳化五年以后,"人主亲择"开启了君主亲自过问任用转运使的先河。

从历时的角度看,转运使是加强漕运的产物。起初,转运事务由发运使负责,后来,职官制度发生变化,由转运使全权负责。马端临叙述转运使一职的历史沿革时指出："唐先天二年,李杰（始名务先）始为水陆发运使,盖使名之起。开元二十一年,裴耀卿以侍中充江南、淮南转运使,而崔希逸、萧旻为副,盖副使始此。天宝以韦坚充句当转运使,第五琦充诸色转运使,刘晏充诸路转运使。其后韩滉、杜悰、杜让能、崔昭纬皆以宰相充使,而诸道分置巡院,皆统于此。五代罢巡院,始置转运使。

宋朝艺祖开基,惩五季之乱,藩臣擅有财赋,不归王府,自乾德以后,僭伪略平,始置诸道转运使,以总利权。开宝六年,广南平,除徐泽为判官,盖转运判官始此。其转运使之名,国

---

① 元·脱脱等《宋史·选举志六》,北京：中华书局1985年版,第3740页。
② 宋·李焘《续资治通鉴长编·太宗淳化五年》,北京：中华书局2004年版,第801页。
③ 元·马端临《文献通考·职官考十五》,杭州：浙江古籍出版社1988年版,第558页。

初但曰句当某路水陆计度转运事,官高者则曰某路计度转运使。太平兴国初皆曰使,两省以上则为都转运使,又置副使与诸路判官焉,又置同句当转运事,俄罢诸路副使。真宗每用兵,或令都部署兼转运使;王师征讨,则有随军转运使,事毕即停。至道中,诏曰:'天下物宜,民间利病,惟转运使得以周知。令更互赴阙,延见询问焉。'庆历中,皆带按察之任;六年,罢之(三年,诏诸路转运使并兼按察使,每岁具官吏能否。先是,欧阳修请遣使按察官吏,贾昌朝言转运以按察官吏,故令兼而领之。六年敕书,以为所过烦扰,吏不能安其职,遂并罢之)。先是,判官与转运争权而罢。至嘉祐中复置。熙宁二年,诏转运使用本资序人即充,资序下一等为权,二等为权发遣。中兴以来,逐路都转运使除授不常,惟使、副、判官常置。旧制,转运司除授皆命词给诰,渡江已后,例给敕命,后稍复旧,转运使、副命词,运判则否。六年,诸路运判亦命词给诰。光宗绍熙以来,使副、运判不双除。属官有主管文字一员、干办公事人员,又有准备差遣,员多寡不一。"①

赵匡胤建宋之初,转运使属临时性的职事。出现了或以"句当某路水陆计度转运事"衔选官临时,负责调拨和运输军事战略物资等事务,或以官高者兼领"某路计度转运使"统筹某路转运事务的情况。具体地讲,乾德年间(963—968),初设诸道转运使,由转运使负责调配和转运不同地区的租籴和财赋等;开宝六年增设转运判官,通过为转运使设副手来加强管理转运事务。太平兴国初年,除了官高者兼职时可称"转运使"外,"句当某路水陆计度转运事"的官员亦可称"转运使",其中,负责两路以上转运事务的官员均以"都转运使"相称。与此同时,又设转运副使和判官两职协助转运使。起初,领转运使一衔的官员大都与大军征伐相关。宋真宗时,出任转运使的官员或为武官,或由都部署兼任,或临时设"随军转运使,事毕即停"。后来,转运使权力扩大,成为外官中十分荣耀的职务。宝九年十一月,宋太宗"诏诸道转运使察州县官吏能否"②以后,宋仁宗庆历三年,给转运使加"按察使"衔。在这中间,转运使除了掌财赋外,又有了举荐、考察、监察地方官员等方面的权力。其实,转运使的权力远超出这些范围。史称:"神宗更制,始诏:'川峡、福建、广南,之官罢任,迎送劳苦,其令转运司立格就注,免其赴选。'于是七路自常选知州而下,转运司置员阙籍,具书应代时日,下所部郡众示之。凡见任距受代半年及已终更者,许用本资序指射。"③所谓"立格",是指制定标准。宋神宗变法时,通过制定标准,由转运使选择官员临时补缺,从而增加了转运使的权力。

前人叙述宋代转运使职掌和历史沿革时,发表了许多意见,基本上勾勒了转运使职掌变迁的过程。比较前人的论述,以吕祖谦的论述最为全面和准确。马端临在《文献通考·职官考十五·转运使》中,考证宋代转运司制度沿革时,专门引用了吕祖谦的论述,可以说,两人

---

① 元·马端临《文献通考·职官考十五》,杭州:浙江古籍出版社1988年版,第556—557页。
② 元·脱脱等《宋史·太宗纪一》,北京:中华书局1985年版,第54页。
③ 元·脱脱等《宋史·选举志五》,北京:中华书局1985年版,第3722页。

的论述存在着互为补充的关系,甚至在某些方面吕祖谦的论述比马端临的论述更为翔实。吕祖谦指出:"国初,未尝有监司之目。其始除转运使,止因军兴,专主粮饷,至班师即停罢。如太祖时,平泽、潞,则命户部侍郎高防、兵部侍郎边光范充北路转运使;用师湖南,则命部判官滕白充南面,给事中沈义伦充京西水陆转运使是也。至于命何幼冲充东面,刘仁遂充西面,曹翰充南面,胡玩充北面,皆水陆转运使。

太宗时,如刘保勋为河东城西四面转运使,乐冲为太原管内水陆转运使,郭泌为御河至关南水陆转运使,王在田为陆路转运使,崔迈为水路判官。或谓路,或谓道,或曰知,或曰同,或曰同知,或为干当,皆缘用武,责以馈运之职也。

太祖开宝五年,命二参政事薛居正、吕余庆兼领提举诸州水陆转运使。明年,薛居正、沈义伦拜相,吕余庆去位,遂以居正、义伦二相兼提举水陆漕事。累朝以武臣为帅守而兼漕事,则太祖朝,均州刺史、襄州荆门至石门关兵马都总管曹翰兼西南面水陆转运使,襄州节度使潘美、庐州节度使尹崇珂同知广州军州事,并兼岭南转运使。太宗朝,右武卫大将军、滨州团练使、知通利军王宾兼河北转运使,又以宾知扬州、兼发运司。真宗朝,定州驻泊都总管、山南东道节度使、同平章事王显兼河北水陆都转运使,显总领、定、高阳三路,又领河北都转运使,副都总管、侍卫马步军都虞候、天平军节度使王超充转运副使。此皆武臣任帅守兼漕也。

太祖朝,知容州田守素、知邕州范旻、通判桂州符嗣,各知本管转运事。太宗朝,知广州李符兼诸州转运使,知洪州王明兼江南西路转运使。真宗朝,知益州宋太初兼川陕四路都转运使,参知政事、判天雄军府王钦若都大提举江北转运使。此皆文臣任帅守兼漕也。

始转运一司隶州县,与夫废置皆在一时,初无定制,所掌者军需粮饷而已。自高保寅知怀州,州隶河阳时,赵普为河阳帅,与保寅素有隙,事多抑制,保寅不能平,手疏请罢支郡。会左拾遗李干亦言:'诸州藩镇支属州郡,多俾亲吏掌其关市,颇不便于商贾,滞天下之货。望不令有所统摄,以分方面之权,尊奖王室,亦强干弱枝之术也。'时太平兴国二年也。遂诏:'邠、宁、泾、源、鄜、坊、延、丹、陕、虢、襄、均、房、复、邓、唐、澶、濮、宋、亳、郓、济、沧、德、曹、单、青、淄、兖、沂、贝、冀、滑、卫、镇、深、赵、定、祈等州先隶藩镇,令直属京师,郡长吏得自奏事。'自是而后,边防、盗贼、刑讼、金谷、按廉之任,皆委于转运使。又节次以天下土地形势,俾之分路而治矣。继增转运使判官,以京官为之。于是转运使于一路之事无所不总也。

太宗淳化二年五月,诏转运使司命常参官一人纠察州军刑狱。四年十月,诏刑狱司宜从省罢,委转运司振举之。以此知转运司总刑狱之事也。真宗大中祥符二年五月,广南西路转运使言:'如洪寨主、殿直李文著以轻兵掩袭蛮贼,文著中流矢死,其随文著将校八人,本司并斩讫。'七年八月,梓州转运使寇瑊言:'本使公宇在梓、遂州,去戎、泸地远,或戎人缓急寇边,难于照应,请置资州。'诏从之。以此知转运司总边防之事也。

至道元年八月,荆湖转运使何士宗请执政大臣出领外郡,应合申转运司公事,只书通判以下姓名。太宗谓宰相等曰：'大臣品位虽崇，若出临外藩，即转运使所部，要系州府，不系品位，此朝廷典宪，不可轻改，并仍旧贯。'由是观之，转运使权可谓重矣。然又疑其权太重，复置朝臣于诸路为承受公事，是机察漕司也。真宗即位，省罢承受之官。景德间，遂建提点刑狱一司，实分转运使之权，又以武臣带阁职者副之。熙宁中，议罢武臣提刑。或谓真宗时以武臣提刑，令机察漕司也。监司之官既众，所领之职又分，诸路复以知州带一路安抚、钤辖等名目，自领军事，而转运司所职催科征赋、出纳金谷、应办上供、漕辇纲运数事而已。

仁宗庆历中，患漕司权轻，令带按察使。后二年，江东漕臣杨纮、王绰与提刑王鼎颇务深刻，号江东三虎，其余刻轹州郡，窘辱大臣者多矣，朝廷又患之，遂罢转运按察名，皆非太宗、真宗时委任转运使意也。富弼等论带按察使而不察司吏，以朝会速配率多为能；又谓转运使依资循例而入，多非其人，郡县官守因循，人受其弊；又谓不由举主择，所以大半不才。皆确论也。然而太宗时转运使皆人主亲自选择，故淳化五年十一月，上曰：'多士满朝，朕试令索班簿阅之，周行之人，鱼贯栉比，不胜其众矣。比于其中求一才中转运使、三司判官者，了不能得，虽多，亦奚以为？'臣以此知转运使自人主亲择之也。

淳化三年正月，诏：'宰相、参知政事、枢密副使、三司使、翰林学士、尚书丞郎、两省给舍以上、御史中丞，各于京朝官内保举堪任转运使者一人。'臣以是知宰相、执政、侍从官皆举荐人才，而人主亲择之也。

神宗谓文彦博等曰：'诸道帅臣、转运使职任至重，一道惨舒系焉，宜谨择其人，久于其任。汉宣循名责实，胥用此道。'彦博等对曰：'为治之要，无以易此。'故熙宁、元丰诸路漕臣率多举职。"①

吕祖谦抓住不同的时间节点，详细论述了宋代转运使在不同时期的变迁，以及职事权力扩大或缩小的过程。在这中间，转运使由临时性事职即大军征伐时筹集粮饷到全面地负责水陆转运事务，从由武臣任职到以外官负责一方转运事务，从改变转运隶属藩镇及地方的关系到隶属中央，从职能较为单一到职事范围不断地扩大，都表明宋代重视转运使的选拔和任用。

扩大转运使的权力及职掌范围始于太平兴国二年，自宋太宗诏令转运使"直属京师"后，逐步形成了"边防、盗贼、刑讼、金谷、按廉之任，皆委于转运使"的转输机制。不过，这一机制时至宋真宗一朝开始，发生了重大变化。由于"转运使权可谓重矣"，"疑其权太重，复置朝臣于诸路为承受公事"。景德年间（1004—1007），又专门"建提点刑狱一司，实分转运使之权，又以武臣带阁职者副之"。然而，削权后，虽有效地制约了转运使的权力，但同时也妨碍了其行使正常职能。因为这样，宋仁宗庆历（1041—1048）中，"患漕司权轻，令带按察使"，试图通过加衔来扩大转运使的权力。然而，增强和削弱权力本身就是一对矛盾体，如何控制

---

① 元·马端临《文献通考·职官考十五》，杭州：浙江古籍出版社1988年版，第557—558页。

适度,保证政令畅通及担负起相关的职责,本身就是无法从根本上解决的难题。因为这样的原因,从此增加转运使权力与制约转运使权力的两种举动便反复交替出现。在这一过程中,既可看到宋王朝解决转运及漕政问题的迫切性,同时又可见为防止其权力膨胀不得不加以制约的复杂心态。然而,不管怎么说,转运司建设是宋代漕运中的重要问题,无论是扩权还是削权,加强征收、堵塞漕政管理中的漏洞,以及加强中央对地方的监督和控制的总目标是不变的。

发运使和转运使的职掌虽有分工,但多有交叉,甚至相同。发运使"掌经度山泽财货之源,……及专举刺官吏之事"①,转运使"掌经度一路财赋,……凡吏蠹民瘼,悉条以上达,及专举刺官吏之事"②。如在"掌经度"方面,两者多有重合,正因为如此,出现了某一官员或由转运使转发运使,或由发运使转任转运使,或同时兼任的情况。如杨日严"使契丹还,为两浙转运副使。未行,会青、徐饥,改京东转运使。因请江、淮、陕西转粟五十万,以赈贫民;又开清河八十里抵暖水河,并堤起仓廪,以便漕运。加直史馆,徙益州转运使,又徙江、淮制置发运使"③,又如魏瓘"徙梓州路转运使,还知蔡州、潭州,为京西转运使,江、淮制置发运使"④,李昭述"徙淮南转运使兼发运使"⑤,从杨日严、魏瓘、李昭述等任职的情况看,由于发运使和转运使的职事有相同的一面,均熟悉漕运事务,故可以互调,或同时兼任。此后,又出现了将发运司和转运司合并为一司的情况。不过,发运使和转运使同掌监察地方、举荐官员等职事则是有意为之。具体地讲,发运使和转运使同为中央派出的外官,从不同的途径监督和考察地方官员,可从不同的途径强化监管的力度。

由于转运使与发运使在职掌方面时有交叉,在官制改革或变更的过程中一度出现了罢撤不定的情况。宋仁宗庆历六年(1046)一度罢了转运使,到了宋仁宗嘉祐(1056—1063)中期又再度恢复。宋室南渡,国家政治及漕运形势发生重大变化,转运范围缩小,遂不再设立转运副使和运判。这一时期,因军事斗争成为压倒一切的大事,为及时地调集粮食及军用物资,出现了以"节镇"即节度使兼转运使的情况。当时,是否以节度使兼任转运使,朝廷有不同的意见,经过一番辩论,节度使兼任转运使成为定局。吕祖谦指出:"今军兴之际,调度日繁,理不可缓,而诸路转运使推择非才,任用不一,又非庆历比也。然臣区区之愚,窃谓太宗用李干之言,罢藩镇支属而委任转运使。真宗朝士大夫论列,言其不便者多矣。仁宗景祐三年十一月,诏怀远军本隶宜州,自今奏事无得专达,是亦复支郡之意也。"⑥针对新的政治形

---

① 元·脱脱等《宋史·职官志七》,北京:中华书局1985年版,第3963页。
② 同①,第3964页。
③ 元·脱脱等《宋史·杨日严传》,北京:中华书局1985年版,第9990—9991页。
④ 元·脱脱等《宋史·魏瓘传》,北京:中华书局1985年版,第10035页。
⑤ 元·脱脱等《宋史·李昭述传》,北京:中华书局1985年版,第9143页。
⑥ 元·马端临《文献通考·职官考十五》,杭州:浙江古籍出版社1988年版,第558页。

势,吕祖谦委婉地表达了以藩镇兼任转运使的意图。不过,"中兴,诸州升改节镇凡十有二"①,节度使兼任转运使及调集粮食及财赋主要集中在相关的辖区。吕祖谦进一步指出:"然以今日之势观之,宜修支郡之制,增藩镇之权,以壮国势,而一道廉按之任,恐可改也。神宗即位之初,因知扬州徐绶告谢甚衰,尝与富弼、曾公亮辈议分置藩郡,令按察支属,而大臣无有能上当圣意者。熙、丰、绍、符、崇、观、政、宣更数十年,不能行神宗之意,盖有待于今日也。不然则愿如太宗之时,尽减监司之目,独存转运一司,其亲擢、举荐、委任、赐予,悉用祖宗初制,仍带按察之名。其久任如真宗用宋搏于河东十有一年不除代者,劳效显著则增秩赐金,简慢不职则削官夺赐。乘驿入奏,更互赴阙,以至给印历,却委诸司(一作州)长吏书绩,皆以太宗、真宗为法。比之复支郡,利害固不同,然亦愈于因循不振之弊也。"②节度使兼任转运使主要是为了方便调度,只是部分转运司的隶属关系暂时发生了变化,转运司依旧存在。

宋代建转运司和发运司是为了加强理财。从大的方面讲,三司是宋王朝总理国家财政的最高机构,其地位仅次于中书省、枢密院。三司有"计省"之称,其最高长官三司使又称"计相"。那么,在划分职权范围时,转运使和发运使与三司使有什么样的关系呢?

宋太宗太平兴国八年,废三司使,分为盐铁、户部和度支等三个官署,各置使分领。淳化四年五月,再度合并,长官为三司使。王安石变法时,三司的部分职能归属其他机构。宋神宗元丰年间(1078—1085),改制废三司,职事基本上划归尚书省的户部和工部。与此同时,三司使改任户部尚书,接受宰相领导。史称:"国初以天下财计归之三司,本部无职掌,止置判部事一人,以两制以上充,以受天下上贡,元会陈于庭。元丰正官名,始并归户部。掌天下人户、土地、钱谷之政令,贡赋、征役之事。以版籍考户口之登耗,以税赋持军国之岁计,以土贡辨郡县之物宜,以征榷抑兼并而佐调度,以孝义婚姻继嗣之道和人心,以田务券责之理直民讼,凡此归于左曹。以常平之法平丰凶、时敛散,以免役之法通贫富、均财力,以伍保之法联比闾、察盗贼,以义仓振济之法救饥馑、恤艰厄,以农田水利之政治荒废、务稼穑,以坊场河渡之课酬勤劳、省科率,凡此归于右曹。尚书置都拘辖司,总领内外财赋之数,凡钱谷帐籍,长贰选吏钩考。其属三:曰度支,曰金部,曰仓部。"③在职官制度演变的过程中,户部与转运使、发运使形成了一定的关系。宋高宗绍兴四年冬天,户部尚书章谊的一番话大体上道出了户部、转运司和发运司三者间的分工和联系,以及在东南六路设发运司和转运司的情况。史称:"是冬,帝亲征,王师大捷于淮阴,谊扈从。还临安,迁户部尚书,谊言:'祖宗设官理财,内则户部,外则诸路转运使、副,东南委输最盛,则又置发运,以督诸路供输之入,皆有移用补助

---

① 元·脱脱等《宋史·职官志六》,北京:中华书局1985年版,第3947页。
② 元·马端临《文献通考·职官考十五》,杭州:浙江古籍出版社1988年版,第558页。
③ 元·脱脱等《宋史·职官志三》,北京:中华书局1985年版,第3846—3847页。

之法,户部仰以不乏者也。今川、广、荆湖土贡岁输,不入王府者累年矣,皆发运使失职之罪也。顷因定都汴京,故发运使置司真、泗,今驻吴会,则发运当在荆湖南、北之间。望讨论发运置司之地,选能臣以充其任。'又言:'户部左右曹之设,诸路运司则左曹之属也,提举则右曹之属也。若复发运司,于诸路各置转运使副二员,以一员检察常平,以应右曹之选,则户部财用无陷失矣。'"①章谊的话,虽然是就南渡后的情况而言,但充分肯定了东南六路发运司及转运司在两宋时期财税征收方面所起的重要作用。

---

① 元·脱脱等《宋史·章谊传》,北京:中华书局1985年版,第11688页。

第十章　宋代分级接运与代发、直运制度

宋代漕运经历了四个阶段：一是继承中唐以后的漕运制度，建转般仓实行分级接运；二是由转般仓推行"代发"制度；三是采用纲运即按转运内容分类编船队运输；四是改分级接运为直运（长运），在此基础上，形成分级接运和直运交叉进行的局面。客观地讲，在这四个阶段中既有革新漕运以后出现的新气象，又有漕运制度遭到破坏后的无奈，大体上反映了两宋时期漕运的实际情况。

第一节　宋代分级接运与代发制度

分级接运发生在唐玄宗一朝，因漕运不畅，裴耀卿提出了分级接运的改革方案。胡渭指出："转般之法，始于唐裴耀卿，而成于刘晏。江船不入汴，汴船不入河，河船不入渭，内外均劳，远近有节，犹得《禹贡》三百里代粟米之遗意。宋初因之。"[1]裴耀卿以前，唐代漕运主要采取长运的方案。长运是指从起运地装船到漕运到目的地卸船。由于某些地区从起点运到终点的距离遥远，以致出现航行时间长、效率低下等情况。

唐代长运（直运）时，主要有四个无法解决的难题：一是不同航段的水位受自然力的控制，季节性变化很大，如果枯水季节来临时，某些航段因航道干浅无法行船，为此，参与漕运的船只需要停泊在相应的区域等候通航；二是不同地区的船工无法熟悉不同水系或运河所有航段的水文情况，如果江南船工因不熟悉黄河航道的水文情况，从江南运河跨越长江进入江淮运河、淮河等航道，再进入汴河、黄河航道后，船只会出现翻覆的危险；三是不同的航段有不同的航运能力，如果划一标准采取长运的话，将会降低航运效率；四是在刘晏任转运使及编纲漕运之前，唐代漕运以民船运输为主，如果从远在东南的征收地运粮或财物到长安或到指定的水次仓卸船的话，船只往返运输的时间往往会超过半年，甚至长达一年，这样一来，

---

[1] 清·胡渭《禹贡锥指》（邹逸麟整理），上海：上海古籍出版社2006年版，第671页。

势必会耽误农时,造成农业生产方面的损失。根据这些情况,裴耀卿进行了改革,试图通过分级接运改变漕运不畅的局面。在裴耀卿的基础上,刘晏进一步提出了"江船不入汴,汴船不入河,河船不入渭;江南之运积扬州,汴河之运积河阴,河船之运积渭口,渭船之运入太仓"①的漕运制度,通过编纲押送极大地扭转了漕运不利的局面。

在充分肯定分级接运成果的基础上,宋代建立了"代发"制度。所谓"代发",是指因受各种条件的限制不能按时、按定额发运漕粮等物时,可从沿岸的转般仓支取一定额度的租籴和财赋等提前发运,提前发运带来的亏空则由滞后到达的租籴和财赋等补充。在这一过程中,实行"代发"的前提是,转般仓要有超出核定的仓储和增加仓储的本钱。为了获取超出核定仓储的部分和增加仓储的本钱,宋代采取了"额斛"即将租籴和财赋等折银入仓的政策。马端临指出:"故常有六百万石以供京师,而诸仓常有数年之积。州郡告歉,则折纳上等价钱,谓之额斛。计本州岁额,以仓储代输京师,谓之代发。复于丰熟以中价收籴。谷贱则官籴,不至伤农,饥歉则纳钱,民以为便。本钱岁增,兵食有余。国家建都大梁,足食足兵之法,无以加于此矣。"②"额斛"是指"州郡告歉,则折纳上等价钱"。也就是说,遇到荒年无法按时上缴租籴时,可以根据往年的粮价标准取其上限折钱或折银入仓。"复于丰熟以中价收籴。谷贱则官籴",是指丰年时,用折银以中价购粮入仓、粮价低廉时以折银大量购粮。用适时买进的方法来维持粮价并保护农民的利益,进而避免"伤农"事件的发生。

采取"额斛"的政策后,宋代出现了"诸仓常有余蓄""民以为便""本钱岁增,兵食有余"的局面。从历时的角度看,全面推行"额斛"之策发生在宋神宗熙宁年间(1068—1077)。史称:"转般,自熙宁以来,其法始变,岁运六百万石给京师外,诸仓常有余蓄。州郡告歉,则折收上价,谓之额斛。计本州岁额,以仓储代输京师,谓之代发。复于丰熟以中价收籴,谷贱则官籴,不至伤农,饥歉则纳钱,民以为便。本钱岁增,兵食有余。"③宋神宗改革漕政后,通过折银的方法使转般仓有了增加仓储的本钱,为确保岁运六百万石提供了强有力的支持。在这中间,"额斛"与"代发"制度拧结在一起,为稳定社会秩序和漕运秩序提供了强有力的支持。向子諲评论"额斛"的积极意义时写道:"转般之法,寓平籴之意,江、湖有米,可籴于真,两浙有米,可籴于扬、宿、亳有麦,可籴于泗。坐视六路丰歉,有不登处,则以钱折斛,发运司得以斡旋之,不独无岁额不足之忧,因可以宽民力。"④在不断加强制度建设的过程中,通过规定转般仓在指定的区域收购价格低廉的粮食,或令其运至指定的地点入仓,或在荒年时将增储的粮食以平价售给百姓,从而使转般仓有了"寓平籴"的功能。在这中间,"额斛""寓平

---

① 宋·欧阳修等《新唐书·食货志三》,北京:中华书局1975年版,第1368页。
② 元·马端临《文献通考·国用考三》,杭州:浙江古籍出版社1988年版,第246页。
③ 元·脱脱等《宋史·食货志上三》,北京:中华书局1985年版,第4257页。
④ 同③,第4259页。

籴"结合在一起,既增加了转般仓的储量,又在买进和卖出的过程中兼顾了国家和百姓的利益。进而言之,粮价是调节物价的重要指标,在保证漕运岁额及增储的过程中,通过平易粮价阻止了丰年时粮贱伤农事件的局面发生。与此同时,通过平易粮价为平易物价创造了良好的外部环境,起到了促进商品流通及调剂市场的作用。

转般仓除了以储粮为主外,在历史的诉求中,还有储盐、储茶及储存上供货物如绢丝、绸缎等方面的功能,可以说,这些功能与"额斛"拧结在一起加强了不同地区的商贸往来。宋代肯定了唐代刘晏分级接运和载盐以归的漕运政策。史称:"晏专用榷盐法充军国之用。时自许、汝、郑、邓之西,皆食河东池盐,度支主之;汴、滑、唐、蔡之东,皆食海盐,晏主之。晏以为官多则民扰,故但于出盐之乡置盐官,收盐户所煮之盐转鬻于商人,任其所之,自余州县不复置官。其江岭间去盐乡远者,转官盐于彼贮之。或商绝盐贵,则减价鬻之,谓之常平盐,官获其利而民不乏盐。其始江、淮盐利不过四十万缗,季年乃六百余万缗,由是国用充足而民不困弊。其河东盐利,不过八十万缗,而价复贵于海盐。"①采取让盐利于民的政策,为宋代漕运实行分级接运铺平了道路。史有"三路转运使,淮南、江浙、荆湖制置茶盐等税都大发运使"②之说,又有"以江、淮发运使梁扬祖提领东南茶盐事"③之说,发运使拥有专营盐、茶的权力及转般仓有储盐、储茶的功能后,为漕船空回时载盐以归创造了必要的条件。马端临指出:"在祖宗时,陆路之粟至真州入转般仓,自真方入船,即下贮发运司,入汴方至京师,诸州回船,却自真州请盐散于诸州,诸州虽有费,亦有盐以偿之,此是宋朝良法。"④漕船空回时"请盐散于诸州",既有效地提高了船工和士卒等参与漕运的积极性,同时在一定程度上促进了不同地区的商品流通。进而言之,宋代漕运主要依靠对象是东南六路,其中,淮南路既是漕运及分级接运的重要区域,同时又是淮盐的重要产地。实行盐、茶等专卖制度后,漕船空回时载盐以归及让商人参与到这一进程中,从而开创了宋代漕运的新局面。

转般仓主要负责接纳和转运租籴和财赋等,"额斛"时,除了可以租籴折银外,还可以财赋等折银。史称:"江南、淮南、两浙、荆湖路租籴,于真、扬、楚、泗州置仓受纳,分调舟船溯流入汴,以达京师,置发运使领之。诸州钱帛、杂物、军器上供亦如之。陕西诸州菽粟,自黄河三门沿流入汴,以达京师,亦置发运司领之。粟帛自广济河而至京师者,京东之十七州;由石塘、惠民河而至京师者,陈、颍、许、蔡、光、寿六州,皆有京朝官廷臣督之。河北卫州东北有御河达乾宁军,其运物亦廷臣主之。广南金银、香药、犀象、百货,陆运至虔州而后水运。川益诸州金帛及租、市之布,自剑门列传置,分辇负檐至嘉州,水运达荆南,自荆南遣纲吏运送京

---

① 宋·司马光《资治通鉴·唐纪四十二》(附考异)(邬国义校点),上海:上海古籍出版社1997年版,第2102页。
② 元·脱脱等《宋史·职官志十二》,北京:中华书局1985年版,第4132页。
③ 元·脱脱等《宋史·高宗纪一》,北京:中华书局1985年版,第444页。
④ 元·马端临《文献通考·国用考三》,杭州:浙江古籍出版社1988年版,第248—249页。

师,咸平中,定岁运六十六万匹,分为十纲。天禧末,水陆运上供金帛、缗钱二十三万一千余贯、两、端、匹,珠宝、香药二十七万五千余斤。"①宋代租籴和财赋征收的范围十分广泛,分别由建在不同地点的转般仓负责接纳或征收相应地区的租籴和财赋等,在征收的过程中,还可以根据具体情况灵活地将租籴和财赋等折算成银两,进而以钱的形式征收入仓。史称:"太平兴国二年,江西转运使言:'本路蚕桑数少,而金价颇低。今折征,绢估少而伤民,金估多而伤官。金上等旧估两十千,今请估八千;绢上等旧估匹一千,今请估一千三百,余以次增损。'从之。"②宋太宗太平兴国二年(977),江西路出现"蚕桑数少,而金价颇低"的情况,如果按照当时市价折绢征收的话,会出现"绢估少而伤民,金估多而伤官"的局面。在价格杠杆的作用下,因蚕桑产量不足,势必要引起其价格上扬,织绢的成本亦会随之升高。与此同时,金价走低。在蚕桑价格走高和金价走低的前提下,两者之间出现了巨大的差价。如果按照往年的定价折银征收的话,将会出现压低绢价及高估绢价的情况。为了有效地避免"伤农"和"伤官"等事件的发生,江西转运使提出调整价格的折征方案,即通过提高绢价和降低金价的做法使两者的价格趋于平衡。进而言之,由于粮食可以"额斛"即按往年的粮价标准取其上限折钱或折银入仓,同样,财赋等可以折银征收。因此,在折银征收的过程中,根据当年的情况进行适度的调整,通过折银等手段使转般仓在接纳租籴和财赋等仓储的过程中有了买入和卖出的功能。这一功能的存在推动了不同地区的商贸往来,带动了运河沿岸及纵深地区和城市商品经济的发展。

在分级接运的过程中,转般仓与粮料院有相互为用的特点。马端临论述宋代各类仓廪的情况时指出:"受商人入中者,谓之折中仓,有里、外河二名,又有茶库仓,或空则兼受船般斛斗。草场则汴河南北各三所,骐骥、左右天厩坊、天驷监各一所,以受京畿租赋及和市所入。诸州皆有正仓、草场,受租税、和籴、和市刍粟,并掾曹主之。其多积之处,亦别遣官专掌。凡漕运所会,则有转般仓。"③折中仓又称"中仓",当腾空专储茶叶时,又称"茶库仓"。"草场"又称"草料场",是专门储存及堆放军马或其他牲口饲料的仓库,隶属粮料院。粮料院主要负责军需供应等事务,宋代实行守内虚外之策,因此运河沿岸的粮料院又同时兼"受租税、和籴、和市刍粟"等。进而言之,粮料院在仓储方面与转般仓的功能多有重合之处。

从大的方面讲,东南六路凡是建有粮料院的地方大都是转般仓的所在区域。史称:"勾当诸司、马步军粮料院官各一人,以京朝官充。掌文武官诸司、诸军给受奉料,批书券历,诸仓库案验而禀赋之。"④又称:"粮料院,掌以法式颁廪禄,凡文武百官、诸司、诸军奉料,以卷

---

① 元·脱脱等《宋史·食货志上三》,北京:中华书局1985年版,第4251—4252页。
② 元·脱脱等《宋史·食货志上二》,北京:中华书局1985年版,第4204页。
③ 元·马端临《文献通考·国用考三》,杭州:浙江古籍出版社1988年版,第244页。
④ 元·脱脱等《宋史·职官志二》,北京:中华书局1985年版,第3811页。

准给。"①从"诸仓库案验而禀赋之"中当知,粮料院长官虽没有发运权,但有调拨转般仓租籴和财赋的权力。此外,粮料院具有监察各地仓廪的职能,因此与转般仓有着直接的关系。史称:"孙长卿字次公,扬州人。以外祖朱巽任为秘书省校书郎。天禧中,巽守雍,命随所取浮图像入见。仁宗方权听天下事,嘉其年少敏占对,欲留侍东宫,辞以母疾。诏迁官知楚州粮料院。郡仓积米五十万,陈腐不可食,主吏皆惧法,毋敢轻去,长卿为酌新旧均粜之,吏罪得免。"②孙长卿知楚州粮料院时果断地干预郡仓事务,这一作为表明粮料院有监管郡仓的权力,否则将无法做到"为酌新旧均粜之"。史称:"都官员外郎、监泗州仓孙奕,士行著于乡间,节义信于朋友,所至以善政闻,可当一路。著作佐郎、监扬州粮料院林旦,通晓民政,兼有持守。"③孙奕以都官员外郎的身份"监泗州仓",是以京官的身份监领泗州仓,这里虽然没有明确地说出孙奕的任职情况,因负责各地发运司的长官是由外官担任的,因此可推知孙奕行监泗州仓即泗州转般仓时,应供职泗州粮料院。此外,林旦以著作郎的身份"监扬州粮料院",结合粮料院"以京朝官充"一语,当知粮料院有监察转般仓的职能。

宋初沿袭了前朝制度,以三司大将军领都粮料使,后改制由隶属太府寺的文官出任。史称:"粮料院,掌以法式颁廪禄,凡文武百官、诸司、诸军奉料,以卷准给。"④如范仲淹曾经"徙监楚州粮料院"⑤,孙长卿曾任职楚州粮料院。粮料院隶属三司太府寺,主要负责调拨诸司、诸军需要的"奉料"。粮料院主要负责文武官员及军队的供给。宋太祖开宝六年(973),以文官任都粮料使,改变了以武官任职的惯例。此后,多次变更职掌和归属。马端临指出:"宋初仍旧制,以三司大将军为都粮料使。自开宝六年,以著作佐郎陆光范充,改用京官自此始。太平兴国五年,分诸司、马军、步军为三院。八年,以马军、步军合为一院。雍熙四年,命供奉官陈处晦句当诸司粮料,供奉官曾祚句当马步军粮料。自后复分马、步军为两院,或以诸司使、副分主之。端拱二年,复以京朝官主之。元丰末,并马、步军与诸司为两院,隶太府寺。掌以法式颁廪禄,凡文武百官、诸司、诸军俸料,以券准给。中兴以来,行在有诸军诸司粮料院;镇江、建康有分差诸军粮料院,鄂州有分差户部粮料院,四川总所有分差户部鱼关粮料院、分差利州户部粮料院。"⑥太平兴国、雍熙、端拱均是宋太宗的年号,据此可知,宋太宗一朝粮料院隶属关系的变化最为频繁。

此外,宋神宗元丰(1078—1085)末年和宋室南渡是粮料院隶属关系变化的又两个时间节点。粮料院主要建在交通便利的地区,自东南六路,特别是江淮成为租籴和财赋主要的征

---

① 元·脱脱等《宋史·职官志五》,北京:中华书局1985年版,第3908页。
② 元·脱脱等《宋史·孙长卿传》,北京:中华书局1985年版,第10641页。
③ 清·黄宗羲《宋元学案·熙宁经筵论荐三十三人品目》,北京:中华书局1986年版,第235页。
④ 同①。
⑤ 元·脱脱等《宋史·范仲淹传》,北京:中华书局1985年版,第10267页。
⑥ 元·马端临《文献通考·职官考十四》,杭州:浙江古籍出版社1988年版,第549页。

收区域后,这一区域除了是转般仓重点建设区域外,同时又是粮料院的重点建设区域。范仲淹曾"徙监楚州粮料院",陈瓘"监扬州粮料院"①,又如张即之"历监平江府粮料院"②等。在这中间,以运河为通道,东南六路的转般仓和粮料院在仓储方面时有交叉,两者之间有着互补关系,并在商品流通中发挥着重要的作用。此外,宋代转般仓与粮料院大都建在河口及水陆交通枢纽等地带,其腹地是农业经济发达的地区。以运河为通道,转般仓、粮料院与商品流通结合在一起,为运河沿岸重要的航段节点及城市成为商品集散地创造了条件。

宋仁宗年间(1023—1063),东南漕运不畅,直接影响到京师的粮食供应。为解燃眉之急,参知政事范仲淹推荐许元出任江淮、两浙、荆湖发运司判官。许元上任后,"悉发濒江州县藏粟"急救京师,与此同时,濒江州县亏空的粮食由稍后到达漕粮"以次相补",随后又"引千余艘转漕而西",很快形成了"京师足食"的局面。史称:"许元字子春,宣州宣城人。以父荫为太庙斋郎,改大理寺丞,累迁国子博士,监在京榷货务,三门发运判官。元为吏强敏,尤能商财利。庆历中,江、淮岁漕不给,京师乏军储,参知政事范仲淹荐元可独倚办,擢江、淮制置发运判官。至,则悉发濒江州县藏粟,所在留三月食,远近以次相补,引千余艘转漕而西。未几,京师足食,朝廷以为任职,就迁副使。遂以尚书主客员外郎为使,进金部,特赐进士出身,迁侍御史。"③因漕运有功,许元升任发运副使及发运使,进而统筹东南六路的发运事务。许元去世后,欧阳修在为其撰写的墓志铭中写道:"凡江湖数千里外,谈笑治之,不扰不劳,而用以足。……先是江淮岁漕京师者,常六百万石,其后十余岁,岁益不充。至公为之,岁必六百万,而常余百万以备非常。"④十多年中,掌东南发运的许元一方面确保了六百万石的岁额,另一方面又常年保持一百万石的储粮,其贡献可谓大矣。客观地讲,转般仓能每年"常余百万以备非常"与许元积极地推行"额斛"之策有密切的关系。扩大转般仓的仓储额度后,为落实"代发"提供了强有力的保证,与此同时也促进了运河沿线及相应地区的转般仓建设,并通过调配资源等使转般仓的仓储和发运功能得到了大幅度的提升。

在许元任发运使期间,东南漕运已出现"粮纲法坏,遂令汴纲至冬出江"的情况。令汴河纲船(在汴河航段进行漕运的官方船队)于冬季进行江淮、江南及长江航段行驶,其目的是为了缓解东南六路运力不足的压力。宋代租籴和财赋倚重东南,以大梁为起点面向东南,纲运可分为汴河、江淮运河、江南运河和长江等四个大的航段。与其他航段相比,以黄河为主要补给水源的汴河受季节因素的影响最大。进入冬季后,因黄河流量下降导致汴河干浅无法通航,汴河上的纲船因此处于闲置状态。为了缓解东南六路纲运时的压力,宋代统治者采取

---

① 元·脱脱等《宋史·陈瓘传》,北京:中华书局1985年版,第10962页。
② 元·脱脱等《宋史·文苑》,北京:中华书局1985年版,第13145页。
③ 元·脱脱等《宋史·许元传》,北京:中华书局1985年版,第9944页。
④ 宋·欧阳修《尚书工部郎中充天章阁待制许公墓志铭》,《欧阳修全集》(李逸安点校),北京:中华书局2001年版,第477—478页。

了调集汴河纲船进入江淮等航段的对策。问题是,汴河纲船进入江淮等航段虽然缓解了东南六路纲运紧张的状况,但也破坏了原有的纲运秩序。针对这一情况,许元提出通过增加船只来缓解江淮等航段压力的主张。许元的本意是借此来缓解汴河纲船"为他路转漕,兵不得息"的情况。遗憾的是,粮纲已坏的前提下,许元的主张根本无法落实,乃至于出现了"不果行"的局面。史称:"皇祐中,发运使许元奏:'近岁诸路因循,粮纲法坏,遂令汴纲至冬出江,为他路转漕,兵不得息。宜敕诸路增船载米,输转般仓充岁计如故事。'于是牟利者多以元说为然,诏如元奏。久之,诸路纲不集。"①为什么会出现"久之,诸路纲不集"的局面呢? 这一记载语焉不详,幸好,李焘详细地交代了这一事情的原委:"皇祐中,发运使许元奏:'近岁诸路因循,粮纲法坏,遂令汴纲至冬出江,为它路转漕,兵不得息。宜敕诸路增船载米,输转般仓充岁计,如故事。'于是言利者多以元说为然,朝廷为下诏如元奏,会元去,不果行。既而诸路纲不集。"②原来,"诸路纲不集"是在"会元去,不果行"的背景下发生的。许元离职后,由于增加船只加强运力的主张得不到具体的落实,故只能让汴河纲船继续"出江"及参与其他航段的纲运。

以宋仁宗嘉祐三年(1058)为节点,汴船出江与否成为宋廷关注的大事。史称:"嘉祐三年,下诏切责有司以格诏不行,及发运使不能总纲条,转运使不能斡岁入。预敕江、湖、两浙转运司,期以期年,各造船补卒,团本路纲,自嘉祐五年汴船不得复出江。至期,诸路船犹不足。汴纲既不至江外,江外船不得至京师,失商贩之利;而汴船工卒讫冬坐食,恒苦不足,皆盗毁船材,易钱自给,船愈坏而漕额愈不及矣。论者初欲漕卒得归息,而近岁汴船多佣丁夫,每船卒不过一二人,至冬当留守船,实无得归息者。时元罢已久,后至者数奏请出汴船,执政不许。治平三年,始诏出汴船七十纲,未几,皆出江复故。"③嘉祐三年,宋仁宗下诏加强造船,试图恢复"汴船不得复出江"的传统。李焘记嘉祐三年事迹时写道:"庚寅,复下诏切责有司以格诏不行,及发运使不能总纲条,转运使不能斡岁入预敕江湖、两浙转运司,以期年功各造船补卒,团本路纲,期自嘉祐五年汴纲不得复出江。"④马端临亦有类似的记载,但文字上稍有出入。马端临指出:"嘉祐三年,复下诏切责有司以格诏不行,及发运使不能总纲条,转运使不能斡岁入,预敕江、淮、两浙转运司,以期年功,各造船补卒,团本路纲,期自嘉祐五年汴纲不得复出江。至期,诸路船犹不足。汴纲既不得至江外,江外船亦不得至京师,失商贩之利;而汴纲工卒讫冬坐食,苦不足,皆盗毁船材,易钱以自给,船愈坏,漕岁额又愈不及。论者初欲漕卒得归息,而近岁汴纲多佣丁夫,每船卒不过一二人,至冬当留守船,实无得归息

---

① 元·脱脱等《宋史·食货志上三》,北京:中华书局1985年版,第4252—4253页。
② 宋·李焘《续资治通鉴长编·仁宗嘉祐三年》,北京:中华书局2004年版,第4535页。
③ 同①,第4253页。
④ 同②。

者。时元罢久矣。后至者数奏请出汴船,执政守前诏不许。御史亦以为言。治平三年,始诏出汴船七十纲,未几,皆出江复故。"①在"及发运使不能总纲条,转运使不能斡岁入"的前提下,以及在东南纲运船只投放量不足的条件下,不许汴船出江显然是做不到的。

　　汴船是否出江是件令人揪心的事。自实行"代发"以来,宋代围绕着分级接运制定了一系列的漕运管理制度。然而,在"粮纲法坏"及侵吞漕粮事件时有发生的前提下,在船只大量损坏之际,要想继续维持原有的分级接运似乎已十分困难。从某种意义上讲,"令汴纲至冬出江"是为了缓解东南运力不足的问题。但实际情况是,汴船出江后,势必要冲击原有的漕运制度,因为既然汴船可以出江,那么,江船也可以入汴,进而抵达京师。出于多方面的考虑,许元提出了增加纲运船只,反对汴船出江的主张。

　　暂且撇开破坏已有的漕运制度不论,就汴船出江而言,它是值得肯定的。具体原因有三点:一是汴船出江可以调配闲置资源,改变漕运不利的局面;二是汴船出江可加快商品流通的速度,国家从商贩处获取税收之利,反过来讲,"汴纲既不至江外,江外船不得至京师,失商贩之利";三是可以解决汴纲船工和押解船只士卒的生计,维护船工和士卒的利益,解决"汴纲工卒讫冬坐食,恒苦不足,皆盗毁船材,易钱自给,船愈坏而漕额愈不及"等问题。在这中间,许元反对汴船出江的本意是让汴河上的船工和士卒得到休息,然而,"论者初欲漕卒得归息,而近岁汴纲多佣丁夫,每船卒不过一二人,至冬当留守船,实无得归息者"。因此,宋代统治者明知汴船出江势必要冲击原有的漕运制度,企图通过增加船只数量来维护原有的漕运制度,但又对汴船入江采取了赞同的态度。

　　宋仁宗以后,汴船出江已成为大趋势。此后,虽围绕着是否坚持既定的漕运制度出现过多次反复,但汴船出江已成为不争的事实。史称:"治平二年,漕粟至京师,汴河五百七十五万五千石,惠民河二十六万七千石,广济河七十四万石。又漕金帛缗钱入左藏、内藏库者,总其数一千一百七十三万,而诸路转移以相给者皆不预焉。繇京西、陕西、河东运薪炭至京师,薪以斤计一千七百一十三万,炭以秤计一百万。是岁,诸路创漕船二千五百四十艘。治平四年,京师粳米支五岁余。是时,漕运吏卒,上下共为侵盗贸易,甚则托风水沉没以灭迹。官物陷折,岁不减二十万斛。熙宁二年,薛向为江、淮等路发运使,始募客舟与官舟分运,互相检察,旧弊乃去。岁漕常数既足,募商舟运至京师者又二十六万余石而未已,请充明年岁计之数。"②马端临亦记载道:"治平二年,漕粟至京师,汴河五百七十五万五千石,惠民河二十六万七千石,广济河七十四万石。又运金帛缗钱入左藏库、内藏库者,总其数一千一百七十三万,而诸路转移以相给者皆不与焉。繇京西、陕西、河东运薪炭至者,薪以斤计为一千七百一十三万,炭以秤计为一百万。是岁,诸路创漕船二千五百四十艘。大约京师岁费粟四百余万

---

① 元·马端临《文献通考·国用考三》,杭州:浙江古籍出版社1988年版,第245页。
② 元·脱脱等《宋史·食货志上三》,北京:中华书局1985年版,第4253页。

石,刍四百余万围,粟则漕运之人及畿县岁赋、商人入中皆在焉,刍亦赋于畿县,或体量和市。既而罢商人入中粟,至景祐初议复之。论者或谓籴京师,则谷价翔贵,命官度利害,后虽复之,然入中者无几。刍以体量和市者,遇岁俭则蠲之,前后不可胜数。至和中,一岁凡蠲二十五万。三司尝请以布偿刍直,登、莱端布为钱千三百六十,沂布千一百。仁宗以取直过厚,命差减其数云。"①宋英宗治平二年(1065),汴船出江,不但维持了原有纲运的岁额,而且还部分地改变了分级接运的历史。"汴纲至冬出江"后,因时间上放宽某些航段航行的限制,所以,受利益驱动,各路的漕船的数量大幅度增加,一度甚至高达二千五百四十艘。因原有的漕运制度遭受破坏,"上下共为侵盗"的现象也越来越严重。

针对这一情况,宋神宗熙宁二年(1069),薛向"募客舟与官舟分运",在此基础上形成"互相检察"之势。薛向任江、浙、荆、淮等路的发运使时,通过加强监管力度有效地革除了漕运过程中有可能出现的弊端。史称:"神宗知向材,以为江、浙、荆、淮发运使。纲舟历岁久,篙工利于盗货,尝假风水沉溺以灭迹。向募客舟分载,以相督察。官舟有定数,多为主者冒占,悉夺畀属州,诸运皆诣本曹受遣;以地有美恶,利有重轻,为立等式,用所漕物为诛赏。迁天章阁待制。"②通过引入竞争机制,薛向在一定程度上杜绝了漕运过程中的侵贪行为。薛向之所以能招募客船和商船参与漕运,与汴船出江有直接的关系。假定汴船不能出江,那么,客船和商船参与漕运将是一句空话。

分级接运制度遭受彻底的破坏发生在宋徽宗崇宁年间(1102—1106)。其中,胡师文动用转般仓"籴本"掏空仓储直接破坏了"代发"制度,从而使原有的漕运制度陷入了瘫痪和危机。此外,朱勔等筹办花石纲时,搜刮江南钱财、强占漕船及漕运通道,又进一步加剧了已有的危机。从大的方面讲,胡师文挪用转般仓"籴本"发生在崇宁初年。史称:"崇宁初,蔡京为相,始求羡财以供侈费,用所亲胡师文为发运使,以籴本数百万缗充贡,入为户部侍郎。来者效尤,时有进献,而本钱竭矣;本钱既竭,不能增籴,而储积空矣;储积既空,无可代发,而转般之法坏矣。"③马端临亦有类似的说法,不过,在表述方面略有不同:前者以"储积既空,无可代发,而转般之法坏矣"等语,叙述并强调了转般制度破坏的过程及时间节点;后者则以"储积既空,无可代发,而转般无用矣"④等语,强调了制度破坏后带来的后果。

胡师文恣意动用"籴本"开启了破坏转般仓"增籴"的恶劣风气。具体地讲,自胡师文用"籴本数百万缗充贡"得到提拔后,开启了不良之风。既然胡师文可以通过破坏制度的手段谋取高官厚禄,那么,出现"来者效尤,时有进献"则成为一种必然,所以不到几年的工夫便耗

---

① 元·马端临《文献通考·国用考三》,杭州:浙江古籍出版社1988年版,第245页。
② 元·脱脱等《宋史·薛向传》,北京:中华书局1985年版,第10587页。
③ 元·脱脱等《宋史·食货志上三》,北京:中华书局1985年版,第4257—4258页。
④ 同①,第246页。

尽了"籴本",从而使转般仓如同虚设。客观地讲,转般仓"籴本"是实行分级接运及"代发"制度的根本保证,遗憾的是,在蔡京、胡师文等恣意的破坏下,宋代苦心经营的漕运制度接近崩溃的边缘。李焘记载道:"江、湖上供米,旧转运使以本路纲输真、楚、泗州转般仓,载盐以归,舟还其郡,卒还其家。而汴舟诣转般仓漕米输京师,岁摺运者四。河冬涸,舟卒亦还营,至春复集,名曰放冻。卒得番休,逃亡者少,而汴船不涉江路,无风波沉溺之患。其后发运使权益重,六路上供米团纲发船,不复委本路,独发运使专其任。文移坌并,事目繁夥,有不能检察,则吏胥可以用意于其间,操舟者赇诸吏,辄得诣富饶郡市贱贸贵,以趋京师。自是江、汴之舟,合杂混转而无辨矣,挽舟卒有终身不还其家,而老死河路者,籍多空名,漕事大敝。"①吕祖谦进一步指出:"运法未坏,诸州船只到真州请盐回,其次入汴、入京师。后来发运岁造船,谓之发运官船,与诸州载米发运,申明汴船不出江,诸州又自造船。虽有此约束,诸州船终不应副,因此漕法渐坏,惟发纲发运未罢。"②由于没有本钱"增籴",必然要使转般仓丧失"寓平籴"等功能;由于无粮无物可储,势必要摧毁"代发";由于无粮无物"代发",势必要影响转运并造成漕运危机;由于漕运危机,势必要动摇巩固现有政权的统治基础。

朱勔领办花石纲发生在崇宁四年(1105)十一月。陈邦瞻记载道:"四年十一月,以朱勔领苏、杭应奉局及花石纲于苏州。"③朱勔受到蔡京的重用,似乎纯属偶然。史称:"始,蔡京居钱塘,过苏,欲建僧寺阁,会费巨万,僧言必欲集此缘,非朱冲不可。京以属郡守,郡守呼冲见京,京语故,冲愿独任。居数日,请京诣寺度地,至则大木数千章积庭下,京大惊,阴器其能。明年召还,挟勔与俱,以其父子姓名属童贯窜置军籍中,皆得官。

徽宗颇垂意花石,京讽勔语其父,密取浙中珍异以进。初致黄杨三本,帝嘉之。后岁岁增加,然岁率不过再三贡,贡物裁五七品。至政和中始极盛,舳舻相衔于淮、汴,号'花石纲',置应奉局于苏,指取内帑如囊中物,每取以数十百万计。延福宫、艮岳成,奇卉异植充牣其中。勔擢至防御使,东南部刺史、郡守多出其门。"④

毕沅进一步归纳道:"初,蔡京过苏,欲建僧寺阁,会费巨万,僧言:'必欲集此缘,非郡人朱冲不可。'冲,勔之父也。京即召冲语之,冲愿独任。居数日,冲请京诣寺度地,至,则大木数千章积庭下,京器其能。逾年,京召还朝,遂挟勔与俱,窜其父子名姓于童贯军籍中,皆得官。帝颇垂意花石,京讽冲密取浙中珍异以进。初致黄杨三本,帝嘉之。后岁岁增加,然岁

---

① 宋·李焘《续资治通鉴长编·仁宗嘉祐三年》,北京:中华书局2004年版,第4534—4535页。
② 宋·吕祖谦《历代制度详说·漕运》,清·纪昀等《四库全书》第923册,上海:上海古籍出版社1987年版,第937页。
③ 明·陈邦瞻《宋史纪事本末·花石纲之役》,中华书局编辑部编《历代纪事本末》,北京:中华书局1997年版,第1399页。
④ 元·脱脱等《宋史·朱勔传》,北京:中华书局1985年版,第13684页。

不过再三贡,贡物裁五六品。至是渐盛,舳舻相衔于淮、汴,号'花石纲';置局苏州,命勔总其事。"①陈邦瞻亦记载道:"帝时垂意花石,……置应奉局于苏州,命勔总其事。勔指取内帑如囊中物,每取以数十百万计。于是搜岩剔薮,幽隐不置。凡士庶之家,一石一木稍堪玩者,即领健卒直入其家,用黄封表识,指为御前之物,使护视之。微不谨,即被以大不恭罪。及发行,必撤屋抉墙以出。人不幸有一物小异,共指为不祥,惟恐芟夷之不速。民预是役者,中家破产,或鬻卖子女以供其须。剧山辇石,程督惨刻,虽在江湖不测之渊,百计取之,必得乃止。至截诸道粮饷纲,旁罗商船,揭所贡,暴其上。舟人倚势贪横,凌轹州县,道路以目。"②为了投宋徽宗"垂意花石"所好,蔡京勾结朱冲、朱勔父子肆无忌惮地掠夺江南财富,直接或间接地破坏了现存的漕运管理制度和秩序,具体表现在四个方面。一是各级官员趁机侵贪,肆无忌惮地强行拘占漕船,如史有"一石之费,至用三十万缗"③之说,又有"官买一竹至费五十缗,而多入诸臣之家"④之说,在这一过程中,明目张胆地侵占国家财物,乃至发生买一根竹子要花费五十缗的荒唐事件。二是打着筹办花石纲的幌子任意地"指取内帑",出现了"每取以数十百万计"的情况。三是不断地扩大"贡物"范围,恣意掠夺江南士绅和百姓的财产。起初,进献花木的范围主要是一些木质细密的可供雕刻用的黄杨等,后来扩大征收的范围,采取强行霸占的行为,乃至发生"凡士庶之家,一石一木稍堪玩者,即领健卒直入其家,用黄封表识,指为御前之物,使护视之"的事件,甚至当花石巨大无法运出时,"必撤屋抉墙以出"。可以说,在朱勔等人的疯狂掠夺下,出现了"民预是役者,中家破产,或鬻卖子女以供其须"的局面。四是严重地破坏了已有漕运秩序,如"寻以花石纲拘占漕舟"⑤,又如为运花石纲时,"截诸道粮饷纲,旁罗商船",直接造成了"花石纲塞道,官舟不得行"⑥等事件的发生。

从另一个层面看,破坏漕运制度的具体执行者虽然是胡师文、朱勔等,但罪魁祸首却是蔡京。如果再进一步追究的话,政治腐败才是漕运制度遭受践踏的根本原因。具体地讲,宋徽宗恣意扩大供个人声色享受的机构,无休止地占用转般仓"籴本",给既定的漕运制度带来了毁灭性的灾难。史称:"于时天下久平,吏员冗溢,节度使至八十余员,留后、观察下及遥郡刺史多至数千员,学士、待制中外百五十员。京又专用丰亨豫大之说,谀悦帝意,始广茶利,岁以一百万缗进御,以京城所主之。其后又有应奉司、御前生活所、营缮所、苏杭造作局、御前人船所,其名杂出,大率争以奇侈为功。岁运花石纲,一石之费,民间至用三十万缗。奸吏

---

① 清·毕沅《续资治通鉴·宋纪八十九》,北京:中华书局1957年版,第2291页。
② 明·陈邦瞻《宋史纪事本末·花石纲之役》,中华书局编辑部编《历代纪事本末》,北京:中华书局1997年版,第1399页。
③ 元·马端临《文献通考·国用考二》,杭州:浙江古籍出版社1988年版,第234页。
④ 元·脱脱等《宋史·张根传》,北京:中华书局1985年版,第11219页。
⑤ 同④。
⑥ 元·脱脱等《宋史·陈遘传》,北京:中华书局1985年版,第13181页。

旁缘,牟取无艺,民不胜弊。用度日繁,左藏库异时月费缗钱三十六万,至是,衍为一百二十万。"①为了满足个人的私欲,宋徽宗巧立名目增设供个人享受的机构,不问朝政,开启了"奸吏旁缘,牟取无艺"的贪腐之风。

与此同时,"吏员冗溢",甚至出现"三省、密院吏员猥杂,有官至中大夫,一身而兼十余俸者""一纸至万缗者"。仅此还不算,宋徽宗为营造宫室,大兴花石纲,疯狂地搜刮民财。马端临论述道:"徽宗崇宁后,蔡京为相,增修财利之政,务以侈靡惑人主,动以《周官》惟王不会为说,每及前朝爱惜财赋减省者,必以为陋。至于土木营造,率欲度前规而侈后观。元丰官制既行,赋禄视嘉祐、治平既优,京更增供给、食料等钱,于是宰执皆增。京又专用丰亨豫大之说,谀悦帝意,始广茶利,岁以一百万缗进御,以京城所主之,于是费用浸广。其后又有应奉司、御前生活所、营缮所、苏杭造作局、御前人船所,其名纷如,大率皆以奇侈为功。岁运花石纲,一石之费,至用三十万缗。牟取无艺,民不胜弊。时用度日繁,左藏库异时月费缗钱三十六万,至是,衍为一百二十万缗。又三省、密院吏员猥杂,有官至中大夫,一身而兼十余俸者,故当时议者有'俸入超越从班,品秩几于执政'之言。吏禄滥冒已极,以史院言之,供检三省几千人。蔡京又动以笔贴于榷货务支赏给,有一纸至万缗者。京所侵私,以千万计,朝论益喧。"②原有的漕运秩序在宋徽宗追求声色享受的背景下陷入了前所未有的困境。

客观地讲,坚守分级接运这一漕运制度和严格管理漕运过程本身就是件困难的事,更何况又有蔡京等人恣意地破坏和践踏漕运制度呢!史有"朝廷方督纲饷,运渠壅涩,遣使决吕城、陈公两塘达于渠。漕路甫通,而朱勔花石纲塞道,官舟不得行"③之说。经过陈遘的治理,虽出现了"漕路甫通"的局面,但大兴花石纲给漕运制造出了新的困难。从某种意义上讲,北宋速亡于金兵的铁骑之下,与疏于漕运管理、漕运通道断绝、无法及时地转输东南租籴和财赋等存在着某种内在的联系。可以说,在漕运制度遭受空前破坏的背景下,其管理中的一件小事往往会成为阻碍漕运的大事。史称:"靖康而后,汴河上流为盗所决者数处,决口有至百步者,塞久不合,干涸月余,纲运不通,南京及京师皆乏粮。责都水使者措置,凡二十余日而水复旧,纲运沓来,两京粮始足。又择使臣八员为沿汴巡检,每两员各将兵五百人,自洛口至西水门,分地防察决溢云。"④又称:"靖康初,汴河决口有至百步者,塞之,工久未讫,干涸月余,纲运不通,南京及京师皆乏粮。责都水使者陈求道等,命提举京师所陈良弼同措置。越两旬,水复旧,纲运沓至,两京粮乃足。"⑤如果管理机构健全并加强航道管理的话,怎么会发生"为盗所决者数处"的事件呢;只要及时治理,又如何会出现"决口有至百步者,塞久不

---

① 元·脱脱等《宋史·食货志下一》,北京:中华书局1985年版,第4361页。
② 元·马端临《文献通考·国用考二》,杭州:浙江古籍出版社1988年版,第234页。
③ 元·脱脱等《宋史·陈遘传》,北京:中华书局1985年版,第13181页。
④ 元·脱脱等《宋史·河渠志四》,北京:中华书局1985年版,第2335页。
⑤ 元·脱脱等《宋史·食货志上三》,北京:中华书局1985年版,第4255页。

合,干涸月余,纲运不通,南京及京师皆乏粮"的局面呢?都水使者陈求道奉命堵塞决口仅二十多天,立即出现了"水复旧,纲运沓至,两京粮乃足"的局面。从表面上看,"汴河上流为盗所决者数处"与疏于管理相关,但根本的原因是由政治腐败造成的。进而言之,在民族矛盾和阶级矛盾空前尖锐的背景下,宋代统治者依旧醉生梦死、不思进取,由此造成漕运危机是必然的。

第二节　宋代漕运与直运制度

与分级接运相对应的漕运方式是直运(长运)。在漕运的过程中,宋王朝积极探索了不同的漕运方式。宋神宗熙宁六年(1073)十一月,范子奇提出直运。史称:"六年夏,都水监丞侯叔献乞引汴水淤府界闲田,安石力主之。水既数放,或至绝流,公私重舟不可荡,有阁折者。帝以人情不安,尝下都水分析,并诏三司同府界提点官往视。十一月,范子奇建议:冬不闭汴口,以外江纲运直入汴至京,废运般。安石以为然。诏汴口官吏相视,卒用其说。是后高丽入贡,令溯汴赴阙。"①在调查研究的基础上,范子奇提出了"以外江纲运直入汴至京"的建议,即直运。这一建议后来得到宰相王安石的首肯,并采行。不过,直运有诸多的缺陷,如果汴河水量充沛的话自然没有问题。问题是,冬季的汴河因缺水时常不具备通航的条件。更重要的是,当分级接运已制度化,并形成一套完整的运作机制时,以及在事实上已证明分级接运有直运不可比拟的优越性时,直运因自身的缺陷很快寿终正寝了。尽管如此,这一主张却为曾孝广提出直运提供了依据。

宋徽宗崇宁年间,原有的分级接运制度受到了极大的破坏。为了改变漕运不力的局面及应对吏治腐败给分级接运带来的冲击和破坏,时任户部尚书的曾孝广提出改分级接运为直运的建议,试图从根本上解决漕运不畅及转运过程中官员侵占租籴和财赋等问题。曾孝广在上疏中写道:"往年,南自真州江岸,北至楚州淮堤,以堰潴水,不通重船,般剥劳费。遂于堰旁置转般仓,受逐州所输,更用运河船载之入汴,以达京师。虽免推舟过堰之劳,然侵盗之弊由此而起。天圣中,发运使方仲荀奏请度真、楚州堰为水闸,自是东南金帛、茶布之类直至京师,惟六路上供斛斗,犹循用转般法,吏卒糜费与在路折阅,动以万数。欲将六路上供斛斗,并依东南杂运直至京师或南京府界卸纳,庶免侵盗乞贷之弊。"②曾孝广改直运的理由是:宋仁宗天圣(1023—1031)中,江淮运河在真州、楚州等地破堰造闸提高了航运速度,已经出现"自是东南金帛、茶布之类直至京师"的局面。

---

① 元·脱脱等《宋史·河渠志三》,北京:中华书局1985年版,第2324页。
② 元·脱脱等《宋史·食货志上三》,北京:中华书局1985年版,第4258页。

其实,曾孝广改分级接运为直运实为迫不得已的举动。假定蔡京唆使胡师文等动用转般仓"籴本"、破坏"代发"没有发生的话,何至于改分级接运为直运呢? 直运是曾孝广为应对漕运危机提出的改革措施,是无可奈何的选择。因蔡京时任宰相,曾孝广不敢把矛头指向破坏"代发"制度的罪魁祸首蔡京和胡师文等人,只好以破堰建闸以保航道畅通为说辞,以"庶免侵盗乞贷之弊"等语委婉地提出改分级接运为直运的建议,希望通过这一举措尽可能地解决漕运不畅的难题。从另一个层面看,曾孝广的理由是不充分的。具体地讲,真州、楚州等地破堰建闸虽提高了船只通过江淮航段的速度,为直运提供了可能,但汴河冬季缺水,在直运受到季节限制的前提下,转般仓在中转中的作用是无法取代的。进而言之,改分级接运为直运的根本原因与江淮航段破堰建闸没有内在的联系。

马端临把曾孝广上疏的时间即废分级接运而采用直运的时间定在宋徽宗崇宁三年(1104)九月二十九日,故有"乃用户部尚书曾孝广之说,立直达之法。时崇宁三年九月二十九日也"①之说。徐松根据宋代档案记载道:"二十九日,户部尚书曾孝广奏:'天圣中,发运使方仲荀奏请废真、楚州堰为水闸,自是东南金、帛、茶、布之类直至京师。今真、楚州共有转般七仓,养吏卒糜费甚大,而在路折阅,动以万数,良以屡载屡卸,故得因缘为奸也。臣欲将上供斛斗并依东南杂运,直至京师或南京府界卸纳,庶免侵盗。'从之。"②胡渭从历史的角度总结道:"至崇宁三年,曾孝广始立直达之法,近世乃承其弊。江、淮之粟有远涉至三四千里者,阻浅避涨,往还经岁,民亦劳止。汔可小休,改弦而更张之,此其时矣。"③综合这些情况可知,直运是由曾孝广提出的。

前人在关注宋代漕运变化的过程时,主要有蔡京破坏原有的漕运制度,改分级接运为直运(长运)等说法。吕祖谦指出:"乃蔡京为政,不学无术,不能明考祖宗立法深意,遂废改盐法,置直达法,无水次。不如此,是时好吏多,虽有运漕之官,不过催督起发,其官亦有名而无实。大抵用官船逐处漕运时,便都无奸计。若用直达法,经涉岁月长远,故得为奸,所费甚多,东南入京之粟亦少。故太仓之粟少东南蓄积,发运有名无实,此召乱之道也。本朝漕运之法,坏自蔡京,东京发运本原大略如此。"④又有"蔡京废发运司转般仓为直达纲"⑤之说,与"蔡京坏东南转般法为直达纲"⑥之说,以及这些提法均明确地道出了蔡京是破坏分级接运的罪魁祸首。从表面上看,这些说法似乎与曾孝广改分级接运为直运的说法有矛盾和冲

---

① 元·马端临《文献通考·国用考三》,杭州:浙江古籍出版社1988年版,第246页。
② 清·徐松《宋会要辑稿·职官四二》第4册,北京:中华书局1957年版,第3247页。
③ 清·胡渭《禹贡锥指》(邹逸麟整理),上海:上海古籍出版社2006年版,第671页。
④ 宋·吕祖谦《历代制度详说》,清·纪昀等《四库全书》第923册,上海:上海古籍出版社1987年版,第937—938页。
⑤ 元·脱脱等《宋史·辛昺传》,北京:中华书局1985年版,第11548页。
⑥ 元·脱脱等《宋史·贾伟节传》,北京:中华书局1985年版,第11212页。

突。其实,是因看问题的角度及逻辑起点不同造成的。

吕祖谦等把破坏分级接运改为直运说成是蔡京所为,主要基于四个方面的考虑:一是蔡京是宰相,废分级接运为直运必经他的同意;二是改直运的前提是破坏"代发"制度,"代发"制度遭受破坏与胡师文动用"籴本"有直接的关系,在这中间,胡师文动用"籴本",与蔡京的纵容和唆使有直接的关系;三是,与蔡京令朱勔筹办花石纲相关,朱勔任意拘占漕船和阻塞航道,阻碍了分级接运的正常秩序;四是分级接运遭受毁灭性的打击,是由蔡京"废改盐法"和推行新钞法而起。史称:"凡盐之入,置仓以受之,通、楚州各一,泰州三,以受三州盐。又置转般仓二,一于真州,以受通、泰、楚五仓盐;一于涟水军,以受海州涟水盐。江南、荆湖岁漕米至淮南,受盐以归。东南盐利,视天下为最厚。"①分级接运时,宋代漕运主要采取让盐利于民的政策,纲船卸粮物入转般仓后,船只空回时载盐以归,押纲的土卒和船工可通过获取盐利弥补常年在外的损失并获取微薄的经济利益。崇宁元年(1102),蔡京议改盐法并于崇宁二年(1103)收回盐利后,破坏了让盐利于民的政策,从根本上动摇了分级接运制度。吕祖谦指出:"运法未坏,诸州船只到真州,请盐回。其次入汴入京师。后来发运岁造船,谓之发运官船,与诸州载米发运,申明汴船不出江。诸州又自造船,虽有此约束,诸州船终不应副。因此漕法渐坏,惟发纲发运未罢。"②从这样的角度看,破坏分级接运的始作俑者自然是蔡京。

崇宁二年,在蔡京议改盐法的基础上推行新盐法。新盐法与新钞法拧结在一起,干扰和破坏了正常的漕运秩序。史称:"崇宁元年,蔡京议更盐法,乃言东南盐本或阙,滞于客贩,请增给度牒及给封桩坊场钱通三十万缗。并列七条:一、许客用私船运致,仍严立辄逾疆至夹带私盐之禁;二、盐场官吏概量不平或支盐失伦次者,论以徒;三、盐商所繇官司、场务、堰闸、津渡等辄加苛留者,如上法;四、禁命吏、荫家、贡士、胥史为贾区请盐;五、议贷亭户;六、盐价大低者议增之;七、令措置官博尽利害以闻。明年,诏盐舟力胜钱勿输,用绝阻遏,且许舟行越次取疾,官纲等舟辄拦阻者坐之。遂变钞法,置买钞所于榷货务。凡以钞至者,并以末盐、乳香、茶钞并东北一分及官告、度牒、杂物等换给。末盐钞换易五分,余以杂物,而旧钞止许易末盐、官告。仍以十分率之,止听算三分,其七分兼新钞。定民间买钞之价,以抑豪强,以平边籴。在河北买者,率百缗毋得下五千,东南末盐钞毋得下十千,陕西盐钞毋得下五千五百,私减者坐徒徒之罪,官吏留难、文钞展限等条皆备。"③新盐法的推行有三方面的不利影响:一是阻碍了漕运,如"且许舟行越次取疾,官纲等舟辄拦阻者坐之",直接影响到漕运;二

---

① 元·脱脱等《宋史·食货志下四》,北京:中华书局1985年版,第4438页。
② 宋·吕祖谦《历代制度详说》,清·纪昀等《四库全书》第923册,上海:上海古籍出版社1987年版,第937页。
③ 同①,第4444—4445页。

是新盐法与纲运士卒和船工争盐利,挫伤了押纲士卒和船工的积极性;三是新盐法与新钞法拧结在一起伤害了盐商的利益,如史有"尽更盐钞法,凡旧钞皆弗用,富商巨贾尝赍持数十万缗,一旦化为流丐,甚者至赴水及缢死"①之说。从这样的角度看,直运实际上是为继续维持漕运秩序,做出的迫不得已的选择,因此说蔡京"废改盐法,置直达江"又是有道理的。

自转般仓丧失"额斛"及"寓平籴"等功能后,无从"代发",转般仓已形同虚设,从而失去了中转及接运的功能。史称:"自是六路郡县各认岁额,虽湖南、北至远处,亦直抵京师,号直达纲,丰不加籴,歉不代发。方纲米之来,立法峻甚,船有损坏,所至修整,不得逾时。州县欲其速过,但令供状,以钱给之,沿流乡保悉致骚扰,公私横费百出。又盐法已坏,回舟无所得,舟人逃散,船亦随坏,本法尽废。"②直运是分级接运遭受严重破坏后的产物,同时也是宋代维持漕运的最后一道防线。为了保证直运,制定了严格的律法制度,如史有"张动《直达纲运法》并《看详》一百三十一册"③之说。在此基础上,宋王朝采取了更为严厉的管理措施,甚至提出"船有损坏,所至修整,不得逾时"等苛刻的要求。在这中间,由于"沿流乡保悉致骚扰,公私横费百出",又由于"盐法已坏,回舟无所得"等,因此出现了"舟人逃散"不愿从事漕运的局面。在万般无奈下,只得恢复分级接运。然而,由于转般仓无粮无物"代发",宋徽宗政和二年(1112)再次改分级接运为直运。史称:"政和二年,复行直达纲,毁拆转般诸仓。"④从这一反复过程中当知,分级接运和业已形成的转般仓制度一经破坏,想再恢复将十分困难,可以说,北宋后期的漕运遇到了前所未有的困难。

针对政和二年再次改分级接运为直运的情况,谭稹、向子諲等人提出了不同的意见,力主恢复转般仓及分级接运。谭稹在给朝廷的上疏中写道:"祖宗建立真、楚、泗州转般仓,一以备中都缓急,二以防漕渠阻节,三则纲船装发,资次运行,更无虚日。自其法废,河道日益浅涩,遂致中都粮储不继,淮南三转般仓不可不复。乞自泗州为始,次及真、楚,既有瓦木,顺流而下,不甚劳费。俟岁丰计置储蓄,立法转般。"⑤"中都",初指国都,此处引申为宋都大梁。《史记·平准书》有"漕转山东粟,以给中都官"语。司马贞《索隐》:"中都犹都内也,皆天子之仓府。"⑥《宋书·索虏传》有"使中都有鸣鸾之响,荒余怀来苏之德"⑦等语,王安石亦有"远方有倍蓰之输,中都有半价之鬻"⑧之说,据此可知,谭稹所说的"中都"实际上是指建

---

① 元·脱脱等《宋史·蔡京传》,北京:中华书局1985年版,第13723页。
② 元·脱脱等《宋史·食货志上三》,北京:中华书局1985年版,第4258页。
③ 元·脱脱等《宋史·艺文志三》,北京:中华书局1985年版,第5142页。
④ 同②。
⑤ 同②,第4258—4259页。
⑥ 汉·司马迁《史记·平准书》,北京:中华书局1982年版,第1419页。
⑦ 梁·沈约《宋书·索虏传》,北京:中华书局1974年版,第2340页。
⑧ 宋·王安石《乞制置三司条例》,清·纪昀等《四库全书》第1105册,上海:上海古籍出版社1987年版,第582页。

在宋都大梁的转般仓。谭稹是宦官（内官），说话分量略嫌不足。在这一节骨眼上，淮南路转运判官向子諲清醒地认识到破坏转般仓储制度及"寓平籴"将带来严重后果，他在上疏中写道："转般之法，寓平籴之意。江、湖有米，可籴于真，两浙有米，可籴于扬、宿、亳有麦，可籴于泗。坐视六路丰歉，有不登处，则以钱折斛，发运司得以斡旋之，不独无岁额不足之忧，因可以宽民力。运渠旱干，则有汴口仓。今所患者，向来籴本岁五百万缗，支移殆尽。"①这里所说的"汴口仓"，是指建在汴河与淮河交汇处的转般仓，具体位置在泗州和盱眙之间。胡渭引《川渎异同》指出："泗州与盱眙两城相距凡七里，自昔为淮流襟束之处。汴水自河南界流经州城东，而合于淮，谓之汴口。"②谭稹、向子諲等人从国家战略的高度提出反对直运的意见。归纳他们的意见有五点值得注意：一是从国家战略储备的高度充分肯定江淮运河沿线各州转般仓的功能，指出转般仓具有"以备中都缓急"的功能；二是从历史的角度充分肯定了分级接运的优点，指出分级接运可以有效地解决船只航行时航道拥挤、效率低下等问题；三是从现实的角度指出"河道日益浅涩"，需要等待丰水季节来临后才能通航，在这样的条件下，需要转般仓参与到分级接运的进程中，否则将会出现"遂致中都粮储不继"的局面；四是指出江淮运河沿线的转般仓有平籴、赈灾及战略储备等功能，可在丰年时增加储备；五是采取"寓平籴"之策后，可以解决"岁额不足之忧，因可以宽民力"时遇到的问题。

谭稹、向子諲的意见受到重视，宣和五年（1123），宋徽宗做出了加强转般仓建设的决定。为了从根本上解决"本钱既竭，不能增籴"时的困难，宋徽宗特意从财政中拿出三百万贯为转般仓"增籴"提供本钱。史称："宣和五年，乃降度牒及香、盐钞各一百万贯，令吕淙、卢宗原均籴斛斗，专备转般。江西转运判官萧序辰言：'转般道里不加远，而人力不劳卸纳，年丰可以广籴厚积，以待中都之用。自行直达，道里既远，情弊尤多，如大江东西、荆湖南北有终岁不能行一运者，有押米万石欠七八千石，有抛失舟船、兵梢逃散、十不存一二者。折欠之弊生于稽留，而沿路官司多端阻节，至有一路漕司不自置舟船，截留他路回纲，尤为不便。'诏发运司措置。六年，以无额上供钱物并六路旧欠发斛斗钱，贮为籴本，别降三百万贯付卢宗原，将湖南所起年额，并随正额预起抛欠斛斗于转般仓下卸，却将已卸均籴斗斛转运上京，所有直达，候转般斛斗有次第日罢之。"③宣和六年（1124），在落实和增加"籴本"时，重新确认了分级接运的漕运即纲运体系。明人论述宋代漕政发生的危机时指出："初，于各州置仓行转般法，岁漕粟七百万石，一变直达。久涉岁月，奸弊互生，而委积发运，名浮于实，漕政日坏。至是用元议，增舟输米，充岁计如故事。既而诸路纲亦不集，汴纲既不得至江，江船亦不至京

---

① 元·脱脱等《宋史·食货志上三》，北京：中华书局1985年版，第4259页。
② 清·胡渭《禹贡锥指》（邹逸麟整理），上海：上海古籍出版社2006年版，第618页。
③ 同①。

师,船愈坏而漕愈减耗矣。"①因无法解决政治腐败这一根本性的大问题,即便是恢复分级接运或继续采用直运,也摆脱不了漕政日衰的困境。

需要补充的是,分级接运得到重新确认后,直运没有完全被废止。史称:"靖康元年,令东南六路上供额斛,除淮南、两浙依旧直达外,江、湖四路并措置转般。"②靖康元年(1126),宋钦宗建立的漕运制度是东南六路的淮南路、两浙路实行直运,其余的东南四路继续采用分级接运。淮南路、两浙路改为直运与船闸技术得到广泛的运用有密切的关系,与其他航段相比,江南运河和江淮运河是破堰建闸较为集中的地区。这一时期,技术进步既为在江南运河、江淮运河沿线破堰建闸及提高航运能力铺平了道路,同时也为东南六路的金、帛、茶、布等物资或商品实行直运开辟了道路。进而言之,将航程较短的淮南路、两浙路漕运改为直运可以进一步提高漕运效率,这样一来,在重新确认分级接运的前提下,江南运河和江淮运河等航段依旧有直运的功能。

第三节 漕运制度改革与纲运

宋代转运上供租斛和财赋主要实行纲运。纲运,是指将若干船只、车辆编成船队或车队,由朝廷派员分门别类地押送上供租斛和财赋等入京。由于东南六路拥有发达的水上交通,是宋王朝租斛和财赋的重要征收地区,因此狭义上的纲运是指面向东南的漕运。

宋代纲运名目繁多,有不同的分类:按照上供的租斛和财赋种类划分,有粮纲、米纲、布纲、绢纲、钱纲、马纲和盐纲等;按货物种类及价值划分,有粗色纲(指犀象、紫矿、乳香、檀香、药物等)与细色纲(指龙脑、珍珠等)。其中,不同的纲目有不同的计量单位。史称:"旧法,细色纲龙脑、珠之类,每一纲五千两,其余犀象、紫矿、乳檀香之类,为粗色,每纲一万斤。凡起一纲,遣衙前一名部送,支脚乘赡家钱一百余缗。大观以后,张大其数,象犀、紫矿皆作细色起发,以旧日一纲分为三十二纲,多费脚乘赡家钱三千余贯。至于乾道七年,诏广南起发粗色香药物货,每纲二万斤,加耗六百斤,依旧支破水脚钱一千六百六十二贯有奇。淳熙二年,户部言:'福建、广南市舶司粗细物货,并以五万斤为一全纲。'"③分类编纲后,粗色纲和细色纲有不同的计量单位。宋徽宗大观(1107—1110)以后,原属粗色纲的象犀、紫矿等纳入细色纲的范围。与此同时,一纲的计量单位亦发生变化。在名目繁多的分类中,粮纲占有重

---

① 明·席书编次,明·朱家相增修《漕船志·船纪》(荀德麟、张英聘点校),北京:方志出版社2006年版,第50—51页。
② 元·脱脱等《宋史·食货志上三》,北京:中华书局1985年版,第4259页。
③ 元·脱脱等《宋史·食货志下八》,北京:中华书局1985年版,第4566页。

要的地位。根据各航段的通航情况,粮纲船队往往由不同数量的船只和不同运载量构成。在这中间,先后出现了十船一纲、十二船一纲、二十船一纲、二十五船一纲、三十船一纲等情况,如史有"凡舟十二艘为一纲"①、"凡舟二十艘为一纲"②、"一纲三十只船"③等说,又有"每五百料船二十五只为一纲,四百料船三十只为一纲"④等说法。"一料"等于二石,"料"是重量单位。此外,特殊纲运主要按用途命名,如生辰纲、花石纲等。

分纲目和分类转输上供租籴、财赋及额度是在长期摸索的过程中形成的,规定岁额有不同的时间节点。对此,前人多有论述,其中,以陈傅良的论述最为清楚和详细:"国初上供随岁所入,初无定制,而其大者在粮、帛、银、钱、诸路米纲。《会要》:开宝五年,令汴、蔡河岁运江淮米数十万石赴京充军食;太平兴国六年,制岁运三百五十万石;景德四年,诏淮南、江、浙、荆湖南北路,以至道二年至景德二年终十年酌中之数,定为年额,上供六百万石。米纲立额始于此。银纲,自大中祥符元年诏五路粮储已有定额,其余未有条贯,遂以大中祥符元年以前最为多者为额,则银纲立额始于此。钱纲,自天禧四年四月三司奏请立定钱额,自后每年依此额数起发,则钱纲立额始于此。绢绵纲虽不可考,以咸平三年三司初降之数,则亦有年额矣。然而前朝理财务在宽大,随时损益,非必尽取。上供增额起于熙宁,虽非旧贯,尤未为甚。崇宁三年十一月,始立上供钱物新格,于是益重。宣和元年,户部尚书唐恪稽考诸路上供钱物之数:荆湖南路四十二万三千二百二十九万匹、两,利州路三万二千五百一十八贯、匹、两,荆湖北路四十二万七千二百七十七贯、匹、两,夔州路一十二万三百八十九贯、匹、两,江南东路三百九十二万四百二十一贯、匹、两,福建路七十二万二千四百六十七贯、匹、两,京西路九万六千三百五十一贯、匹、两,河北路一十七万五千四百六十四贯、匹、两,广西路九万一千九百八十贯、匹、两,京东路一百七十七万二千一百二十四贯、匹、两,广南东路一十八万八千三十贯、匹、两,陕西路一十五万七百九十贯、匹、两,江南西路一百二十七万六千九十八贯、匹、两,成都路四万五千七百二十五贯、匹、两,潼川路五万二千一百二十贯、匹、两,两浙路四百四十三万五千七百八十八贯、匹、两,两淮南路一百一十一万一千六百四十三贯、匹、两,而斛斗地杂科不与焉,其取之民极矣。方今版图仅及承平之半,而赋入过宣和之数,虽曰饷军,出不得已,要非爱惜邦本之道,此宽民力之说所以为最先务也。"⑤经过长时间的探索,宋代在确立纲运制度的过程中规定了纲类和各自上供的岁额:宋真宗景德四年(1007),规定

---

① 宋·李焘《续资治通鉴长编·真宗咸平六年》,北京:中华书局2004年版,第1188页。
② 清·毕沅《续资治通鉴·宋纪二十三》,北京:中华书局1957年版,第533页。
③ 宋·苏轼《论纲梢欠折利害状》,《三苏全书·苏轼文集》第12册,北京:语文出版社2001年版,第164页。
④ 清·徐松《宋会要辑稿·食货四二》第6册,北京:中华书局1957年版,第5567页。
⑤ 宋·陈傅良《论上供》,元·马端临《文献通考·国用考一》,杭州:浙江古籍出版社1988年版,第227—228页。

了米纲岁额;宋真宗大中祥符元年(1008),规定了银纲岁额;宋真宗天禧四年(1020),规定了钱纲岁额;规定绢绵纲岁额的时间虽然不详,但在宋真宗咸平三年(1000)以前已有明确的岁额。

在陈傅良(号止斋)论述的基础上,马端临进一步指出:"止斋此段足以尽宋朝上供之委折。上供之名始于唐之中叶,盖以大盗扰乱之后,赋入失陷,国家日不暇给,不能考核,加以强藩自擅,朝廷不能制,是以立为上供之法,仅能取其三之一。宋兴,既已削州镇之权,命文臣典藩,奉法循理,而又承平百年,版籍一定,大权在上,既不敢如唐之专擅以自私,献入有程,又不至如唐之隳乱而难考则,虽按籍而索,锱铢皆入朝廷,未为不可。然且犹存上供之名,取酌中之数,定为年额,而其遗利则付之州县桩管,盖有深意:一则州郡有宿储,可以支意外不虞之警急;二则宽于理财,盖阴以恤民。承流宣化者幸而遇清介慈惠之人,则上供输送之外,时可宽假以施仁;不幸而遇贪饕纵侈之辈,则那计优裕之余,亦不致刻剥以肆毒,所谓损上益下者也。呜呼,仁哉!"①自宋太祖"削州镇之权,命文臣典藩"以后,通过规定上供岁额进一步完善了漕运即纲运制度。

宋代编纲运输经验来自唐代。唐代宗时,刘晏针对藩镇割据阻碍漕运、盗贼打劫漕船等,编十船为一纲,每纲由三百名官兵负责押运和监管,五十名篙工负责运输,每船运载千石,如史有"每船受千斛,十船为纲,每纲三百人,篙工五十"②之说。一斛等于一石,此处的"纲"是"纲船"的简称,是指运送租籴和财赋等的船队。史称:"晏始为转运使,时天下见户不过二百万,其季年乃三百余万,在晏所统则增,非晏所统则不增也。其初财赋岁入不过四百万缗,季年乃千余万缗。……先是,运关东谷入长安者,以河流湍悍,率一斛得八斗至者,则为成劳,受优赏。晏以为江、汴、河、渭,水力不同,各随便宜,造运船,教漕卒,江船达扬州,汴船达河阴,河船达渭口,渭船达太仓,其间缘水置仓,转相受给。自是每岁运谷或至百余万斛,无斗升沉覆者。船十艘为一纲,使军将领之,十运无失,授优劳,官其人。数运之后,无不斑白者。晏于扬子置十场造船,每艘给钱千缗。"③刘晏任转运使后,通过改革漕政及规定漕船的装载数额,开创了武装押运的先河。宋代继承这一成果,漕运时编纲运输并派士卒随船押送。

唐代每艘漕船受粮千石,宋代每艘漕船受粮为二百五十石、三百石、三百五十石、四百石、五百石、七百石和八百石不等。以宋真宗天禧二年(1018)为时间节点,此前,一纲即船队的总运量低于唐代;此后,一纲的总运量超过了唐代。徐松根据天禧二年六月的档案叙述

---

① 元·马端临《文献通考·国用考一》,杭州:浙江古籍出版社1988年版,第228页。
② 宋·欧阳修等《新唐书·食货志三》,北京:中华书局1975年版,第1368页。
③ 宋·司马光《资治通鉴·唐纪四十二》(附考异)(邬国义校点),上海:上海古籍出版社1997年版,第2102页。

道:"三司言:'汴河纲船除二百五十料至三百五十料者,已自楚州五运、泗州六运,更不增力胜斛斗,其四百料已上至五百料纲船,欲令并增力胜。'从之。"①宋初,一纲运粮的总量低于唐代。在这一过程中,虽增加了某些航段及纲运的往返次数,但"更不增力胜斛斗"。天禧二年改革漕政后,增加每纲单船的运载量即"四百料已上至五百料纲船"或"官船至七百石"②后,纲船运粮的总量开始超过唐代。

纲运是宋代漕运的基本形式,由发运司、转运司、提举司、河渠司、都水监司及排岸司等共同负责或监管。徐松引《神宗正史·职官志》记载道:"制置发运司、计度转运司,并使、副或判官二人;提点刑狱司,提点官一人;提举司,提举官一人。各分路列职,掌按察官吏之事。转输淮、浙、江、湖赋入之物以供京都,收摘山煮海鼓铸之利以归公上,而总其漕运之事,则隶发运司。三门、白波发运司,有催促、装纲各二人,以京朝官三班充。河阴至陕州,自京至汴口,催纲各一人,并以三班以上充。广济河都大催纲一人,以京朝官充,后改为辇运司。许、汝石塘河催纲二人,以京朝官三班充。御河催纲一人,以三班充。提辖官二人,以安利、永静二军知军兼充,分辖缘河州县。汴河至泗州催纲三人,以三班或内侍充,皆分地而领之。蔡河拨发一人,以朝臣或三班充。又江南、两浙、荆湖皆以三班为拨发,诸州又有监装卸斛斗官一人或二人,以京朝官、三班、幕职州县官充。"③根据各航段的情况,由隶属不同机构的职官共同负责漕运管理。如三门、白波发运司置催督、装纲二人;河阴至陕州、自京至汴口置催纲各一人;广济河置都大催纲一人,提辖官二人;汴河至泗州航段置催纲三人;蔡河置拨发一人;江南、两浙、荆湖各路以三班为拨发,各州又置监装卸斛斗官一人或二人。史有宋神宗熙宁三年(1070)八月"诏蔡河拨发堤岸、斗门公事等,并隶都大制置发运司"④之说,经调整归属,发运司有了催纲、拨发等职能。

在明确职责的过程中,催纲官、拨发官及各州监装卸的斛斗官等主要"以京朝官三班充"充任。所谓"京朝官三班"是指京官、朝官和三班。京官本指在京城任职的官员,宋代特指官阶较低且不能上朝谒见君主的京官;朝官本指朝廷命官,宋代特指一品以下的常参官即经常上朝谒见君主的官员。陆游指出:"唐自相辅以下,皆谓之京官,言官于京师也。其常参者,曰常参官。未常参者,曰未常参官。国初以常参官预朝谒,故谓之升朝官。而末预者,曰京官。元丰官制行,以通直郎以上,朝预宴坐,仍谓之升朝官,而按唐制去京官之名。凡条制及吏牍,止谓之承务郎以上,然俗犹谓之京官。"⑤三班是宋代的职官,初指供奉官、左右殿直;

---

① 清·徐松《宋会要辑稿·食货四六》第6册,北京:中华书局1957年版,第5564页。
② 宋·沈括《梦溪笔谈·官政二》,胡道静《梦溪笔谈校证》,上海:上海古籍出版社1987年版,第432页。
③ 清·徐松《宋会要辑稿·职官四二》第4册,北京:中华书局1957年版,第3237页。
④ 宋·李焘《续资治通鉴长编·神宗熙宁三年》,北京:中华书局2004年版,第5224页。
⑤ 宋·陆游《老学庵笔记》卷八,《陆放翁全集》,北京:北京市中国书店1986年版,第55页。

后指东西供奉、左右侍禁及承旨借职。曾巩指出:"国初承旧,以供奉官、左右班殿直为三班,立都知行首领之。又有殿前承旨班院,别立行首领之。端拱以后,分东西供奉,又置左右侍禁及承旨借职,皆领于三班。三班之称亦不改。"①催纲官、拨发官等"以京朝官三班充",当知宋代十分重视漕运过程管理。

在发运的过程中,相关事务除了由发运司掌管外,又有河渠司、都水监司、排岸司等负责"催遣辇运""催发""水运纲船输纳顾直"等事务。为了强化监管力度,河渠司、都水监司、排岸司除了以朝官领衔外,其属员亦由京官和三班充任。在这中间,通过委派与催纲、拨发等职能部门平级或对等的官员,旨在树立监管纲运的权威性。史称:"朝官充都大提举河渠司,勾当及提举宫观,并催遣辇运、催纲,诸州监物务等,自十五千至七千,凡三等(任四路,给铁钱七十千)。京官充催促辇运、催装斛斗纲船,并诸州监物务等,自七千至五千,凡二等(任四路,给铁钱五十千)。都大提举修护黄河堤埽岸,诸处巡检,并监北京大内军器库,并蔡河拨发催纲等,并以两省供奉官以下至内品充,自十千至三千,凡七等。"②又有都水监"所隶有东、西四排岸司监官,各以京朝官、合门祗候以上及三班使臣充,掌水运纲船输纳顾直之事。汴河上下锁、蔡河上下锁各监官一人,以三班使臣充,掌算舟船木筏之事。天下堰总二十一,监官各一人;渡总六十五,监官各一人,皆以京朝官、三班使臣充,亦有以本处监当兼掌者"③之说。通过互相牵制和监督,可以防止舞弊现象的发生。

与其他各个环节相比,纲运过程管理的难度最大。在这一过程中,宋代统治者采取了一系列的措施。具体地讲,主要采取了以下五个方面的措施。

其一,明确纲运过程管理的职责。一是规定纲运程限即纲船通过不同航段的时间。李焘记宋哲宗元符元年(1098)事迹时写道:"户部言请:'押纲人押荆湖南路盐粮纲,已受省部赴身除,程限三十日到转运司公参。如无故违限,论如之官限满不赴律,违限月日,仍不理磨勘。'从之。"④"公参",本指官员赴任时,先到上级机关参拜长官,此指按规定日期完成纲运后,向转运司汇报和验证。"磨勘",本指为官员建立的考评制度,任期满后,根据考绩决定新的任命情况。这一制度植入纲运过程管理后,将纲运过程管理与考绩联系在一起,旨在提高参与纲运的官员的责任心。进而言之,如果纲船不能按时到达指定的地点,将被记录在案,成为处罚相关官员的重要依据。二是实行抄报制度。登记纲船下卸日期和回纲时纲船的使用情况,以及登记押送官员、船工、兵士等的姓名和人数。史称:"九月十二日,同知枢密院张悫言:'东南六路岁运粮斛六百万硕,去年与今年未到数目甚多,今乞责东京及南京排岸司各

---

① 宋·曾巩《再议经费札子》,《曾巩集》(陈杏珍、晁继周点校),北京:中华书局1984年版,第456页。
② 元·脱脱等《宋史·职官志十二》,北京:中华书局1985年版,第4133—4134页。
③ 元·马端临《文献通考·职官考十一》,杭州:浙江古籍出版社1988年版,第518页。
④ 宋·李焘《续资治通鉴长编·哲宗元符元年》,北京:中华书局2004年版,第11766页。

置簿抄上见下卸粮纲,并诸色纲运船元来路分州军府下卸官物日、纲回运就差是何官员乘载使用、至甚处下卸,各不得出本路界,抄上纲官、纲梢棹手、兵士姓名人数。如违,纲梢各量情犯断勒。'从之。"①宋高宗建炎元年(1127)九月十二日,在同知枢密院张悫的建议下做出详细记录纲运人员信息的新规定,即凡违规者一律处罚。三是建立相风旗测速制度,用相风旗监视船只航行的速度和了解船只正常航行与否。吕祖谦指出:"凡以江淮往来,迟速必视风势。本朝发运使相风旗,有官专主管相风旗,合则无罪,如不合便是奸弊。夫船之迟速,何故以风为旗?盖缘风动四方,万里只是一等。所以使得相风旗。"②马端临在《文献通考·国用考三》中引用了这一记载。③用相风旗测速可以清楚地了解到船只航行时的速度和运载量等,可以有效地监督船只附载私货的情况。宋代纲运制度规定,纲船可以附载一定数额的私货,受利益的驱动,船工或负责纲运的兵士希望能搭载更多的货物。然而,附载货物过多的话,船只的航行速度将会放慢,从而影响到纲运效率。由于用相风旗测速可以清楚地了解到各个船只的运载量,可以严格控制船只附载货物的额度,因此成为宋代监督纲运时的有效手段。四是根据不同的纲类明确押解人员,规定中转地,由发运司根据纲类搭配发运,并确定支付纲运路费的地点和建立相应的监管和处罚制度。史称:"江、淮、荆、浙等路发运司言:'诸州起发上供钱,如无应选募官管押上京,即差押纲使臣差使,借差殿侍大将、军将管押,附带至真、扬、泗州寄卸,委发运使勾收团并,选纲装发。其真、扬、泗州至京地里合支路费钱数,与所起钱一处起发前来,给与合装钱纲。如违,本处干系官吏杖一百。仍许发运司常切检点。'从之。"④起初,钱纲由"应选募官管押上京",宋哲宗元符元年,改由押纲使臣等管押,并由发运司负责"选纲装发"等事务。五是发运时实行点检封印制度,凡封印不全者一律予以处罚。史称:"发运司言:'汴河并诸路盐粮纲,乞并依熙宁四年朝旨,依旧置锁仗于梁上封锁,遍用省印。如押纲使臣人员点检得封印不全,或被盗知觉察损动官物,即画时申随处催纲巡铺官,限当日内同押纲人开封印检视讫,却用随处官印讫,抄上枚历照验。'从之。"⑤自熙宁四年(1071)实行"置锁仗于梁上封锁,遍用省印"后,这一制度在宋哲宗元符二年(1099)得到了重申。

其二,有针对性地改革或调整纲运。宋初纲运数字小,押解队伍庞大、人浮于事,侵盗现

---

① 清·徐松《宋会要辑稿·食货四三》第6册,北京:中华书局1957年版,第5579页。
② 宋·吕祖谦《历代制度详说》,清·纪昀等《四库全书》第923册,上海:上海古籍出版社1987年版,第937页。
③ 元·马端临引录道:"凡以江淮往来,迟速必视风势。本朝发运使相风旗,有官专主管相风旗,合则无罪,如不合便是奸弊。夫船之迟速,何故以风为旗?盖缘风动四方,万里只是一等,所以使得相风旗。"(马端临《文献通考·国用考三》,杭州:浙江古籍出版社1988年版,第249页)
④ 宋·李焘《续资治通鉴长编·哲宗元符元年》,北京:中华书局2004年版,第11739页。
⑤ 宋·李焘《续资治通鉴长编·哲宗元符二年》,北京:中华书局2004年版,第12139页。

象十分严重。大中祥符九年（1016）四月，宋真宗采纳发运使李溥的建议并三纲为一纲，通过裁员以及设立监管机构，在一定程度上遏制了侵盗行为。史称："四月，江淮发运使李溥言：'今年初，运七十一纲粮斛百二十五万三千六百六十余石，自前逐纲一员管押，既钤辖不逮，遂多盗窃官物。今以三纲并而为一，则监主之人加二，俾通管之，则纲船前后得人拘辖，可减盗窃。内奉职大将三人同押当七十二纲粮斛四十九万石，纳外止欠二百石，窃取既少，则大减刑责。押纲人乞第赐缗钱。'从之。"①大中祥符九年以前，一纲运三千五百多石，平均每船运二百五十石至三百五十石。改革纲运后，以三十船为一纲并增加运量，形成每船载五百五十石至六百石的结构。在合并纲船和提高单位船只运量的过程中，每纲虽然增设了监主二人，并形成内奉职大将三人共同押解的职数，但因合三纲为一纲后，押运人员已大幅度下降。进而言之，精简机构后，节约了纲运时的开支及损耗，提高了效率。

其三，明确规定各航段的发运时间和岁运次数。起初，发运没有固定的时间，主要根据各航段的水文、航道在不同季节的通航能力以及是否有误农时等临时决定发运时间。后来又通过测算运程、日航程距离等对发运时间进行了调整，规定纲船在不同航段一年的往返次数。如宋太祖时，从楚州、泗州到大梁的一运时间为八十天，全年三运。因一运时间较长，故出现了大梁仓储空虚的情况。根据这一情况，陈从信建议缩短运期，将岁运三次改为四次。范镇指出："开宝初，有司秋奏：仓储止尽明年二月。太宗因语之。从信曰：'但令起程，即计往复日数，以粮券并支，可以责其必归之限，运至陈留，即预关主司，戒运徒先候于仓，无淹留之弊，每运可减二十日。楚泗至京，旧限八十日，一岁止三运，每运出淹留虚程二十日，岁自可漕一运。'太宗以白太祖，遂立为永制。"②开宝（968—976）初，宋太祖采纳陈从信的建议后，每运减少二十天，一年增加一运，从此成为永制。除了规定汴河一年四运外，对不同航段的发运及岁运均作出规定。如宋神宗熙宁十年（1077），在三司的建议下，调整了东南六路各航段的发运时间。李焘记载道："三司言：'江、淮东西，荆湖南北路，两浙各乞别立限般上供年额斛斗。今年欲令淮南东、西二路第一限十二月，第二限二月，第三限四月，止令在本路州军封桩外，江东第一限十二月，第二限三月，第三限五月；江西、荆湖南北、两浙第一限二月，第二限四月，第三限六月。'从之。"③又如根据不同航段的通航情况，对发运时间作出调整。李焘记宋神宗元丰三年（1080）事迹时写道："三司言：'发运司岁发头运粮纲入汴，旧以清明日。自导洛入汴，以二月一日。今自去冬汴水通行，不必以二月为限。'从之。"④又如宣和二年（1120），宋徽宗在诏书中写道："六路米麦纲运依法募官，先募未到部小使臣及非泛补授

---

① 清·徐松《宋会要辑稿·食货四二》第6册，北京：中华书局1957年版，第5564页。
② 宋·范镇《东斋记事》（唐宋史料笔记丛刊）（汝沛点校），北京：中华书局1980年版，第52页。
③ 宋·李焘《续资治通鉴长编·神宗熙宁十年》，北京：中华书局2004年版，第6932页。
④ 宋·李焘《续资治通鉴长编·神宗元丰三年》，北京：中华书局2004年版，第7351页。

校尉以上未许参部人并进纳人管押;淮南以五运,两浙及江东二千里内以四运,江东二千里外及江西三运,湖南、北二运,各欠不及五厘,依格推赏外,仍许在外指射合入差遣一次。召募土人并罢。"①针对各自的航程,对东南六路岁运次数作出了新的规定。这一规定虽说出自宋徽宗诏书,但作为制度有更为久远的历史。追溯其源,很可能发生在宋初确定汴河岁运四次的时间段上。

其四,健全发运、催纲等制度,规定各航段纲船往返的线路和时间,并由排岸司及堰闸官负责沿途检查和监督,对违反规定者予以严厉的处罚。史称:"二年正月十日,诏:'粮纲卸讫,空船虽许差乘,若往别路及经过所差州军,元差官司并乘船官各徒二年。真州排岸及瓜洲堰闸官不切检察者,各杖一百。其以前已差往别路粮斛船,令转运司委官催回本路,如乘船官占吝,依未出本路非理迁延占留人船,致妨本处装运钱粮,计日坐罪指挥施行。'"②建炎二年(1128)正月十日,宋高宗亲自下诏规定空船返回时按规定的航线行走,否则将予以严厉的处罚。又称:"十八日,发运司梁杨祖言:'准尚书省札子,据仓部员外郎曾慥状:近降圣旨,差措置催促纲运。契勘发运司见行粮纲船例皆四五百料以来,于法许载二分私物。体访得粮纲往往沿路留滞,盖缘押纲自买船只仅及千料以上,谓之随纲座船,并行般运,增添只数,名装官物十分,揽载私货,至如入汴,多致阻浅。其全纲船只不免一例住岸。今措置,欲自今后纲运随纲船不得过见押官船料,例止许置两只,如敢依前置买大料船只随纲,及置买过数,许所在官司觉察,没纳入官。'从之。"③宋高宗建炎二年正月十八日,实行随纲座船制度,并明确规定座船运载官物和私物的比例。

其五,加强转般仓支付及缴纳粮纲的过程管理。一是处罚仓吏的"侵克"行为。李焘记宋神宗熙宁三年八月事迹时写道:"癸未,上批:'闻在京诸班直并诸军所请月粮,例皆斗数不足,内出军家口亏减尤多。请领之际,仓界斗级、守门人等过有乞取侵克,甚非朕所以爱养将士之意,宜自今每石实支十斗。其仓界破耗及支散日限、斗级人等禄赐、告捕关防、乞取条令,三司速详定以闻。'先是,诸仓吏卒给军食,欺盗劫取十常三四。上知其然,故下诏,且命三司条具。于是,三司言:'主典役人,岁增禄为钱一万四千余缗。丐取一钱以上,以违制论,仍以钱五十千赏告者,会赦不原。'中书谓:'乞取有少多,致罪当有轻重。今一钱以上,论以一法,恐未善。又增禄不厚,不可责其廉谨,宜岁增至一万八千九百缗。在京应干仓界人如因仓事取受粮纲及请人钱物,并诸司公人取受应干仓界并粮纲钱物并计赃钱不满一百徒一年,每一百钱加一等;一千流二千里,每一千加一等,罪止流三千里。其过致并与者,减首罪二等。徒罪皆配五百里外牢城,流罪皆配千里外,满十千即受赃为首者配沙门岛。若许赃未

---

① 元·脱脱等《宋史·食货志上三》,北京:中华书局1985年版,第4255页。
② 清·徐松《宋会要辑稿·食货四三》第6册,北京:中华书局1957年版,第5579页。
③ 同②。

受,其取与过致人,各减本罪一等。为首者依上条内合配沙门岛者,配广南牢城。仍许人陈告,犯人该徒给赏钱百千,流二百千,配沙门岛三百千。若系公人,给赏外更转一资。已上人,仍亦许陈首免罪、给赏。'从之。"①在认真听取各方意见的基础上,宋神宗针对"侵克"提出解决的办法,并严厉处罚"因仓事取受粮纲及请人钱物"等官吏。二是凡不能按时按定额缴纳粮纲者,轻者由负责转般仓事务的上级机关如司农寺等处罚,重者则移交大理寺处罚。史称:"乾道三年,诏粮纲有欠,从本寺断遣监纳,情理重者,大理寺推勘。"②通过建立及不断地修订处罚制度,及时地堵塞了纲运过程中可能存在的漏洞。

宋初,对纲运兵梢(随船押送的士兵和船工)采取了较为宽松的政策。具体地讲,允许或默许纲船"附载"货物或"私附商贩",与此同时,不许税务官随意登船检税。这一让利政策实行后,提高了兵梢的积极性,在加快纲运的同时,为商品流通注入了活力。那么,为什么要对纲船"附载"及兵梢"私附商贩"采取宽容的态度呢?淳化五年(994)二月,宋太宗与宰相吕蒙正的谈话道出了其中的秘密。史称:"上谓宰相曰:'幸门如鼠穴,何可塞之! 但去其甚者,斯可矣。近来纲运之上,舟人水工有少贩鬻,但不妨公,一切不问,却须官物至京无侵损尔。'吕蒙正对曰:'水至清则无鱼,人至察则无徒。小人情伪,君子岂不知? 盖以大度容之,则庶事俱济。昔曹参以狱市为寄,政恐奸人无所容也。陛下如此宣谕,深合黄、老之道。'"③明明知道在"附载"及"私附商贩"的过程中,兵梢可以从中获利,然而,只要"官物至京无侵损",宋太宗决定放其一马,不再深究兵梢的责任。与此同时,吕蒙正对宋太宗的这一举动大加赞赏,赞扬其"深合黄、老之道"。让利于兵梢的目的是为了维护纲运秩序,如宋仁宗一朝,王鼎任淮南两浙荆湖制置发运使时,坚决反对侵扰兵梢的做法。史称:"居二年,遂以为使。前使者多渔市南物,因奏计京师,持遗权贵。鼎一无所市,独悉意精吏事,事无大小,必出于己。凡调发纲吏,度漕路远近,定先后为成法,于是劳逸均,吏不能为重轻。官舟禁私载,舟兵无以自给,则尽盗官米为奸。有能居贩自赡者,市人持以法,不肯偿所逋。鼎为移州县督偿之,舟人有以自给,不为奸,而所运米未尝不足也。"④通过让利于兵梢,使其"自给",从而避免了"尽盗官米为奸"的情况,起到了安定纲运秩序的作用。

李焘记宋真宗大中祥符二年(1009)事迹时写道:"壬辰,江、淮发运使李溥言:'江、淮廪粟,除留州约支及三年外,当上供者凡一千三百余万石,每岁水运止及五百万,今岁当及七百万,望少损其数。'上曰:'足食,养人之本,岂患太多耶?'溥又言:'粮纲卒随行有少物货,经历州县,悉收税算,望与蠲免。'从之。"⑤针对新出现的纲船"附载"征税等情况,李溥建议

---

① 宋·李焘《续资治通鉴长编·神宗熙宁三年》,北京:中华书局2004年版,第5222—5223页。
② 元·脱脱等《宋史·职官志五》,北京:中华书局1985年版,第3906页。
③ 宋·李焘《续资治通鉴长编·太宗淳化五年》,北京:中华书局2004年版,第774页。
④ 元·脱脱等《宋史·王鼎传》,北京:中华书局1985年版,第9961页。
⑤ 宋·李焘《续资治通鉴长编·真宗大中祥符二年》,北京:中华书局2004年版,第1601页。

"蠲免"即免征"附载"税收。这一作为在主观上保护了兵梢的利益,在客观上起到了促进商品流通的作用。如宋哲宗元祐元年(1086),刑部处理王秉告发梢工赵僧等人"私载物货"时,考虑到"盖虑不容私载,则必于官物为弊"等情况采取了从宽处理的策略。史称:"刑部言:'大理寺状,见勘百姓王秉告梢工赵僧等私载物货。按纲船载私物明破二分,盖虑不容私载,则必于官物为弊,若梢有过数便许人陈告给赏,纲运人兵实受其弊。欲请罢告赏条,仍将见勘公事依自首法。本部看详,嘉祐敕无告赏之文,熙宁敕惟立新钱纲告赏之法,欲并依所请。'从之。"①允许船工搭载一定数量的货物既补贴了兵梢日常生活的支出,同时又促进了商品流通。然而,附载货物有经济利益,船工非常乐意多载私货,如何将其控制在一定的限额内,宋代建立了告发制度,并在此基础上进行过多次修订。宋徽宗宣和三年(1121)六月,采取了废除禁止"附载私物"之策。史称:"比缘淮南运河水涩逾半岁,禁纲舟篙工附载私物,今河水增涨,其令如旧。"②从这一行为中当知,允许"附载私物"与否又与航道通航情况相关。

在采取高压政策的同时,还对参与纲运的兵梢等进行了必要的照顾。一是允许兵梢即押送或运送人员从漕粮中支付日常生活用粮,运抵终点后从俸粮中扣除事先支付的口粮。李廌指出:"国朝法:纲船不许住滞一时,所过税场,不得检税,兵梢口食,许于所运米中计口分升斗借之,至下卸日折算,于逐人之俸粮除之。盖以舟不住则漕运甚速,不检则许私附商贩,虽无明条许人,而有意于兼容,为小人之啖利有以役之也。借之口粮,虽明许之,然漕运既速,所食几何,皆立法之深意也。"③除了允许兵梢从漕粮中支付日常生活用粮外,又允许"私附商贩",不许税收人员登船抽检商税等,通过让利确保正常的纲运秩序。二是除了命令沿岸州县支付纲运兵士的"口食料钱"外,又额外支付酱菜钱、行运钱等。如景德元年(1004)五月,宋真宗下诏:"京畿守冻,纲运兵士逐处县分依例接续支口食料钱,仍每人特支酱菜钱百文,行运时全支二百文,更不尅折。仍令东西排岸司擗掠房屋,纲运到京,库务未纳,各认排岸司,分于其门造饭供送。库务疾速交纳,不经三司使陈告,并当严断。"④李焘记宋神宗熙宁五年(1072)事迹时写道:"丁酉,诏:'自顺天门抵镇洮,运递铺兵人特支钱三百、衲袄或皮裘一,其阙兵处,令转运司、府界提点司增填。'先是,李宪奏:'比自镇洮还,见自京发银绢纲甚多,所在铺兵转般不足,皆过所期。铺五七十里或百里,极为劳苦。及代回,又无日食,不免乞丐。'故有是诏。"⑤这些举措在一定程度上起到安抚参与纲运兵梢的作用。

纲运的过程是不断出现问题和解决问题的过程,为扭转不力的局面,宋代颁布了一系列

---

① 宋·李焘《续资治通鉴长编·哲宗元祐元年》,北京:中华书局2004年版,第9505页。
② 元·脱脱等《宋史·河渠志六》,北京:中华书局1985年版,第2389页。
③ 宋·李廌《师友谈记》(孔凡礼点校),北京:中华书局2002年版,第28—29页。
④ 清·徐松《宋会要辑稿·食货四二》第6册,北京:中华书局1957年版,第5563页。
⑤ 宋·李焘《续资治通鉴长编·神宗熙宁五年》,北京:中华书局2004年版,第5818页。

的政策。然而,受诸多因素的制约,纲运管理始终存在着无法解决的痼疾。具体地讲,一些早已解决的问题过了一段时间又会再度出现。史称:"诏申太仓给军食概量刻少之禁。先是,军士所得,斛才八九斗,颇以为言。上问三司使丁谓,谓曰:'前诏条制太仓纳诸州运粮无得增受,诸军月给无得减刻,违者至死。今此减刻,诚合严诛。但运粮米当有耗,舟卒盗食其中,若太仓输纳稍难,则恐纲运不继。'上曰:'然月廪不可亏少。'故复约束之。"①宋真宗景德四年,针对克扣情况,提出解决方案。从"复约束之"等语中可知,纲运过程中不断重复出现的问题永远是宋代统治者必须面对的难题,如宋高宗绍兴五年(1135)十一月二十五日,户部侍郎张志远等针对纲运过程中容易出现问题的环节提出了具体的解决方案。史称:"权户部侍郎张志远等言:'诸州县起发行在斛斗纲运,和雇舟船装载,依所降指挥,将合支雇船水脚钱以十分为率,先支七分付船户掌管,若有欠折,并令船户管认,余三分桩留在元装州县,准备籴填纳讫,不碍分厘,批发前去。少欠之数,其押纲官更不认数。户部契勘两浙州县起发斛斗至行在,地里止及数百里,其船户为见有未支三分水脚钱可以籴欠,及为州县自来例不曾支还上件脚钱,无可指准,遂于沿路恣意偷盗官物,意在先指取合折三分钱数,因而侵用过多,无可偿纳。所有管押人亦不钤束,容纵船户公然作弊,虽有少欠,令所属监纳若不碍分厘,批发前去元装去处补填。其州县近来往往将船户三分水脚钱元不依数桩管,或已别作支使,致船户词讼不绝,其欠数迁延月日,不能补发了足。缘大数计之,失陷不少,若不别作擘画,深恐暗失省计。今相度,欲下两浙转运司行下所属州县,今后和雇客船起发行在粮斛、马料纲运,令元装去处将合支雇船水脚钱尽数支付船户,并管押人同共交领,仍措置锁仗,多方关防,起发前来。若赴行在交纳外有欠,令押人并船户同共认欠,除依条破耗外,以十分为率,令押纲官认二分,其船户管认八分,只于行在填纳,颗粒不得欠折。如将上件钱填纳不足,委自司农寺监勒押纲并系干船户以随行动使等出卖填纳,犹不足,即移文转运司,差人除程限十日,勒令元牙保人拘收产业出卖发钱前来,须管补籴数足,庶几不致纲运拖欠官物。其所属官司不即支还脚钱,即许押人并船户、梢工经省部越诉。'从之。"②从记述的内容看,这些都是些屡禁不止的问题。为了从根本上解决这些问题,除了重申旧有的制度外,又采取了有针对性的、更严厉的处罚措施,通过加强支付管理和纲运过程管理,试图杜绝纲运各个环节中可能发生的舞弊现象。

---

① 宋·李焘《续资治通鉴长编·真宗景德四年》,北京:中华书局2004年版,第1504页。
② 清·徐松《宋会要辑稿·食货四三》第6册,北京:中华书局1957年版,第5583页。

第四节 税场与纲运管理

默许兵梢"附载"和"私附商贩"等是宋代既定的纲运政策,这一政策执行了一百多年后,到宋神宗元丰二年(1079)建导洛通汴司时,发生了根本性的变化。宋神宗年间,汴河的主要补给水源黄河枯竭,直接危及汴河航运。针对这一情况,宋代统治者做出引洛水补给汴河的决定。史称:"三月庚寅,以用臣都大提举导洛通汴。四月甲子兴工,遣礼官告祭。河道侵民冢墓,给钱徙之,无主者,官为瘗藏。六月戊申,清汴成,凡用工四十五日。自任村沙口至河阴县瓦亭子;并氾水关北通黄河:接运河,长五十一里。两岸为堤,总长一百三里,引洛水入汴。七月甲子,闭汴口,徙官吏、河清卒于新洛口。戊辰,遣礼官致祭。十一月辛未,诏差七千人,赴汴口开修河道。"①又有"神宗导洛通汴"②之说。从"以用臣都大提举导洛通汴"中当知,元丰二年三月,宋神宗建导洛通汴司,由宋用臣总理引洛通汴事务,并负责督建引洛水入汴工程和管理导洛通汴及汴河堤防。导洛通汴工程完工后,导洛通汴司向朝廷建议在汴河沿线的河口地带建税场,并负责抽取纲船"私附商贩"的商税。

李焘记载道:"都大提举导洛通汴司言:'汴河纲船久例附载商货入京,致重船留阻,兼私载物重四百斤以上,已抵重刑。今洛水入汴,不至湍猛,欲自今商货至泗州,官置场堆垛,不许诸纲附载,本司置船运至京,令输船脚钱。'从之。诏:'自泗州至京,民间载谷船,官悉籍记,自今毋得增置。收力胜钱视旧增三之一。导洛司船增至千五百艘。'"③建税场及"不许诸纲附载"是一柄双刃剑:一方面增加了财政税收,另一方面因"随船检税之滞"给纲运带来阻滞并妨碍了商品流通。后虽撤销了导洛通汴司,但"随船检税"的制度却长期地保留下来,从而使宋代纲运以此为转折点发生了新的变化。进而言之,自建税场抽检纲船商税起,纲船因需停下接受检查,原本畅通的纲运开始变得不畅。此前,宋代统治者采取让利于民的政策,通过免征兵梢夹带货物的商税,营造有利于纲运的氛围。此后,加强征"附载"商税人为地延长了纲船航行的时间,更重要的是,兵梢因无法从中得利及满足日常生活需要,自觉维护纲运的积极性大大降低,成为纲运废弛的直接原因。

自导洛通汴司在汴河沿线的河口地带建税场并抽取纲船"私附商贩"的商税后,这一政策在全国范围内得到推广。针对这一妨碍纲运与兵梢争利的作为,宋哲宗元祐七年(1092)七月二十七日,苏轼在给朝廷的上疏中提出了反对意见:"臣窃见嘉祐中,张方平为三司使,

---

① 元·脱脱等《宋史·河渠志四》,北京:中华书局1985年版,第2328—2329页。
② 元·脱脱等《宋史·文彦博传》,北京:中华书局1985年版,第10264页。
③ 宋·李焘《续资治通鉴长编·神宗元丰二年》,北京:中华书局2004年版,第7307页。

上论京师军储云：'今之京师，古所谓陈留，四通八达之地，非如雍、洛有山河之险足恃也，特恃重兵以立国耳，兵恃食，食恃漕运，漕运一亏，朝廷无所措手足。'因画十四策，内一项云：'粮纲到京，每岁少欠不下六七万石，皆以折会偿填；发运司不复抱认，非祖宗之旧也。'臣以此知嘉祐以前，岁运六百万石，而以欠折六七万石为多。访闻去岁，止运四百五十余万石，而欠折之多，约至三十余万石。运法之坏，一至余此。又臣到任未几，而所断粮纲欠折干系人，徒流不可胜数。衣粮馨余折会，船车尽于折卖，质妻鬻子，饥瘦伶俜，聚为乞丐，散为盗贼。窃计京师及缘河诸郡，例皆如此。朝廷之大计，生民之大病，如臣等辈，岂可坐观而不救耶？辄问之于吏。乃金部便敢私意创立此条，不取圣旨，公然行下，不惟非理刻剥，败坏祖宗法度，而人臣私意，乃能废格制敕，监司州郡，靡然奉行，莫敢谁何。此岂小事哉！

谨按一纲三十只船，而税务监官不过一员，未委如何随船点检得？三十只船，一时皆通而不勒留住岸，一船点检，即二十九只船皆须住岸伺候，显是违条舞法，析文破敕。苟以随船为名，公然勒留点检，与儿戏无异。访闻得诸州多是元祐三年以来始行点检收税，行之数年，其弊乃出。纲梢既皆赤露，妻子流离，性命不保，虽加刀锯，亦不能禁其攘窃。此弊不革，臣恐今后欠折不止三十余万石，京师军储不继，其患岂可胜言！

扬州税务，自元祐三年十月，如行点检收税，至六年终，凡三年间共收粮纲税钱四千七百余贯。折长补短，每岁不过收钱一千六百贯耳。以淮南一路言之，真、扬、高邮、楚、泗、宿六州军，所得不过万缗，而所在税务专栏因金部转运司许令点检，缘此为奸，邀难乞取，十倍于官。遂致纲梢皆穷困骨立，亦无复富商大贾肯以物货委令搭载，以此专仰攘取官米，无复限量，拆卖船板，动使净尽，事败入狱，以命偿官。显是金部与转运司违条刻剥，得粮纲税钱一万贯，而令朝廷失陷纲运米三十万余石，利害皎然。

今来仓部并不体访纲运致欠之因，却言缘仓司斗子乞觅纲梢钱物，以致欠折，遂立法令真、扬、楚、泗转般仓并行仓法，其逐处斗子，仍只存留一半。命下之日，扬州转般仓斗子四十人皆诣臣陈状，尽乞归农。臣虽且多方抑按晓喻，退还其状，然相度得此法必行，则见今斗子必致星散。虽别行召募，未必无人，然皆是浮浪轻生不畏重法之人，所支钱米，决不能赡养其家，不免乞取。既冒深法，必须重略轻赍，密行交付。其押纲纲梢等，知专斗若不受略，必无宽剩，斗面决难了纳。即须多方密行重略，不待求乞而后行用，此必然之理也。

臣细观近日仓部所立条约，皆是枝叶小节，非利害之大本。何者？自熙宁以前，中外并无仓法，亦无今来仓部所立条约，而岁运六百万石，欠折不过六七万石。盖是朝廷捐商税之小利，以养活纲梢，而缘路官司，遵守《编敕》法度，不敢违条点检收税，以致纲梢饱暖，爱惜身命，保全官物，事理灼然。臣已取责得本州税务状称，随船点检，不过检得一船。其余二十九船，不免住岸伺候，显有违碍。臣寻已备坐《元祐编敕》，晓示今后更不得以随船为名，违条勒令住岸点检去讫。其税务官吏，为准本州及仓部、发运、转运司指挥非是自擅为条，未敢便行取勘。其诸州军税务，非臣所管，无由一例行下。欲乞朝廷申明《元祐编敕》不得勒令住岸条贯，严赐约束行下。并乞废罢近日仓部起请仓法，仍取问金部官吏不取圣旨擅立随船一法，刻剥兵梢，败坏纲运，以误国计，及发运、转运司官吏，依随情罪施行。庶使今后刻薄之吏，不敢擅行胸臆，取小而害大，得一而丧百。臣闻东南馈运，所系国计至大，故祖宗以来，特置发运司专任其责。选用既重，威令自行。如昔时许元辈，皆能约束诸路，主张纲运。其监司州郡及诸场务，岂敢非理刻剥邀难？但发运使得人，稍假事权，东南大计，自然办集，岂假朝廷更行仓法？此事最为简要，独在朝廷留意而已。谨具《元祐编敕》及金部擅行随船点检指挥如左。

一、准《元祐编敕》：'诸纲运船栿到岸检纳税钱，如有违限，如限内无故稽留，及非理搜检，并约喝无名税钱者，各徒二年。诸新钱纲及粮纲，缘路不得勒令住岸点检，虽有透漏违禁之物，其经历处，更不问罪，至京下锁通津门，准此。'

一、准元祐三年十一月十九日尚书金部符：'省部看详，监粮纲运，虽不得勒留住岸，若是随船点检得委有税物名件，自合依例饶润收纳税钱，即无不许纳税钱事理。若或别无税物，自不得依例喝免税钱，事理甚明。'

右谨件如前者。若朝廷尽行臣言，必有五利：纲梢饱暖，惜身畏法，运馈不大陷失，一利也。省徒配之刑，消流亡贼盗之患，二利也。梢工衣食既足，人人自重，以船为家，既免折卖，又常修完，省逐处船场之费，三利也。押纲纲梢既与客旅附载物货，官不点检，专栏无由乞取，然梢工自须赴务量纳税钱，以防告讦，积少成多，所获未必减于今日，四利也。自元丰之末，罢市易务、导洛司、堆垛场，议者以为商贾必渐通行，而今八年，略无丝毫之效，京师酒税课利皆亏，房廊邸店皆空，何也？盖祖宗以来，通许纲运揽载物货，既免征税，而脚钱又轻，故物货通流，缘路虽失商税，而京师坐获富庶。自导洛司废，而淮南转运司阴收其利，数年以来，官用窘逼，转运司督迫诸路税务日急一日，故商贾全然不行，京师坐至枯涸。今若行臣此策，东南商贾久闭乍通，其来必倍，则京师公私数年之后，必复旧观。此五利也。臣窃见近日官私例皆轻玩国法，习以成风。若朝廷以臣言为非，臣不敢避妄言之罪，乞赐重行责罚。若以臣言为是，即乞尽理施行，少有违戾，必罚无赦，则所陈五利，可以朝行而夕见也。"①

时任扬州知府的苏轼以恳切的言辞陈述了"随船检税"的弊端，并根据了解到的情况慎重地提出了"请复旧"的意见。史称："七年，徙扬州。旧发运司主东南漕法，听操舟者私载物货，征商不得留难。故操舟者辄富厚，以官舟为家，补其敝漏，且周船夫之乏，故所载率皆速达无虞。近岁一切禁而不许，故舟弊人困，多盗所载以济饥寒，公私皆病。轼请复旧，从

---

① 宋·苏轼《论纲梢欠折利害状》，曾枣庄，舒大刚，主编《三苏全书·苏轼文集》，北京：语文出版社2001年版，第163—167页。

之。"①朝廷采纳苏轼的意见自然有挽救漕运危机的意图,虽然部分地解决了抽检纲船征收商税带来的危害,但因税场继续存在,故没能从根本上解决"随船检税之滞"妨碍漕运的大问题。

苏轼"请罢沿路随船检税"的主张引起李廌的重视。李廌指出:"自导洛司置舟,官载客货,沿路税场既为所并,而纲兵搭附遂止。迩来导洛司既废,然所过税场,有随船检税之滞,小人无所啗利,日食官米甚多,于是盗粜之弊兴焉。既食之,又盗之,而转搬纳入者,动经旬月,不为交量,往往凿窦自沉,以灭其迹。有司治罪,鞭配日众,大农岁计不充,虽令犯人逐月尅粮填纳,岂可敷足。张文定为三司使日,云岁亏六万斛。今比年不啻五十余万斛矣,而其弊乃在于纲兵也。东坡为扬州,尝陈前弊于朝,请罢沿路随船检税,江淮之弊,往往除焉。然五十万之阙,未能遽复,数年之后,可见其效。淮南、楚、扬、泗数州,日刑纲吏,不啻百人,能救其弊,此刑自省,仁人之言,其利溥哉。"②李廌充分肯定了苏轼的主张,一针见血地指出了"沿路随船检税"的弊端。遗憾的是,元祐七年以后,"随船检税"又再度发生。从其反复中可知,当宋代陷入政治深层危机时,做出为渊驱鱼的事情已不可避免,甚至明知这样做只能是饮鸩止渴,但又不能不勉力为之。客观地讲,导洛通汴司建税场是阻碍漕运的重要因素。在这一过程中,因侵害兵梢既得利益,成为诱发"盗粜之弊兴焉"等情况的重要因素。

从另一个层面看,设立税场征收商税是由宋王朝的政治危机引起的。面对日益严重的内忧外患,宋王朝迫切地需要增加中央的财政收入。然而,当宋王朝用度不断增加及国家机器运转不灵时,势必要采取与民争利的政策。当这种政策与吏治腐败拧结在一起,必然导致恶性循环。苏轼指出:"凡纲运弊害,其略有五。一曰发运司人吏作弊,取受交装不公。二曰诸仓专斗作弊,出入斗器。三曰诸场务、排岸司作弊,点检附搭住滞。四曰诸押纲使臣人员作弊,减刻雇夫钱米。五曰在京及府界诸仓作弊,多量剩取,非理曝扬。如此之类,皆可得而去也。纵未尽去,亦贤于立空法而人不行者远矣。何谓假以事权而助其耳目?盖运路千余里,而发运使二人,止在真、泗二州,其间诸色人作弊侵扰纲梢于百里之外,则此等必不能去离纲运而远赴诉也,况千里乎?臣欲乞朝廷选差,或令发运使举辟京朝官两员为句当,纲运自真州至京,往来点检,逐州住不得过五日,至京及本司住不得过十日,以船为廨宇,常在道路,专切点检诸色人作弊,杖以下罪,许决,徒以上罪,送所属施行。使纲梢使臣人员等,常有所赴诉,而诸色人常有所畏忌,不敢公然作弊,以岁运到京数足,及欠折分氂为赏罚。行此二者,则所谓人存政举,必大有益。伏望朝廷留念馈运事大,特赐检会前奏,一处详酌施行。臣

---

① 元·脱脱等《宋史·苏轼传》,北京:中华书局1985年版,第10815页。
② 宋·李廌《师友谈记》(孔凡礼点校),北京:中华书局2002年版,第29页。

忝备侍从,怀有所见,不敢不尽。屡渎天威,无任战恐待罪之至。"①纲运产生的弊端主要是由吏治腐败引起的,针对这些弊病,苏轼进行了五个方面的归纳并提出解决方案。平心而论,漕运过程中的弊端远超出苏轼归纳的五个方面,甚至可以说,这些弊端贯穿于宋代漕运的始终,只是不同时期程度不同而已。

漕运是最难管理和最容易滋生腐败的过程。为完善漕运制度及应对不断出现的新问题,宋代统治者采取了一系列的措施。

其一,从制度层面入手,建立奖惩制度。具体地讲,凡是在漕运的过程中盗用官物及违法者予以严厉的处罚,与此同时,对告发者予以奖励。李焘记载宋太祖建隆三年(962)八月事迹时写道:"癸巳,诏开封府捕蔡河务纲官王训等四人,磔于市。以训等用糠核土屑杂恶军粮,为张仪等所告故也。赏仪等锦袍银带。"②又称:"八月癸巳,蔡河务纲官王训等四人坐以糠土杂军粮,磔于市。"③这一处罚个案后来成为管理制度的一部分,并得到贯彻和执行。史称:"雍熙四年,并水陆路发运为一司。主纲吏卒盗用官物,及用水土杂糅官米,故毁败舟船致沈溺者,弃市,募告者厚赏之;山河、平河实因滩碛风水所败,以收救分数差定其罪。"④宋太宗雍熙四年(987)合并水陆发运司后,凡从事纲运的兵梢盗用官物,或在官米中掺假者,或故意毁坏船只致沉者等均处以"弃市"的极刑;凡漫不经心造成纲运损失者视情节轻重予以定罪或处罚,凡检举告发者则予以厚赏。与此同时,又根据新发生的问题不断地提出修正措施。李焘记宋仁宗天圣七年(1029)事迹时写道:"屯田郎中李璹言:'渝州当二江之险,纲船至者,比为风涛所溺,其失官物三二分者,法当备偿;全纲失者反不坐。以故舟人不敢救,而船岁溺者不可胜数。请自今若失全纲,舟人皆杖一百,主吏递降一等;其官物判为三分,须偿一分。如救及分而无侵欺者,释其罪。'从之。"⑤根据已有的处罚制度,提出调整措施。

其二,采取精简机构和变更隶属关系等措施,以提高纲运效率。徐松记载道:"元丰五年二月十一日,诏罢广济河辇运司及京北排岸司,移上供物于淮阳军界,计置入汴,以清河辇运司为名,差朝奉郎张士澄都大提举。先是,京东路转运司言:'广济河用无上源防水,常置清河以通漕运,岁上供六十三万石,间一岁旱,底著不行。欲移入舡于淮阳军界上吴镇、下清河及南京、谷熟、宁陵、会宁,临汴水共为仓三百楹,从本司计置七十万石上供。置辇运司,隶转运司,岁减舡三百五十,兵工二千七百纲,官典三十三,使臣十一,为钱八万二千缗。'下提点

---

① 宋·苏轼《乞岁运额斛以到京定殿最状》,曾枣庄,舒大刚,主编《三苏全书·苏轼文集》,北京:语文出版社2001年版,第170页。
② 宋·李焘《续资治通鉴长编·太祖建隆三年》,北京:中华书局2004年版,第71页。
③ 元·脱脱等《宋史·太祖纪一》,北京:中华书局1985年版,第12页。
④ 元·脱脱等《宋史·食货志上三》,北京:中华书局1985年版,第4251页。
⑤ 宋·李焘《续资治通鉴长编·仁宗天圣七年》,北京:中华书局2004年版,第2503页。

刑狱司按实,以为如转运司言。京北排岸司沿广济河置,故并罢之。"①宋神宗元丰五年(1082)二月十一日,通过撤销广济河辇运司及京北排岸司,对原有的漕运机构进行了裁并,并在改变隶属关系的过程中对原有的机构进行了调整。起初,漕运费用由度支郎中支付,后由排岸司支付。史称:"度支郎中掌周知军国财用,会其出入之数;凡上供有额,封桩有数,科买有期,皆掌之。有所漕运,则计程而给其直。"②又称:"政和六年,浙西诸州各置排岸一员,从两浙运副应安道请也。所隶官属凡五十:仓二十有五,掌九谷廪藏之事,以给官吏、军兵禄食之用。凡纲运受纳及封桩支用,月具数以报司农。草场十有二,掌受京畿刍秸,以给牧监饲秣。排岸司四,掌水运纲船输纳雇直之事。"③宋代冗官现象十分严重,裁并不必要的机构提高了漕运效率。在这中间,通过建立由发运司负责发运、催纲官监督漕运过程、度支郎中及排岸官支付费用等制度,提高了漕运效率,尽可能地堵塞了漕运过程中的漏洞。

其三,加强转般仓监管力度。一是在派员监督的基础上,增派官员重点监督验收这一环节。针对"汴仓纳粮纲,概量不实,操舟者坐亡失所载"等情况,侍御史陈琰"始奏选官监视,谓之'定计斗面'"④。李焘记载这一事件始末时写道:"癸亥,诏:'如闻京城诸仓所纳军粮,多概量过数,以故纲吏积欠,或破产不能偿官。纲吏亦有与诸仓为弊,概量不足,乃减刻军食以补之。其令提点仓场官与点检斗面使臣躬亲阅视,自今界中有羡数,监官更不理为劳绩。'先是,诸仓所支多从减刻,计所收羡数,以图恩赏,故条约之。又诸仓纳粮纲概量不实,操舟者坐亡失所载,或杖脊徒重役。殿中侍御史陈琰始奏选官监视,谓之定斗面,至今行之。"⑤宋仁宗天圣七年以后,陈琰建议在点检斗面使与仓官共同验粮入仓时,增设选官监视,以杜绝纲吏和仓官进行勾结的事件发生。这一制度实行后,成为验收入仓的重要环节。二是转般仓负有仓储过程管理的职责。租棁和财赋等入仓后,转般仓负有仓储管理职能,如灭鼠、防火、防盗、防潮、晒粮等事务。李焘记宋哲宗绍圣四年(1097)事迹时写道:"户部言:'受纳粮纲应摊曝者,自三月至八月终,温润,限两日;湿,加一日。九月至二月终,温润,更展一日,限两日。若未乾,委官验实,量展日限,各不得过两日。'从之。"⑥转般仓是"受纳粮纲"的主要对象,"摊曝"是转般仓事务管理中的主要内容。通过明确"摊曝"日期,可以提高转般仓的管理水平。

其四,颁布一系列的优惠政策,鼓励老百姓参与陆运和漕运。马端临指出:"太祖皇帝乾德二年,令诸州自今,每岁受民租及筦榷所获之课除支度给用外,凡缗帛之类,悉辇送京师,

---

① 清·徐松《宋会要辑稿·方域一六》第8册,北京:中华书局1957年版,第7585—7586页。
② 元·马端临《文献通考·职官考六》,杭州:浙江古籍出版社1988年版,第478页。
③ 元·脱脱等《宋史·职官志五》,北京:中华书局1985年版,第3905页。
④ 元·脱脱等《宋史·李宥传》,北京:中华书局1985年版,第9994页。
⑤ 宋·李焘《续资治通鉴长编·仁宗天圣七年》,北京:中华书局2004年版,第2502页。
⑥ 宋·李焘《续资治通鉴长编·哲宗绍圣四年》,北京:中华书局2004年版,第11687页。

官乏车牛者,傩民车以给。六年,令诸州辇送上供钱帛,悉官给车乘,当水运者,官为具舟,不得调发居民,以妨农作。初,荆湖、江、浙、淮南诸州,择部民之高赀者部送上供物,民质不能检御舟人,舟人侵盗官物,民破产以偿,乃诏遣牙将部送,勿复扰民。"①通过为老百姓提供牛车、船只等,以及提高效率引入竞争机制,在一定程度上探索了漕运多元化的途径,对消除纲运中的弊端有着补充作用。

其五,对商人利用官船或民船搭载货物进行了严格的限制。为防止商人过度搭载影响纲运,采取了在航段节点或河口建堆垛场即货场,改由官船转运等措施。马端临记载道:"神宗元丰二年,导洛通汴司言:'纲船为商人附载,有留阻之弊。今洛水入汴无湍驶,请置堆垛场于泗州,贾物至者,先入官场,官以船运至京,稍输船算。'从之。三年,诏近京以通津水门外顺成仓为场。"②史称:"元丰元年,滨、棣、沧州竹木、鱼果、炭箔税不及百钱者蠲之。二年,熙河路制置边防财用李宪擅榷本路商货,令漕臣蒋之奇劾其罪。导洛通汴司请置堆垛场于泗州,贾物至者,先入官场,官以船运至京,稍输船算。明年,诏:近京以通津水门外顺成仓为场。非导洛司船而载商人税物入汴者,许纠告,虽自请税,犹如私载法。惟日用物非贩易,若蘼箔、柴草、竹木之类勿禁。"③在不同地区置办堆垛场,由官府专门派船将商人的货物运往相关的专用码头,既缓解了航道堵塞现象的发生,同时又有效地增加了中央财政收入。

其六,纲运是宋代漕运的重要特点,在实行纲运制度的过程中,鼓励商人参与,并有意识地推行商业化的运作方式。宋代纲运有明确的定额和制度,起初,每艘官船的运量从二百五十石到三百五十石不等,破堰建闸提高航运能力后增加到了七百石。如沈括指出:"淮南漕渠,筑埭以畜水,不知始于何时。旧传召伯埭谢公所为。按李翱《来南录》:唐时犹是流水,不应谢公时已作此埭。天圣中,监真州排岸司右侍禁陶鉴始议为复闸节水,以省舟船过埭之劳。是时工部郎中方仲荀、文思使张纶为发运使、副。表行之,始为真州闸,岁省冗卒五百人,杂费百二十五万。运舟旧法,舟载米不过三百石;闸成,始为四百石船。其后所载浸多,官船至七百石;私船受米八百余囊,囊二石。"④宋仁宗天圣年间,真州闸建成并投入使用,提高了相应航段的航运能力。私船(民船)的运载量超出一千六百石,甚至是官船运载量的一倍以上,这与私船没有随载附载的货物有密切的关系。因为这样的原因,宋代统治者有意识以私船为参照坐标,从而形成了责罚官船的机制,可以说,这一措施实行后,大大地提高了官船通过这一航段的运载量。李焘叙述宋神宗元丰二年事迹时记载道:"提举河北籴便粮草王子渊言:'籴缘边军储,皆商人入中,岁小不登,必邀厚价,故设内地州县寄籴之法,以权重轻。

---

① 元·马端临《文献通考·国用考三》,杭州:浙江古籍出版社1988年版,第244页。
② 元·马端临《文献通考·征榷考六》,杭州:浙江古籍出版社1988年版,第186页。
③ 元·脱脱等《宋史·食货志下八》,北京:中华书局1985年版,第4543—4544页。
④ 宋·沈括《梦溪笔谈·官政二》,胡道静《梦溪笔谈校证》,上海:上海古籍出版社1987年版,第432页。

自内地用御河船运至缘边,且以熙宁八年言之,纲船三百,用兵工几二千人,所运不及八万石。许纲船兵工约一斗,已费钱七十矣,若僦私船,百里之地,斗才一钱三分至五分,率以千里之远计之,犹可省纲船所费之半,宜雇客船便。'下三司议,三司请留纲船二百二十艘,应副船运不足,即如子渊议。从之。令岁终具和雇私船所省钱数以闻。"①很显然,与费用高昂的官运相比,民运及商运有更高的效率。史称:"令江浙转运司措置。本司契勘本路除温、台、处州不通水路,及临安、镇江府不系接目般运去处外,其余州府每岁起发上供米斛、钱帛、马料,欲依陈与义申请,令逐州和买堪好客船,以三十只支为一纲,内秀、常、湖州、江阴军、平江府系平河行运,衢、婺、严州系自溪入江,明州、绍兴府运河车堰渡江,各买二百料止三百料船专一往来般运。"②宋高宗绍兴五年,允许民船和商船参与漕运,改变了单一的官运结构。官船、民船及商船分运制度建立后,形成了互相监督的机制。史称:"薛向为江淮发运使,先是,漕运吏卒上下共为侵盗贸易,甚则托风水沉没以灭迹。而官物陷折者,岁不减二十万斛。至向,始募客舟与官舟分运,以相检察,而旧弊悉去。"③建立官船和民船之间的监督机制,在一定程度上革除了漕运过程中的弊端。那么,为什么民运比官运的效率高呢?道理很简单,官运人浮于事,费用远超出民运及商运的价格。更重要的是,民运及商运更讲究成本核算,往往会自觉地减少或放弃"附载"之物。

在鼓励商人参与漕运的过程中,采取让盐利给商人,颁布鼓励商人输粮入边和入京纳金银钱帛的政策,以求进一步革除漕运中的弊端和降低漕运费用。史称:"咸平四年,秘书丞直史馆孙冕请:'令江南、荆湖通商卖盐,缘边折中粮草,在京入纳金银钱帛,则公私皆便,为利实多。设虑淮南因江南、荆湖通商,或至年额稍亏,则国家折中粮草,足赡边兵,中纳金银,实之官库,且免和雇车乘,差扰民户,冒寒涉远。借如荆湖运钱万贯,淮南运米千石,以地里脚力送至穷边,则官费民劳,何啻数倍。'诏吏部侍郎陈恕等议。恕等谓:'江、湖官卖盐,盖近鬻海之地,欲息犯禁之人,今若通商,住卖官盐,立乏一年课额。'冕议遂寝。至天禧初,始募人入缗钱粟帛京师及淮、浙、江南、荆湖州军易盐。乾兴元年,入钱货京师总为缗钱一百十四万。会通、泰鬻盐岁损,所在贮积无几,因罢入粟帛,第令入钱。久之,积盐复多。

明道二年,参知政事王随建言:'淮南盐初甚善。自通、泰、楚运至真州,自真州运至江、浙、荆湖,纲吏舟卒,侵盗贩鬻,从而杂以沙土。涉道愈远,杂恶殆不可食,吏卒坐鞭笞,徒配相继而莫能止。比岁运河浅涸,漕挽不行,远州村民,顿乏盐食,而淮南所积一千五百万石,至无屋以贮,则露积苫覆,岁以损耗。又亭户输盐,应得本钱或无以给,故亭户贫困,往往起为盗贼,其害如此。愿权听通商三五年,使商人入钱京师,又置折博务于扬州,使输钱及粟

---

① 宋·李焘《续资治通鉴长编·神宗元丰二年》,北京:中华书局2004年版,第7219页。
② 清·徐松《宋会要辑稿·食货四三》第6册,北京:中华书局1957年版,第5582页。
③ 元·马端临《文献通考·国用考三》,杭州:浙江古籍出版社1988年版,第246页。

帛,计直予盐。盐一石约售钱二千,则一千五百万石可得缗钱三千万以资国用,一利也;江、湖远近皆食白盐,二利也;岁罢漕运糜费,风水覆溺,舟人不陷刑辟,三利也;昔时漕盐舟可移以漕米,四利也;商人入钱,可取以偿亭户,五利也。'

时范仲淹安抚江、淮,亦以疏通盐利为言,即诏知制诰丁度等与三司使、江淮制置使同议。皆谓听通商恐私贩肆行,侵蠹县官,请敕制置司益漕船运至诸路,使皆有二三年之蓄;复天禧元年制,听商人入钱粟京师及淮、浙、江南、荆湖州军易盐;在通、楚、泰、海、真、扬、涟水、高邮贸易者毋得出城,余州听诣县镇,毋至乡村;其入钱京师者增盐予之,并敕转运司经画本钱以偿亭户。诏皆施行。景祐二年,诸路博易无利,遂罢,而入钱京师如故。"①

上述《宋史·食货志下四》很可能引自李焘的《续资治通鉴长编·仁宗明道二年》。对比《宋史·食货志下四》和《续资治通鉴长编·仁宗明道二年》中的两段文字,虽然大体相同,但《宋史·食货志下四》交代了事情发生的时间节点。如李焘记录王随言论前只有"于是,参知政事王随建言"②语,没有明确地记下"明道二年"(1033)这一时间。据此可厘清的线索是:让商人参与漕运之议始于宋真宗咸平四年(1001)。在此基础上,经过讨论形成较为一致的看法是:商人参与漕运弊大于利,因此没有立即推行。

天禧元年(1017),以"始募人入缗钱粟帛京师及淮、浙、江南、荆湖州军易盐"为标志,商人参与到漕运之中。时至乾兴元年(1022),出现"入钱货京师总为缗钱一百十四万"的局面。然而,有其利必有其弊。很快出现了"会通、泰鬻盐岁损,所在贮积无几,因罢入粟帛,第令入钱"的情况。"久之,积盐复多",宋仁宗明道二年,"复天禧元年制,听商人入钱粟京师及淮、浙、江南、荆湖州军易盐"。宋仁宗景祐二年(1035),再次进行调整政策,只允许商人"入钱京师者增盐予之"。在这中间,一再地调整商人输粮入边、纳金银钱帛入京和让盐利给商人等政策,表明商人参与漕运在一定程度上与宋代的商贸政策形成冲突,需要不断地调适这一矛盾。进而言之,咸平、天禧和乾兴均为宋真宗的年号,为什么咸平四年,已遭否决的孙冕之议,会在天禧元年悄然地得到执行?答案只有一个,当国家财用无力支付庞大的漕运费用时,希望通过商人参与漕运及输粮入边和纳金银钱帛入京等举措改变漕运不利的局面。然而,让盐利给商人,在盐铁专卖的年代势必要损害国家正常的财政收入。正因为如此,明道二年,再度让盐利给商人即形成"听商人入钱粟京师及淮、浙、江南、荆湖州军易盐"的局面后,景祐二年,又不得不部分停止原有的决定。让盐利给商人,令商人参与漕运等事务是一柄双刃剑。尽管如此,在让盐利给商人的背景下,的确是调动了商人参与漕运的积极性。

客观地讲,让盐利给商人、令商人参与漕运及"缘边折中粮草,在京入纳金银钱帛"的构想并不是孙冕发明的,这一制度早在唐代刘晏改革漕政时已经推行。追溯历史,宋代推行这

---

① 元·脱脱等《宋史·食货志下四》,北京:中华书局1985年版,第4438—4440页。
② 宋·李焘《续资治通鉴长编·仁宗明道二年》,北京:中华书局2004年版,第2654页。

一制度定型于宋太宗雍熙年间(984—987),似始于宋太宗端拱二年(989)。丘浚记载道:"宋雍熙以后,以用兵乏馈饷,令商人输刍粟塞下。增其直,令江淮荆湖给以颗末盐。端拱二年,置折中仓,听商人输粟京师,优其直,给江淮盐。"①这一制度创立后,与允许粮船和盐船空回时互运、允许商人以钱购盐等捆结在一起,提高商人参与漕运的积极性,同时也为江淮运河成为转般仓重点建设区域铺平了道路。丘浚进一步指出:"此后世召商中盐之始。盖以折中粮草,以赡边兵。中纳金银,以实官库。无起倩丁夫之扰,无冒涉水陆之虞。官得用而民不告劳,商得利而民不淡食。是诚实边足用之良法也。"②客观地讲,这一事件对后世产生了深远的影响,成为明代"中盐法"的重要来源。

  漕运的过程也是商贸往来的过程。史称:"高宗建炎元年诏,贩货上京者免税。明年又诏,贩粮草入京抑税者罪之;凡残破州县免竹木、砖瓦税,北来归正人及两淮复业者亦免路税。"③在"贩货上京者免税"等政策的鼓励下,运河作为商品流通的黄金水道呈现出一派商贸繁荣的景象。在这一过程中,贩货入京者或搭乘商船、民船,或搭乘漕船运送货物,特别是漕船放空时,可以将不同地区的商品或货物运送入京,或将京城的商品或货物运往各地,这些都在客观上为商品流通及运河沿岸城市的繁荣起到促进作用。运河是一条商品流通的大通道,为加快商品流通,宋代采取了一系列的政策。运河为当地社会经济的发展注入了活力,同时也为运河成为商贸大通道奠定了坚实的基础,进而为运河城市及运河城市群的兴起埋下了伏线,如堰埭成为商品集散地后,为新的人口居住区的形成奠定了基础,这些人口居住地一旦形成,势必要带动城镇的诞生和发展。

---

① 明·丘浚《大学衍义补·山泽之利上》(林冠群、周济夫校点),北京:京华出版社1999年版,第264页。
② 同①。
③ 元·脱脱等《宋史·食货志下八》,北京:中华书局1985年版,第4546页。

第二编　杭州的运河及海外商贸

概 述

宋代治理运河分为北宋和南宋两个阶段:前一阶段主要围绕着大梁治理汴河、蔡河、五丈河、御河等运道,在重点关心东南漕运的过程中,建立以大梁为中心的漕运机制;后一阶段以宋高宗赵构渡江建立南宋为起点,在建立江淮防线的过程中,重点修理邗沟。此后,又重点治理江南运河即浙西运河和浙东运河,建立以临安(在今浙江杭州)为中心漕运秩序。与此同时,为发展海外贸易及加强与华南的经济联系,在前人的基础上重修了浙东运河。

宋室偏居江南后,东南六路即淮南路、江南东路、江南西路、两浙路、荆湖南路、荆湖北路依旧是租籴和财赋征收的重地,这样一来,江淮、建康等地的转般仓依旧重要。宋、金以淮河为界后,南北交通阻绝,再加上人为的破坏,汴河终因黄河灌入导致河道淤塞而无法使用。

春秋时,开挖的运河百尺渎初步建立了余杭(在今浙江杭州)与浙西及浙东的水上交通;秦始皇东巡时,开挖的由拳运河进一步密切了余杭与浙西及太湖平原的联系;隋炀帝拓宽江南运河后,强化了余杭与江淮及北方的联系能力;唐宋两代,江南运河及余杭城内外的运河经过修缮和建设,为余杭社会经济的全面繁荣奠定了坚实的基础。从一个县级建制到成为区域政治中心和全国的政治中心,杭州的繁荣是在运河的承载中实现的。这一时期,运河在流通领域中的特殊作用为杭州的经济腾飞创造了良好的外部环境。

杭州走向繁荣,经历了四个时间段。一是从隋唐经五代十国再到北宋,运河加强了杭州与外界的经济、文化交往,为杭州的发展奠定了基础。二是从唐末,钱镠以杭州为都建吴越国,到北宋时,用和平的手段将吴越国纳入北宋版图,在近百年的和平发展中,杭州呈现出欣欣向荣的景象。杭州在钱镠的统治下,建构了运河与江海互通的交通运输体系,在商品流通中得到迅速的发展,乃至其经济总量超过了北方的大部分地区。宋太宗采用和平的方式夺取吴越国旧地的统治权后,杭州在全国领先的经济地位得到了进一步的确证,杭州的商业税收不但超过了唐代的扬州,而且超过了京城开封,成为全国第一大税收的商业化大都市。三是宋室南渡后,为杭州经济的高速发展插上了翅膀。这一时期,杭州以造船业为龙头带动了手工业的全面发展,特别是杭州建立市舶司后,海外贸易为杭州商贸增添了新的内容。四是明、清两代,杭州与苏州率先成为资本主义萌芽的城市。这一时期,经济作物的商品化和商业运作资本交织在一起,种植业的专业化与不断扩大再生产的手工业作坊交织在一起,通过扩大经营范围,出现了财富向少数人集中的势态。在这一过程中,商业资本和生产资本的积累结合在一起,生产资料市场与劳动力市场交织在一起,造就了高度发达的商品经济。与此同时,资本的积累与劳动力市场的形成起到了催生资本主义生产关系萌芽的作用,具体表现在四个方面:经济作物种植的商品化拓展了农业生产的空间;有技能的手工业者涌入城市,带动了手工业的发展;商品流通与海外贸易相辅相成,扩大了供求市场;城市人口的急剧上升引导着杭州向工商业化城市转型。

杭州是因运河兴起的城市,凭借运河和海外贸易方面的优势创造了自身的辉煌,其政治地位的提升与经济发展与运河建设有着密不可分的联系。一方面,生产方式的转变提升了杭州对外的商贸能力;另一方面,运河及江海构筑的水上大交通网络加快了杭州商品流通的速度,将杭州的经济触角伸向了全国各地及海外。

第一章　江南运河与杭州水上交通

追溯杭州运河的历史,首先要从百尺渎说起。东汉袁康记载道:"百尺渎,奏江,吴以达粮。"①《诗·大雅·绵》:"予曰有奔奏。"奏者,走也,与奔同义。江者,钱塘江也。联系上下文看,百尺渎运粮事件发生在吴王阖闾在位期间。这一事实从侧面表明,吴王阖闾伐越之前,经杭州境内通往浙东的运河百尺渎已经建成。

第一节　与杭州相关的最早的运河

历史上的杭州有不同的称谓。吴自牧《梦粱录》卷七《杭州》称:"杭城号武林,又曰钱塘,次称胥山。"②这一说法虽不全面,但大体上道出了杭州地名的演变过程。

从历时的角度看,百尺渎是通往杭州的最早运河。吴越交恶始于勾践之父允常在位(前510—前496)之时。史称:"允常之时,与吴王阖庐(闾)战而相怨伐。"③《左传·昭公三十二年》:"夏,吴伐越,始用师于越也。"④吴越之间的战争始于鲁昭公三十二年(前510)。此后,吴国与越国、楚国的战争不断。

据《左传》及相关文献记载,公元前508年,楚国囊瓦率师攻吴;公元前506年,吴王阖闾率师伐楚,在柏举(在今湖北麻城)与楚师会战;公元前505年,越王允常伐吴;公元前504年,阖闾再次伐楚;公元前496年,阖闾率师攻越,阖闾在战争中受伤致死。据此可知,百尺渎建成的时间下限最迟应在阖闾去世之前,即公元前496年之前。如果考虑到开挖百尺渎需要耗费大量的人力、物力和财力等情况,以及吴越、吴楚战争期间无暇顾及开挖运河等情况,百尺渎开挖的时间很可能在吴越交恶之前。

---

① 汉·袁康《越绝书·越绝外传》,《四库全书》第463册,上海:上海古籍出版社1987年版,第80页。
② 宋·吴自牧《梦粱录·杭州》,上海:商务印书馆1939年版,第51页。
③ 汉·司马迁《史记·越王句(勾)践世家》,北京:中华书局1982年版,第1739页。
④ 清·阮元《十三经注疏·春秋左传正义》,北京:中华书局1980年版,第2127页。

"吴以达粮"是指从吴国境内运粮到越国境内,还是指从吴国的国都姑苏(在今江苏苏州)运粮到越国境内?历史上,姑苏有"全吴""东吴"等称谓,并简称"吴"。《旧唐书·地理志三》:"吴,春秋时吴都阖闾邑。汉为吴县,属会稽郡。隋平陈,置苏州,取州西姑苏山为名。"①《吴地记》:"地名甄胄,水名通波,城号阖闾,台曰姑苏。隩壤千里,是号全吴。"②王鸣盛指出:"然《穆天子传》卷二:'太王、亶父之始作西土,封其元子吴太伯于东吴。'唐人《乱后经吴阊门至望亭》诗:'东吴黎庶逐黄巾。'苏州为东吴明矣。"③吴王阖闾以后,全吴、东吴、吴、姑苏等均为吴国国都的称谓。

历史上的吴国曾多次迁都。然而,每迁一处,新都均以"吴"相称。这一做法与楚国有惊人的相似之处。如楚国迁都后,新都一律以"郢"相称。赵晔云:"故太伯起城,周三里二百步,外郭三百余里,在西北隅,名曰故吴。人民皆耕田其中。"④《史记·吴太伯世家》亦云:"太伯之奔荆蛮,自号句吴。"⑤《吴地记》注"号句吴":"所居地名。"句吴既是人名和地名,同时也是国名和国都名。因此,"吴以达粮"既有从吴国运粮到越国之义,同时也有从吴国国都运粮到越王勾践盘踞的据点会稽山(在今浙江绍兴东南)一带的可能。如果是后一种情况,因粮道必走长水(在今浙江嘉兴),又因长水有要塞阻隔,故在进入百尺渎之前须走陆路。

百尺渎为"吴以达粮"做出了重要的贡献。以此调运军粮,在减少不必要损耗的前提下,为吴国夺取战争的胜利奠定了基础。在这一过程中,因钱唐县(唐代改称钱塘县)在钱塘江(又称浙江)边上,扼守从浙西到浙东的咽喉,势必要成为吴国进入越国的水上交通中转站。如秦始皇东巡时,"过丹阳,至钱唐。临浙江,水波恶,乃西百二十里从狭中渡"⑥。因秦始皇到浙东登会稽山祭祀大禹,必经波涛汹涌的钱塘江,这样一来,在钱唐县栖息遂成为必然的选择。进而言之,因钱唐地处浙西到浙东的节点上,要想从姑苏跨过钱塘江进入越国的腹地山阴(在今浙江绍兴),钱唐县是一个绕不过去的战略要地。

由吴国进入百尺渎,必经长水。长水是春秋时的古县,秦始皇统一六国后改称由拳,三国吴大帝孙权黄龙三年(231)改称禾兴,孙权赤乌五年(242),为避吴太子名讳,又改称嘉兴。史称:"嘉兴县,本春秋时长水县,秦为由拳县,汉因之。"⑦又称:"嘉兴县,本号长水县,

---

① 后晋·刘昫等《旧唐书·地理志三》,北京:中华书局1975年版,第1586页。
② 唐·陆广微《吴地记》(曹林娣校注),南京:江苏古籍出版社1999年版,第6页。
③ 清·王鸣盛《十七史商榷·〈晋书〉三》(黄曙辉点校),上海:上海书店出版社2005年版,第332页。
④ 汉·赵晔《吴越春秋·吴太伯传》(苗麓点校),南京:江苏古籍出版社1999年版,第4页。
⑤ 同②,第10页。
⑥ 汉·司马迁《史记·秦始皇本纪》,北京:中华书局1982年版,第260页。
⑦ 唐·李吉甫《元和郡县图志·江南道一》(贺次君点校),北京:中华书局1983年版,第601页。

在郡南一百四十三里。周敬王十年置,在谷口湖。秦始皇二十六年重移,改由拳县。黄龙三年,嘉禾野生,改禾兴县。吴赤乌五年,避吴王太子名,改嘉兴县。"①起初,因长水县南有山陵,故阻隔了长水与钱唐之间的水上交通。

公元前201年,秦始皇"过丹阳,至钱唐。……上会稽,祭大禹"②时,开凿了长水通往钱唐的运河。张守节《正义》引《括地志》云:"丹阳郡故在润州江宁县东南五里,秦兼并天下,以为鄣郡也。"③从丹阳(在今江苏南京一带)到钱唐,长水是必经之路;从长水到会稽山,钱唐是必经之路。汉袁康云:"秦始皇造通陵南,可通陵道到由拳塞,同起马塘,湛以为陂,治陵水道致钱唐,越地,通浙江。"④"造通陵南",是指开凿长水县南面的山陵即由拳塞。"通陵道"是指开挖通过由拳塞的运河。打通由拳塞以后,沿这一水上航线可直接到达钱唐。随后,从钱唐(钱塘江)入浙江可进入浙东地区,故有"治陵水道到钱唐,越地,通浙江"之说。

由拳塞是一军事要塞,在秦始皇改长水县为由拳县之前,由拳塞称"柴辟",又称"辟塞"。袁康指出:"柴辟亭到语儿就李,吴侵以为战地。"⑤郦道元亦指出:"浙江又东径柴辟南,旧吴楚之战地矣⑥。备候于此,故谓之辟塞,是以《越绝》称吴故从由拳、辟塞渡会稽,溱山阴是也。"⑦柴辟是柴辟亭的省称,辟塞是柴辟要塞的省称,即由拳塞。春秋后期,由拳塞是吴越两国争夺的战略要地,吴国夺取此要塞后,成为其进攻越国的前沿阵地。马塘堰是马塘堰的省称,遗址在今浙江嘉兴的南面。王存指出:"马塘堰,《图经》云:秦始皇三十七年东游至此,改长水为由拳县,遏水为堰,既立,斩白马祭之,因名。"⑧史称:"吴古故从由拳辟塞,度会夷,奏山阴。辟塞者,吴备候塞也。"⑨吴古故是指从吴国姑苏到长水的驰道。为了打通从长水到钱唐的水路,秦始皇"造通陵南"开挖了由拳运河。这一事实证明了在秦始皇开挖由拳运河之前,从吴地到钱唐一带没有水路相通。其原因是,长水南有地势凸起的军事要塞由拳辟塞。

---

① 唐·陆广微《吴地记》(曹林娣校注),南京:江苏古籍出版社1999年版,第47页。
② 汉·司马迁《史记·秦始皇本纪》,北京:中华书局1982年版,第260页。
③ 同②,第261页。
④ 汉·袁康《越绝书·越绝外传》,《四库全书》第463册,上海:上海古籍出版社1987年版,第84页。
⑤ 同④,第80页。
⑥ 按:"旧吴楚之战地"当为"吴越之战地"。汉班固指出:"由拳,柴辟,故就李乡,吴、越战地。"(《汉书·地理志上》,北京:中华书局1962年版,第1591页)
⑦ 北魏·郦道元《水经注·浙江水》,杨守敬、熊会贞疏,段熙仲点校,陈桥驿复校《水经注疏》下册,南京:江苏古籍出版社1989年版,第3324页。
⑧ 宋·王存《元丰九域志·附录》(王文楚、魏嵩山点校),北京:中华书局1984年版,第623—624页。
⑨ 同④,第79页。

秦始皇开挖由拳运河后，形势发生了变化。从此，有了从姑苏经长水到钱唐，再到山阴的运河交通网。梁刘昭注补晋司马彪《后汉书志》"由拳"注引晋干宝《搜神记》："秦始皇东巡，望气者云'五百年后，江东有天子气。'始皇至，令囚徒十万人掘污其地，表以恶名，故改之曰由拳县。"①秦始皇开挖由拳运河的本意是为了破坏当地的风水，却改变了从姑苏到钱唐再到山阴等浙东地区的交通状况。由拳运河开通后，在加强太湖平原与杭嘉湖平原联系的同时，也提升了杭州的政治、经济地位。其一，由拳运河从水上加强了吴越两地的联系，为浙东运河与浙西运河的连接提供了先决条件，起到了完善浙江运河体系的作用。

其二，从水上建立了杭嘉湖平原与太湖平原的大交通。由拳运河开挖前，因无法从水路到达嘉兴，因此杭州与外界的水上联系主要集中在浙东；由拳运河开通后，杭州经嘉兴可进入太湖平原及江南各地。杭州地处杭嘉湖平原与浙东联系的节点上，杭嘉湖平原与太湖平原之间的经济交往需要以浙东为腹地，在这一过程中，为杭州以浙东为腹地完成商品流通即商品及货物输出或输入提供了便捷的条件。

其三，由拳运河与吴古故水道相连，沿着这一航道越过江淮进入泗水后，可直接进入黄河流域。一般认为，吴古故水道是春秋时吴国为北上争霸开挖的运河，其开通的时间应在吴王夫差开挖邗沟以前或同时。② 由拳运河开通后，从杭州出发越过杭嘉湖平原进入太湖平原后，经姑苏可直接进入吴古故水道。吴古故水道与姑苏城平门即北门相连。从平门出发，经泰伯渎（相传吴国泰伯开凿的运河）进入无锡历地、梅亭，入杨湖（阳湖，在今江苏无锡、常州之间），经渔浦（利浦，在今江苏无锡江阴西）入江，入江后进入邗沟可直达广陵（在今江苏扬州）。史称："吴古故水道，出平门，上郭池，入渎，出巢湖，上历地，过梅亭，入杨湖，出渔浦，入大江，奏广陵。"③《左传·哀公九年》云："秋，吴城邗，沟通江淮。"从广陵出发，过高邮、宝应、淮阴入淮河，跨越淮河后入泗水，随后可进入黄河下游流域。从这样的角度看，杭州的水上交通建设在秦始皇时代已初见规模。与陆路相比，水上运输的成本低廉。由拳运河开通后，加快了杭嘉湖平原与太湖平原经济一体化的进程，为杭州的进一步发展奠定了基础。

---

① 刘宋·范晔《后汉书·郡国志四》，北京：中华书局1965年版，第3490页。
② 魏嵩山、王文楚《江南运河的形成及其演变过程》，《中华文史论丛》总第十辑，上海：上海古籍出版社1979年版，1979年第2辑，第306页。
③ 汉·袁康《越绝书·越绝外传》，《四库全书》第463册，上海：上海古籍出版社1987年版，第79页。

第二节 宋代杭州城四河变迁

宋代的杭州城里有茅山河(又称茆山河、茅山运河)、盐桥河(又称盐桥运河)、市河、清湖河等四河,城外主要有龙山河、外沙河、艮山河、菜市河、下塘河、下湖河、子塘河、余杭塘河、奉口河、前沙河、后沙河、蔡官人塘河、施何村河、赤岸河、方兴河等河流,这里河流与西湖等湖泊一道,或为城外运河、大运河、新开运河等提供了充足的补给水源,或成为运河的一部分,极大地丰富了杭州的水上交通体系。

在历史变迁的过程中,茅山河大约在南宋中期最迟在宋度宗一朝时已失去交通运输能力。潜说友叙述道:"至梅家桥(德寿宫之东,元有茆山河,因展拓宫基填塞,积渐民户包占。惟存去水大沟,至蒲桥修内司营,填塞所不及者,故道尚存,自后军东桥至梅家桥内。"①潜说友,宋度宗咸淳年间(1265—1274)主持编撰了《咸淳临安志》。从其所述中当知,在宋度宗即位以前,茅山河已经填塞。几乎是与此同时,吴自牧记载道:"茆山河,东自保安水门向西,过榷货务桥转北,过通江桥,一直至梅家桥元德寿宫之东,今宗阳宫,有茆山河,因展拓宫基填塞,及民户包占,虽存去水,大渠流至蒲桥,后被修内司营填塞,所不及故道,今废之久矣。"②吴自牧的生卒年不详,不过,1270年依然在世。如以1270年为下限,当知文中所说的"故道今废之久矣",说明茅山河早已被废弃。

从另一个层面看,潜说友、吴自牧所说的"因展拓宫基填塞"茅山河,应发生在苏轼疏浚茅山河以后,史有"是岁,知杭州苏轼浚茆山、盐桥二河,分受江潮及西湖水,造堰闸,以时启闭"③之说,"是岁",指宋哲宗元祐四年(1089年)。经过苏轼的疏浚,茅山河和盐桥运河恢复了航运能力。

在依托运河的过程中,茅山河、盐桥河、市河、西河(清湖河)等四河沿岸成为著名的商业街区,并有不同的功能。其中,在运河即大河沿岸集中了一批官办的批发机构,如吴自牧在《梦粱录·大河桥道》记载道,大河沿岸有榷货务、合同场、杂卖场、油蜡局、粮仓、御酒库等。田汝成记载道:"通江桥,本名庆元桥,其东,宋有都茶场、杂买务、榷货务、雄武营。北为太医局。又东为保安门。"④从南宋到明代,杭州街区的功能虽有变化,但大体上一致。

这一情况还可以从市河的变化中得到进一步的证明。吴自牧记载道:"市河俗呼小河,

---

① 宋·潜说友《咸淳临安志·山川十四》,《四库全书》第490册,上海:上海古籍出版社1987年版,第381页。
② 宋·吴自牧《梦粱录·城内外河》,上海:商务印书馆1939年版,第105页。
③ 元·脱脱等《宋史·河渠志六》,北京:中华书局1985年版,第2382页。
④ 明·田汝成《西湖游览志·衢巷河桥》(尹晓宁点校),上海:上海古籍出版社2017年版,第126页。

东自清泠桥西流,至南了瓦横河转北,由金波桥直北,至仁和仓桥转东,合天水院桥转北,过便桥,出余杭水门。"①市河沿岸是宋代杭州繁华的商业街区,时至明代依旧如此。田汝成记载道:"自兴礼坊而东,至旧达达城。其街之南,为沙皮巷、布市巷。过新宫桥,为夹墙巷。北为熙春桥街、清泠桥街、钟公桥街、佑圣观街。新宫桥,俗称宗阳宫桥。小河之水,自新宫桥分派,从东而西,过钟公桥、清泠桥,折而北。过熙春桥、灌肺桥、金波桥、普济桥、保祐桥、巧儿桥、亨桥、舍人桥、方便桥、永清桥、日新桥、芳润桥、李博士桥、棚桥、新安桥、度生桥、北桥、军头司桥、清远桥、百万仓桥,折而东,与大河合流,出武林水门,俗称市河是也。其支派自观桥而西,合清湖河以北,亦曰市河。"②又记载道:"灌肺巷,西与融和坊对。内有灌肺桥,宋为珠子市。通和坊,东通金波桥,宋有花月楼。又东为熙春楼、南瓦子。又南为抱剑营、漆器墙、沙皮巷、融和坊。其西为太平坊、巾子巷、狮子巷,皆为瓦市,各有等差。酒客登门,则有提瓶献茗者,谓之'点花茶'。登楼,甫饮一杯,则先与数贯,谓之'支酒'。然后呼唤提卖。赶趁只应者,亦皆纷至,浮费颇多。妓家富者,酒器、沙锣、冰盆、火箱、妆盒之类,悉以金银为之;帐幔、茵褥,多用锦绮;器玩珍奇,他物称是。下此者,亦竞尚鲜华,自酒器、首饰、被卧、衣服之属,各有赁者。"③与大河沿岸集中官办商业机构相比,市河无疑是最繁华的商业街区。

在茅山河废弃之前,杭州四河之中,重点治理的对象是茅山河、盐桥河。潜说友指出:"潮水自茆山河行十余里,至梅家桥下,始与盐桥河相通,潮已行远,泥沙澄坠,虽入盐桥河,亦不淤填(自来潮水茆山、盐桥二河,只淤填十里。十里已外不曾开淘,此已然之明效)。茆山河既日受潮水,无缘涸竭。而盐桥河底低茆山河底里四尺(梅家桥下量得水深四尺,而碧波亭前水深八尺),则盐桥河亦无涸竭之理。然犹当过虑以备乏水,今西湖水贯城以入于清湖河者大小凡五道(一暗门外,斗门一所;一涌金门外,水闸一所;一集贤亭前,水笕一所;一集贤亭后,闸一所;一菩提寺前,斗门一所),皆自清湖河而下,以北出余杭门,不复与城中运河相灌输,此最可惜。宜于涌金门内,小河中置一小堰,使暗门、涌金门二道所引之水,入法慧寺东沟中。南行九十一丈,则凿为新沟,二十六丈以东达于承天寺东之沟,又南行九十丈,复凿为新沟,一百有七丈以东,入于猫儿桥河口。自猫儿桥河口入新水门以入于盐桥河,则咫尺之近矣。此河下流则江潮清水之所入,上流则西湖河水之所注,永无乏绝之忧矣。"④为了有效地阻止泥沙淤积河道,潜说友认为尖采用"宜于涌金门内,小河中置一小堰,使暗门、涌金门二道所引之水,入法慧寺东沟中"等引水措施。

---

① 宋·吴自牧《梦粱录·城内外河》,上海:商务印书馆1939年版,第105页。
② 明·田汝成《西湖游览志·衢巷河桥》(尹晓宁点校),上海:上海古籍出版社2017年版,第132—133页。
③ 同②,第128—129页。
④ 宋·潜说友《咸淳临安志·山川十四》,《四库全书》第490册,上海:上海古籍出版社1987年版,第383—384页。

到了潜说友的生活时代，四河中的茅山河已失去水运功能，与此同时，清湖河的水源来自西湖，基本上不会受到钱塘江潮的影响。潜说友记载道："清湖河，西自府治前净因桥，过闸转北，由楼店务桥至转运司桥转东，由渡子桥与涌金池水合流，至金文库与三桥水相合。由军将桥至清湖桥投北，由石灰桥至众安桥又投北，与市河相合，入鹅鸭桥转西，一派自洗麸桥至纪家桥转北，由车桥至便桥，出余杭门。"①这样一来，盐桥河、市河遂成为重点治理的对象。潜说友记载道："城中四河，茆山中废已久，而盐桥河、市河日纳潮水，流沙浑浊，居民规占河道，委草壤其间久之，乃为平陆。官虽以时开浚，未几填塞如故。至元祐五年，守苏公轼请之于朝，轼于熙宁中通判杭州，访问民间疾苦，父老皆云苦运河淤塞，远则五年，近则三年，率常一开浚。不独劳役兵民，而运河自州前至此郭，穿阛阓中盖十四五里，每将兴工，市肆汹动，公私骚然，自胥吏、壕寨兵级等，皆能恐喝人户。或云当于某处置土，某处过泥水，则居者皆有失业之忧。既得重赂，又转而之他。及工役既毕，则房廊、邸舍，作践狼籍，园圃隙地，例成丘阜，积雨荡濯，复入河中。居民患厌，未易悉数。若三五年失开，则公私壅滞，以尺寸水行数百斛舟，人牛力尽，跬步千里，虽监司使命，有数日不能出郭者。其余艰阻，固不得言，问其所以频开屡塞之由，皆曰龙山、浙江两闸日纳潮水，沙泥浑浊，一汛一淤，积日稍久，便及四五尺，其势当然不足怪也。"②治理与运河相通的盐桥河和市河的重点是淘汰由钱塘江潮带入两河的泥沙。

第三节　杭州与浙西浙东运河

　　杭州段的运河建设经历了浙东运河与浙西运河两个阶段。隋炀帝开江南运河以前，杭州段的运河建设主要集中在浙江以东；隋炀帝开江南运河以后，杭州段运河建设主要集中在浙江以西。杭州一带湖泊河流交错纵横，为突破发展陆路交通方面的限制，运河建设成为杭州历史上重点发展的交通项目。此外，杭州地处浙东运河和浙西运河的交汇点上，这一地理位置也决定了杭州的社会经济发展需要在完善运河交通体系的前提下加以实现。

　　浙东运河是指从钱塘江至甬江之间的运河，很有可能在越王勾践伐吴之前已经开通。史称："无余初封大越，都秦余望南，千有余岁而至句（勾）践，句（勾）践徙治山北，引属东海，内、外越别封削焉。句（勾）践伐吴，霸关东，徙琅琊起观台，台周七里，以望东海。死士八千人，戈船三百艘。居无几，躬求贤圣。孔子从弟子七十人，奉先王雅琴，治礼往奏。句（勾）践

---

① 宋·潜说友《咸淳临安志·山川十四》，《四库全书》第490册，上海：上海古籍出版社1987年版，第382页。
② 同①。

乃身被赐夷之甲,带步光之剑,杖物卢之矛,出死士三百人,为阵关下。孔子有顷姚稽到越。越王曰:'唯唯,夫子何以教之?'孔子对曰:'丘能述五帝三王之道,故奉雅琴至大王所。'句(勾)践喟然叹曰:'夫越性脆而愚,水行而山处,以船为车,以楫为马,往若飘风,去则难从,锐兵任死,越之常性也,夫子异则不可。'于是孔子辞,弟子莫能从乎。"①类似的记载又见于《越绝书·勾践伐吴外传》。从"以船为车,以楫为马"的叙述中可知,浙东运河应在吴越之战前已正式开通,这一运河很可能是与钱塘江相通的山阴故水道。

山阴故水道从会稽(在今浙江绍兴)出发可进入钱塘江。袁康指出:"山阴故水道,出东郭,从郡阳春亭。去县五十里。"②东郭,是指山阴外城的东门。阳春亭,在山阴东门外不远的地方。沿山阴故水道向东可进入曹娥江,向西越过钱塘江可与百尺渎相通。早在吴越之争时,经百尺渎入山阴故水道可到达会稽。据此可以断定,山阴故水道与百尺渎的开挖时间大体相当,并已互通。反过来讲,如果百尺渎与山阴故水道没有互通的话,那么,吴国征伐越国时,是无法通过水路把粮食及其他的战略物资运送到越王勾践受困的会稽山一带的。进而言之,百尺渎与山阴故水道之间的联结既密切了杭州与浙东的联系,同时也以杭州为中转站加强了浙东与浙西的联系。

杭州段运河是江南运河的重要组成部分。隋代以前,杭州段运河的整修主要集中在浙东运河堰埭建设方面。从自然地理的角度看,杭嘉湖平原的海拔高度大体一致,其间,湖泊河流密布,水源充分,因此航道很少出现干浅或淤塞现象,故不需要进行大规模的整治和修缮。与之相比,以杭州、明州(在今浙江宁波)为两端的浙东运河,其地形要复杂得多。具体地讲,浙东运河所经地区的最高点是绍兴,次高点是杭州,最低点是宁波。从杭州向东进入浙东运河各航段,需要跨过钱塘江、钱清江、曹娥江等河流。在这中间,浙东运河的各个航段均需要沿途的河流及湖泊补充水源,水位高的航段即使有丰富的水源补充航道,但因容易泄水,往往也会出现因航道干浅而无法通航的情况。

为了彻底地解决浙东运河因泄水带来的断航,不但需要针对航段的现状补充水源,而且还需要在有明显的水位落差的航段修建堰埭。今人论述浙东运河不同航段的海拔高度时指出:"浙东运河及京杭大运河南段(江南运河浙江段)所经为杭州湾两岸堆积平原,属长江中下游平原的一部分。其中南岸宁绍平原,海拔由西向东逐渐降低,绍兴一带水网平原海拔为5米,余姚一带为2.5米,宁波一带大多在2米以上。杭州湾北岸杭嘉湖平原平均海拔3米左右。其中钱塘江和杭州湾沿岸,桐乡周围,尤其是临平以南,高达5~6米;海盐和平湖沿海,高度多在3米以上;嘉兴和嘉善北部,德清和湖州四周,海拔多在2米上下。"③与其他各

---

① 汉·袁康《越绝书·越绝外传》,《四库全书》第463册,上海:上海古籍出版社1987年版,第104页。
② 同①,第108页。
③ 王国平总主编《杭州运河历史研究》,杭州:杭州出版社2006年版,第3页。

航段相比,运河杭州段的地理构造尤为复杂。如钱塘江北岸与南岸之间的海拔落差有二三米,为维护航道水位,在杭州段运河修筑堰埭,防止航段泄水便成了当务之急。

以拓宽江南运河为断限,隋代,杭州段运河的重点整治航段逐步转向了浙西。史称:"敕穿江南河,自京口至余杭,八百余里,广十余丈,使可通龙舟,并置驿宫、草顿,欲东巡会稽。"[1]此语似表明江南运河为隋炀帝所开,其实不然,早在秦始皇东巡会稽之时,从太湖平原到嘉兴再到杭州的浙西运河已经贯通。浙西运河有广义和狭义之分:广义的浙西运河是指从镇江到杭州的江南运河;狭义的浙西运河是指在浙江境内的杭州以北的运河,是一条与浙东运河相对应的运河。

元俞希鲁注"漕渠水,自江口至南水门九里,又南至吕城堰百二十四里。秦凿丹徒、曲阿,齐通吴会,隋穿使广"一语时写道:"隋大业六年,敕穿江南河,自江口至余杭八百余里,广十余丈,使可通龙舟。按:旧志引唐孙处元所撰《图经》云:'云阳西城有水道,至东城而止。'《建康实录》:'吴大帝赤乌八年,使校尉陈勋作屯田,发屯兵三万凿句容中道,至云阳西城,以通吴会船舰,号破冈渎,上下一十四埭。上七埭,入延陵界;下七埭,入江宁界。于是东郡船舰不复行京江矣。晋、宋、齐因之。梁以太子名纲,乃废破冈渎而开上容渎,在句容县东南五里顶上分流:一源东南流三十里十六埭,入延陵界;一源西南流二十六里五埭,注句容界,西流入秦淮。至陈霸先,又湮上容渎,而更修破冈渎。隋既平陈,诏并废之。'则知六朝都建康,吴会漕输,自云阳西城水道径至都下。故梁朝四时遣公卿行陵,乘舴艋自方山至云阳。盖隋大业中,炀帝幸江都,欲遂东游会稽,始自京口开河至余杭,此说不然。京口有渠,肇自始皇,非始于隋也。盖六朝漕输,由京口泛江以达金陵,则有风涛之险,故开云阳之渎以达句容,而京口固未尝无漕渠也。详味《实录》,所谓'东郡船舰不复行京江'之语可见。《舆地志》:'晋元帝子裒镇广陵,运粮出京口,为水湄奏请于丁卯港立埭。'又《齐志》:'丹徒水道,入通吴会。'皆六朝时事,尤为明验。是则炀帝初非创置,不过开使宽广耳。及观《京口诗集》,宋乾道庚寅,郡守蔡洸浚漕渠成,郡人顾致尧作诗记之,有曰:'两冈相望山壁立,地形脊高势巨潴。练湖寸板虽得尺,废亭泄去如尾闾。自从秦凿兴赭徒,大业广此事遨娱。岁久不治成症瘕,下视一线皆泥涂。'观此,则渠始于秦明矣。"[2]所谓隋炀帝开挖江南运河,是指隋炀帝拓宽了江南运河的航道。江南运河的基础是春秋时的吴国运河及隋以前历代开挖或兴修的运河,从这样的角度看,隋代的江南运河是在前人的基础上拓宽而来的运河。

江南运河的航道拓宽后,增强了杭州与外界的联系,提高了商贸往来的能力,为杭州的发展提供了新的机遇具体表现在四个方面:一是在航海业发达之前,杭州对外联系的主要方

---

[1] 宋·司马光《资治通鉴·隋纪五》(附考异)(邬国义校点),上海:上海古籍出版社1997年版,第1642页。

[2] 元·俞希鲁《至顺镇江志》(杨积庆等校点),南京:江苏古籍出版社1990年版,第279—280页。

向是浙西;二是绍兴、宁波等浙东地区是杭州的腹地,这些地区在与外界交往时需要沿浙东运河西行,经杭州中转后才能对外发生联系;三是唐代以前,绍兴以东的浙东地区开发程度较低,再加上海上贸易受到限制,浙东地区对外的经贸活动必须向西发展;四是南宋以后,明州成为对外通商的港口城市,在对外贸易中,需要以杭嘉湖平原、太湖平原及更远的地区为腹地。

堰埭建设是修整杭州段运河的重要方面。如隋代以前,修建在杭州段运河的堰埭主要有章埭、郭凤埭、柳浦埭等。史称:"更以顾众督护吴晋陵军,屯兵章埭。吴兴太守虞潭率所领讨健,……潭还保吴兴,众退守钱唐。"①又称:"世祖大明七年大旱,瓜渎不复通船,县官刘僧秀愍其穷老,下渎水与之。原平曰:'普天大旱,百姓俱困,岂可减溉田之水,以通运瓜之船。'乃步从他道往钱唐货卖。每行来,见人牵埭未过,辄迅楫助之;己自引船,不假旁力。若自船已渡,后人未及,常停住须待,以此为常。尝于县南郭凤埭助人引船,遇有相斗者,为吏所录,闻者逃散,唯原平独住。"②顾祖禹记载柳浦道:"六朝时谓之柳浦埭。刘宋泰始二年遣吴喜击孔觊等于会稽,喜自柳浦渡,取西陵,击斩庚业。"③此外,杭州又有清河堰、里沙河堰等。如吴自牧记载道:"清河堰在余杭门外税务东。里沙河堰在余杭门外仁和桥东。"④

修建在从萧山到绍兴段运河的堰埭有西陵埭、回踵埭、奉公埭、都赐埭等,从绍兴东到明州的堰埭有曹娥埭、浦阳北津埭、浦阳南津埭等。堰埭既可以是运河航道上的拦河坝,也可以是陂塘的堤坝。明人叙述分布在绍兴府各县的堰时写道:"各邑堰甚多,不可胜载,大率用以蓄水。"⑤这里所说的堰是指陂塘的堤坝,因此以蓄水为主。与宋代以前的堰埭不同,宋代以前的堰埭除了具有蓄水的功能外,还有调节航道水位的功能。

综上所述,杭州社会经济进入发展的快车道与隋炀帝拓宽江南运河有密切的关系。甚至可以说,自江南运河拓宽后,加快了商品流通的速度,从而给杭州社会经济的发展插上了翅膀。

---

① 唐·房玄龄等《晋书·王舒传》,北京:中华书局1974年版,第2000页。
② 梁·沈约《宋书·郭原平传》,北京:中华书局1974年版,第2245—2246页。
③ 清·顾祖禹《读史方舆纪要·浙江二》,北京:中华书局2005年版,第4132页。
④ 宋·吴自牧《梦粱录·堰闸渡》,上海:商务印书馆1939年版,第97页。
⑤ 明·萧良干修,张元忭等纂《万历绍兴府志·水利志二》,《四库全书存目丛书·史部》第200册,济南:齐鲁书社1997年版,第654页。

第二章　杭州历史沿革与人口

杭州,初称钱唐或钱塘,又称余杭,有悠久的建县历史。秦始皇东巡会稽时,钱唐县已经建立。秦代,钱唐是会稽郡的属县,会稽郡治所设在吴县(在今江苏苏州)。汉顺帝刘保永建四年(129),"分会稽为吴郡"①即"分会稽立吴郡"②,以此为时间节点,原会稽郡的治所吴县成为吴郡的治所,山阴(在今浙江绍兴)成为新会稽郡的治所。

第一节　杭州历史沿革概述

历史上的吴郡与会稽郡的分界线有两说:一说以浙江(钱塘江)为界,钱塘江以西属吴郡,以东属会稽郡;另一说以钱塘县为界,钱塘县以西属吴郡,以东属会稽郡。其实,在行政区划的沿革中钱塘县兴废多有变化。如王鸣盛指出:"何氏焯曰:'《吴郡图经续记》汉顺帝永建四年分会稽为吴郡,以浙江中流为界,故余杭、富春皆属吴郡。但《前书》有钱唐,灵帝时,朱儁封钱唐侯,而今志无之。按《戴就传》扬州刺史欧阳参收就于钱唐狱,明当时未尝并省,盖阙文也。'愚谓'顺帝永建'云云,乃本志文,何氏不引,而但引《图经续记》朱长文之言,稍嫌无根,钱唐盖于后汉初曾并省,《郡国志》系据顺帝永和,永和以后盖又复置。灵帝之事不足相难,而何氏据之,何氏似不知志据永和者。至戴就见《独行传》,因扬州刺史欧阳参遣部从事薛安案会稽太守成公浮臧罪,收就系狱,及事白,就为后会稽太守刘宠所举。考《循吏传》宠自会稽太守征为将作大匠,转宗正大鸿胪,延熹四年代黄琼为司空。延熹是桓帝号四年,上距永和五年已二十二年,则就在钱唐狱必是永和五年以后复置钱唐县耳。当永和五年前,钱唐固尝并省,故志无之,何云未尝并省而志阙文,恐误。"③

---

① 刘宋·范晔《后汉书·顺帝纪》,北京:中华书局1965年版,第257页。
② 唐·房玄龄等《晋书·地理志下》,北京:中华书局1974年版,第459页。
③ 清·王鸣盛《十七史商榷·〈后汉书〉五》(黄曙辉点校),上海:上海书店出版社2005年版,第231—232页。

王鸣盛不赞成何焯的说法,他认为"钱唐盖于后汉初曾并省"。从参"会稽太守成公浮臧罪,收就系狱,及事白,就为后会稽太守刘宠所举"等语中可见,汉桓帝延熹四年(161)钱唐县是隶属会稽郡的。三国时,东吴末帝孙皓(264—265在位)将吴郡一析为二,建立吴郡和吴兴郡。吴郡的治所继续设在姑苏,吴兴郡的治所设在嘉兴(在今浙江嘉兴)。此时,钱唐县隶属于吴兴郡。史称:"《禹贡》扬州之地。周时为吴国。太伯初置城,在今吴县西北五十里,至阖闾迁都于此。后为越所并,楚灭越而封黄歇于吴。秦置会稽郡二十六县于吴。项羽初起,杀会稽太守殷通,即此也。汉亦为会稽郡。后汉顺帝永建四年,阳羡令周喜、山阴令殷重上书,求分为二郡,遂割浙江以东为会稽,浙江以西为吴郡。孙氏创业,亦肇迹于此。历晋至陈不改,常为吴郡,与吴兴、丹阳号为'三吴'。隋开皇九年平陈,改为苏州,因姑苏山为名。"①郦道元指出:"永建中,阳羡周嘉上书,以县远赴会至难,求得分置,遂以浙江西为吴,以东为会稽。汉高帝十二年,一吴也,后分为三,世号三吴,吴兴、吴郡、会稽其一焉。"②在会稽郡一分为二及一分为三的历史进程中,钱唐先是吴郡在浙西的边县,后是吴兴郡在浙西的边县。

晋室南渡后,山阴成为东晋的重镇。东晋的政治中心在建康(在今江苏南京),大批的士人居住山阴,加强了山阴与政治中心建康的联系。这一时期,北方先进的农业生产技术传入江南后,为两浙(浙西与浙东)的开发及钱唐经济的提升奠定了基础。这一时期,由于钱唐县与浙东地区隔钱塘江相望,因此成为浙东联系政治中心的水上通道。

隋文帝平陈的前夜即陈后主祯明(587—589)中,钱唐县升格为钱塘郡。稍后,隋朝废郡为州,从此钱塘郡有了"杭州"这一新的称谓。史称:"汉属会稽,《吴志》注云:'西部都尉理所。'陈祯明中置钱塘郡,隋平陈,废郡为州。"③又称:"杭州(今理钱塘县)。春秋越国之西境,(越国西北至语儿,在今吴郡嘉兴县南,与吴分界。)后属楚。(按:周显王四十六年,楚威王伐越,破之,杀其王无疆,尽取其地,至于浙江之北。)秦汉并属会稽郡。后汉顺帝以后属吴郡。晋属吴兴、吴二郡地。宋、齐、梁因之。陈以为钱塘郡。隋平陈,置杭州;炀帝初州废,置余杭郡。大唐为杭州,或为余杭郡。"④语儿,语儿乡的省称,又称就李。史称:"语儿乡,故越界,名曰就李。吴疆越地以为战地,至于柴辟亭。"⑤唐王朝建立后,继续沿用旧名,不久,又改称余杭郡。然而,不论是改钱塘郡为杭州,还是改杭州为余杭郡,钱唐县的建制依然存在,并一直是州治或郡治。

---

① 唐·李吉甫《元和郡县图志·江南道一》(贺次君点校),北京:中华书局1983年版,第600页。
② 北魏·郦道元《水经注·浙江水》,杨守敬、熊会贞疏,段熙仲点校,陈桥驿复校《水经注疏》下册,南京:江苏古籍出版社1989年版,第3322—3323页。
③ 同①,第602页。
④ 唐·杜佑《通典·州郡十二》,杭州:浙江古籍出版社1988年版,第966页。
⑤ 汉·袁康《越绝书·越绝外传》,《四库全书》第463册,上海:上海古籍出版社1987年版,第108页。

隋唐两代,杭州的城市竞争力得到大幅度的提升。从历时的角度看,隋炀帝拓宽江南运河既加强了杭州与浙西及江淮以远的联系,同时也改善了杭州的生态环境。在这中间,有五个方面值得注意。

其一,杭州户籍人口进入了高速增长期。隋代,杭州有"户一万五千三百八十"①。从表面上看,户籍人口不多,然而,如果作一横向比较,可知这一数字已超过全国大多数州郡级行政区划的户籍,甚至可以与相邻的经济发达的苏州吴郡、越州会稽郡的户籍人口数相匹敌。当时,苏州"户一万八千三百七十七"越州"户二万二百七十一"②。此后,经过一百年左右的社会稳定发展期,到唐玄宗开元年间(713—741),杭州的户籍人口已达"八万四千二百五十二"③。唐代,杭州人口的迅速增长明显地超过与之相邻的苏州吴郡、湖州吴兴郡、越州会稽郡等。④ 户籍增长是衡量一个地区经济发展和繁荣的重要指标,同时也是城市发展和建设的基础。

其二,杭州的发展是在江南经济走到全国前列的背景下实现的。杭州地处三吴地区(苏州吴郡、湖州吴兴郡、越州会稽郡)的腹部,三吴境内河流湖泊纵横,有较为一致的地理环境和气候条件。在历史的进程中,共同的生活习惯和方式不但造就了共同的人文环境,而且以水上交通为纽带形成了关系紧密的政治、经济、文化等方面的联合体。作为吴地及浙西通往浙东、浙东通往浙西及吴地的咽喉,杭州不但在经贸往来中占有得天独厚的地理位置,而且是具有军事价值的战略要地:如治所在山阴的越州会稽郡对浙西德清县生产的各类瓷器有很大的需求量,德清瓷器运往越州时必须经杭州中转;又如浙东盛产海盐,苏州吴郡及湖州吴兴郡需用的海盐须经杭州中转。更重要的是,伴随海上贸易的兴起,从浙东明州(在今浙江宁波)上岸的各类商品运往三吴及三吴以远的地区时,杭州是必经之地。进而言之,自江南及浙东经济在全国占有特殊的份额后,处在浙西运河与浙东运河节点上的杭州,以其通江达海的能力逐步确立了区域政治及经济中心的地位,从而出现了"川泽沃衍,有海陆之饶,珍异所聚,故商贾并凑"⑤的局面。杭州是浙东、浙西及江南从事海上贸易的重要门户,同时也是联系三吴的中介城市。唐代十分重视经营江浙,先后设置了浙西节度使(在今江苏镇江)和浙东节度使(在今浙江绍兴)。杭州处在两个节度府之间,是浙东通往浙西的战略要地。

---

① 唐·魏徵等《隋书·地理志下》,北京:中华书局1973年版,第878页。

② 同①,第877—878页。

③ 唐·李吉甫《元和郡县图志·江南道一》(贺次君点校),北京:中华书局1983年版,第602页。

④ "苏州吴郡,……户七万六千四百二十一,口六十三万二千六百五十。……湖州吴兴郡,……户七万三千三百六,口四十七万七千六百九十八。……杭州余杭郡,……户八万六千二百五十八,口五十八万五千九百六十三。……越州会稽郡,……户九万七十九,口五十二万九千五百八十九。"(宋·欧阳修等《新唐书·地理志五》,北京:中华书局1975年版,第1058—1061页)

⑤ 同①,第887页。

此外,杭州与三吴地区特殊的经贸关系及其在海上贸易中的特殊地位为其成为东南名城夯实了基础。

其三,在改进农业技术的过程中,浙东成为以浙米为主的重要产粮区。唐代名臣韩愈指出:"当今赋出于天下,江南居十九。"①唐代诗人杜甫吟唱道:"商胡离别下扬州,忆上西陵故驿楼。为问浙东米贵贱,老夫乘兴欲东游。"②宋代朱熹写道:"又闻浙米来者颇多,市价顿减,邦人甚喜,而识远者虑其将不复来,此一道安危之大机也。"③浙米行销各地,成为唐王朝平易粮价的重要筹码。浙米除了具有平易粮价和稳定物价的功能外,还有赈灾的功能。如唐宪宗元和元年(806),陇右经略使、秦州经略使、秦州刺史刘澭出任保义军节度使时,为救荒"赈浙东米十万石"④。通过赈灾,起到稳定社会秩序的作用。

浙米深受唐代统治者的重视,原因有三个:一是浙米支撑起了唐代粮食市场的大半壁江山,为稳定社会秩序、促进经济繁荣做出了不可磨灭的贡献;二是浙米品质优良,深受社会各个阶层的欢迎;三是浙米可以加强城池建设。如唐代兵部尚书娄师德出使并州(在今山西太原)时,在并州驿站吃到"白而细"⑤的浙米。以此联系刘澭以浙东米赈灾的情况,可知浙米通过漕运,早在唐代已销往晋、陕、甘等北方地区。清包世臣叙述浙米的用途时写道:"凡作砖法:长尺四寸,润七寸,厚三寸五分。用浙米水煮沸,和泥日下模而阴干之。断性烧青必煮。凡筑,错砌下土,按层三砖而一筑,以糯米薄粥杂和之,外板差以匀,使砖与土牵互如一,则尽善矣。宁小毋大,宁卑毋峻。以高城之力,浚深广池有余而功倍之,莫要于此矣。"⑥冷兵器时代,城池建设是防止叛乱、维护社会治安不可或缺的部分。在长期的社会实践中,人们发现用浙米汤和泥后制作的城砖比其他城砖更为坚固,因此成为修筑城池时重要选择。南宋范成大在《口数粥行》一诗中写道:"家家腊月二十五,浙米如珠和豆煮;大杓轑铛分口数,疫鬼闻香走无处。镂姜屑桂浇蔗糖,滑甘无比胜黄粱。全家团栾罢晚饭,在远行人亦留分。襁中孩子强教尝,余波遍沾获与臧。新元叶气调玉烛,天行已过来万福;物无疵疠年谷熟,长向腊残分豆粥。"⑦浙东是浙米的重要产区,浙东大米要运往全国及北方各地,杭州是漕运北上的必经之路。

其四,隋炀帝拓宽江南运河以后,杭州出现了迅速地崛起的态势。杭州经济指标的快速

---

① 唐·韩愈《送陆歙州诗序》,马其昶校注《韩昌黎文集校注》,上海:上海古籍出版社1986年版,第231页。
② 唐·杜甫《解闷十二首》,中华书局《全唐诗》,北京:中华书局1960年版,第2517页。
③ 宋·朱熹《朱子全书·与赵帅书》第二十一册,上海:上海古籍出版社;合肥:安徽教育出版社2002年版,第1190页。
④ 后晋·刘昫等《旧唐书·顺宗宪宗纪上》,北京:中华书局1975年版,第417页。
⑤ 唐·张鷟《朝野佥载·娄师德》,《四库全书》第1035册,上海:上海古籍出版社1987年版,第266页。
⑥ 清·包世臣《齐民四术·兵二》(潘竟翰点校),北京:中华书局2001年版,第343页。
⑦ 宋·范成大《口数粥行》,《范石湖集》(富寿荪标校),上海:上海古籍出版社1981年版,第411页。

增长,发生在中唐以后。在商品经济刺激下,在福建、广东地区的海上贸易中,杭州人口呈现出大幅度上升的势态。杜牧指出:"今天下以江淮为国命,杭州户十万,税钱五十万。刺史之重,可以杀生,而有厚禄,朝廷多用名曹正郎有名望而老于为政者而为之,某今官为外郎,是官位未至也。"①罗隐亦指出:"东眄巨浸,辖闽粤之舟橹。北倚郭邑,通商旅之宝货。"②杭州崛起于东南,与人口快速增长及税收大幅度地提高等多种因素相关,其中,海上通道与运河的连接是加强杭州与外界经济交往的重要原因。晚唐是杭州社会经济的大发展期。当北方陷入拉锯似的战争而处于胶着状态时,钱镠拥兵自重,乘机占领了江南地区。在这中间,因杭州远离战场,所以进入了和平发展期。具体地讲,后梁龙德三年(923),钱镠接受朱温的册封,以杭州为都,建立了吴越国。钱镠割据江南以后,把杭州放到了优先发展的位置上。南宋王明清指出:"杭州在唐,繁雄不及姑苏、会稽三郡,因钱氏建图始盛。"③其实,早在中唐时期,杭州已出现了后来者居上的态势。当北方因战争及藩镇割据使社会经济处于严重倒退的关口时,杭州不但没有出现倒退,相反,因有相对稳定的和平环境让社会经济出现了迅速发展的势头。钱镠为杭州社会经济的发展做出了巨大的贡献。具体地讲,杭州社会经济的发展与钱镠修筑捍海石塘、疏浚西湖、发展农商、扩建杭州城等息息相关。在这四件大事中,除了扩建杭州外,其他的三件事均与运河相关。具体地讲,一是修筑捍海石塘,有效地解除了江潮给杭州带来的巨大威胁。塘,是堤岸的俗称,与池塘没有关系。《庄子·达生》:"被发行歌而游于塘下。"成玄英疏:"塘,岸也。既安于水,故散发而行歌,自得逍遥,遨游岸下。"④三国时魏国张揖《埤仓》:"长沙谓堤为塘。"⑤晋左思《吴都赋》有"横塘查下,邑屋隆夸"一语,李善注:"横塘在淮水南,近家渚,缘江筑长堤,谓之横塘。"⑥史称:"浙江通大海,日受两潮。梁开平中,钱武肃王始筑捍海塘,在候潮门外。……堤岸既固,民居乃奠。"⑦捍海石塘在加固江堤的同时,还起到了提高钱塘江通航能力的作用。王渔洋引《十国春秋·契盈传》:"契盈性尤敏速,一日侍忠懿王游碧波亭,时潮水初满,舟楫辐凑,望之不见其首尾,王喜曰:吴越国去京师三千里,谁知一水之利如此邪!契盈答曰:可谓'三千里外一条水,十二时中两度潮。'"⑧钱塘江与运河拧结在一起构成了新的水上交通运输网络,拓展了杭州商贸活

---

① 唐·杜牧《上宰相求杭州启》,《杜牧全集》(陈允吉点校),上海:上海古籍出版社1997年版,第158页。
② 唐·罗隐《杭州罗城记》,《四库全书》第1084册,上海:上海古籍出版社1987年版,第252页。
③ 宋·王明清《玉照新志·投辖录》卷五,上海:上海书店1990年版,第8页。
④ 清·郭庆藩《庄子集释·达生》(王孝鱼点校),北京:中华书局2004年版,第656页。
⑤ 三国魏·张揖《埤仓》,清·黄奭辑《黄氏逸书考》第36册,扬州:江苏广陵古籍刻印社1984年据道光甘泉黄氏原版及民国江都朱氏补刊本重印,第16页。
⑥ 梁·萧统《文选》上册,上海:商务印书馆1936年版,第103页。
⑦ 元·脱脱等《宋史·河渠志七》,北京:中华书局1985年版,第2396页。
⑧ 清·王士禛《五代诗话》(郑方坤删补)(戴鸿森校点),北京:人民文学出版社1989年版,第325页。

动的空间。二是治理西湖。通过改善西湖的生态环境,提高了农田灌溉的水平,为发展农业奠定了基础。与此同时,西湖为杭州城里的运河提供了丰富的水源,保证了运河航道的畅通。三是商贸是吴越国增强国力的重要手段。在历史的进程中,杭州城内外建立了较为完善的运河交通运输网络。因为水运成本远远地低于陆运,所以运河成为杭州对外经济交往的重要载体。可以说,吴越国及杭州的经济繁荣与运河交通有莫大的关系。

其五,杭州成为东南名城与文人的宣传密不可分。唐代,负有文名的朝臣驻足杭州,提高了杭州的知名度。唐代文人李华描述杭州繁荣的景象时写道:"杭州东南名郡。后汉分会稽为吴郡,钱塘属。隋平陈,置此州,咽喉吴越,势雄江海。国家阜成兆人,户口日益。增领九县,所临莅者,多当时名公。宋丞相、刘仆射、崔尚书之讦谟大政,其间刘尚书、裴给事之盛德远业,魏左丞、苏吏部之公望遗爱在人,韦太原、崔河南、刘右丞、侯中丞节制方隅。有事以来,承制权假以相国元公。旬朔之间,生人受赐,由是望甲余州,名士良将,递临此部。况郊海门,池浙江,三山动摇于掌端,灵涛喷激于城下,水牵卉服,陆控山夷,骈墙二十里,开肆三万室。"①这些名臣为杭州建设做出了巨大的贡献。

名臣雅士刻石碑及吟咏诗歌提高了杭州的知名度。如白居易建永福寺《法华经》石壁时曾专门邀请全国著名的文臣及名士为之捐钱修建。元稹记载道:"永福寺,一名孤山寺,在杭州钱塘湖心孤山上。石壁《法华经》,在寺之某所。始以元和十二年严休复为刺史时,惠皎萌厥心,卒以长庆四年白居易为刺史时,成厥事。上下其石,六尺有五寸;短长其石,五十七尺有六寸。座周于下,盖周于上。堂周於石,砌周於堂。凡买工凿经六万九千二百有五十,钱十经之数。经既讫,又立二石为二碑。其一碑,凡输钱于经者,由十而上皆得名于碑。其输钱之贵者,若杭州刺史、吏部郎中严休复,中书舍人、杭州刺史白居易,刑部郎中、湖州刺史崔玄亮,刑部郎中、睦州刺史韦文恪,处州刺史韦行立,衢州刺史张聿,御史中丞、苏州刺史李谅,御史大夫、越州刺史元稹,右司郎中、处州刺史陈岵。九刺史之外,搢绅之由杭者,若宣慰使、库部郎中、知制诰贾悚以降,鲜不附于经石之列。必以输钱先后为次第,不以贵贱老幼多少为先后。其一碑,僧之徒思得声名人文其事以自广。"②一座小小的西湖永福寺石壁上竟同时有九个刺史留名,这一举动在客观上起到了提高杭州知名度、扩大杭州对外影响力的作用。安史之乱后,北方士民大量地涌入浙西和浙东,在一定程度上提高了杭州的教育水平和文化水平,从而为杭州出现"骈墙二十里,开肆三万室"的盛况奠定了基础。

宋太祖赵匡胤夺取后周政权之前,中原及北方各地的战火不断。然而,钱镠控制下的吴越国却因远离战火,迎来了近百年的和平发展。此后,太平兴国三年(978),宋太宗赵炅以武

---

① 唐·李华《杭州刺史厅壁记》,清·董诰等《全唐文》第四册,北京:中华书局1983年版,第3206页。
② 唐·元稹《永福寺石壁法华经记》,杨军《元稹集编年笺注》(散文卷),西安:三秦出版社2008年版,第917—918页。

力为后盾用和平的方式将吴越国并入版图①,杭州再次免遭战火。可以说,正是在这样的基础上,杭州才迎来了商贸发展的黄金期。

第二节　杭州社会经济与人口增大

宋代,杭州的社会经济得到进一步的发展,呈现出一派欣欣向荣的景象。具体地讲,有四个方面的原因。

其一,在唐代刺史李泌的治理下,制约杭州发展的瓶颈——饮水问题得到了根本性的解决。杭州濒江临海,地下水与江海相通,因此无法饮用。李泌上任后用管道引水质甘甜的西湖水入城,将其贮存到事先挖好的巨井即蓄水池中,从而彻底解决了城市居民吃水的大问题。苏轼指出:"杭之为州,本江海故地,水泉咸苦,居民零落,自唐李泌始引湖水作六井,然后民足于水,井邑日富,百万生聚待此而后食。今湖狭水浅,六井渐坏,若二十年之后尽为葑田,则举城之人复饮咸苦,其势必自耗散。"②湖水入城不仅解决了城市居民饮水困难的问题,而且为杭州的商贸发展提供了良好的外部环境。

其二,唐末天下大乱,战争导致百姓流离失所,社会经济大倒退。耐人寻味的是,在这场全国性的灾难中,因钱镠拥兵自重,杭州不但奇迹般地避开了战火,而且在稳定中使经济得到了迅速的发展。针对这一情况,欧阳修论述道:"若乃四方之所聚,百货之所交,物盛人众,为一都会,而又能兼有山水之美,以资富贵之娱者,惟金陵、钱塘,然二邦皆僭窃于乱世。及圣宋受命,海内为一,金陵以后服见诛,今其江山虽在,而颓垣废址,荒烟野草,过而览者莫不为之踌躇而凄怆。独钱塘自五代时,知尊中国,效臣顺,及其亡也,顿首请命,不烦干戈,今其民幸富完安乐。又其俗习(一作习俗)工巧,邑屋华丽,盖十余万家。环以湖山,左右映带。而闽商海贾,风帆浪舶,出入于江涛浩渺烟云杳霭之间,可谓盛矣。而临是邦者,必皆朝廷公卿大臣,若天子之侍从,又有四方游士为之宾客,故喜占形胜,治亭(一作台)榭,相与极游览之娱。"③北宋王朝以和平的方式将杭州纳入版图后,免受战火煎熬的杭州势必要在社会经济发展中占尽先机。

其三,两宋时期,无论是北方沦陷还是宋人迁都杭州,杭州始终远离战火,并且是宋代重要的对外贸易港口。如宋太祖开宝四年(971),杭州建立了市舶司。市舶司的建立为杭州发

---

① 钱镠吴越国的版图包括今浙江省的全部、江苏省的苏州、福建省的福州等。
② 宋·苏轼《杭州乞度牒开西湖状》,曾枣庄、舒大刚主编《三苏全书·苏轼文集》第12册,北京:语文出版社2001年版,第66页。
③ 宋·欧阳修《有美堂记》,欧阳永叔《欧阳修全集》北京:中国书店1986年版,第280—281页。

展海外贸易插上了翅膀。

其四,两宋时期,杭州人口呈现出大幅度增长的态势。宋代是人口大增长期。如宋徽宗赵佶大观四年(1110),"天下有户二千八十八万二千二百五十八,口四千六百七十三万四千七百八十四"①。宋徽宗崇宁年间(1102—1106),杭州"户二十万三千五百七十四,口二十九万六千六百一十五"②。这一统计数字明显有误,然而,即便是这一数字也远远地超过了唐代的户籍数。史称:"隋、唐疆理虽广,而户口皆有所不及。迨宣和四年,又置燕山府及云中府路,天下分路二十六,京府四,府三十,州二百五十四,监六十三,县一千二百三十四,可谓极盛矣。"③那么,从隋唐到南宋,杭州究竟有多少人口?吴自牧统计道:"杭城今为都会之地,人烟稠密,户口浩繁,与他州外郡不同,姑以自隋、唐朝考之。隋户一万五千三百八十。唐正观中,户三万五千七十一,口一十五万三千七百二十九。唐开元,户八万六千二百五十八。宋朝《太平寰宇记》钱塘户数,主六万一千六百八,客八千八百五十七。《九域志》户,主一十六万四千二百九十三,客三万八千五百二十三。《中兴两朝国史》该户二十万五千三百六十九。《乾道志》户二十六万一千六百九十二,口五十五万二千六百七十。《淳祐志》主客户三十八万一千三十五,口七十六万七千七百三十九。《咸淳志》九县共主客户三十九万一千二百五十九,口一百二十四万七百六十。钱塘仁和两赤县《乾道志》主客户该十万四千六百六十九,口该一十四万五千八百八。《淳祐志》户该十一万一千三百三十六,口三十二万四百八十九。《咸淳志》两赤县城,主客户一十八万六千三百三十,口四十三万二千四十六。自今而往,则岁润月长,殆未易以算数也。"④宋代王溥论唐代根据州县人口定等时指出:"《武德令》,三万户已上为上州。《永徽令》,二万户已上为上州。至显庆元年九月十二日敕:'户满三万已上为上州,二万已上为中州,先已定为上州、中州者,仍旧。'至开元十八年三月十七日敕:'太平时久,户口日殷。宜以四万户已上为上州,二万五千户为中州,不满二万户为下州。其六雄、十望州、三辅等,及别敕同上州都督、及畿内州并同上州。缘边州三万户已上为上州,二万户已上为中州。其亲王任中州、下州刺史者,亦为上州,王去任后,仍旧。'"⑤按照这一说法,早在唐代,杭州已是上州。时至南宋,外来人口涌入杭州,杭州人口已超过了百万(关于这一情况,耐得翁《都城纪胜》、吴自牧《梦粱录》等有充分的记载,这里不再赘述)。周密记载道:"余向在京幕,闻吏魁云:'杭城除有米之家,仰籴而食凡十六七万人,人以二升计

---

① 元·脱脱等《宋史·地理志一》,北京:中华书局1985年版,第2095页。
② 元·脱脱等《宋史·地理志四》,北京:中华书局1985年版,第2174页。
③ 同①。
④ 宋·吴自牧《梦粱录·户口》,上海:商务印书馆1939年版,第159—160页。
⑤ 宋·王溥《唐会要·量户口定州县等第例》第三册,北京:中华书局1955年版,第1231页。

之,非三四千石不可以支一日之用,而南北外二厢不与焉,客旅之往来又不与焉。'"①这一数字大体上道出了杭州每天粮食消费的实情,从另一个层面看,除粮食消费外,还有其他的必需的日常开支,如果再考虑到必需品以外的开支情况,如奢侈品消费、文化消费、居住建房等,那么,杭州消费的总量及城市的规模等伴随着人口的增长也在扩大之中。

从隋唐到两宋,杭州城市规模的扩大既有其自身的特点和原因,同时也是在江南社会经济水平全面提升的背景下实现的。

---

① 宋·周密《癸辛杂识·杭城食米》,《四库全书》第1040册,上海:上海古籍出版社1987年版,第71页。

第三章　唐宋时期杭州运河的整治

杭州社会经济走向繁荣是在完善运河交通体系的过程中实现的。唐代，杭州运河建设的成果集中在开河和治理西湖等两个方面，前者有李珣、宋璟、崔彦曾开沙河之说，后者有白居易兴修西湖水利工程之说。宋代继续兴修运河，或疏浚西湖，或开新运河，在这中间，苏轼做出了杰出的贡献。

第一节　唐代开沙河与疏浚西湖

杭州开挖沙河共有两次，第一次发生在唐中宗李显景龙四年（710），第二次发生在唐懿宗李漼咸通二年（861）。田汝成指出："潘同《浙江论》云：'胥山西北，旧皆凿石以为栈道，唐景龙四年，沙岸北涨，地渐平坦，桑麻植焉。州司马李珣始开沙河，胥山者，今吴山也，而俗讹为青山。其时沙河去胥山未甚远。'"① 田汝成明确地交代了李珣是沙河的最早开挖者。对此，郎瑛有不同的看法："唐中宗景龙四年，沙方渐涨，地方平坦，而州之司马，始开沙河。考其时，乃宋璟也。"② 神龙二年（706）至景龙四年，宋璟出任杭州刺史，是杭州的最高行政长官。司马是刺史的佐官，负责军事。据此，宋璟开沙河可能更符合实际情况。进而言之，最早开挖沙河的是宋璟，而不是李珣。

沙河除了具有导水泄潮和护城等功能外，还与浙西运河、浙东运河相连，从而拉近了杭州与运河的距离。此前，受靠山近水等地理条件的限制，杭州在向外拓展的过程中只能向西发展。南宋王明清论述杭州的地理形势时指出："北有常润，下连大江，浙西观察使治所在京口，盖相距数百里形势也。其东沧溟，虽海山际天，风涛豪壮，然海门中流至浅狭，不可浮大

---

① 明·田汝成《西湖游览志余·委巷丛谈》（中华书局上海编辑所编辑），北京：中华书局1958年版，第374页。
② 明·郎瑛《七修类稿·杭地考》（中华书局上海编辑所编辑），北京：中华书局1959年版，第65页。

舟,匪夷狄能窥。其南则浙江以限吴越。惟州西境无大山长川,虚怯可虞。"①由于杭州在行政区划上隶属润州(在今江苏镇江),再加上杭州以西为平原地区,因此城市向西发展是必然的。然而,沙河开挖后,形势变化了变化。伴随着钱塘江的泥沙不断地向东南淤积以及淤积泥沙不断地将河道变成平陆,杭州遂有了打破地理上的限制,向东南方向拓展的可能。

从盛唐到中唐,从中唐到晚唐,再到五代十国,在这二百多年的时间里,沙河两岸凭借商品及货物集散方面的优势逐步发展为航运码头和因之兴起的商业街区。在这中间,伴随着沙河成为航运码头和商业街区,伴随着城区向东南扩展,钱塘江潮再次成为杭州的威胁。

为了彻底地解除江潮的威胁,杭州刺史崔彦曾在修筑沙河大堤的同时,专门开挖了泄水通道以及新运河航道。史称:"南五里有沙河塘,咸通二年,刺史崔彦曾开。"②潜说友指出:"在钱塘县旧治之南五里,潮水冲击钱塘江岸,奔逸入城,势莫能御。咸通三年,刺史崔彦曾开三沙河以决之。曰外沙、中沙、里沙。"③为了防止海潮"冲击钱塘江岸,奔逸入城",崔彦曾采取了加固沙河堤岸和开挖新河的措施。这一举措,既为吴越王钱镠向东南扩建杭州城提供了先决条件,同时也为沙河两岸以运河码头仓库为依托,建成繁华一时的商业街区奠定了坚实的基础。宋代诗人苏轼写道:"沙河灯火照山红,歌鼓喧喧笑语中。为问少年心事在否?角巾欹侧鬓如蓬。"④自沙河成为繁忙的运河码头后,北宋时期的沙河已成为繁华的商业街区和市民游乐的场所。明代田汝成记录道:"沙河,宋时居民甚盛,碧瓦红檐,歌管不绝,官长往往游焉。"⑤沙河两岸兴盛的历史从一个侧面反映了杭州依托运河而兴盛的历史。

在崔彦曾开沙河之前,时任杭州刺史的白居易兴修了钱塘湖(西湖,又称上湖)水利工程。这一工程实施后,不但解决了农田灌溉用水等方面的问题,还为杭州段的运河提供了新的水源,进而提高了运河杭州段的航运能力。具体地讲,唐穆宗李恒长庆四年(824),白居易揭开了治理西湖的序幕。在充分调查研究的基础上,白居易指出:"钱唐湖一名上湖,周回三十里。北有石函,南有笕。凡放水溉田:每减一寸,可溉十五余顷。每一复时,可溉五十余顷。先须别选公勤军吏二人:立于田次,与本所由田户据顷亩,定日时,量尺寸,节限而放之。若岁旱,百姓请水,须令经州陈状,刺史自便押帖,所由即日与水;若待状入司,符下县,县帖乡,乡差所由,动经旬日,虽得水,而旱田苗无所及也。大抵此州春多雨,夏秋多旱,若堤防如

---

① 宋·王明清《玉照新志·投辖录》卷五,上海:上海书店 1990 年版,第 8 页。
② 宋·欧阳修等《新唐书·地理志五》,北京:中华书局 1975 年版,第 1059 页。
③ 宋·潜说友《咸淳临安志·山川十七》,《四库全书》第 490 册,上海:上海古籍出版社 1987 年版,第 416 页。
④ 宋·苏轼《望海楼晚景》,清·冯应榴辑注《苏轼诗集合注》(黄任轲,朱怀春校点),上海:上海古籍出版社 2001 年版,第 345 页。
⑤ 明·田汝成《西湖游览志徐·委巷丛谈》(中华书局上海编辑所编辑),北京:中华书局 1958 年版,第 375 页。

法,蓄泄及时,即濒湖千余顷田,无凶年矣。自钱唐至盐官界,应溉夹官河田,须放湖入河,从河入田,准盐铁使旧法,又须先量河水浅深,待溉田毕,却还本水尺寸。往往旱甚,即湖水不充。今年修筑湖堤,高加数尺,水亦随加,即不啻足矣。脱或不足,即更决临平湖,添注官河,又有余矣。"①"添注官河",是指将西湖水注入运河。官河是唐代运河的别称。在治理的过程中,白居易发现通过加高湖堤,不但可以扩大西湖的蓄水量,而且还可以解决农田灌溉与运河争水的问题。从表面上看,白居易治理西湖的目的是为了提高农田灌溉的水平,但这一举动在客观上起到了治理杭州运河的作用,收到了"若官河干浅,但放湖水添注,可以立通舟船"②的效果。质言之,白居易通过治理西湖为杭州运河提供了新的水源,从根本上解决了杭州运河常年须保持一定的水位才能通航的大问题。

宋王朝用和平的方式接管了吴越国。这一时期,当全国各地均处于经济恢复阶段时,没有遭受战火的杭州自然而然地迎来了经济大发展的黄金期。从唐代起,杭州开始成为一个名副其实的商贸城市。在发展商贸中,杭州以运河为依托,社会经济得到了迅猛的发展。在这样的背景下,为了提高运河的运输效率、提高其通江达海的能力,修缮杭州及周边运河遂成为当务之急。

第二节　宋代重修杭州运河

宋代,兴修杭州运河主要以杭州为起点,集中力量整修了与之相关的浙西运河、浙东运河、城中运河,同时又修筑了钱塘江堤,疏浚了西湖,兴建了新开运河。

其一,治理浙西运河。浙西运河是在连接天然河流及湖泊的过程中开挖的运河,早在秦始皇东巡会稽山时已初步具备了到达杭州的条件。大业六年(610),隋炀帝在浙西运河的基础上拓宽航道建成江南运河,改善了杭州与江淮及北方联系的航道。清代张廷玉等叙述江南运河各个航段的情况时指出:"江南运河,自杭州北郭务至谢村北,为十二里洋,为塘栖,德清之水入之。逾北陆桥入崇德界,过松老抵高新桥,海盐支河通之。绕崇德城南,转东北,至小高阳桥东,过石门塘,折而东,为王湾。至皂林,水深者及丈。过永新,入秀水界,逾陡门镇,北为分乡铺,稍东为绣塔。北由嘉兴城西转而北,出杉青三闸,至王江泾镇,松江运艘自东来会之。北为平望驿,东通莺脰湖,湖州运艘自西出新兴桥会之。北至松陵驿,由吴江至三里桥,北有震泽,南有黄天荡,水势澎湃,夹浦桥屡建。北经苏州城东鲇鱼口,水由鳌塘入

---

① 唐·白居易《钱唐湖石记》,《白居易集》(顾学颉校点)第4册,北京:中华书局1979年版,第1431—1432页。
② 同①,第1432页。

之。北至枫桥,由射渎经浒墅关,过白鹤铺,长洲、无锡两邑之界也。锡山驿水仅浮瓦砾。过黄埠,至洛社桥,江阴九里河之水通之。西北为常州,漕河旧贯城,入东水门,由西水门出。嘉靖末防倭,改从南城壕。江阴,顺塘河水由城东通丁堰,沙子湖在其西南,宜兴钟溪之水入之。又西,直渎水入之,又西为奔牛、吕城二闸,常、镇界其中,皆有月河以佐节宣,后并废。其南为金坛河,溧阳、高淳之水出焉。丹阳南二十里为陵口,北二十五里为黄泥坝,旧皆置闸。练湖水高漕河数丈,一由三思桥,一由仁智桥,皆入运。北过丹徒镇,有猪婆滩多软沙。丹徒以上运道,视江潮为盈涸。过镇江,出京口闸,闸外沙堵延袤二十丈,可藏舟避风,由此浮于江,与瓜步对。自北郭至京口首尾八百余里,皆平流。历嘉而苏,众水所聚,至常州以西,地渐高仰,水浅易泄,盈涸不恒,时浚时壅,往往兼取孟渎、德胜两河,东浮大江,以达扬、泰。"①这虽然是在描述明清两代江南运河的情况,但同时也道出了从隋唐到两宋江南运河各个航段的基本面貌。

其二,治理浙东运河。浙东运河的治理主要是围绕山阴(在今浙江绍兴)进行的。具体地讲,汉顺帝永和五年(140),会稽郡守马臻修鉴湖(镜湖)揭开了治理浙东运河的序幕。史称:"鉴湖之广,周回三百五十八里,环山三十六源。自汉永和五年,会稽太守马臻始筑塘,溉田九千余顷,至宋初八百年间,民受其利。"②胡渭进一步阐释道:"山阴镜湖,会稽太守马臻作,筑塘周回三百里,疏为二门,其北堤石闼二,阴沟十九,南堤阴沟十四。盖皆古法也,川水暴至,则开高门受水,使水得游荡陂中,以分杀其怒;川平则仍闭以蓄水,遇旱即开下门以溉田。"③鉴湖修建后,既提高了浙东运河的通航能力,同时也使其具有了灌溉农田的能力。从另一个层面看,治理浙东运河始于北宋,与治理浙西运河几乎是同步进行的。宋神宗赵顼熙宁七年(1074年),沈括提出"浙西泾浜浅涸,当浚;浙东堤防川渎堙没,当修"④的建议后,执掌修缮浙西与浙东运河的事务。不过,全面治理浙东运河发生在宋高宗赵构以杭州为国都以后。这一时期,浙东成为南宋的粮食及物资的供应基地。与此同时,明州成为海外贸易的重要城市后,浙东运河开始成为杭州与浙东之间开展海外贸易的重要通道。为了确保运道的畅通无阻,浙东运河成为重点修缮的对象。史称:"绍兴初,高宗次越,以上虞县梁湖堰东运河浅涩,令发六千五百余工,委本县令、佐监督浚治。既而都省言,余姚县境内运河浅涩,坝闸隳坏,阻滞纲运,遂命漕臣发一万七千余卒,自都泗堰至曹娥塔桥,开撩河身、夹塘,诏漕司给钱米。萧山县西兴镇通江两闸,近为江沙壅塞,舟楫不通。乾道三年,守臣言:'募人自

---

① 清·张廷玉等《明史·河渠志四》,北京:中华书局1974年版,第2103—2104页。
② 元·脱脱等《宋史·河渠志七》,北京:中华书局1985年版,第2406页。
③ 清·胡渭《禹贡锥指》(邹逸麟整理),上海:上海古籍出版社2006年版,第650页。
④ 元·脱脱等《宋史·河渠志六》,北京:中华书局1985年版,第2381页。

西兴至大江,疏沙河二十里,并浚闸里运河十三里,通便纲运,民旅皆利。复恐潮水不定,复有填淤,且通江六堰,纲运至多,宜差注指使一人,专以'开撩西兴沙河'系衔,及发挥江兵士五十名,专充开撩沙浦,不得杂役,仍从本府起立营屋居之。'"①又称:"兴隆元年,知绍兴府吴芾乞浚会稽、山阴、诸暨县旧湖,以复水利,及筑萧山县海塘,以限咸潮。从之。又开掘鉴湖。"②孝宗赵昚淳熙九年(1182),"命守臣赵善悉发一万工,修治海盐县常丰闸及八十一堰坝,务令高牢,以固护水势,遇旱可以潴积。"③南宋治理浙东运河的力度远远地超过了北宋,具体地讲,南宋重视浙东运河既与依赖浙东赋税相关,也与明州(在今浙江宁波)成为海外贸易的重要港口有密切的关系。

其三,专门兴修了自余杭门外北新桥北通往苏州、湖州、常州、秀州、润州的新开运河。吴自牧叙述杭州城内外运河情况时指出:"盐桥运河,南自碧波亭州桥,与保安水门里横河合。过望仙桥,直北至梅家桥,出天宗水门;一派自仁和仓后葛家桥天水院桥淳祐仓前出余杭水门水道。……城外运河,南自浙江跨浦桥,北自浑水闸、萧公桥、清水闸、众惠桥、椤木桥、诸家桥转西,由保安闸至保安水门入城。……外沙河,南自行车门北去绕城,东过红亭税务前(务已废圮)螺蛳桥,东至蔡湖桥,与殿司前军寨内河相合,转西过游奕寨前军寨桥,至无星桥坝子桥河相合,入艮山河,沿城入泛洋湖水,转北至德胜桥,与运河相合。……下塘,自河南天宗水门,接沿桥运河余杭水门,接城中小河,清湖河,两河合于北郭税务前,由清湖堰闸至德胜桥,与城东外沙河、菜市河、泛洋湖相合,分为两派,一由东北上塘过东仓新桥,入大运河,至长安闸,入嘉兴路运河;一由西北过德胜桥,上北城堰,过江涨桥、喻家桥、北新桥以北,入安吉州界下塘河。新开运河,在余杭门外北新桥北,通苏、湖、常、秀、润等河。凡诸路纲运及贩米客舟,皆由此达于杭都。"④在这一记载中,有四个方面的内容值得关注:一是杭州城内外有丰富的运河交通网络,主要的有盐桥运河、城外运河、沿桥运河、大运河、新开运河等;二是新开运河指南宋新修的通往苏、湖、常、秀、润等地的运河,其功能与城外运河一致,是杭州对外交通的重要干线;三是运河及河流贯穿于杭州城内外,为杭州成为浮在水上的城市创造了必要的条件;四是盐桥运河贯穿于杭州城,沿岸是著名的商贸街区。潜说友叙述盐桥运河行经的区域时指出:"南自碧波亭、州桥、通江桥、与保安水门里横河,过望仙桥,直北至梅家桥,出天宗水门。一派自仁和仓后、葛家桥、天水院桥,至淳祐仓前出余杭门水

---

① 元·脱脱等《宋史·河渠志七》,北京:中华书局1985年版,第2408页。
② 元·马端临《文献通考·田赋考六》,杭州:浙江古籍出版社1988年版,第70页。
③ 同①,第2415页。
④ 宋·吴自牧《梦粱录·城内外河》,上海:商务印书馆1939年版,第105—106页。

门。"①盐桥运河又称"盐桥河",如田汝成有"宋时湖州一士人,携妻至杭访亲,泊舟盐桥河下"②之说。此外,苏轼任杭州知府时,还兴修了通往盐场的运盐河,如史有"东坡尝雨中督役开汤村运盐河"③之说。

其四,治理杭州城中的茅山运河和盐桥运河。运河是杭州城市发展的血脉,茅山运河与盐桥运河贯穿杭州的南北,在碧波亭附近汇合后,出余杭门(杭州北城门)与浙西、浙东运河连接。茅山、盐桥运河的水源主要来自钱塘江和西湖,如何解决因江潮倒灌带来的航道淤塞及提高航道水位成为治理城中运河的头等大事。如宋室南渡后,为保漕运,疏浚杭州运河成为最重要的事情。史称:"绍兴三年十一月,宰臣奏开修运河浅涩,帝曰:'可发旁郡厢军、壮城、捍江之兵,至于廪给之费,则不当吝。'宰臣朱胜非等曰:'开河非今急务,而馈饷艰难,为害甚大。时方盛寒,役者良苦,临流居人,侵塞河道者,悉当迁避;至于畚闸所经,沙泥所积,当预空其处,则居人及富家以僦屋取赀者皆非便,恐议者以为言。'帝曰:'禹卑宫室而尽力于沟洫,浮言何恤焉!'八年,又命守臣张澄发厢军、壮城兵千人,开浚运河堙塞,以通往来舟楫。'隆兴二年,守臣吴芾言:'城里运河,先已措置北梅家桥、仁和仓、斜桥三所作坝,取西湖六处水口通流灌入。府河积水,至望仙桥以南至都亭驿一带,河道地势,自昔高峻。今欲先于望仙桥城外保安闸两头作坝,却于竹车门河南开掘水道,车戽运水,引入保安门通流入城,遂自望仙桥以南开至都亭驿桥,可以通彻积水,以备缓急。计用工四万。'从之。乾道三年六月,知荆南府王炎言:'临安居民繁夥,河港堙塞,虽屡开导,缘裁减工费,不能迄功。臣尝措置开河钱十万缗,乞候农暇,特诏有司,用此专充开河支费,庶几河渠复通,公私为利。'上俞其请。四年,守臣周淙出公帑钱招集游民,开浚城内外河,疏通淤塞,人以治办称之。"④

其五,为防止江潮带来的泥沙直接涌入运河,进而危及杭州,在疏浚运河及保漕运的过程中,宋代由转运使、发运使牵头,重点修筑了钱塘江堤即海塘。史称:"逮宋大中祥符五年,杭州言浙江击西北岸益坏,稍逼州城,居民危之。即遣使者同知杭州戚纶、转运使陈尧佐画防捍之策。纶等因率兵力,籍梢椔以护其冲。七年,纶等既罢去,发运使李溥、内供奉官卢守勤经度,以为非便。请复用钱氏旧法,实石于竹笼,倚叠为岸,固以桩木,环亘可七里。斩材役工,凡数百万,逾年乃成;而钩末壁立,以捍潮势,虽湍涌数丈,不能为害。至景祐中,以浙江石塘积久不治,人患垫溺,工部郎中张夏出使,因置捍江兵士五指挥,专采石修塘,随损随治,众赖以安。邦人为之立祠,朝廷嘉其功,封宁江侯。及高宗绍兴末,以钱塘石岸毁裂,

---

① 宋·潜说友《咸淳临安志·山川十四》,《四库全书》第490册,上海:上海古籍出版社1987年版,第381页。
② 明·田汝成《西湖游览志余·委巷丛谈》(尹晓宁点校),上海:上海古籍出版社2018年版,第458页。
③ 宋·吴自牧《梦粱录·城内外河》,上海:商务印书1939年版,第106页。
④ 元·脱脱等《宋史·河渠志七》,北京:中华书局1985年版,第2399—2400页。

潮水漂涨,民不安居,令转运司同临安府修筑。孝宗乾道九年,钱塘庙子湾一带石岸,复毁于怒潮。诏令临安府筑填江岸,增砌石塘,淳熙改元,复令有司:'自今江岸冲损,以乾道修治为法。'"①很显然,整修杭州运河离不开修整钱塘江堤。可以说,钱塘江的安定与否直接关系到杭州的安全,同时关系到漕运的安全,进而关系到南宋的安全。

其六,治理西湖。西湖是杭州社会经济走向繁华的支撑点,治理西湖主要有三大作用:一是可以为杭州提供清洁、卫生的饮用水;二是可以为杭州及周边地区的农业发展提供保障;三是可以为杭州运河开辟新的水源。

第三节 两宋疏浚西湖及杭州运河举隅

有宋一代,苏轼曾两次疏浚西湖:第一次发生在宋神宗熙宁六年(1073),是时,苏轼任杭州通判;第二次发生在元祐四年(1089),是时,苏轼任杭州知府。

第一次疏浚西湖时,苏轼写道:"谨按唐长庆中刺史白居易浚治西湖,作《石函记》,其略曰:'自钱塘至盐官界应溉夹河田者,皆放湖入河,自河入田,每减一寸,可溉十五顷,每一伏时,可溉五十顷。若堤防如法,蓄泄及时,则濒河千顷无凶年矣。'用此计之,西湖之水,尚能自运河入田以溉千顷,则运河足用可知也。轼于是时,虽知此利害,而讲求其方,未得要便。今者蒙恩出典此州,自去年七月到任,首见运河干浅,使客出入艰苦万状,谷米薪刍亦缘此暴贵,寻划刷捍江兵士及诸色厢军得千余人,自十月兴工,至今年四月终,开浚茅山、盐桥二河,各十余里,皆有水八尺以上。见今公私舟船通利。"②上承白居易的做法,苏轼疏浚了西湖。西湖疏浚后达到了三个目的:一是增强了西湖的蓄水能力;二是调节了运河水位;三是改善了西湖周边的农业生产条件,进而出现了"西湖之水,尚能自运河入田以溉千顷,则运河足用可知也"的局面。

十六年后,苏轼再次整修西湖。史称:"元祐中,知杭州苏轼奏谓:'杭之为州,本江海故地,水泉咸苦,居民零落。自唐李泌始引湖水作六井,然后民足于水,井邑日富,百万生聚,待此而食。今湖狭水浅,六井尽坏,若二十年后,尽为葑田,则举城之人,复饮咸水,其势必耗散。又放水溉田,濒湖千顷,可无凶岁。今虽不及千顷,而下湖数十里间,茭菱谷米,所获不赀。又西湖深阔,则运河可以取足于湖水,若湖水不足,则必取足于江潮。潮之所过,泥沙浑浊,一石五斗,不出三载,辄调兵夫十余万开浚。又天下酒官之盛,如杭岁课二十余万缗,而

---

① 元·脱脱等《宋史·河渠志七》,北京:中华书局1985年版,第2396页。
② 宋·苏轼《申三省起请开湖六条状》,曾枣庄、舒大刚主编《三苏全书·苏轼文集》第12册,北京:语文出版社2001年版,第70页。

水泉之用,仰给于湖。若湖渐浅狭,少不应沟,则当劳人远取山泉,岁不下二十万工。'因请降度牒减价出卖,募民开治。禁自今不得请射、侵占、种植及菁葑为界。以新旧菱荡课利钱送钱塘县收掌,谓之开湖司公使库,以备逐年雇人开葑撩浅。县尉以'管勾开湖司公事'系衔。轼既开湖,因积葑草为堤,相去数里,横跨南、北两山,夹道植柳,林希榜曰'苏公堤',行人便之,因为轼立祠堤上。"①在充分肯定唐李沁引湖水开六井功绩的过程中,苏轼认为,"今湖狭水浅,六井尽坏,若二十年后,尽为葑田",为此,采取了深阔西湖的措施。西湖深阔以后,一是解决了百姓的饮水难题,二是解决了以江潮补给运河时带来的泥沙淤积等难题,三是节约了人力、物力和财力。

为了使疏浚西湖制度化,苏轼采取了"禁自今不得请射、侵占、种植及菁葑为界"等措施,建立了"以新旧菱荡课利钱送钱塘县收掌,谓之开湖司公使库"以及以县尉"管勾开湖司公事"的措施。经此,杭州百姓大受其益,遂将苏轼修筑的湖堤称之为"苏公堤"。进而言之,经过治理,西湖的供水、灌溉农田、补充和提高运河航道水位等功能得到了全面的恢复。

从另一个层面看,疏浚西湖与治理运河实际上是一个问题的两个层面。史称:"是岁,知杭州苏轼浚茅山、盐桥二河,分受江潮及西湖水,造堰闸,以时启闭。初,杭近海,患水泉咸苦,唐刺史李泌始导西湖,作六井,民以足用。及白居易复浚西湖,引水入运河,复引溉田千顷。湖水多葑,自唐及钱氏后废而不理。至是,葑积二十五万余丈,而水无几。运河失湖水之利,取给于江潮,潮水淤河,泛溢阛阓,三年一浚,为市井大患,故六井亦几废。轼既浚二河,复以余力全六井,民获其利。"②"是岁",指宋哲宗元祐四年。通过治理,茅山运河和盐桥运河再度畅通。这两条运河穿城而过不但成了杭州交通的大动脉,而且为杭州的商业贸易提供了快捷的交通形式。

苏轼治理茅山运河与盐桥运河的方案是在充分调查研究、比较各种方案的过程中实现的。此前,杭州城中的运河时常出现"惟苦运河淤塞。远则五年,近则三年,率常一开浚,不独劳役兵民,而运河自州前至北郭穿阛阓中盖十四五里,每将兴工,市肆汹动,公私骚然。自胥吏壕寨兵级等,皆能恐喝人户,或云当于某处置土,某处过泥水,则居者皆有失业之忧,既得重贿,又转而之他。及工役既毕,则房廊邸店,作践狼藉,园囿隙地,例成丘阜,积雨荡濯,复入河中,居民患厌,未易悉数。若三五年失开,则公私壅滞,以尺寸水欲行数百斛舟,人牛力尽,跬步千里,虽监司使命,有数日不能出郭者。其余艰阻,固不待言"③等一系列的情况,针对这一现状,苏轼提出了全面的治理方案。他指出:"今城中运河有二,其一曰茅山河,南

---

① 元·脱脱等《宋史·河渠志七》,北京:中华书局1985年版,第2397—2398页。
② 元·脱脱等《宋史·河渠志六》,北京:中华书局1985年版,第2382—2383页。
③ 宋·苏轼《申三省起请开湖六条状》,曾枣庄、舒大刚主编《三苏全书·苏轼文集》第12册,北京:语文出版社2001年版,第69页。

抵龙山浙江闸口,而北出天宗门;其一曰盐桥河,南至州前碧波亭下,东合茅山河,而北出余杭门。余杭、天宗二门,东西相望,不及三百步。二河合于门外,以北抵长河堰下。今宜于钤辖司前创置一闸,每遇潮上,则暂闭此闸,令龙山浙江潮水,径从茅山河出天宗门,候一两时辰,潮平水清,然后开闸,则盐桥一河过阛阓中者,永无潮水淤塞、开淘搔扰之患。而茅山河纵复淤填,乃在人户稀少村落相半之中,虽不免开淘,而泥土有可堆积,不为人患。潮水自茅山河行十余里至梅家桥下,始与盐桥河相通,潮已行远,泥沙澄坠,虽入盐桥河,亦不淤填(自来潮水入茅山、盐桥二河,只淤填十里,自十里以外,不曾开淘,此已然之明效也)。茅山河既日受潮水,无缘涸竭,而盐桥河底低茅山河底四尺(梅家桥下,量得水深四尺,而碧波亭前,水深八尺),则盐桥河亦无涸竭之患。然犹当过虑,以备乏水。今西湖水贯城以入于清湖河者,大小凡五道(一,暗门外斗门一所。一,涌金门外水闸一所。一,集贤亭前水窗一所。一,集贤亭后水闸一所。一,菩提寺前斗门一所)。皆自清湖河而下以北出余杭门,不复与城中运河相灌输,此最可惜。宜于涌金门内小河中置一小堰,使暗门、涌金门二道所引湖水,皆入法慧寺东沟中,南行九十一丈,则凿为新沟二十六丈,以东达于承天寺东之沟,又南行九十丈,复凿为新沟一百有七丈,以东入于猫儿桥河口,自猫儿桥河口入新水门,以入于盐桥河,则咫尺之近矣。此河下流,则江潮清水之所入;上流,则西湖活水之所注,永无乏绝之忧矣。而湖水所过,皆阛阓曲折之间,颇作石柜贮水,使民得汲用浣濯,且以备火灾,其利甚博。此所谓参酌古今而用中策也。"[1]在这一过程中,苏轼充分听取钱塘县尉许敦仁的建议,在"参考众议"[2]的基础上提出了六条治理方案。通过综合治理,提高了茅山运河、盐桥运河的通航能力和运输能力。

自苏轼开此风气之后,宋人始终把疏浚西湖与整治杭州运河联系在一起。史称:"临安运河在城中者,日纳潮水,沙泥浑浊,一汛一淤,比屋之民,委弃草壤,因循填塞。元祐中,守臣苏轼奏谓:'熙宁中,通判杭州时,父老皆云苦运河淤塞,率三五年常一开浚。不独劳役兵民,而运河自州前至北郭,穿阛阓中盖十四五里,每将兴工,市肆汹动,公私骚然。自胥吏、壕砦兵级等,皆能恐喝人户,或云当于某处置土、某处过泥水,则居者皆有失业之忧。既得重赂,又转而之他。及工役既毕,则房廊、邸舍,作践狼籍,园圃隙地,例成丘阜,积雨荡濯,复入河中,居民患厌,未易悉数。若三五年失开,则公私壅滞,以尺寸水行数百斛舟,人牛力尽,跬步千里,虽监司使命,有数日不能出郭者。询其所以频开屡塞之由,皆云龙山浙江两闸,泥沙浑浊,积日稍久,便及四五尺,其势当然,不足怪也。寻划刷捍江兵士及诸色厢军,得一千人,七月之间,开浚茆山、盐桥二河,各十余里,皆有水八尺。自是公私舟船通利,三十年以来,开

---

[1] 宋·苏轼《申三省起请开湖六条状》,曾枣庄、舒大刚主编《三苏全书·苏轼文集》第12册,北京:语文出版社2001年版,第70—71页。

[2] 同[1],第72页。

河未有若此深快者。然潮水日至,淤塞犹昔,则三五年间,前功复弃。今于钤辖司前置一闸,每遇潮上,则暂闭此闸,候潮平水清复开,则河过阛阓中者,永无潮水淤塞、开淘骚扰之患。'诏从其请,民甚便之。"①

所谓"临安运河",是指杭州城里的茅山河、盐桥河等。因其"日纳潮水,沙泥浑浊,一汛一淤",需要年年开浚。在此基础上,苏轼又修治了堰闸等。周淙记载道:"开西湖,疏茆山、盐桥河,修治堰闸,浚城中六井,与民兴利除害,讲究甚悉,郡人德之,为立祠堂。"②为感谢苏轼,杭州百姓专门为他建立了祠堂。

时至南宋,保漕运成为头等重要的事情。潜说友指出:"中兴驻跸,河事尤所加意。自绍兴四年尝起发近郡厢军开修。马运副承家等因奏申严填塞之禁。自是以来,为守者率以时察视,惟谨至乾道四年周安抚淙出公帑钱,大浚治城内外河,凡六千二百五十丈。又置巡河铺屋三十所,撩河船三十只,计虑益深远矣。"③从绍兴四年起,整修杭州运河及加强漕运受到统治者的高度重视。在这中间,先后任临安知府的周淙、潜说友等治理了西湖和运河。可以说,苏轼以后,治理西湖成为整治杭州运河不可或缺的方面。可以说,苏轼制定的治理西湖的规矩一直延续到南宋。史称:"绍兴九年,以张澄奏请,命临安府招置厢军兵士二百人,委钱塘县尉兼领其事,专一浚湖;若包占种田,沃以粪土,重置于法。十九年,守臣汤鹏举奏请重开。乾道五年,守臣周淙言:'西湖水面唯务深阔,不容填溢,并引入城内诸井,一城汲用,尤在涓洁。旧招军士止有三十余人,今宜增置撩湖军兵,以百人为额,专一开撩。或有种植茭菱,因而包占,增叠堤岸,坐以违制。'九年,临安守臣言:'西湖冒佃侵多,葑茭蔓延,西南一带,已成平陆。而濒湖之民,每以葑草围裹,种植荷花,骎骎不已。恐数十年后,西湖遂废,将如越之鉴湖,不可复矣。乞一切芟除,务令净尽,禁约居民,不得再有围里。'从之。"④

从表面上看,宋高宗绍兴九年(1139)"委钱塘县尉兼领其事,专一浚湖",是根据张澄的奏请,其实不然,这一做法上承了苏轼疏浚西湖时的做法,即县尉以"管勾开湖司公事"系衔的做法。此后,宋代又多次疏浚西湖,其中,包括宋孝宗乾道五年(1169)时任临安知府的周淙疏浚西湖。

南宋,疏浚杭州段运河始于宋高宗绍兴四年(1134)。经过疏浚,杭州北梅家桥、仁和仓、斜桥等航段得到了全面治理。此后,吴芾、周淙、赵磻老、潜说友等人从不同的方面对杭州段运河进行了多次的整治。如宋孝宗赵昚隆兴二年(1164),吴芾上疏建言:"城里运河,先已措置北梅家桥、仁和仓、斜桥三所作坝,取西湖六处水口通流灌入。府河积水,至望仙桥以南

---

① 元·脱脱等《宋史·河渠志七》,北京:中华书局1985年版,第2399页。
② 宋·周淙《乾道临安志》(附札记)卷三,上海:商务印书馆1937年版,第79页。
③ 宋·潜说友《咸淳临安志·山川十四》,《四库全书》第490册,上海:上海古籍出版社1987年版,第384—385页。
④ 同①,第2398页。

至都亭驿一带,河道地势,自昔高峻。今欲先于望仙桥城外保安闸两头作坝,却于竹车门河南开掘水道,车戽运水,引入保安门通流入城,遂自望仙桥以南开至都亭驿桥,可以通彻积水,以备缓急。计用工四万。"①又如,"淳熙二年,两浙漕臣赵磻老言:'临安府长安闸至许村巡检司一带,漕河浅涩,请出钱米,发两岸人户出力开浚。'又言:'欲于通江桥置板闸,遇城中河水浅涸,启板纳潮,继即下板,固护水势,不得通舟;若河水不乏,即收闸板,听舟楫往还为便。'"②吴芾、赵磻老等人针对具体的对象提出治理方案,基本上解决了这些航段所面临的淤塞及缺水等问题。然而,治理与淤塞始终是困扰杭州段运河的大事,在漕运及发展海外贸易等多重需要的背景下,南宋统治者十分重视杭州段运河的疏浚工作。

周淙、潜说友在治理杭州段运河时取得的成效最大。据文献记载,周淙与潜说友两人均担任过杭州知府。由于他们比别人更熟悉杭州段运河的情况,因此,他们的治理更有针对性。乾道四年(1168),周淙奉命招募河工治理杭州城里和城外的运河。事情的起因是这样的。宋孝宗赵昚乾道三年(1167)六月,知荆南府王炎上疏:"临安居民繁伙,河港堙塞,虽屡开导,缘裁减工费,不能迄功。臣尝措置开河钱十万缗,乞候农暇,特诏有司,用此专充开河支费,庶几河渠复通,公私为利。"③经过一番精心的准备,乾道四年,"守臣周淙出公帑钱招集游民,开浚城内外河,疏通淤塞,人以治办称之"④。疏浚后,杭州段运河得到了彻底的治理。周淙以后,为治理杭州段运河做出巨大贡献的是潜说友。不过,此时上距周淙治杭州段运河已有一百多年的历史。史称:"中兴驻跸,河事尤所加意。自绍兴四年,尝起发近郡厢军开修。马运副承家等因奏申严填塞之禁。自是以来,为守者率以时察视惟谨。至乾道四年,周安抚淙出公帑钱大浚,治城内外河,凡六千二百五十丈。又置巡河铺屋三十所,撩河船三十只,计虑益深远矣。……及咸淳六年中,朝廷始命安抚潜说友措置开修,且斥币,余庚其废。一自断河至清湖桥,凡四千二百一十尺。一自观桥西至杨四姑桥,凡二千三百三十五尺。浅者浚,狭者拓,圮者筑,阙者补。楗以坚木,甃以巨石,栏垣门步,焕然一新。"⑤经过长期不间断的治理,杭州段运河的航道安全得到了全面的提升,在为漕运创造良好的外部环境的同时,也为杭州农业向经济作物种植转型并进入流通领域创造了必要的条件。

在整治运河的过程中,杭州形成了城里和城外相互连接的四通八达的水上交通网络。这一网络主要由城内运河与城外运河等两个部分构成,杭州城内的运河主要有茅山运河

---

① 元·脱脱等《宋史·河渠志七》,北京:中华书局1985年版,第2400页。
② 同①。
③ 同①。
④ 同①。
⑤ 宋·潜说友《咸淳临安志·山川十四》,《四库全书》第490册,上海:上海古籍出版社1987年版,第384—385页。

(茅山河)、盐桥运河(盐桥河)、市河(小河)、清湖河等。这些运河相互连接在一起,从水上加强了杭州各市坊(街区)之间的联系,使城内交通出现了新的格局;城外运河主要有运河、龙山河、外沙河、菜市河、下塘河、新开运河等,这些运河一头连接江南运河(浙西运河),一头连接浙东运河,是杭州漕运以及对外政治、经济、文化等方面交往的重要通道。杭州知府潜说友记录城内运河与城外运河相互连接构成的大交通体系时写道:"茆山河。东自保安水门,向西过榷货务桥,转北过茆山并蒲桥至梅家桥。盐桥运河。南自碧波亭、州桥、通江桥与保安水门里横河,过望仙桥,直北至梅家桥,出天宗水门。一派自仁和仓后葛家桥、天水院桥至淳祐仓前,出余杭水门。市河(俗呼小河)。东自清冷桥,西流至南瓦横河口,转北由金波桥、巧儿桥,直北至仁和仓桥,转东与茆山河水合。由天水院桥转北,过便桥,出余杭门水门。清湖河。西自府治前净因桥过闸,转北由楼店务桥至转运司桥,转东由渡子桥与涌金池水合流,至金文库与三桥水相合。由军将桥至清湖桥,投北由石灰桥至众安桥,又投北与市河相合,入鹅鸭桥。转西一派自洗麸桥至纪家桥,转北由车桥至便桥出余杭门。……运河。南自浙江跨浦桥北,自浑水闸萧公桥、清水闸众惠桥、椤木桥、朱家桥,转西由保安闸至保安水门入城(土人呼城外河曰贴沙河,一名里沙河。)。龙山河。南自浑水闸,由朱桥至南水门。外沙河。南自竹车门,北去绕城东,过红亭税务前螺蛳桥,东至蔡湖桥与殿司前军寨内河相合。转西至游奕寨前军寨桥,至无星桥与坝子桥河相合,入艮山河。沿城泛洋湖水,转北至德胜桥与运河相合。菜市河。南自新门外,北沿城景隆观至章家桥、菜市桥、坝子桥入泛洋湖,转北至德胜桥与运河合流。下塘河,南自天宗水门、余杭水门二河,合于北郭税务前。由清湖堰闸至德胜桥与城东外沙河、菜市河、泛洋湖水相合,分为两派。一由东北上塘过东仓新桥,入大运河至长安闸入嘉兴,曰运河;一由西北过德胜桥上北城堰,过江涨桥、喻家桥、北新桥以北,入安吉州界,曰下塘桥。……新开运河。在余杭门外北新桥之北,通苏、湖、常、秀、润等河,凡诸路纲运及贩米客舟,皆由此达于行都。"①吴自牧《梦粱录·城内外河》中亦有类似的记载。城中运河与城外运河紧密地结合在一起,提高了杭州与外界联系的能力,为漕运、仓廪建设以及商品流通提供了强有力的保障。

诚如傅崇兰指出的那样:"根据现有的文献记载知道,自隋代开挖江南运河以后至南宋末年,杭州城内水系的畅通无阻是杭州城市正常发展的条件;而杭州城内水系畅通,则既靠西湖水的灌注,又靠与运河相通,二者缺一不可。由此可知,杭州城市位置的稳定,既不能缺少西湖,也不能缺少运河。"②南宋将行都定在临安(在今浙江杭州)以后,浙西运河、浙东运

---

① 宋·潜说友《咸淳临安志·山川十四》,《四库全书》第490册,上海:上海古籍出版社1987年版,第381—386页。
② 傅崇兰《中国运河城市发展史》,成都:四川人民出版社1985年版,第99页。

河和杭州城内城外运河等相互联结,构成了庞大的水上交通网络。这一交通网络建构了以临安为中心的漕运体系和水上交通运输体系。在这中间,负责管理海外贸易事务的市舶司与商人以临安为商贸活动的场所拧结在一起,在加强与外界联系的过程中,使临安成为东南最重要的商贸城市。

第四章　南宋时期漕运与杭州粮仓的建设

宋代漕运以宋室南渡为分界线,可分为两个阶段:南渡之前,是把江淮地区的粮食运往政治中心汴梁(在今河南开封)一带;南渡之后,主要是把东南六路的粮食运往新的政治中心杭州。建炎三年(1129),宋高宗赵构驻跸杭州,诏令改杭州为"临安府"。故时有"旧为杭州……建炎三年,诏改为临安府"①之说。

第一节　宋代漕运方向上的变化

北宋,两浙(浙西与浙东)是漕运依赖的重点地区。史称:"宋都大梁,有四河以通漕运:曰汴河,曰黄河,曰惠民河,曰广济河,而汴河所漕为多。……开宝五年,率汴、蔡两河公私船,运江、淮米数十万石以给兵食。是时京师岁费有限,漕事尚简。至太平兴国初,两浙既献地,岁运米四百万石。"②开宝五年(972),宋太祖赵匡胤从江淮调京城汴梁的大米仅有数十万石,但到了太平兴国(976—984)初年,宋太宗赵炅从两浙调往大梁的大米已高达四百万石。从数十万石到四百万石,其时间长度不超过七年。根据这两个数字及征粮区域当知,北宋依赖两浙的程度超过了此前的任何一个朝代。

唐玄宗李隆基开元二十九年(741)是唐代漕运最高的年份。史有"是岁,漕山东粟四百万石"③之说。所谓"漕山东粟",是指从崤山(在今河南洛宁北)以东的广大地区调运粮食到长安(在今陕西西安)。山东地域广大,两浙只是很小的区域。因此,在四百万石粮食中,两浙征往关中的粮食所占比重不大。从文献上看,唐代,两浙大米输往长安的最高年份为唐德宗李适贞元(785—805)初年,故史有"浙江东、西岁运米七十五万石"④之说。客观地讲,

---

① 元·脱脱等《宋史·职官志六》,北京:中华书局1985年版,第3944页。
② 元·脱脱等《宋史·食货志上三》,北京:中华书局1985年版,第4250页。
③ 宋·欧阳修等《新唐书·食货志三》,北京:中华书局1975年版,第1367页。
④ 同③,第1369页。

这一数字远远地低于宋代，如宋太宗太平兴国初年漕运到京城汴梁一带的两浙米已有四百万石。对比这些数字，既表明两浙是宋代漕运高度依赖的地区，同时也诉说了包括杭州在内的两浙已成为天下最富庶的地区。

从汴梁到杭州以远，运河要跨过黄河、淮河、长江、钱塘江等水系。在这中间，要保证航道的畅通需要解决因海拔高度不同而造成的落差。在发明船闸技术之前，古人采取的办法是在落差大的航段修筑堰埭，保持各航段的水位，以此来避免因航道干浅而无法航行的事件发生。与此同时，采用的另一个方法是在临近缺水的航段即方便转运的地方建中转仓，等到丰水季节到来时，将贮存在中转仓的粮食搬上船，通过原先枯竭、后得到水源补充的航段将其运送到目的地。从另一个层面看，中转仓虽可以提高漕粮运输的效率，解决不同航段遇到的航道干浅等问题，但因增加搬转次数往往会造成无谓的耗费。为了减少漕运途中的损耗，尽量地少建中转仓遂成了最佳的选择。

从史料上看，唐宋两代的中转仓大都建在江北即从扬州到淮南之间的运河段。出现这样的情况并不奇怪，主要是因为江南运河有充足的水源补充航道，地势平缓，水位落差小，其通航能力超过了江北。一般来说，漕粮中转仓大都建在堰埭附近或河口（运河与河流交汇的地方）地区。北宋延续唐代旧制，中转仓集中建在长江以北和淮河以南的航段。其中，真州（在今江苏仪征）、扬州（在今江苏扬州）、楚州（在今江苏淮安楚州）、泗州（在今江苏盱眙）是漕运中转过程中的四大仓。史称："江南、淮南、两浙、荆湖路租籴，于真、扬、楚、泗州置仓受纳，分调舟船溯流入汴，以达京师，置发运使领之。"[①]这一时期，杭州虽承担转运浙东漕粮的重任，但因浙东运河水源充分、通航能力强，因此杭州不属于中转仓建设的范围。反过来讲，正是因为宋室南渡建行都于临安后，杭州才有成为漕运仓廪建设的重点地区。也正是在这样的背景下，长江以北、淮河以南的漕运中转仓才处于衰败的状态。与此同时，因淮河以北的运河处于废弃状态，沿岸的城市也开始走向萧条。

北宋，漕运的目的地是汴梁，但宋高宗赵构南渡以后，漕运终端随行跸之地改变而改变。建炎三年，高宗行跸建康（在今江苏南京）；绍兴元年（1131），高宗行跸会稽（在今浙江绍兴），因此，漕运目的地分别指向了建康和会稽。史称："绍兴元年十一月戊戌诏：以会稽漕运不继，移跸临安。二年正月丙午，车驾自绍兴府幸临安府。"[②]由于会稽"漕运不继"即沿江南运河跨越钱塘江增加了漕运的难度，因此，于绍兴二年（1132）移跸临安。

驻跸临安后，漕运方向发生了变化，形成了以杭州为目的地的结构。关于这一时期的漕运航线，南宋诗人陆游的《入蜀记》有充分的记载："自京口抵钱塘，梁宋以前不通漕。至隋

---

① 元·脱脱等《宋史·食货志上三》，北京：中华书局1985年版，第4251页。
② 宋·潜说友《咸淳临安志·行在所录》，《四库全书》第490册，上海：上海古籍出版社1987年版，第10页。

炀帝始凿渠八百里,皆阔十丈。夹冈如连山,盖当时所积之土。朝廷所以能驻跸钱塘,以有此渠耳。汴与此渠皆假手隋氏,而为吾宋之利,岂亦有数邪!"①当时,陆游赋闲山阴(在今浙江绍兴)老家,接到任四川夔州通判的诏令后,乘船沿江南运河进入长江前往四川。行走在江南运河之上,凭一路所见,陆游记下了个人的感慨。山阴与杭州虽有钱塘江相隔,但有浙东运河相连。长期生活在山阴和杭州两地的陆游目睹了江南运河在维系杭州经济的重要性,因此又感慨道道:"自天子驻跸临安,牧贡戎赘,四方之赋输,与邮置往来,军旅征戍,商贾贸迁者,途出于此,居天下十七,其所系岂不愈重哉?"②从陆游的认识中当知两点:一是南宋驻跸临安后,政治中心随之南迁,临安成为漕运的终点;二是杭州的繁荣与江南运河有莫大的关系。史称:"国家驻跸钱塘,纲运粮饷,仰给诸道,所系不轻。水运之程,自大江而下至镇江则入闸,经行运河,如履平地,川、广巨舰,直抵都城,盖甚便也。"③从"自大江而下至镇江则入闸,经行运河"数语中可见,南宋时期的漕运因淮河以北的国土沦丧,漕粮征收的重点地区已转向长江流域,在这一过程中,江南运河在国家的政治、军事、经济中占有举足轻重的地位。

南宋,因淮河以北的土地基本上沦丧,因此漕粮征收主要依靠长江中上游地区。据文献记载,这一时期,每年从长江中上游地区输入临安的粮食高达千万石。楼钥指出:"江湖米运转输京师,岁以千万计。"④吴自牧亦有"杭州人烟稠密,城内外不下数十万户,百十万口。每日街市食米,除府第、官舍、宅舍、富室,及诸司有该俸人外,细民所食,每日城内外不下一二千余石,皆需之铺家。然本州所赖苏、湖、常、秀、淮、广等处客米到来市"⑤语。理学家朱熹深有感触地写道:"京师月须米十四万五千石,而省仓之储多不能过两月。……籴洪、吉、潭、衡军食之余及鄂商船,并取江西、湖南诸寄积米,自三总领所运输以达中都,常使及二百万石,为一岁备。"⑥庞大的官僚机构与军队进驻临安后,江南运河不得不担负起从江南地区及长江中上游地区调集粮食及物资的重任,以满足人们日常生活的需要。与此同时,临安市民的生活亦仰仗江南运河这一黄金水道。可以说,政治中心迁徙后,直接导致了漕运方向的变化。在这一过程中,当不同阶层的人士大量地涌入临安时,疏浚运河航道、调集粮食进入临

---

① 宋·陆游《渭南文集·入蜀记第一》,《陆放翁全集》上册,北京:北京市中国书店1986年版,第267—268页。
② 宋·陆游《渭南文集·常州奔牛闸记》,《陆放翁全集》上册,北京:北京市中国书店1986年版,第119页。
③ 元·脱脱等《宋史·河渠志七》,北京:中华书局1985年版,第2406页。
④ 宋·楼钥《攻媿集·真州修城记》,《四库全书》第1153册,上海:上海古籍出版社1987年版,第7页。
⑤ 宋·吴自牧《梦粱录·米铺》,上海:商务印书馆1939年版,第146页。
⑥ 宋·朱熹《朱子全书·敷文阁直学士李公墓志铭》第25册,上海:上海古籍出版社2002年版,合肥:安徽教育出版社2002年版,第4326页。

安及进行仓储已成为统治者必须面对的大问题。进而言之,漕运方向发生变化后,提高江南运河,特别是杭州段运河的通航能力,加快临安的粮仓建设已成为刻不容缓的大事。

第二节　临安漕仓建设概述

南宋驻跸临安后,杭州的粮仓建设被提到了议事日程。这一时期,旧有的粮仓与新建粮仓共同承担了临安的仓储责任。宋高宗驻跸临安之前,杭州有镇城仓、州都仓、常平仓、糯米仓、仁和仓、义仓等粮仓;宋高宗驻跸临安之后,新建或在旧仓的基础上兴建的粮仓有省仓上界、省仓中界、省仓下界、丰储仓、丰储西仓、端平仓、淳祐仓、平籴仓、咸淳仓等。

以高宗驻跸临安划分粮仓建设的时间段,杭州粮仓在分布地理位置上有不同的特点。周淙指出:"镇城仓在余杭门里。……常平、义仓在余杭门里。"①吴自牧叙述道:"仁和县衙对巷曰仁和仓桥。县巷北曰万岁桥。六部架阁库前曰天水院桥。淳祐仓前曰仓桥,次曰永新桥。出余杭水门亦由于三闸水路也。"②又说:"边家渡,在仁和仓东。"③仁和县治所在杭州城里,因此,仁和仓也在杭州的城里。梁克家叙述州都仓的概况时有"常平仓旧在仓内"④一语。州都仓的前身是子城仓,子城仓的前身是西版仓,西版仓在子城外。史称:"大内在凤皇山之东,以临安府旧治子城增筑。"⑤据此可知,常平仓与州都仓在城里。从以上的资料中可知,宋高宗驻跸临安之前,杭州的粮仓大都建在杭州城内,并且集中在余杭门一带。

吴自牧指出:"镇城仓、常平仓、糯米仓,俱在余杭门外师姑桥。"⑥这一观点与周淙的相左。究竟谁说得更有道理? 为此,需要做进一步的辨析。

周淙,曾任两浙转运副使,后奉诏知临安府。史称:"临安驻跸岁久,居民日增,河流湫隘,舟楫病之,淙请疏浚。"⑦周淙是一个有作为的官员,在担任临安府太守期间,做了两件大事。一是于乾道四年(1168)"开浚城内外河,疏通淤塞"⑧。此举通过疏浚城内和城外的运

---

① 宋·周淙《乾道临安志·仓场库务》,《四库全书》第484册,上海:上海古籍出版社1987年版,第77页。
② 宋·吴自牧《梦粱录·小河桥道》,上海:商务印书馆1939年版,第53页。
③ 宋·吴自牧《梦粱录·堰闸渡》,上海:商务印书馆1939年版,第98页。
④ 宋·梁克家《淳熙三山志·都仓》,《四库全书》第484册,上海:上海古籍出版社1987年版,第179页。
⑤ 宋·周淙《乾道临安志·行所在宫阙》,《四库全书》第484册,上海:上海古籍出版社1987年版,第55页。
⑥ 宋·吴自牧《梦粱录·本州仓场库务》,上海:商务印书馆1939年版,第84页。
⑦ 元·脱脱等《宋史·周淙传》,北京:中华书局1985年版,第11958页。
⑧ 元·脱脱等《宋史·河渠志七》,北京:中华书局1985年版,第2400页。

河,完善了杭州的水上交通运输体系。在这期间,周淙亲自指挥疏浚工作,可以推论,其记载不会有误。二是亲自撰写了《乾道临安志》。长期以来,《乾道临安志》一直是备受人们推崇的方志。之所以出现这样的情况,是因为周淙是一个严肃的学者,记录时态度审慎。进而言之,周淙作为临安太守,熟悉杭州的一草一木,撰写方志时不会出错。

南宋施谔交代镇城仓、常平仓、平籴仓的创建情况时指出:"镇城仓。在余杭门里师姑桥。淳祐三年,大资政赵公与筹重建。常平仓。在镇城仓东。淳祐三年,大资政赵公与筹重建。平籴仓。淳祐三年,大资政赵公与筹于盐桥之北、新桥东岸创建,至八年增创。凡为二十八敖,积米六十余万,以二十八字为敖记(生民全仰食为天,百万人家聚日边。官有积仓平籴价,满城和气乐丰年)。每岁敛散以平市价,又置硙坊,春治精善而以予民。岁亏本钱巨万,常用他钱补之。都民实戴其惠利。与公所置百万仓,于足国足民之计,皆前所未有也。"①施谔,一作施愕,又作施锷②,生卒年不详,据文献记载,施谔是绍兴十七年(1147)以前的进士,曾知临安府,修《淳祐临安志》。施谔的生活年代略迟于周淙,早于吴自牧。

吴自牧,钱塘人,生卒年不详,公元1270年左右在世,生活时代比周淙晚约百年。吴自牧撰写《梦粱录》时多采用《乾道临安志》,然而,唯独在叙述镇城仓、常平仓、糯米仓的地点时提出了新的看法。如果再考虑到吴自牧是钱塘人这一事实,让人产生的疑问是,莫非周淙的记载不准确?其实,两人所说都对。之所以出现这样的情况,是因为随着时间的推移,原有的地名出现了新的称谓。余杭门在周淙生活的年代是指北城门,但到了淳祐年间,余杭门分别指北门和水门。如施谔在《淳祐临安志》中写道:"城北门。余杭门(俗呼北关门)。……水门。东。保安门。南水门。北水门。北。天宗门。余杭门。"③潜说友在《咸淳临安志》中记载道:"城北。余杭门(俗呼北关门)。水门。保安门。南水门。北水门。天宗门。余杭门。"④潜说友,曾任临安府知府,并编纂《咸淳临安志》,生活年代与吴自牧大体相当。从周淙、施谔的记载中当知,在潜说友、吴自牧以前,杭州城北门已有"余杭门"这一称谓,与此同时,余杭水门亦可省称为"余杭门"。如在《乾道临安志》《咸淳临安志》《梦粱录》等中,天宗水门又称之为"天宗门"。同理可证,余杭水门亦可省称为"余杭门"。

吴自牧记载道:"北城门名北关,今在余杭门外,……城北门者三:曰天宗水门;曰余杭水

---

① 宋·施谔《淳祐临安志·城府》,中华书局编辑部编《宋元方志丛刊》第四册,北京:中华书局1990年版,第3287—3288页。

② 按:阮元《四库未收书目提要》卷四称《淳祐临安志》的著者为"施谔";明《万历杭州府志·艺文》收录《淳祐临安志》时著者作"施愕";《雍正浙江通志》及杭世骏、厉鹗作《淳祐临安志·跋》称著者为"施愕";纪昀《四库全书总目提要》及孙星衍等题跋称《淳祐临安志》的著者为"施锷"。

③ 同①,第3258—3259页。

④ 宋·潜说友《咸淳临安志·行在所录》,《四库全书》第490册,上海:上海古籍出版社1987年版,第215—216页。

门;曰余杭门,旧名'北关'是也。"①按照这一说法,天宗水门、余杭水门、余杭门皆可称之为"北关"。潜说友明确地指出:"余杭门。俗呼北关门。"据此又可知,"北关"是"北关门"的省称,同时也是"余杭门"的省称。问题是,既然北城门已有"余杭门"之称,为什么还要说"在余杭门外"呢? 原来,这里所说的"余杭门"是指余杭水门。因为此,吴自牧才会在叙述杭州城三个北门时强调"余杭门,旧名'北关'"这一内容。进而言之,吴自牧所说的"北城门名北关,今在余杭门外",是指"在余杭水门外"。在通常的情况下,余杭水门可省称为"余杭门",然而,当同时记载余杭水门和余杭门(北门,又称北关门)时怕引起混淆,自然是不能省略了。

综合诸说,可知周淙与吴自牧所说的余杭门不是一回事。周淙所说的余杭门是指杭州城的北门即北关门,吴自牧所说的余杭门是余杭水门。作出这样的澄清后,当知两人都没有说错,只是所指不同。

杭州新粮仓建设发生在绍兴(1131—1162)初年。史称:"大内在凤凰山之东,以临安府旧治子城增筑。……建炎中,车驾南巡驻跸于此。绍兴七年二月降诏,巡幸建康府。绍兴八年三月,移跸临安府。"②据《宋史·高宗纪二》,建炎三年宋高宗驻跸杭州。此后,高宗移跸建康(今江苏南京)、会稽(今浙江绍兴)等地,最后将行都定在杭州,可谓是反复斟酌的结果。杭州成为行都后,南朝统治者重点建设了省仓上界、省仓中界、省仓下界、丰储仓、丰储西仓、端平仓、淳祐仓、平籴仓、咸淳仓等粮仓。此外,又扩建了州都仓、常平仓等粮仓。

从时间上看,省仓上界、中界和下界创建的时间最早。潜说友记载道:"省仓上界。在天水院桥北,即中兴初之南仓。绍兴十一年诏,以省仓上界为名(中、下界同)。仓凡三易,嘉熙间徙今处,为廒八,受浙右米。以供内人、宰执、百官、亲王、宗室、内侍及给皇城班直与吏之后于省部者。省仓中界。在东清门外菜市塘。乾道三年创为丰储仓,五年易为中界,廒凡三十有七,以下止平籴仓,皆受浙右苗纲、经常、和籴、公田、桩积等米。以供朝廷科支及大农宣限给饷。凡诸军、诸司、三学与百司雇募诸局工役等皆给焉。省仓下界。在东仓铺。创于绍兴八年,旧址极广袤。景定三年,朝廷给缗钱更修,乃析三之二建廒屋八十而垣,其余废屋地于外。丰储仓。在仁和县侧仓桥东。绍兴初,徙仁和县治,以其址为北省仓。乾道五年更今名。景定四年,以公田租浩瀚,诸仓不足以受,乃诏。即丰储增创。"③

浙右指浙江之右。孔德璋《北山移文》:"张英风于海甸,驰妙誉于浙右。"李善注:"《字

---

① 宋·吴自牧《梦粱录·杭州》,上海:商务印书馆1939年版,第51页。
② 宋·周淙《乾道临安志·行所在官阙》,《四库全书》第484册,上海:上海古籍出版社1987年版,第55页。
③ 宋·潜说友《咸淳临安志·行在所录》,《四库全书》第490册,上海:上海古籍出版社1987年版,第103页。

书》曰：江水东至会稽山阴为浙右。"①所谓"受浙右米"，是指接受浙东漕运的大米。从"中兴初之南仓"一语看，省仓上界应创建于绍兴初年即宋高宗赵构驻跸临安之前。结合丰储仓的情况看，省仓中界亦建于绍兴初年。与之相比，省仓下界建仓的时间最迟，当为宋高宗驻跸杭州之时即绍兴八年（1138）。省，本指皇宫禁地，后引申为国家最高的行政机构即中央行政机构。《后汉书·清河孝王庆》："永元四年，帝移幸北宫章德殿，讲于白虎观，庆得入省宿止。"②"入省宿止"，是指汉和帝刘肇留清河王刘庆在皇宫中住宿。隋文帝有"诏省、府、州、县皆给廨田"③之举。隋代的地方行政由府、州、县三级构成，府是地方上最高的行政机构。省在府之上，是说省是中央行政机构。

南宋李心传指出："分行在省仓为三界，界百五十万斛。凡民户白苗米，南仓受之，以禀宗室、百官，为上界；次苗次北仓受之，以给卫士及五军，为中界；粮米，东仓受之，以备诸军月粮，为下界。"④清人徐松依据《永乐大典》辑录宋代史料时记载道："十一年六月六日诏，行在三仓。以'行在省仓上、中、下界'为名。监官监行在省仓上中下界，系御称呼。"⑤"行在"是"行在所"的省称。吴自牧指出："高庙于绍兴岁南渡，驻跸于此，遂称为'行在所'。"⑥"行在所"是指临安。"行在省仓"与"行在三仓"与"行在所"有对应关系，是指由中央直接管辖的临安粮仓。三仓是省仓上界、中界和下界的统称。三仓以"行在"冠之，与宋高宗赵构以临安为行都有直接的关系。上界接受杭州以南的浙东米，故称南仓；中界在国家最高行政机构的北面，故称北省仓，又称北仓；下界在杭州城的东面，故称东仓。

丰储西仓、端平仓、平粜仓、淳祐仓、咸淳仓等大都建南宋中后期。具体地讲，宋孝宗赵昚淳熙七年（1180），建丰储西仓；宋理宗赵昀端平元年（1234），建端平仓；宋理宗淳祐三年（1243），建平粜仓和重建常平仓；宋理宗淳祐九年（1249），又建淳祐仓；宋度宗赵禥咸淳四年（1268），建咸淳仓。⑦ 这些粮仓大部分建于南宋王朝的中后期，与政治格局发生重大变化有密切的关系。成吉思汗率领的蒙古人崛起后，先灭西夏，后随将军事斗争锋芒指向金国。为了尽早地灭金，蒙古人与南宋结成同盟。公元1234年，在蒙古与南宋军队的夹击下，金朝灭亡。金朝灭亡后，蒙古人成为南宋最大的威胁。为防止蒙古人即元军南下，杭州及周边地区已成为南宋重点设防的地区。在这一进程中，因南宋长期处于北方政权的威胁之下，需要

---

① 梁·萧统《文选·北山移文》（唐·李善注），北京：商务印书馆1959年版，第959页。
② 刘宋·范晔《后汉书·清河孝王庆》，北京：中华书局1965年版，第1800页。
③ 唐·李延寿《北史·隋本纪上》，北京：中华书局1974年版，第419页。
④ 宋·李心传《建炎以来系年要录·绍兴十一年四月至六月》第二册，上海：上海古籍出版社1992年版，第877—878页。
⑤ 清·徐松《宋会要辑稿·食货六二之一四》，北京：中华书局1957年版，第5955页。
⑥ 宋·吴自牧《梦粱录·杭州》，上海：商务印书馆1939年版，第51页。
⑦ 宋·潜说友《咸淳临安志·行在所录》，《四库全书》第490册，上海：上海古籍出版社1987年版，第104—105页。

在杭州四周驻守大量的军队。这样一来,为保证军粮供给和杭州的安全,加强粮仓建设已是必然之举。

杭州成为行都后,北宋以前的常平仓、州都仓等得到了进一步修缮和扩建。史称:"景德三年,言事者请于京东西、河北、河东、陕西、江南、淮南、两浙皆立常平仓,计户口多寡,量留上供钱自二三千贯至一二万贯,令转运使每州择清干官主之,领于司农寺,三司无辄移用。"①宋真宗赵恒景德三年(1006),建常平仓。州都仓旧名西版仓,又称都仓。五代十国时期,由闽国王审知创建。两宋时期,州都仓得到了进一步地扩建。宋梁克家指出:"州都仓旧名西版仓,闽王审知创子城外。皇朝熙宁二年,拓丰乐门城为子城仓,乃在内。元祐四年,建仓厅,治敖廒,翼以旁屋大小凡二百一十区。政和八年,重修。建炎元年,复修。列仓敖于两庑。凡三十八眼,以千文题其号。绍兴四年,石甓两廊以便输纳。"②宋神宗赵顼熙宁二年(1069),在王审知西版仓的基础上扩建了子城仓。宋哲宗赵煦元祐四年(1089),又在子城仓的基础上扩建州都仓。宋高宗赵构建炎元年(1127),重修州都仓;宋高宗绍兴四年(1134),为方便漕运及出纳,重点修建了州都仓的石甓两廊。这一粮仓修建后,成为宋室南渡后最重要的粮仓。值得注意的是,梁克家叙述州都仓的概况时有"常平仓旧在仓内"③一语,据此,北宋常平仓的基础是西版仓(州都仓)。北宋年间,常平仓得到多次的修缮。后来,西版仓易名为州都仓后成为著名的漕仓,与此同时,常平仓迁出另建。

第三节　临安漕仓分布考述

丰储仓建于何时?潜说友叙述省仓中界兴建的情况时有"乾道三年创为丰储仓,五年易为中界"之语,叙述丰储仓时又有"绍兴初,徙仁和县治,以其址为北省仓。乾道五年更今名"之语。对读这两段文字,似可知,乾道三年(1167)在北省仓(省仓中界)的基础上创建了丰储仓。乾道五年(1169),丰储仓又恢复了省仓中界的旧名。然而,周淙记载道:"省仓中界在仁和县桥之东。……丰储仓在东青门外三里。"④周淙是《乾道临安志》的撰写者,同时又是乾道年间(1165—1173)的见证者。按照周淙的说法,省仓中界在城里,丰储仓在城外,它们是两个地点不同的粮仓。潜说友的生活年代比周淙晚约百年。在一百多年的变迁中,

---

① 元·脱脱等《宋史·食货志上四》,北京:中华书局1985年版,第4276页。
② 宋·梁克家《淳熙三山志·都仓》,《四库全书》第484册,上海:上海古籍出版社1987年版,第179页。
③ 同②。
④ 宋·周淙《乾道临安志·行在所官阙》,《四库全书》第484册,上海:上海古籍出版社1987年版,第60页。

杭州的粮仓位置发生了很大的变化。具体地讲,原来在东青门外的丰储仓已搬到了城中。《咸淳临安志·京城图》详细地描述了丰储仓在城中的位置①。据此,潜说友所说的"乾道三年创为丰储仓",应该是丰储仓搬到城内的时间。进而言之,丰储仓建仓有着更为悠久的历史。可以推论到的结果是,丰储仓搬到城里时占据了省仓中界,新仓建成后,又将占据之地归还给省仓中界。

不过,从《咸淳临安志·京城图》标识杭州各粮仓的地点看,在宋度宗赵禥咸淳年间（1265—1274）即潜说友撰修《咸淳临安志》之前,似乎出现过省仓中界与丰储仓互换仓址的情况。潜说友指出："省仓中界。在东清门外菜市塘。……丰储仓。在仁和县侧仓桥东。"②吴自牧亦指出："省仓中界,在东清门外菜市塘,……丰储仓,在仁和县侧仓桥东……"③如果作一下对比的话,可知在潜说友及吴自牧生活的时代,省仓中界与丰储仓已经互换了仓址。

元人记述丰储仓建仓情况时,似乎赞成潜说友的观点。如在《宋史》中,脱脱写下了宋孝宗赵昚乾道三年十二月"置丰储仓"④之语。"置"有创立、建造之义。从表面上看,这一观点似乎与潜说友的观点相同。然而,仔细分析一下,可知两者有很大的差异。如继"置丰储仓"之语后,脱脱又写下了乾道六年（1170）六月"建丰储仓"⑤之语。"建"与"置"同义,亦有创立、建造之义。这样一来,丰储仓就出现了两个不同的建造时间段,即乾道三年和乾道六年。那么,《宋史》中出现"建丰储仓"一语是不是疏忽造成的呢？显然不是。清人毕沅叙述丰储仓时,前有乾道六年"增筑丰储仓"⑥一语,随后又有宋孝宗淳熙六年（1179）"建丰储仓"⑦之语。据此,"建"有"增筑"之义。以此为参照,当知脱脱所说的"置""建"与毕沅所说的"增筑""建"同义,都是指扩建。

如果脱脱所说的"置"指扩建的话,那么,丰储仓究竟建于何年呢？南宋李心传记述宋高宗绍兴二十六年（1156）四月的情况时写道："户部尚书韩仲通言：'今斗米为钱,不满二百,正宜积谷之时。如辇毂之下,诸军云屯,仰哺太仓,终岁之用,亦有余数。若岁取所余之数,别置仓廪贮积,以一百万为额,常以新易陈,阙即补之,遇有水旱,助给军食,减价出粜,以资

---

① 宋·潜说友《咸淳临安志·京城图》,《四库全书》第490册,上海：上海古籍出版社1987年版,第5页。
② 宋·潜说友《咸淳临安志·行在所录》,《四库全书》第490册,上海：上海古籍出版社1987年版,第103页。
③ 宋·吴自牧《梦粱录·诸仓》,上海：商务印书馆1939年版,第78页。
④ 元·脱脱等《宋史·孝宗纪二》,北京：中华书局1985年版,第642页。
⑤ 元·脱脱等《宋史·孝宗纪三》,北京：中华书局1985年版,第670页。
⑥ 清·毕沅《续资治通鉴·宋纪一百四十一》,北京：中华书局1957年版,第3769页。
⑦ 清·毕沅《续资治通鉴·宋纪一百四十七》,北京：中华书局1957年版,第3919页。

民用,实为经久之利。'从之,仍以'丰济'为名。"①据此可知,具有救荒、平易粮价等功能的仓廪又有"丰济仓"之称。不过,"丰济仓"就是丰储仓。如元代马端临考证韩仲通提议建"丰济仓"时,将其命名为"丰储仓"。如他指出:"丰储仓者,绍兴二十六年始置。韩尚书仲通在版曹,请别储粟百万斛于行都,以备水旱,号'丰储'。其后,镇江、建康、关外、四川皆有之。"②据此,李心传所说的"丰济"与马端临所说"丰储"实际上是同一座粮仓,建造于绍兴二十六年。关于这一点,从杭州知府周淙《乾道临安志》的记载中可以找到依据。据此可知,南宋在建具有救荒、平易粮价等功能的仓廪时,最初的命名应为"丰济仓",后来,根据粮仓的性质将其改为"丰储仓"。从另一个层面看,"丰储"是宋人经常使用的词汇。宋太宗雍熙二年(985),有"诏诸道转运使及长吏,宜乘丰储廪以防水旱"③一语。因强调"乘丰储廪以防水旱"的功能,又因"丰储"二字是宋代丰年储粮以备荒年经常使用的词汇,这样一来,"丰济仓"遂改名为"丰储仓",进而得到使用。

这些粮仓密布在杭州一带,构筑了南宋粮食安全的保障系统。纵观南宋杭州粮仓的建设过程及仓储管理,不难发现有以下五个特点。

其一,不同的粮仓接受来自不同地区的粮食,有不同的供给对象。如省仓三界专收浙东大米,是供给皇室及百官等三类人员的粮仓;丰储仓、丰储西仓等专储官田收获的粮食,是备荒赈灾的粮仓;淳祐仓专储官田粮食,是供给军队的粮仓;端平仓专储漕粮,是负有调拨之职的漕仓;平粜仓、常平仓、州都仓等储备当地的粮食,是负有平易粮价及赈灾等功能的粮仓。史称:"岁夏秋视市价量增以籴,粜减价亦如之,所减不得过本钱。而沿边州郡不置。诏三司集议,请如所奏。于是增置司农官吏,创廨舍,藏籍帐,度支别置常平案。"④潜说友指出:"仓(指省仓上界)凡三易。嘉熙间徙今处,为廒八,受浙右米以供内人、宰执、百官、亲王、宗室、内侍及给皇城班直与吏之后于省部者。省仓中界,在东清门外菜市塘。乾道三年,并为丰储仓,五年易为中界,廒凡三十有七,以下止平粜仓。皆受浙右苗纲,经常和籴公田桩积等米,以供朝廷科支及大农宣限给饷。凡诸军、诸司、三学与百司雇募诸局、工役等皆给焉。省仓下界,在东仓铺,并于绍兴八年。旧址极广袤。景定三年,朝廷给缗钱更修,乃析三之二建廒,屋八十而垣,其余废屋地于外。丰储仓,在仁和县侧仓桥东。绍兴初徙仁和县治,以其址为北省仓。乾道五年,更今名。景定四年,以公田租浩瀚,诸仓不足以受,乃诏即丰储增创。刑部尚书兼检正洪焘莅。其后,咸淳二年八月成,为廒百。厅事刻孝宗皇帝御书'匪懈'二大字为扁。……咸淳仓,在东青门内后军寨北。咸淳四年,朝廷议建廪,增贮公田岁入之米,乃

---

① 宋・李心传《建炎以来系年要录・绍兴二十六年三月至五月》第三册,上海:上海古籍出版社1992年版,第425页。
② 元・马端临《文献通考・国用考二》,杭州:浙江古籍出版社1988年版,第237页。
③ 元・脱脱等《宋史・太宗纪二》,北京:中华书局1985年版,第76页。
④ 元・脱脱等《宋史・食货志上四》,北京:中华书局1985年版,第4276页。

捐钱买琼华废圃,益以内酒库柴炭屋地,命临安守潜说友创建。凡为廒百,为间五百有二,为米六百万石。"①徐松根据宋代档案记载道:"据本寺状,昨在京日,系一十七仓,分立上中下界。逐界各拘三四仓,受纳粮斛及一百五十万石为界。候及数排立,以次界受纳,前界止是守支。今来行在省仓,系每仓差监官二员,二年成任,止在本仓受纳给遣,是致混杂色额。今此仿旧日,随宜措置,将三仓分定米斛色额,专一受纳支遣。一欲乞将上色白苗米,并分拨赴南仓就用,南仓监专受纳支充上界。其米系充宰执、侍从、管军、职事官、宗室、百官、省、台、寺、监等禄粟支遣。一欲将次色苗米,分拨东、北仓卸纳,令北仓监官二员,就本仓专副专一管干受纳给遣。上件米斛充中界,更不许干预别界米斛。其次色苗米,系充班直、皇城亲事官、辇官、五军等口食支遣。一欲将糙米分东、北仓卸纳,令东仓监官二员,就本仓专副专一管干,受纳给遣。上件糙米充下界,即不许干预别界米斛。其米系充五军月粮、三衙、厢禁军、诸司库务等口食月粮支遣。"②省仓三界中的南仓接受上等的优质米,主要负责供应皇家宗室和朝廷文武百官等;北仓接受次一等的大米,主要供应京城守备人员等;东仓大米最次,主要供应驻扎在杭州周边的士兵等。

其二,各粮仓虽有不同的职能,但又不是绝对,时常会出现功能交叉的现象。仅以丰储仓为例,宋理宗赵昀宝庆元年(1225),"出丰储仓米八万石赈临安贫民"③;宝庆三年(1227),"甲辰,以雪寒籴贵,出丰储仓米七万石以纾民"④;宋理宗淳祐七年(1247),"出丰储仓米三十万石以平籴价"⑤;宋度宗赵禥咸淳六年(1270),"诏台州发义仓米四千石并发丰储仓米三万石,振遭水家"⑥;宋理宗宝祐元年(1253),"温、台、处三郡大水,诏发丰储仓米并各州义廪振之"⑦。义廪是义仓的别称。史称:"太祖承五季之乱,海内多事,义仓浸废。乾德初,诏诸州于各县置义仓,岁输二税,石别收一斗。"⑧乾德(963—967)是宋太祖赵匡胤的年号。杭州各县的义仓与丰储仓一道承担了赈灾的功能。

其三,粮仓的规模巨大,构成了庞大的仓储系统。吴自牧记载道:"丰储仓,……成廒百眼。丰储西仓,……其廒五十九眼。端平仓,……有廒五十六眼。淳祐仓,……有廒一百眼。平籴仓,在仙林寺东,创以储临安米,今农米皆入焉。咸淳仓,……建仓廒一百眼,岁贮公田

---

① 宋·潜说友《咸淳临安志·行在所录》,《四库全书》第490册,上海:上海古籍出版社1987年版,第103—105页。
② 清·徐松《宋会要辑稿·食货六二之一五》,北京:中华书局1957年版,第5956页。
③ 清·毕沅《续资治通鉴·宋纪一百六十三》,北京:中华书局1957年版,第4434页。
④ 清·毕沅《续资治通鉴·宋纪一百六十四》,北京:中华书局1957年版,第4467页。
⑤ 清·毕沅《续资治通鉴·宋纪一百七十二》,北京:中华书局1957年版,第4688页。
⑥ 元·脱脱等《宋史·度宗纪》,北京:中华书局1985年版,第905页。
⑦ 元·脱脱等《宋史·理宗纪三》,北京:中华书局1985年版,第848页。
⑧ 元·脱脱等《宋史·食货志上四》,北京:中华书局1985年版,第4275页。

米六百万余石。"①省仓三界各储米一百五十万石,咸淳仓储米六百万石。除了平籴仓不知有多大的规模外,丰储仓、淳祐仓与咸淳仓的规模大体相当。其中,丰储西仓与端平仓合在一起超过了咸淳仓的规模。如果说杭州仓廒储粮的规格统一的话,那么,从咸淳仓"仓廒一百眼,岁贮公田米六百余万石"一语可以推断,杭州仓廒每眼可贮藏六万石粮食。从丰储仓"廒百眼",淳祐仓"廒一百眼"、丰储西仓"廒五十九眼"、端平仓"廒五十六眼"、咸淳仓"仓廒一百眼"等仓储情况看,可知丰储仓、淳祐仓、咸淳仓等三仓是杭州最大的粮仓。不过,淳祐仓、咸淳仓的规模虽然与丰储仓相当,但因建造时间晚,故在粮食保障方面没有丰储仓的作用大。

其四,粮仓粮食的输出和输入有严格的管理制度。宋代建立了一套完整的粮食安全的仓廪制度,除了严格区别各个仓廪的功能外,还有严密的管理机构和一套完整的管理制度。马端临指出:"宋诸仓,京城有船般仓、税仓、中仓。总二十五名监官,每界二人,以京朝官及三班使臣充。元丰后,二十五仓属司农。官吏军兵禄食,凡纲运受纳及封桩支用,月具报数,以报司农。"②除了有专门的官员负责管理粮仓外,还设立了监官制度即监察制度。宋神宗赵顼元丰(1078—1085)以后,粮仓划归司农管辖。凡粮仓受纳、支用均采取每月一报的管理制度。在这一过程中,即使是封桩的粮食也不能例外。所谓封桩是指将粮仓按规定支付后,剩余的粮食必须封存起来,以备急用。采取月报的方法后,进一步严格了粮食输入和输出的管理制度,有效地堵塞了管理中的漏洞。南宋,在北宋仓廪制度的基础上进一步加强了制度管理。具体地讲,实行监官、监门官制度,建立专门的核查制度和官员考核制度。史称:"丰储仓所,置监官二员,监门官一员。初,绍兴以上供米余数,桩管别廪,以为水旱之助,后又增广收籴。淳熙间,命右司为之提领,后以属检正,非奉朝廷指挥不许支拨。别置赤历,提领官结押,不许衮同司农寺收支经常米数。凡外州军起到桩管米,从司农寺差官盘量,据纳到数报本所桩管。监官、监门官遇考任满,所属批书外,仍于本所批书,视其有无欠折,以定其功过。"③马端临亦指出:"中兴后,又有丰储仓。初,绍兴以上供米余数桩管别廪,以为水旱之助,后益增广收籴,置监官二员,监门官一员。淳熙间,命右司为之提领,后以属检正。非奉朝廷指挥,不许支拨。凡外州军起到桩管未,从司农寺差官盘量,据纳到数报本所桩管。"④在实行监官制度的基础上,配置监门官,以强化粮食入仓和出仓的管理工作。所谓"别置赤历",是指管辖粮仓的上级机关备有另外一本记载粮仓出入情况的账本,根据这一账本可方便随时核查粮仓的入库和出库情况。为防止粮仓监官与管理粮仓的官员相互勾结、徇私舞

---

① 宋·吴自牧《梦粱录·诸仓》,上海:商务印书馆1939年版,第78—79页。
② 元·马端临《文献通考·职官考十》,杭州:浙江古籍出版社1988年版,第508页。
③ 元·脱脱等《宋史·职官志五》,北京:中华书局1985年版,第3906页。
④ 同②。

弊，宋代统治者采取了一系列的措施。徐松指出："今来行在省仓，系每仓差监官二员，二年成任。"①除了对粮仓监官采取两年一任的轮岗制度外，还制定了专门针对监官、监门官任满离任时的考核制度。在这一过程中，监官、监门官任满离职时除了要有上级机关出具的"批书"外，还要有粮仓管理官员出具的"批书"。粮仓出具"批书"主要是从考察该监官在粮仓工作期间"有无欠折"的情况入手，来"定其功过"，进而为其调任或升迁提供参考。此外，粮食出仓有一套严格的管理制度。如从丰储仓调粮时，通常的惯例是，秋收后必须补进新粮，以保持粮仓恒定的储蓄。如宋孝宗赵昚淳熙十五年（1188），司农寺上疏："丰储仓初为额一百五十万石，不为不多，然积之既久，宁免朽腐！异时缓急，必失指拟。宜相度每岁诸州合解纳行在米数及诸处坐仓收籴数，预行会计，以俟对兑。不尽之数，如常平法，许其于陈新未接之时，择其积之久者尽数出粜，俟秋成日尽数补籴，则是五十万石之额，永无消耗，此亦广蓄储之策也。"②又如咸淳元年（1265），"有旨丰储仓拨公田米五十万石付平籴仓，遇米贵平价出粜"③。丰储仓虽有平易粮价的功能，但并不是说出仓的粮食就可以直接进入粮食市场，在出仓的过程中，需要将其先划拨到平籴仓，然后才能从平籴仓进入粮食市场。这一举措虽然增加了流通时的环节，但表明调粮是件极为慎重的事，必须层层把关。综上所述，南宋在北宋的基础上建立了一套更为严密的粮仓管理制度。

其五，大部分的粮仓集中在杭州北门（余杭门）和东门（东青门）一带。从周淙《乾道临安志》、潜说友《咸淳临安志》、吴自牧《梦粱录》等记载中当知，建在北门一带的粮仓有省仓上界、省仓中界、省仓下界、丰储西仓、端平仓、淳祐仓等，建在东门（东青门）内外的有丰储仓、咸淳仓、平籴仓等。其中，省仓中界与丰储仓有过仓址互换的经历。

杭州粮仓集中在北门和东门一带是必然的。其一，漕运方向改变后，依托运河进行漕运的原则没有变。杭州水门集中在杭州城的北面和东面，漕粮输入杭州，需要在水陆交通方便的地方建仓。其二，输往杭州的漕粮，大部分来自浙西以远的江南各地。本着就近入仓和方便运输的原则，把粮仓建在北门是最佳的选择。吴自牧记述杭州北门运道的情况时写道："城北门者三：曰天宗门，曰余杭水门，曰余杭门，旧名北关是也。盖北门浙西、苏、湖、常、秀，直至江、淮诸道，水陆俱通。"④杭州北门共有三座，其中两座是水门。天宗门是天宗水门的省称。北门一带的运河不但直通江淮，而且还与城里的运河相连，因此成为杭州与江淮联系的重要通道，同时也是江南漕粮入杭的最近点。其三，长期以来，南宋一直面临着北方政权的威胁。正因为如此，加强杭州粮仓建设乃成为当务之急。然而，如果粮仓全部建在北门的

---

① 清·徐松《宋会要辑稿·食货六二之一五》，北京：中华书局1957年版，第5956页。
② 清·毕沅《续资治通鉴·宋纪一百五十一》，北京：中华书局1957年版，第4046页。
③ 元·脱脱等《宋史·食货志上六》，北京：中华书局1985年版，第4344页。
④ 宋·吴自牧《梦粱录·杭州》，上海：商务印书院1939年版，第51页。

话，万一北门失守，带来的后果将不堪设想。因此，需要选择新的地点建立粮仓。从地理位置上看，杭州的南面是皇宫，西面没有密集的水上交通网络，受条件的限制，粮仓只能选择在东门一带，即不可能在城南和城西建仓。此外，东门有四通八达的运河网络，与北面的水门相通。吴自牧记载道："咸淳仓前曰咸淳仓桥，元名东桥。御酒库东曰塌坊桥。仙林寺东曰仙林寺桥。平籴仓北曰西桥。丰储仓后曰葛家桥，东曰通济桥，俗名梅家桥。御酒库北曰小梅家桥。通济桥北曰田家桥，次曰普济桥。白洋池前曰白洋池桥，次曰方家桥。自大河直通天宗水门，至三闸也。"①"大河"是杭州城中的一条运河。宋代施谔记述其流向时写道："南自都亭驿，直至天宗水门。"②潜说友亦记道："南自登平坊内石桥起，直至天宗水门。"③都亭驿是"都亭驿桥"之省称，又称"六部桥"；潜说友注"登平桥"云："登平坊内。"④据此，"登平坊内石桥"实为登平桥。吴自牧记载道："盐桥运河。南自碧波亭州桥，与保安水门里横河合。过望仙桥，直北至梅家桥，出天宗水门；一派自仁和仓后葛家桥天水院桥淳祐仓前出余杭水门水道。"⑤据《咸淳临安志·疆域六》中的记载，州桥是大河自南向北经过的第四座桥，盐桥是自南向北经过的第二十座桥。因此，大河或为盐桥运河的一部分，或是盐桥运河的别称。东门运河与北门运河相连既沟通了杭州城里的各条运河，同时也为漕粮的输入和输出提供了极大的方便，进而起到了完善杭州粮仓布局的作用。

---

① 宋·吴自牧《梦粱录·大河桥道》，上海：商务印书馆1939年版，第52页。
② 宋·施谔《淳祐临安志·城府》，中华书局编辑部编《宋元方志丛刊》第四册，北京：中华书局1990年版，第3282页。
③ 宋·潜说友《咸淳临安志·疆域六》，《四库全书》第490册，上海：上海古籍出版社1987年版，第242页。
④ 同③。
⑤ 宋·吴自牧《梦粱录·城内外河》，上海：商务印书馆1939年版，第105页。

第五章　南宋时期杭州商贸兴盛的原因

杭州地处大运河南尾,濒临钱塘江,又与通往明州(在今浙江宁波)的浙东运河相连。晋室南渡后,许多世家大族侨居在离杭州不远的山阴(在今浙江绍兴),给杭州带来了新的发展机遇。隋代整修江南运河后,杭州出现了"自唐李泌始引湖水作六井,然后民足于水,井邑日富,百万生聚待此而后食"①的局面。宋室南渡后,杭州凭借交通上的优势获得了进一步发展的空间。吴自牧描述杭州水上交通时写道:"下塘,自河南天宗水门,接沿桥运河余杭水门,接城中小河、清湖河两河,合于北郭税务前,由清湖堰闸至德胜桥,与城东外沙河、菜市河、泛洋湖相合,分为两派:一由东北上塘,过东仓新桥,入大运河,至长安闸,入嘉兴路运河;一由西北过德胜桥,上北城堰,过江涨桥、喻家桥、北新桥以北,入安吉州界下塘河。"②宋神宗熙宁(1068—1077)以后,从朝鲜到国内的航线由登州(在今山东蓬莱)改到明州。如李焘指出:"天圣以前,使由登州入;熙宁以来,皆由明州,言登州路有沙碛,不可行。其自明州还,遇便风,四日兼夜抵黑山,已望其国境;自黑山入岛屿,安行便风,七日至京口;陆行两驲至开州。"③经此,杭州在海外贸易中的地位进一步提升。

第一节　临安社会经济发展情况

南宋,杭州的社会经济呈现出跳跃性发展的势态。楼钥写道:"钱塘古都会,繁甲于东南。高宗南巡,驻跸于兹,历三朝五十余年矣,民物百倍于旧。"④耐得翁写道:"圣朝祖宗开国,就都于汴,而风俗典礼,四方仰之为师。自高宗皇帝驻跸于杭,而杭山水明秀,民物康阜,

---

① 宋·苏轼《杭州乞度牒开西湖状》,曾枣庄、舒大刚主编《三苏全书·苏轼文集》第12册,北京:语文出版社2001年版,第66页。
② 宋·吴自牧《梦粱录·城内外河》,上海:商务印书馆1939年版,第106页。
③ 宋·李焘《续资治通鉴长编·神宗元丰六年》,北京:中华书局2004年版,第8164页。
④ 宋·楼钥《钱塘县官厅壁记》,宋·潜说友《咸淳临安志·官寺三》,《四库全书》第490册,上海:上海古籍出版社1987年版,第570页。

视京师其过十倍矣。虽市肆与京师相侔,然中兴已百余年,列圣相承,太平日久,前后经营至矣,辐辏集矣,其与中兴时又过十数倍也。"①吴自牧亦写道:"柳永《咏钱塘》词曰:'参差十万人家。'此元丰前语也。自高庙车驾自建康幸杭,驻跸几近二百余年,户口蕃息,近百万余家。杭城之外城,南西东北各数十里,人烟生聚,民物阜蕃,市井坊陌,铺席骈盛,数日经行不尽,各可比外路一州郡,足见杭城繁盛耳。"②杭州的经济总量领先于全国始于北宋,宋高宗驻跸后,杭州经济又上了一个台阶。

如果以楼钥、耐得翁、吴自牧的论述为依据的话,那么,杭州社会经济的发展主要有四个节点:第一个节点发生高宗驻跸杭州之时,第二个节点发生在杭州成为行都后的第五十年,第三个节点发生在杭州成为行都后的第一百年,第四个节点发生在南宋被元朝灭亡的前夜。在这四个节点中,高宗、孝宗、理宗、度宗等四朝是杭州经济走向繁荣,实现跳跃性发展的关键期。

杭州是一个商贸城市,宋代降低商业税收,即推行有利于商品流通的政策是杭州经济发达的首要原因。追溯征收商税的历史,唐代税收有逐年提高的趋势,特别是安史之乱后,因国家财政紧张,建中三年(782),唐德宗采取了加重商税的政策。这一时期,商人除了要缴相关的商业税收外,税后所得的钱财还要继续上税。史称:"德宗时,赵赞请诸道津会置吏阅商贾钱,每缗税二十,竹木茶漆税十之一,以赡常平本钱。帝纳其策。属军用迫蹙,亦随而耗竭,不能备常平之积。"③这一行为严重地挫伤了商人的积极性,起到了阻碍商品流通的作用。

与唐代相比,宋代的商业税收显然要低得多。史称:"宋太祖皇帝建隆元年,诏所在不得苛留行旅赍装,非有货币当算者,无得发篋搜索。又诏榜商税则例于务门,无得擅改更增损及创收。"④马端临引陈止斋语云:"此薄税敛初指挥也。恭惟我艺祖开基之岁,首定商税则例,自后累朝守为家法。"⑤降低商业税收是宋代的既定国策。赵匡胤建立宋王朝后,通过颁布减免商税的政策打破了市坊分立的城市布局,为提高商品流通的速度扫清了障碍。进而言之,北宋以前的"重农抑商"政策严重地阻碍了商品流通,北宋实行的商税政策大大地改善了商品流通的环境。史称:"行者赍货,谓之'过税',每千钱算二十;居者市鬻,谓之'住税',每千钱算三十,大约如此。然无定制,其名物各随地宜而不一焉。行旅赍装,非有货币当算者,无得发篋搜索。凡贩夫贩妇细碎交易,岭南商贾赍生药及民间所织缣帛,非鬻于市者皆

---

① 宋·耐得翁《都城纪胜·序》,北京:中国商业出版社1982年版,第1页。
② 宋·吴自牧《梦粱录·塌房》,上海:商务印书馆1939年版,第179页。
③ 元·马端临《文献通考·征榷考一》,杭州:浙江古籍出版社1988年版,第144页。
④ 同③。
⑤ 同③。

勿算。常税名物,令有司件析颁行天下,揭于版,置官署屋壁,俾其遵守。"①这一制度实行后,为杭州经济繁荣创造了必要的条件。

在贯彻北宋商税政策的基础上,南宋统治者为杭州颁布了特别优惠的商贸政策,从而为杭州创造了更好的商贸环境。史称:"高宗建炎元年诏,贩货上京者免税。明年又诏,贩粮草入京抑税者罪之;凡残破州县免竹木、砖瓦税,北来归正人及两淮复业者亦免路税。绍兴三年,临安火,免竹木税。然当时都邑未奠,兵革未息,四方之税,间有增置,及于江湾浦口量收海船税,凡官司回易亦并收税;而宽弛之令亦错见焉,如诸路增置之税场,山间迁僻之县镇,经理未定之州郡,悉罢而免之。又以税网太密,减并者一百三十四,罢者九,免过税者五,至于牛、米、薪、面民间日用者并罢。孝宗继志,凡高宗省罢之未尽者,悉推行之;又以临安府物价未平,免淳熙七年税一年(光、宁以降,亦屡与放免商税,或一年,或五月,或三月。凡遇火,放免竹木之税亦然)。"②

宽松的商税政策不但在孝宗一朝得到了执行,而且是南宋的基本国策。吴自牧记录南宋后期的商税情况时指出:"杭州五税场,自赵安抚节斋申请减放外,一岁共收十八界、会四十二万贯为定额。景定改元以来,朝家务欲平物价,纾宽民力。累降旨蠲免商税,仍令本州具合收税额申省科。咸淳二年二月,又降指挥再免商税五日,以便商贾。自后帅府遵承朝旨,接续展放,蠲免税额,常以五月为期,朝省每五月一次,照本府征额拨一千八界一十七万五千贯文,以补郡费,至今行之。百姓与商贾等人,莫不歌舞,感戴上赐。此历代所罕有也。"③不断地实行减免商税的政策,为杭州商贸创造了良好的流通环境,起到了促进杭州向商贸型城市转型的作用。

杭州是南宋漕运的终端,要保证漕运效率和方便商品流通,需要在杭州及周围建设相应的码头和储存粮食及其他物资的仓库。从建设者的构成看,其中,部分码头和塌房(货物仓库)由朝廷出资兴建,部分码头和塌房由民间投资兴建。如吴自牧记载杭州塌房的情况时写道:"且城郭内北关水门里,有水路周回数里,自梅家桥至白洋湖、方家桥直到法物库市舶前,有慈元殿及富豪内侍诸司等人家于水次起造塌房数十所,为屋数千间,专以假赁与市郭间铺席宅舍、及客旅寄藏货物,并动具等物,四面皆水,不惟可避风烛,亦可免偷盗,极为利便。盖置塌房家,月月取索假赁者管巡廊钱会,顾养人力,遇夜巡警,不致疏虞。其他州郡,如荆南、沙市、太平州、黄池皆客商所聚,虽云浩繁,亦恐无此等稳当房屋矣。"④杭州塌房的基本特点有四:一是有官营和民营之分,即分别由官府和民间出资兴建;二是有专人守护,可避风雨火烛,可防偷盗;三是

---

① 元·脱脱等《宋史·食货志下八》,北京:中华书局1985年版,第4541页。
② 同①,第4546—4547页。
③ 宋·吴自牧《梦粱录·免本州商税》,上海:商务印书馆1939年版,第171页。
④ 宋·吴自牧《梦粱录·塌房》,上海:商务印书馆1939年版,第179页。

以盈利为目的,追求商业利益的最大化;四是依水而建,以码头为依托。正因为如此,塌房有就近集散和提高商品流通速度的优势,受到行商和坐商的欢迎。

在历史的进程中,杭州建造塌房的区段逐步发展为商品交易的重要场所。当行商与坐商围绕码头及货仓展开商贸活动时,这些场所及地区势必要形成新的集市。经过一百多年的发展,由塌房而兴盛起来的集市开始成长为拱卫杭州的卫星城镇。南宋程珌记载道:"粤自东幸,于今百年。钱塘版籍百倍往昔。南北二厢设于关外,而分任之地皆六七十里。顾南厢所统,尤为延衺,北至艮山,南底南荡。五方杂居,水陆互市。国家封疆万里,多在西南。若衣冠之朝紫宸,琛贡之入太府,皆休车弭担于江皋。用是人滋众,事滋伙。"①货物从码头上岸进入塌房后,一方面给商人以安全感,另一方面也给更多的人创造了就业的机会。

与杭州城相连的市镇有浙江、北郭等十五个。史称:"杭州有县者九,独钱塘、仁和附郭,名曰赤县,而赤县所管镇市者一十有五,且如嘉会门外名浙江市,北关门外名北郭市、江涨东市、湖州市、江涨西市、半道红市,西溪谓之西溪市,惠因寺北教场南曰赤山市,江儿头名龙山市,安溪镇前曰安溪市,艮山门外名范浦镇市,汤村曰汤村镇市,临平镇名临平市,城东崇新门外名南土门市,东青门外北土门市。今诸镇市,盖因南渡以来,杭为行都二百余年,户口蕃盛,商贾买卖者十倍于昔,往来辐辏,非他郡比也。"②这些著名的市镇大部分集中在杭州的城北和城南。其中,一些市镇从默默无闻的乡村成为繁华的市镇与码头塌房建设紧密相关。进而言之,以运河为依托,码头塌房扩大了杭州的商贸活动范围。由于许多商人喜欢到码头塌房区段就地交易,经过长期的发展,这些地区开始成为商品经济十分活跃的场所,并在此基础上形成了新的商业街区,进而成为杭州城外的卫星城镇。

杭州城外的塌房主要集中在城南和城北。出现这样的情况,主要是因为这两个区域是城内运河与城外运河的交汇处。在此进行交易可以提高效率,加快商品及资金周转的速度,具体地讲,城南与钱塘江相连,具有优先接受浙东地区及海外商品及货物的能力。吴自牧记录道:"其浙江船只,虽海舰多有往来,则严、婺、衢、徽等船,多尝通津买卖往来,谓之'长船等只',如杭城柴炭、木植、柑桔、干湿果子等物,多产于此数州耳。明、越、温、台海鲜蟹鲞腊等类,亦上潬通于江、浙。但往来严、婺、衢、徽州船,下则易,上则难,盖滩高水逆故也。江岸之船甚伙,初非一色:海舶、大舰、网艇、大小船只、公私浙江渔浦等渡船、买卖客船,皆泊于江岸。盖杭城众大之区,客贩最多,兼仕宦往来,皆聚于此耳。"③城北与江南运河直接相通,经过长期的经营,沿岸形成了与城内运河相通的货运码头。这些码头作为商品及货物集散中

---

① 程珌《城南厢厅续记》,宋·潜说友《咸淳临安志·官寺二》,《四库全书》第490册,上海:上海古籍出版社1987年版,第569页。
② 宋·吴自牧《梦粱录·两赤县市镇》,上海:商务印书馆1939年版,第111页。
③ 宋·吴自牧《梦粱录·江海船舰》,上海:商务印书馆1939年版,第108—109页。

心,一头联系浙东以远的地区,一头联系浙西以远的江淮地区。在以杭州为货源基地或中转站时,加快了商品流通,造就了杭州商业上的繁荣。所谓"临安古都会,引江为河,支流于城之内外,交错而相通,舟楫往来,为利甚博"①,"行都左江右湖,河运通流,舟船最便"②,从一个侧面道出了杭州商贸与运河及塌房的依托关系。在这一过程中,杭州以城内运河和城外运河为交通运输网络,以城市及卫星城镇为商贸活动的场所及向外辐射的触角,壮大了城市的规模。

第二节 临安工商业与农业经济发展情况

杭州成为繁华的工商业城市是从农村经济结构开始的。杭州地区一向有良好的农业生产条件,在水稻种植向多种经营转变的过程中,以经济作物为后盾的农产品市场与手工业市场拧结在一起,提升了杭州作为商贸中心的竞争力,主要表现在两个方面:一方面,农业种植结构上的调整为农产品的商业化提供了必要的支撑;另一方面,经济作物种植面积的扩大又为手工业的发展提供了充足的生产资料。具体地讲,地处江南腹地的杭州一向以水稻种植为主,在农产品商品化的进程中,杭州生产的豆类达十九种之多,其中包括大黑、大紫、大白、大黄、大青、大褐、白扁、黑扁、白小、赤小、菉、小红、楼子菉、白江、青豌、白豌、白眼、刀、羊眼等十九个品种③。这些品种极大地丰富了杭州市场。又如杭州种植甘蔗,时有"仁和、临平、小林地多种之,以土窖藏至春夏,可经年其味不变"④之说。甘蔗在市场上销售,丰富了杭州的消费市场。

不过,与种植豆类、甘蔗相比,在杭州经济作物的种植中,最富有特色的是种植桑树即经营桑园。杭州有悠久的种桑养蚕的历史,宋代曾出现"蚕一年八育"⑤的盛况。在这样的背景下,以种桑为先导,桑蚕业为杭州丝织业提供了充足的生产资料。潜说友记录杭州丝绸生产的情况时写道:"绫(白文公诗:'红袖织绫夸柿蒂'。注云:'杭州出柿蒂花者为佳,内司有狗蹄绫尤光严可爱')罗(有花素二种。结罗染丝织者名,熟线罗尤贵)锦(内司街坊所织,以

---

① 宋·李心传《建炎以来系年要录·绍兴八年十一月》第二册,上海:上海古籍出版社1992年版,第664页。
② 宋·耐得翁《都城纪胜·舟船》,北京:中国商业出版社1982年版,第14页。
③ 宋·潜说友《咸淳临安志·风土》,《四库全书》第490册,上海:上海古籍出版社1987年版,第619页。
④ 同③,第621页。
⑤ 宋·吴泳《鹤林集·隆兴府劝农文》,《四库全书》第1176册,上海:上海古籍出版社1987年版,第383页。

绒背为贵)刻丝(有花素二种。择丝织者故名)杜绛(又名起线。)鹿胎(次者为透背。皆花纹突起,色样不一)绛丝(染丝所织有织金、闪褐、间道等类)纱(机坊所织。有素纱、天净、三法、新翻、粟地纱)绢(机坊多织唐绢,幅狭而机密,画家多用之)绵(土产以临安、于潜白而丽密者为贵)䌷(有绩绵、绩线,为之者谓之绵线䌷。土人贵此)。"①

　　潜说友叙述杭州丝织业的基本情况时两次提到"机坊",一次提到"内司街坊所织"。从其记录中当知机坊已在杭州出现。宋理宗宝庆三年(1227)正月,钱时叙述其师杨简的生活经历时提到了"机户"一词,从机户"手织绵字为大帷"②的情况看,当知南宋的丝织业十分发达,并开始摆脱以一家一户为基本生产单位的家庭纺织结构。元代,杭州相安里出现了"杼机四五具,南北向列,工十数人,手提足蹴"③的丝织作坊,结合潜说友提到的"机坊"及"内司街坊所织"等情况看,当知,南宋杭州机坊的规模虽然不大,但已采用集中生产的方式。机坊出现在杭州的意义有两方面:一是改变了原有的生产方式;二是有了新的经营管理的理念,通过规模生产提高了生产效率,提高了杭州丝织品的竞争能力。

　　杭州生产的丝织品种类繁多,令人眼花缭乱。西湖老人记录杭州"诸行市"的情况时涉及的丝织品的专业市场有丝锦市、生帛市、枕冠市、故衣市、衣绢市等。④ 这些市场与丝织业相互配合,极大地提高了杭州丝织业的声誉。从另一个层面看,丝织品市场与机坊的有机结合,为杭州成为最有生气的商业城市创造了条件。在这一过程中,杭州以工艺精巧、品种繁多的丝织品在商贸交易中占据了优势。明代张瀚指出:"嘉禾边海东,有鱼盐之饶,吴兴边湖西,有五湖之利。杭州其都会也。山川秀丽,人慧俗奢,米资于北,薪资于南,其地实啬而文侈。然而桑麻遍野,茧丝绵苎之所出,四方咸取给焉。"⑤以运河为主要交通工具,琳琅满目的丝织品成为杭州对外经济交往的支柱产业。杭州有强烈的商业氛围,这一氛围强化了杭州百姓的经商意识,主要表现在两个方面。

　　其一,在商业氛围的熏染下,经商开始成为人们的自觉行动。吴自牧记载道:"大抵杭城是行都之处,万物所聚,诸行百市,自和宁门杈子外至观桥下,无一家不买卖者。"⑥又记道:

---

① 宋·潜说友《咸淳临安志·风土》,《四库全书》第490册,上海:上海古籍出版社1987年版,第619—620页。
② 宋·钱时《宝谟阁学士正奉大夫慈湖先生行状》,宋·杨简《慈湖遗书·附录》,《四库全书》第1156册,上海:上海古籍出版社1987年版,第938页。
③ 明·徐一夔《始丰稿·织工对》,《四库全书》第1229册,上海:上海古籍出版社1987年版,第142页。
④ 宋·西湖老人《西湖老人繁胜录》,北京:中国商业出版社1982年版,第18页。
⑤ 明·张瀚《松窗梦语·商贾纪》(元明史料笔记丛刊)(盛冬铃点校),北京:中华书局1985年版,第83页。
⑥ 宋·吴自牧《梦粱录·团行》,上海:商务印书馆1939年版,第112页。

"自大街及诸坊巷,大小铺席,连门俱是,即无虚空之屋。每日侵晨,两街巷门,浮铺上行,百市买卖,热闹至饭前,市罢而收。盖杭城乃四方辐辏之地,即与外郡不同。所以客贩往来,旁午于道,曾无虚日。至于故楮羽毛,皆有铺席发客,其他铺可知矣。其余坊巷桥道,院落纵横,城内外数十万户口,莫知其数。处处各有茶坊、酒肆、面店、果子、彩帛、绒线、香烛、油酱、食米、下饭鱼肉鲞腊等铺。盖经纪市井之家,往往多于店舍,旋买见成饮食,此为快便耳。"① 这些街坊经过有意识地改造形成了前店铺、后居住的格局。为适应商贸活动的需要,杭州还出现了专营金银、钱钞、盐引、珠宝、质库(当铺)的商业街区。吴自牧指出:"杭州大街,自和宁门权子外,一直至朝天门外清河坊,南至南瓦子,北谓之'界北'。中瓦子前,谓之'五花儿中心'。自五间楼北,至官巷南街,两行多是金银盐钞引交易,铺前列金银器皿及现钱,谓之'看垛钱',此钱备准榷货务算清盐钞引,并诸作分打钑炉鞴,纷纭无数。自融和坊北,至市南坊,谓之'珠子市',如遇买卖,动以万数。又有府第富豪之家质库,城内外不下数十处,收解以千万计。"②除普通市民参与经商外,许多士人也加入经商的行列,乃至于出现了"本地止以商贾为业,人无担石之储"③的局面,甚至形成了"杭民半多商贾"④的局面。

其二,杭州市民的商业活动加快了农产品商业化的进程。潜说友在《咸淳临安志》中记载道:"城东横塘一境,种菜最美。谚云:东菜、西水、南柴、北米。"⑤周必大到杭州后根据所见亦记录道:"车驾行在临安,土人谚云:'东门菜,西门水,南门柴,北门米。'盖东门绝无民居,弥望皆菜园。"⑥在长期的发展中,杭州逐步形成了住在东门一带的百姓专门从事蔬菜种植,向城中居民提供蔬菜,所以在杭州东门一带出现了商业化的蔬菜种植基地;西门一带专门经营饮用水,向城中居民供应生活用水;北门一带专门种植大米,向城中居民专门供应大米,所以杭州北门一带发展成大米生产基地;南门一带专门经营木柴,向城中居民专门供应生活用柴。这一分工从一个侧面说明了在都市化的进程中商品消费的范围呈现出不断扩大化的趋势。在这一过程中,分工与合作创造了良好的经商环境。

杭州人口的快速增长提升了杭州城整体的消费能力,个体消费能力的增长从整体上

---

① 宋·吴自牧《梦粱录·铺席》,上海:商务印书馆1939年版,第114页。
② 同①,第112—113页。
③ 明·王士性《广志绎·江南诸省》(元明史料笔记丛刊)(吕景林点校),北京:中华书局1981年,第69页。
④ 清·郑沄修,邵晋涵纂《乾隆杭州府志·风俗》,《续修四库全书·史部》第702册,上海:上海古籍出版社2002年版,第361页。
⑤ 宋·潜说友《咸淳临安志·风土》,《四库全书》第490册,上海:上海古籍出版社1987年版,第620页。
⑥ 宋·周必大《二老堂杂记》,《四库全书》第1149册,上海:上海古籍出版社1987年版,第54页。

提升了杭州的消费能力和水平,同时也为杭州成为商贸活动的中心提供了必要的条件。南宋,杭州人口增长可分为南渡初、南渡五十年、南渡一百年等三个高峰期。南渡初年,北方士民流入杭州,使城市人口迅速地增长。如陆游指出:"大驾初跸临安,故都及四方士民商贾辐辏。"[1]此后的五十年和一百年,因社会稳定、经济发展,杭州人口进入高速增长期。从大的方面讲,人口的快速增长势必要扩大城市规模和扩大购买力。购买力扩大后,势必要带来更多的消费需求。

优惠的商贸政策与杭州社会各阶层的经商热情拧结在一起,成为获取商业利润回报的动力。反过来,丰厚的商业回报通过再投入又扩大了商业市场及手工业市场的规模。商品流通的关键是消费,为扩大杭州的消费市场,商人除了经营日常生活必需品之外,还将目光放到了经营高档的奢侈品方面。然而,奢侈品的消费毕竟是少数人的事情,如何引导和进入大众的消费市场呢?这一时期,文化消费市场的兴起动摇了传统消费的模式,开始将精神需求纳入消费的范围之中。具体地讲,当社会成员的个人财富有了一定的积累时,势必要从日常的必需消费中走出来,提出文化消费的需求。或许正因为如此,商人开始把文化消费作为商品消费的新增长点。其中,最著名的娱乐场所是瓦舍[2]、勾栏。瓦舍是娱乐场所,类似于后世的剧场。勾栏也是娱乐场所,类似露天剧场。杭州瓦舍密布城里城外。吴自牧声称"杭之瓦舍,城内外不下有十七处"[3]。西湖老人称:"城外有二十座瓦子,钱湖门里,勾栏门外瓦子、嘉会门外瓦、候朝门瓦、小堰门瓦、四通馆瓦、新门瓦、荐桥门瓦、菜市门瓦、艮山门瓦、朱市瓦、旧瓦、北关门新瓦、钱塘门外羊坊桥瓦、王家桥、行春桥瓦、赤山瓦、龙山瓦。余外尚有独勾栏瓦市。"[4]周密称杭州有二十三座瓦子,又指出:"北瓦、羊棚楼等,谓之'游棚'。外又有勾栏甚多,北瓦内勾栏十三座最盛。"[5]杭州瓦舍的数量和规模均超过北宋京城大梁的瓦舍。这里透露的信息是,建设一座瓦舍需要投入资金。在这一过程中,商人投入资金建设瓦舍,其目的自然是为了获得更大的商业回报。瓦舍是表演百戏、伎艺、角抵、杂剧、说话、小说、讲经、讲史等的场所,其服务对象是市民阶层及社会下层。当瓦舍成为杭州十分重要的娱乐场所时,事情本身就说明了文化消费已成为杭州商业活动的重要组成部分,同时也表明杭州在向商贸城市转型的过程中,消费已出现多元化的势态。

---

[1] 宋·陆游《老学庵笔记》,《陆放翁全集》上册,北京:北京市中国书店1986年版,第52页。
[2] 两宋时期,瓦舍有瓦肆、瓦子、瓦市、瓦舍等称谓。
[3] 宋·吴自牧《梦粱录·瓦舍》,上海:商务印书馆1939年版,第178页。
[4] 宋·西湖老人《西湖老人繁胜录·瓦市》,北京:中国商业出版社1982年版,第17页。
[5] 宋·周密《武林旧事·瓦子勾栏》,北京:中国商业出版社1982年版,第118页。

在商业及手工业发展的过程中,造船业为繁荣杭州商贸做出了积极的贡献。杭州船业发达,最大的载重量可达五千料①。南宋,指南针广泛应用于航海,提高了杭州造船业的竞争力。造船业属于生产制造的下游企业,具有接受上游产品的能力。杭州官营船场有东青门外和荐桥门外等两处。东青门外的船场"藏教练忠节水军船只"②,主要建造兵船。与之相应,荐桥门外的船场主要建造非军事用途的各类船只。船场附近有与之配套的铸冶场、铁场、抽解竹木场、交木场等③,故又有"铁场、炭场、船场、铸冶场,在东青门外北"④之说。杭州造船业的迅速崛起,带动了当地各类手工业的发展。造船业位于相关手工业生产的下游,属于终端制造。正因为这样,造船规模的扩大势必要带动相关手工业超常规模的发展。在这样的背景下,造船业与其他手工业构成的生产链在培育杭州商品经济市场的同时,还起到了加速商品及货物流通的作用。杭州是漂浮在水上的城市,对外的商业往来需要大量的船只。在这一过程中,手工业的生产资料与当地物产及农业经济的多元化有直接的关系。可以说,两者间的互动为杭州商贸的发展提供了动力。杭州生产的民用船只可分为江海船、河船、湖船等三类,根据需要,建造的规格和大小不等:供通商之用的江海船"大者五千料,可载五六百人;中等二千料至一千料,亦可载二三百人"⑤;供游览之用的湖船"有一千料者,约长二十余丈,可容百人。五百料者,约长十余丈,亦可容三五十人。亦有二三百料者,亦长数丈,可容三二十人"⑥;供往来客商搭载的河船"皆是落脚头船,为载往来士贾诸色等人,及搬载香货杂色物件等。又有大滩船,系湖州市搬载诸铺米及跨浦桥柴炭、下塘砖瓦灰泥等物,及运盐袋船只。盖水路皆便,多用船只。如无水路,以人力运之。向者汴京用车乘驾物运。盖杭城皆石板街道,非泥沙比,车轮难行,所以用舟只及人力耳。若士庶欲往苏、湖、常、秀、江、淮等州,多雇舠船、舫船、航船、飞篷等船。……论之杭城辐辏之地,下塘、官塘、中塘三处船只,及航船鱼舟钓艇之类,每日往返,曾无虚日。缘此是行都,士贵官员往来,商贾买卖骈集,公私船只,泊于城北者夥矣。"⑦这些船只穿行于杭州城的内外,提高了杭州水上交通的能力,造就了杭州商贸繁荣的景象。

此外,杭州通江达海,有经营海外贸易的优势。在这中间,运河交通网络的完善与海外

---

① 料为计量单位,一料为一石。五千料当为三百吨。
② 宋·潜说友《咸淳临安志·官寺四》,《四库全书》第490册,上海:上海古籍出版社1987年版,第583页。
③ 同②,第582—586页。
④ 宋·吴自牧《梦粱录·本州仓场库务》,上海:商务印书馆1939年版,第84页。
⑤ 宋·吴自牧《梦粱录·江海船舰》,上海:商务印书馆1939年版,第108页。
⑥ 宋·吴自牧《梦粱录·湖船》,上海:商务印书馆1939年版,第107页。
⑦ 宋·吴自牧《梦粱录·河舟》,上海:商务印书馆1939年版,第109—110页。

贸易拧结在一起,进一步确定了杭州作为商贸中心的地位。吴自牧指出:"浙江乃通江渡海之津道,且如海商之舰,大小不等,大者五千料,可载五六百人;中等二千料至一千料,亦可载二三百人;余者谓之'钻风',大小八橹或六橹,每船可载百余人。此网鱼买卖,亦有名'三板船'。不论此等船,且论舶商之船。自入海门,便是海洋,茫无畔岸,其势诚险。盖神龙怪蜃之所宅,风雨晦冥时,惟凭针盘而行,乃火长掌之,毫厘不敢差误,盖一舟人命所系也。愚累见大商贾人,言此甚详悉。若欲船泛外国买卖,……全凭南针,或有少差,即葬鱼腹。……若商贾止到台、温、泉、福买卖,未尝过七洲、昆仑等大洋。若有出洋,即从泉州港口至岱屿门,便可放洋过海,泛往外国也。"①自指南针发明及用于航海后,为地处钱塘江口的杭州发展海外贸易提供了极大的方便。

综上所述,杭州成为著名的商业都市是由多方面的原因造成的。明代拟话本描述南宋杭州繁华的景象时写道:"原来南渡时,临安府最盛。只这通和坊这条街,金波桥下,有座花月楼,又东去为熙春楼、南瓦子,又南去为抱剑营、漆器墙、沙皮巷、融和坊,其西为太平坊、巾子巷、狮子巷,这几个去处,都是瓦子。"②又描述道,"许宣离了铺中,入寿安坊、花市街,过井亭桥,往清河街后钱塘门,行石函桥过放生碑,径到保叔塔寺。"③对照《武林旧事》《都城纪胜》《西湖老人繁胜录》等文献,当知冯梦龙描述的南宋杭州是有依据的。商贸造就了杭州的繁荣,运河加速了商品流通,正是因为这样的原因,明嘉靖年间(1522—1566)杭州才有可能出现"井屋鳞次,烟火数十万家"④的规模,明万历年间(1573—1620)杭州才有可能一跃成为"城内外列肆几四十里"⑤的大都市。

反过来讲,沿着小说家提供的路线,走进古老的街区,完全可以触摸到南宋时杭州商贸繁荣时的脉搏,甚至可以从地名中找到商业街道串起的从事专业买卖的小巷旧踪,进而了解到杭州一些商业街区的布局。很有意味的是,除杭州以外,许多运河城市同样有抱剑营、漆器墙、沙皮巷、巾子巷等地名。由此可见,当大运河串联起这些运河城市时,这些城市也在商品流通和文化交流中加强了联系。此外,杭州民风淳朴,有勇于接纳外来人口的气度。如吴自牧记载道:"杭城人皆笃高谊,若见外方人为人所欺,众必为之救解。或有新搬移来居止之人,则邻人争借,动事遗献汤茶,指引买卖之类,则见睦邻之义,又率钱物安排酒食以为之贺,

---

① 宋·吴自牧《梦粱录·江海船舰》,上海:商务印书馆1939年版,第108页。
② 明·冯梦龙《古今小说·月明和尚度柳翠》(中国话本大系)(魏同贤校点),南京:江苏古籍出版社1991年版,第433页。
③ 明·冯梦龙《警世通言·白娘子永镇雷峰塔》(冯梦龙全集)(魏同贤校点),南京:江苏古籍出版社1993年版,第419—420页。
④ 明·王士性《广志绎》(元明史料笔记丛刊)卷四(吕景琳点校),北京:中华书局1981年,第69页。
⑤ 上海书店编纂《丛书集成续编·钱塘县志》第48册,上海:上海书店1994年影印,第709页。

谓之'暖房'。朔望茶水往来,至于吉凶等事,不特庆吊之礼不废,甚者出力与之扶持,亦睦邻之道者,不可不知。"①杭州淳厚的世风及以开放和友好的心态接纳外来者,为外来经商者提供了良好的经商环境。

① 宋·吴自牧《梦粱录·民俗》,上海:商务印书馆1939年版,第159页。

第六章　杭州市舶司与海外贸易

市舶司是海外贸易的产物,主要负责商船出入境管理及征收进出口商税,其基本职能与近现代海关相似。

第一节　杭州市舶司的变迁

市舶司初创于唐代。史有"时右威卫中郎将周庆立为安南市舶使"①之说,又有"开元二年十二月,岭南市舶司、右威卫中郎将周庆立、波斯僧及烈等,广造奇器异巧以进"②之说。据此,市舶司应在唐玄宗开元二年(714)以前建立,其机构设在广州。

唐代设市舶司的目的是监管海外贸易,从中获取更多的财赋。如司马光记载道:"有胡人上言海南多珠翠奇宝,可往营致,因言市舶之利。又欲往师子国求灵药及善医之妪,置之宫掖。上命监察御史杨范臣与胡人偕往求之,范臣从容奏曰:'陛下前年焚珠玉、锦绣,示不复用。今所求者何以异于所焚者乎!彼市舶与商贾争利,殆非王者之体。胡药之性,中国多不能知,况于胡妪,岂宜置之宫掖!夫御史,天子耳目之官,必有军国大事,臣虽触冒炎瘴,死不敢辞。此特胡人眩惑求媚,无益圣德,窃恐非陛下之意,愿熟思之。'上遽自引咎,慰谕而罢之。"③此事发生在开元四年(716)。杨范臣所说的"彼市舶与商贾争利,殆非王者之体"的含义是,朝廷不应设置市舶司与商人争利。撇开这点不论,当知唐代市舶司建立的时间很可能发生在唐玄宗一朝以前。

宋代市舶司始建于宋太祖赵匡胤开宝四年(971)。史称:"四年,置市舶司于广州,后又于杭、明州置司。"④因文献缺载,杭州市舶司建立的准确年代不太清楚。从时间上看,应距

---

① 后晋·刘昫等《旧唐书·玄宗纪上》,北京:中华书局1975年版,第174页。
② 宋·王溥《唐会要·御史台下》第二册,北京:中华书局1955年版,第1078页。
③ 宋·司马光《资治通鉴·唐纪二十七》(附考异)(邬国义校点),上海:上海古籍出版社1997年版,第1949页。
④ 元·脱脱等《宋史·食货志下八》,北京:中华书局1985年版,第4558页。

开宝四年这一时段不远。

李焘《续资治通鉴长编·真宗咸平二年》有"令杭州、明州各置市舶司"①语,明确地说杭州、明州市舶司建于宋真宗咸平二年(999)。然周淙叙述杭州市舶司迁往明州的情况时指出:"提举市舶衙,旧在城中,淳化三年四月庚午,移杭州市舶司于明州定海县,以监察御史张肃领之。"②按照这一说法,宋太宗淳化三年(992)以前,杭州市舶司已经建立。明州市舶司则建于淳化三年,即杭州市舶司迁往明州定海县(今浙江宁波定海)时间。这一时间明显地早于李焘所说的时间,那么,李焘与周淙谁说得更准确,需要做进一步的辨析。

李焘与周淙为同时代人,然周淙一度担任杭州知府,同时又是《乾道临安志》的编纂者。与李焘相比,周淙的说法应更为准确。《宋史·石知颙传》云:"淳化中,明州初置市舶司,与蕃商贸易,命知颙往经制之。"③淳化(990—994)是宋太宗赵炅的年号,该年号共使用五年,因此"淳化中"应指淳化三年。以此与"淳化三年四月庚午,移杭州市舶司于明州定海县"相印证,当知明州市舶司于淳化三年四月从杭州整建制搬迁到明州定海。

那么,杭州市舶司是否有更久远的设立时间呢?为此,有必要先对两浙市舶司建立的时间做一些考察。史称:"雍熙中,遣内侍八人赍敕书金帛,分四路招致海南诸蕃。商人出海外蕃国贩易者,令并诣两浙司市舶司请给官券,违者没入其宝货。"④雍熙(984—987)是宋太宗的年号,共四年。据此,两浙市舶司应建于雍熙三年(986)以前。端拱二年(989)五月,宋太宗在诏书中写道:"自今商旅出海外蕃国贩易者,须于两浙市舶司陈牒,请官给券以行,违者没入其宝货。"⑤综合上述两则资料,如果说元人的记载即雍熙三年以前建市舶司不可靠的话,那么,宋代两浙市舶司在端拱二年以前建立当不成问题。

在淳化三年"移杭州市舶司于明州定海县"之前,杭州市舶司是两浙地区建立的唯一的市舶司。这种情况表明,在明州市舶司即淳化三年明州建市舶司之前,设在两浙地区的市舶司只有杭州市舶司一个,因此,两浙市舶司的初指只能是杭州市舶司的别称。当然,这一情况后来发生了变化,即两浙市舶司有更大的包容范围。

在明州市舶司建立以前,以行政区划称谓设在该区划治所的市舶司是普遍现象。具体地讲,太平兴国二年(977),宋太宗"命著作佐郎李鹏举充广南市舶使"⑥;绍兴十四年

---

① 宋·李焘《续资治通鉴长编·真宗咸平二年》,北京:中华书局2004年版,第963页。
② 宋·周淙《乾道临安志·历代沿革》,《四库全书》第484册,上海:上海古籍出版社1987年版,第68页。
③ 元·脱脱等《宋史·石知颙传》,北京:中华书局1985年版,第13625页。
④ 元·脱脱等《宋史·食货志下八》,北京:中华书局1985年版,第4559页。
⑤ 清·徐松《宋会要辑稿·职官四四》第四册,北京:中华书局1957年版,第3364页。
⑥ 同⑤。

(1144)二月十一日,宋徽宗诏书有"福建市舶司差到使司韩全等八人押伴占城进奉人到阙"①语;建炎二年(1128)七月八日,宋高宗诏书有"广南、福建路市舶司"②语。考广南路(今广东、广西等地)、福建路设立市舶司的历史,广州市舶司是宋代在广南路设立的唯一的市舶司,泉州市舶司是在福建路设立的唯一的市舶司。据此可知,"广南市舶司"实际上是广州市舶司别称,"福建市舶司"实际上是泉州市舶司的别称。同理可证,"两浙市舶司"是杭州市舶司的别称。

以行政区划的名称替代设在其治所的市舶司,从侧面反映了该市舶司管理海外贸易的范围。具体地讲,以"两浙市舶司"称谓杭州市舶司,与两浙成为新的行政区划有密切的关系。从历时的角度看,两浙成为行政区划,始于中唐。唐德宗贞元二年(786),"两浙节度使韩滉来朝"③。中唐以前,两浙没有成为行政区划。自设两浙节度使后,两浙开始成为新的行政区划。节度使是唐代镇守一方的军政长官,设立两浙节度使旨在加强对浙西、浙东的控制。然唐代两浙节度使的治所设在何处?无明确文献记载。稍后,钱镠任两浙节度使时,以杭州为两浙节度使的治所,故史有"两浙节度使钱镠进封吴越王"④之说。

赵匡胤建立宋王朝后,行政区划沿用旧有的州级建制。太平兴国三年(978),钱镠"献其两浙诸州"⑤。这一时期,两浙以杭州为政治中心,下辖十三州。至道三年(997),宋太宗将全国的行政区分为十五路。此后有分有合,时至宋神宗元丰年间(1078—1085),全国的行政区划共分二十三路。史称:"至道三年,分天下为十五路,天圣析为十八,元丰又析为二十三:曰京东东、西,曰京西南、北,曰河北东、西,曰永兴,曰秦凤,曰河东,曰淮南东、西,曰两浙,曰江南东、西,曰荆湖南、北,曰成都,曰梓、利、夔,曰福建,曰广南东、西。"⑥在分合的过程中,杭州或为两浙路治所,或为浙西路治所。但从总体上看,分开的时间短,合在一起的时间长。如两浙路初设时,辖杭州、越州、苏州、润州、湖州、婺州、明州、常州、温州、台州、处州、衢州、睦州、秀州、江阴军。熙宁七年(1074),宋神宗分两浙路为浙东、浙西二路,同年又并为两浙路。熙宁九年(1076),两浙复分东、西二路;熙宁十年(1077),再次合并。史称:"两浙路。熙宁七年,分为两路,寻合为一;九年,复分;十年,复合。府二:平江,镇江。州十二:杭、越、湖、婺、明、常、温、台、处、衢、严、秀。县七十九。南渡后,复分临安平江镇江嘉兴四府、安吉常严三州、江阴一军,为西路;绍兴庆元瑞安三府、婺台衢处四州,为东路。"⑦在宋太宗正

---

① 清·徐松《宋会要辑稿·职官三五》第四册,北京:中华书局1957年版,第3068页。
② 清·徐松《宋会要辑稿·职官四四》第四册,北京:中华书局1957年版,第3369页。
③ 后晋·刘昫等《旧唐书·德宗纪上》,北京:中华书局1975年版,第355页。
④ 宋·薛居正等《旧五代史·梁书》,北京:中华书局1976年版,第50页。
⑤ 元·脱脱等《宋史·太宗纪一》,北京:中华书局1985年版,第58页。
⑥ 元·脱脱等《宋史·地理志一》,北京:中华书局1985年版,第2094页。
⑦ 元·脱脱等《宋史·地理志四》,北京:中华书局1985年版,第2173页。

式将全国的行政区划分为十五路之前,宋人所说的"两浙"主要是沿用旧称。至道三年,两浙路成为宋代正式的行政区划。此后,两浙路虽多次析为浙东和浙西两路,但大多数的时间是合在一起。在这中间,杭州作为两浙路的治所,对两浙地区行使行政管理权。在这样的背景下,以"两浙市舶司"称呼杭州市舶司只是为了强调杭州市舶司管辖的范围。

明州及两浙其他地区的市舶司建立以后,两浙市舶司的所指发生了变化。此时,两浙市舶司除了继续指杭州市舶司外,同时还是两浙地区各个市舶司的统称,其中包括在杭州、明州、秀州、温州、江阴等地建立的市舶司。两浙地区先后建立了五个市舶司,其中,秀州市舶司建立的情况最为复杂。如宋代档案记载道:"宣和元年八月四日,又奏:'政和三年七月二十四日圣旨,于秀州华亭县兴置市舶务,抽解博买,专置监官一员。后来因青龙江浦堙塞,少有蕃商舶船前来,续承朝旨罢去正官,令本县官兼监。今因开修青龙江浦通快,蕃商舶船辐凑住泊,虽是知县兼监,其华亭县系繁难去处,欲去依旧置监官一员管干,乞从本司奏辟。'从之。"①政和三年(1113),秀州市舶司于华亭(在今上海松江境内)正式建立。

秀州市舶司初建于华亭县,后来青龙江航道淤塞,市舶司移往秀州的通惠镇(在今上海青浦北白鹤镇东境)。宋高宗建炎四年(1130)十月十四日的档案中记载道:"提举两浙路市舶刘无极言:'近准户部符,仰从长相度,将秀州华亭县市舶务移就通惠镇,具经久可行事状,保明申请施行。今相度,欲且存华亭县市舶务,却乞令通惠镇税务监官招邀舶船到岸,即依市舶法就本州岛抽解,每月于市舶务轮差专秤一名前去主管。候将来见得通惠镇商贾免般剥之劳,往来通快,物货兴盛,即将华亭市舶务移就本镇置立。'诏依。"②清顾祖禹考证道:"青浦旧县,在今县东北三十五里,故青龙镇也。其地下瞰吴淞江,据沪渎之口,自昔为海舶辏集之所。唐置镇于此,为防御要地。以在青龙江上,亦曰龙江镇。宋政和中改名通惠,寻复旧。建炎中韩世忠欲邀击兀术,以前军驻青龙,即此镇也。《志》云:宋时坊市繁盛,置巡司、税务及仓库于此,俗号'小杭州'。及再经变乱,市舶之设又复迁徙,而镇遂荒落。"③通惠镇的初名是龙江镇,后又称青龙镇,宋徽宗政和年间改称通惠镇。

此后,秀州市舶司的治所又从通惠镇移往秀州的澉浦镇(在今浙江海宁)。宋宁宗嘉定十三年(1220)九月十七日:"诏平江府昆山县黄姚、顾径税场,令吏部选差文臣有举主无过犯人充。以臣僚言:'黄姚税场系二广、福建、温、台、明、越等郡大商海船辐辏之地,南擅澉浦、华亭、青龙、江湾、牙客之利。比兼顾径、双浜、王家桥、南大场、三槎浦、沙泾、沙头、掘浦、萧径、新塘、薛港、陶港沿海之税,每月南货商税动以万计。州郡去海既远,知县有抱些小课利,余镪尽归私家者。乞将黄姚、顾径税场令吏部选差文臣有举主关升、廉正材干之人充监

---

① 清·徐松《宋会要辑稿·职官四四》第四册,北京:中华书局1957年版,第3369页。
② 同①,第3370页。
③ 清·顾祖禹《读史方舆纪要·南直山东》,北京:中华书局2005年版,第1217页。

税,令平江府则立税额,每月课利,专充桩积,不许嘉定县干预。'故有是命。"①从"南擅澉浦、华亭、青龙、江湾"一语中当知,澉浦后来也建立了市舶司。

澉浦市舶司何时建立?缺少记载。《元史·食货志二》云:"元自世祖定江南,凡邻海诸郡与蕃国往还互易舶货者,其货以十分取一,粗者十五分取一,以市舶官主之。其发舶回帆,必著其所至之地,验其所易之物,给以公文,为之期日,大抵皆因宋旧制而为之法焉。于是至元十四年,立市舶司一于泉州,令忙古䚟领之。立市舶司三于庆元、上海、澉浦,令福建安抚使杨发督之。每岁招集舶商,于蕃邦博易珠翠香货等物。及次年回帆,依例抽解,然后听其货卖。"②元代立市舶司,主要"因宋旧制而为之法"。从"立市舶司三于庆元、上海、澉浦"中当知,澉浦市舶司是在通惠市舶司的基础上建立的,即设在通惠镇的秀州市舶司后来由通惠迁往澉浦。至于秀州澉浦市舶司何时建立?尚无文献可证。但可以肯定的是,在宋宁宗嘉定十三年九月之前已经存在。

秀州市舶司经历了由华亭迁往通惠,再迁往澉浦(在今浙江海盐境内)的历史。绍兴二年(1132)三月三日,宋高宗"诏两浙提举市舶移就秀州华亭县置司"③,进一步提升了秀州市舶司的地位。此前,两浙市舶司的治所设在杭州。如宋高宗建炎二年六月十八日,两浙路提举市舶吴说在奏折中提到两浙市舶司一度设在杭州的情况。史称:"'契勘本司廨宇旧在杭州,已经烧毁。伏见杭州神霄宫依昨降朝旨废罢,见今空闲,欲乞踏逐一位子,量以本司头子钱修葺,安着一行官吏。'诏依,仍不得过四十间。"④据此可知,在其迁往秀州之前,两浙市舶司的治所是在杭州。

南宋统治者刻意经营秀州市舶司,与秀州位于杭州湾,是杭州的门户有密切的关系。周淙论述杭州与外界的水路联系时写道:"东至浙江沿海郭沥港一百二十九里,入秀州界;南至浙江中流三十六里,入绍兴府界;北至下塘大港导墩五十四里,入湖州界;东北至上塘运河七里店九十三里,入秀州界;东南至浙江中流三十六里,入绍兴府界;西南自浙江入溪至白峰一百五十三里,入严州界。"⑤南宋为应付日益增长的财政支出,需要发展海外贸易以应付捉襟见肘的财政支出。建炎(1127—1130)末年,宋高宗赵构为避金兵暂驻山阴(在今浙江绍兴),因此,杭州成为南宋临时首都山阴的门户,出于安全上的考虑需要把市舶司移往杭州以外的地方。

秀州临江濒海,有港口区位上的优势和发达的水上交通与山阴、杭州等相连,在这样的背景下,将两浙市舶司移往秀州遂成为理想的选择。进而言之,将市舶司从杭州移往秀州华

---

① 清·徐松《宋会要辑稿·食货一八》第六册,北京:中华书局1957年版,第5122页。
② 明·宋濂等《元史·食货志二》,北京:中华书局1976年版,第2401页。
③ 清·徐松《宋会要辑稿·职官四四》第四册,北京:中华书局1957年版,第3370页。
④ 同③,第3369页。
⑤ 宋·周淙《乾道临安志·水路》,《四库全书》第484册,上海:上海古籍出版社1987年版,第66页。

亭,既是出于国家安全的考虑,同时又因有运河等航道相连,可以用最快的速度将海外贸易获取的财富上缴中央。从这样的角度看,将市舶司从杭州迁往秀州乃形势使然。如绍兴二年七月二十六日,吕颐浩在给朝廷的奏折中写道:"朝廷近置沿海制置使,最为得策。然虏舟从海道北来,抛大洋至洋山、二孤、宜山、岱山、猎港、岑江,直至定海县。此海道一也,系浙东路。若自通泰州、南沙、北沙转入东签料角、黄牛垛头,放洋至洋山,沿海岸南来,至青龙港。又沿海岸转徘徊头至金山,入海盐县澉浦镇黄湾头,直至临安府江岸。此海道二也,系浙西路。万一有警,沿海制置一司缓急必不能照应两路事宜。欲乞令仇念掌管浙西淮南路,别差制置使一员管浙东福建路,候防秋过日罢。"①从其叙述中当知,两浙市舶司移往秀州,与南宋以山阴为行都有密切的关系。南宋定都杭州后,秀州市舶司不再回迁,而是从华亭迁往青龙,再迁往澉浦,也与临安(杭州)是南宋的国都有直接的关系。在这中间,两浙市舶司治所虽先后设在华亭、青龙、澉浦,但因三镇位于杭州湾的北部,距临安不远,再加上有运河相连,因此秀州市舶司实际上是临安商贸的前沿阵地。史称:"淳熙元年七月十二日,户部侍郎蔡洸②言:'乞委干办诸军审计司赵汝谊往临安府明、秀、温州市舶务,将抽解博买、合起上供并积年合变卖物货根括见数,解赴行在所属送纳,趁时出卖。'从之。既而汝谊申,若尽数起发,切恐无本博易,乞为量留。诏存留五分。"③"行在所"是指临安(在今浙江杭州)。所谓"解赴行在所属送纳,趁时出卖",是指以临安为销售海外货物的市场。

秀州市舶司在两浙各市舶司中有较高的地位。如从提举市舶司周奕之请,绍兴十八年闰八月十七日,宋高宗诏书曰:"明、秀州华亭市舶务监官除正官外,其添差官内许从市舶司每务移差官一员前去温州、江阴军市舶务,专充监官,主管抽买舶货,收支钱物,仍与理为本任。"④秀州市舶司的地位高于温州、江阴市舶司,与两浙市舶司将治所迁往秀州有密切的关系。进而言之,两浙市舶司对设在两浙各市舶司有一定的行政管理权。

按照建立时间的先后顺序,宋代依次建立了广州、杭州、明州、泉州(在今福建泉州)、密州板桥(在今山东胶县境内)、秀州华亭、温州(在今浙江温州)、江阴(在今江苏江阴)等市舶司。

从历时的角度看,广州市舶司是宋代建立最早的市舶司,江阴市舶司建立的时间最迟。史称:"四年,置市舶司于广州,后又于杭、明州置司。……元祐三年,锷等复言:'广南、福建、淮、浙贾人,航海贩物至京东、河北、河东等路,运载钱帛丝绵贸易,而象犀、乳香珍异之物,虽尝禁榷,未免欺隐。若板桥市舶法行,则海外诸物积于府库者,必倍于杭、明二州。使商舶通

---

① 清·徐松《宋会要辑稿·职官四〇》第四册,北京:中华书局1957年版,第3159页。
② 蔡诜应为蔡洸,系形误。《宋会要辑稿》记其人事迹多作"洸",《宋史》卷三九〇有《蔡洸传》。
③ 清·徐松《宋会要辑稿·职官四四》第四册,北京:中华书局1957年版,第3378页。
④ 同③,第3376页。

行,无冒禁罹刑之患,而上供之物,免道路风水之虞。'乃置密州板桥市舶司。而前一年,亦增置市舶司于泉州。……宣和元年,秀州开修青龙江浦,舶船辐辏,请复置监官。先是,政和中,置务设官于华亭县,后江浦湮塞,蕃舶鲜至,止令县官兼掌。至是,复设官专领焉。"①又称:"(绍兴十五年)十二月戊午,置江阴军市舶务。"②史称:"十五年十二月十八日,诏江阴军依温州例置市舶务,以见任官一员兼管,从本路提举市舶司请也。"③马端临考证道:"绍兴十九年,张阐言:'福建、广南各置务于一州,两浙舶务乃分建于五所。'至乾道初,臣僚言:'两浙惟临安、明州、秀州、温州、江阴军凡五处有市舶。祖宗旧制,有市舶处知州兼提举市舶务,通判带主管,知县带监,而逐务又各有监官。市舶置司,乃在华亭。近年,过明州舶船到,提举带一司吏人留明州数月,名为抽解,其实搔扰。且福建、广南皆有市舶,物货浩瀚,置官提举,诚所当宜。惟是两浙置官,委是冗蠹,乞赐废罢。'从之。"④依照马端临的考证,可以得到三个信息:一是杭州(南宋临安)、明州、秀州、温州、江阴等市舶司统称"两浙市舶司";二是在两浙市舶司中,杭州市舶司建立的时间最早,随后是明州、秀州、温州、江阴等市舶司;三是从叙述时间上看,温州市舶司建立的时间应早于江阴市舶司。如绍兴三年(1133)六月四日,在户部给朝廷的奏折中有"今据两浙提举市舶司申,本司契勘临安府、明、温州、秀州华亭及责邇近日场务"⑤语。据此可证,温州市舶司建立的时间早于江阴市舶司。市舶司又有"市舶务"之称。一般来说,"司"的建制比"务"大。如清代学者毕沅考证"司"与"务"的关系时指出:"置估马司,估蕃部及进贡马价。凡市马之处,河东府州、岢岚军、陕西秦、渭、泾、原诸州,川峡益、黎等州,皆置务,岁得五千余匹,以布帛茶他物准其直。"⑥可见,"司"是"务"的上级机关。不过,"司"与"务"同为专项税收的管理机构,在使用中时有混用的现象。如史有"增置市舶司于泉州"语,又有赵汝谠"历泉州市舶务"⑦语,司与务可以互置。

开宝四年,宋太祖在广州设置广州市舶司;开宝四年以后、雍熙三年以前,设杭州市舶司;淳化三年,宋太宗设明州市舶司;元祐二年(1087),宋哲宗设泉州市舶司;元祐三年,设密州板桥市舶司;政和三年(1088),宋徽宗设秀州华亭市舶司;宣和元年(1119),宋徽宗设秀州青龙市舶司;绍兴三年以前,温州市舶司已经建立;绍兴十五年(1145),宋高宗设江阴市舶务。除了市舶司在海外贸易中扮演重要角色外,一些濒海临江的城市也在海外商贸中占有重要的份额。如长江以北、淮河以南的通州(在今江苏南通)、扬州、楚州(在今江苏淮安)、

---

① 元·脱脱等《宋史·食货志下八》,北京:中华书局1985年版,第4558—4562页。
② 元·脱脱等《宋史·高宗纪七》,北京:中华书局1985年版,第564页。
③ 清·徐松《宋会要辑稿·职官四四》第四册,北京:中华书局1957年版,第3375页。
④ 元·马端临《文献通考·职官考十六》,杭州:浙江古籍出版社1988年版,第563页。
⑤ 同③,第3371页。
⑥ 清·毕沅《续资治通鉴·宋真宗咸平元年》,北京:中华书局1957年版,第473页。
⑦ 元·脱脱等《宋史·赵汝谠传》,北京:中华书局1985年版,第12397页。

海州(在今江苏连云港)等是重要的通商港口,长江以南的越州(在今浙江绍兴)、台州、福州、漳州(在今福建漳州)、潮州(在今潮州潮安)、雷州(在今广东海康)、琼州(在今海南海口)等也是外商经常落脚的通商口岸。

除广州市舶司之外,其他市舶司大都经历了撤销和重建的历史,这一情况的存在直接影响到杭州市舶司的兴废。杭州市舶司第一次撤销的时间发生在淳化三年。淳化四年(993),再次建立。此后,杭州、明州市舶司又再次撤销。清徐松指出:"淳化中,徙置于明州定海县,命监察御史张肃主之。明年,肃上言非便,复于杭州置司。咸平中,又命杭、明州各置司,听蕃客从便。"①咸平(998—1003)是宋真宗的年号,共使用六年,因此"咸平中"应指咸平四年(1001)。进而言之,杭州、明州市舶司撤销后,又于咸平四年重建。

宋神宗熙宁九年,杭州市舶司并入广州市舶司。史称:"熙宁五年,诏发运使薛向曰:'东南之利,舶商居其一。比言者请置司泉州,其创法讲求之。'七年,令舶船遇风至诸州界,亟报所隶,送近地舶司榷赋分买;泉、福濒海舟船未经赋买者,仍赴司勘验。时广州市舶亏岁课二十万缗,或以为市易司扰之,故海商不至,令提举司究诘以闻。既而市易务吕邈入舶司阑取蕃商物,诏提举司劾之。九年,集贤殿修撰程师孟请罢杭、明州市舶,诸舶皆隶广州一司。令师孟与三司详议之。是年,杭、明、广三司市舶,收钱、粮、银、香、药等五十四万一百七十三缗、匹、斤、两、段、条、个、颗、脐、只、粒。"②从"请罢杭、明州市舶,诸舶皆隶广州一司"中当知,熙宁九年,杭州市舶司不是真正意义上的撤销,只是归口由广州市舶司管辖。

宋徽宗崇宁元年(1102),重建杭州市舶司;宋徽宗大观二年(1108),石公弼上书精简机构,市舶司因此隶属转运司;宋高宗建炎元年(1127),撤销两浙、福建市舶司,其中包括杭州市舶司;建炎二年,重建杭州市舶司;乾道二年(1166),再次撤销杭州市舶司;德祐元年(1275),重建杭州市舶司③。杭州市舶司虽经多次撤销,但随撤随立,其存在时间贯穿于两宋的始终。出现这样的情况,与宋代统治者不断地调整海外贸易政策有直接的关系。

---

① 清·徐松《宋会要辑稿·职官四四》第四册,北京:中华书局1957年版,第3364页。
② 元·脱脱等《宋史·食货志下八》,北京:中华书局1985年版,第4560页。
③ 宋徽宗崇宁元年(1102),"诏杭州、明州置市舶司"(元·脱脱等《宋史·徽宗纪一》,北京:中华书局1985年版,第364页);宋徽宗大观二年(1108),石公弼上书精简机构,从此"在京茶事归之户部,诸道市舶归之转运司,仕涂(途)为清"(《宋史·石公弼传》,北京:中华书局1985年版,第11032页);宋高宗建炎元年(1127),"省诸路提举常平司、两浙、福建提举市舶司"(《宋史·高宗纪一》,北京:中华书局1985年版,第446页);宋高宗建炎二年(1128),"复置两浙、福建提举市舶司"(《宋史·高宗纪二》,北京:中华书局1985年版,第456页);宋孝宗乾道二年(1165),"六月甲戌,罢两浙路提举市舶司"(《宋史·孝宗纪一》,北京:中华书局1985年版,第634页);乾道二年(1166)六月三日,"诏罢两浙路提举市舶司,所有逐处抽解职事,委知、通、知县,监官同行检视而总其数,令转运司提督"(清·徐松《宋会要辑稿·职官四四·市舶司》,北京:中华书局1957年版,第3377页);宋恭宗德祐元年(1275),"三月壬申朔,诏复茶盐市舶法"(《宋史·瀛国公二王纪》,北京:中华书局1985年版,第927页)。

第二节 宋代市舶司与海外贸易

宋代,为方便交易,在一些重要港口设立了供外商居住的"蕃坊",史有"诏怀化将军、管勾蕃坊公事新雅托勒迁归德将军,以广东转运司言,乞用登极赦特推恩故也"①之说,又有供中外商人交易的"蕃市",史有"广州多蛮猺,杂四方游手,喜乘乱为寇敚。上元然灯,有报蕃市火者"②之说。

据统计,当时与宋王朝进行海外贸易的国家和地区有五十多个,其中以高丽、日本、真腊(柬埔寨)、蒲甘(缅甸)、勃泥(加里曼丹北部)、阇婆(爪哇)、三佛齐(苏门答腊岛东南部)、大食等与宋王朝交往最为密切。从唐代安史之乱到宋代,吐蕃、契丹、党项、女真等先后崛起,控制了河西走廊,进而切断了古代中国与西亚等的陆路交通。在这一背景下,阿拉伯商人从海上向东开辟商路,打通了自红海、东非到古代中国的航线。这些在客观上为宋王朝发展海外贸易创造了条件。

宋初,市舶使通常由知府兼任。乾德年间(963—968),宋太祖"诏与潘美同知广州兼市舶转运等使"③,"命美与尹崇珂同知广州兼市舶使"④。太平兴国四年(979),杨克让"徙知广州,俄兼转运市舶使"⑤。马端临指出:"宋开宝四年下广南,以同知广州潘美、尹宗珂并兼市舶使,通判谢处玭兼市舶判官。咸平二年九月庚子,令杭州、明州各置市舶,听蕃官从便。"⑥从南宋李焘"市舶置使,自中师始"一语看,潘美、尹崇珂与杨克让等人任市舶使,实际上是沿用了唐代的旧称,即宋初没有正式设置"市舶使"一职,此时的市舶司为属地管理机构。

市舶使正式成为宋代正式任命的职官,始于任中师担任广州知府之时,故史有"市舶置使自此始"⑦之说。李焘指出:"太常少卿、直昭文馆、知广州任中师言,州有市舶使印,而知州及通判、使臣结衔,并带勾当市舶司事。庚子,诏知州少卿监以上,自今并兼市舶使。市舶置使,自中师始也。"⑧按照李焘的说法,"市舶置使"始于宋仁宗宝元元年(1038)。此前,虽

---

① 宋·李焘《续资治通鉴长编·哲宗元祐元年》,北京:中华书局2004年版,第9324—9325页。
② 宋·李焘《续资治通鉴长编·仁宗康定元年》,北京:中华书局2004年版,第3035页。
③ 元·脱脱等《宋史·尹崇珂传》,北京:中华书局1985年版,第9001页。
④ 元·脱脱等《宋史·潘美传》,北京:中华书局1985年版,第8992页。
⑤ 元·脱脱等《宋史·杨克让传》,北京:中华书局1985年版,第9270页。
⑥ 元·马端临《文献通考·职官考十六》,杭州:浙江古籍出版社1988年版,第563页。
⑦ 元·脱脱等《宋史·任中师传》,北京:中华书局1985年版,第9671页。
⑧ 宋·李焘《续资治通鉴长编·仁宗宝元元年》,北京:中华书局2004年版,第2879页。

然有"市舶使印",但该印是在核准商船出入境时使用,因此,"市舶使"不属于朝廷正式任命的职官序列。后世保存的宋代皇家档案中有明确的记载:"景祐五年九月七日,太常少卿、直昭文馆任中师言:'臣在广州,奉敕管勾市舶司,使臣三人、通判二人,亦是管勾市舶司,名衔并同。勘会所使印是市舶使字,乞自今少卿监以上知广州,并兼市舶使入衔,内两通判亦充市舶判官,或主辖市舶司事,管勾使臣并申状。'诏知州徐起兼市舶使,今后少卿监已上知州兼市舶使,余不行。"①景祐五年(1038)即宝元元年,是年,宋仁宗改"景祐"为"宝元"。在此之前,潘美等人虽持有"市舶使印",但朝廷没有给他们正式加"市舶使"衔。任中师任广州知府后发生变化,"市舶使"一职开始正式成为朝廷的命官。

稍后,这一情况发生了变化。史称:"熙宁五年,诏发运使薛向曰:'东南之利,舶商居其一。比言者请置司泉州,其创法讲求之。'"②最迟到宋神宗熙宁五年(1072),发运使已在设置市舶司的过程中担任市舶使。此后,宋神宗元丰三年(1080),转运使又兼市舶使。史称:"三年,中书言,广州市舶已修定条约,宜选官推行。诏广东以转运使孙迥,广西以陈倩,两浙以副使周直孺,福建以判官王子京,罢广东帅臣兼领。"③发运使和转运使成为市舶使以后,标志着宋代海外贸易发生了新的变化。具体地讲,负责漕运事务的官员参与海外贸易,则标志着运河成了海外商品转输的重要通道。

特别需要指出的是,元丰三年,宋神宗改革地方长官兼任市舶使的制度,改由中央派出的转运使统一负责市舶司事务。从此,市舶司制度为之一变。宋徽宗大观元年(1107),各地市舶司统一改称"提举市舶司"。南宋时期,市舶司一度归属转运司,由提点刑狱司或由提举茶事司兼管,但为时不长。这一时期,两浙、广南东路(在今广东、广西等地)、福建市舶司依旧设提举市舶使一职,故市舶司长官有"提举市舶使"之称。前人论述提举市舶司的职掌及沿革时指出:"掌蕃货海舶征榷贸易之事,以来远人,通远物。元祐初,诏福建路于泉州置司。大观元年,复置浙、广、福建三路市舶提举官。明年,御史中丞石公弼请以诸路提举市舶归之转运司,不报。建炎初,罢闽、浙市舶司归转运司,未几复置。绍兴二十九年,臣僚言:'福建、广南各置务于一州,两浙市舶乃分建于五所。'乾道初,臣僚又言两浙提举市舶一司抽解搔扰之弊,且言福建、广南皆有市舶,物货浩瀚,置官提举实宜,惟两浙冗蠹可罢。从之。仍委逐处知州、能判、知县、监官同检视,而转运司总之。"④马端临进一步考证道:"宋开宝四年下广南,以同知广州潘美、尹宗珂并兼市舶使,通判谢处玭兼市舶判官。咸平二年九月庚子,令杭州、明州各置市舶,听蕃官从便。熙宁中,始变市舶法,泉人贾海外者,往复必使东诣广,否则

---

① 清·徐松《宋会要辑稿·职官四四》第四册,北京:中华书局1957年版,第3366页。
② 元·脱脱等《宋史·食货志下八》,北京:中华书局1985年版,第4560页。
③ 同②。
④ 元·脱脱等《宋史·职官志七》,北京:中华书局1985年版,第3971页。

没其货。……元丰中,始令转运司兼提举,而州郡不复预矣(三年,尚书省言,广州市舶条已修定,乞专委官催行。诏广东以转运使孙迥,广西以运召陈伯,两浙以转运副使周直孺,福建以转运判官王子京。迥、直孺兼提举催行,倩、子京兼觉察拘栏。其广东路安抚使更不带市舶)。后专置提举,而转运亦不复预矣。后尽罢提举官,至大观元年续置。明年,御史中丞石公弼请归之转运司,不报。建炎中兴,诏罢两浙、福建市舶司归转运司。明年夏,复闽、浙二司,赐度牒直三十万缗为博易本(元年十一月废,二年五月复)。四年春,复置广司(尚书省言,并废以来,工人不便,亏失数多,于是诏依旧复置)。绍兴二年,废福建提举市舶,初令提刑兼领,旋委提举茶事。……吕斌上言,于是茶事司归建州,而提举市舶以次复矣。十四年,命蕃商以香药至者,十取其四。十七年,诏丁沈香、豆蔻、龙脑之属号细香药者,十取其一。乾道二年,诏罢两浙提举市舶,逐处职事委知、通、知、县、监官同行检视,而总其数,令转运司提督。"①从由地方长官兼任市舶司到正式设置市舶司管理机构,从由中央派出的转运使统一负责市舶司事务到变更市舶司的职掌及隶属部门,所有这一切,都表达了宋代统治者加强海外贸易管理的思想。

北宋时期,除了密州板桥市舶司外,广州、杭州、明州、泉州、秀州市舶司分属广南东路、两浙路、福建路,故有"三路市舶"之称。南宋辟温州、江阴等市舶司后,因其隶属两浙路,故继续称"三路市舶"。北宋初期,杭州市舶司的重要性一度超过了广州市舶司。如端拱二年五月,宋太宗诏书曰:"自今商旅出海外蕃国贩易者,须于两浙市舶司陈牒,请官给券以行,违者没入其宝货。"②两浙市舶司实际上是指杭州市舶司。这一时期,凡商船出海均需到杭州市舶司"请官给券",即经杭州市舶司批准后才能出海,杭州市舶司权重一时,可谓是宋初统治者刻意经营的市舶司。

北宋中叶以后,伴随着海外贸易政策方面的调整,广南、福建路市舶司的地位超过了两浙。政和七年(1117)三月十八日,宋徽宗"诏降给空名度牒,广南、福建路各五百道,两浙路三百道,付逐路市舶司充折博本钱,仍每月具博买并抽解到数目申尚书省"③。通过调整政策,以杭州为代表的两浙市舶司不但失去了独自批验证件的权力,而且"度牒"还远低于广南、福建。出现这样的情况,与宋代的海外贸易伙伴主要集中在东南亚、南亚、中亚以远的国家和地区相关。由于这些国家和地区离东南沿海的广南、福建较近,本着就近的原则,海外商船大都从广州、泉州上岸。与之相比,两浙市舶司的服务对象只有日本、朝鲜等少数东北亚国家,因贸易对象较少,海外贸易额低于广州、泉州等市舶司是必然的。尽管如此,宋代统治者依旧十分重视两浙市舶司的管理。绍兴三年六月四日,户部在给朝廷的奏折中写道:

---

① 元·马端临《文献通考·职官考十六》,杭州:浙江古籍出版社1988年版,第563页。
② 清·徐松《宋会要辑稿·职官四四》第四册,北京:中华书局1957年版,第3364页。
③ 同②,第3369页。

"昨承朝旨,取会两浙市舶司已前酌中年分起发上京物数若干等数,权往起发往来抽解转买及一面卖过物数,所用本柄收到息钱,并依此开具供申,仍分明声说曾如何支使,见在之数于何处桩管,候比照驱考有无亏损侵隐,措置经久可行利害申尚书省。本部行下本司取会开具依应回报去后,今据两浙提举市舶司申,本司契勘临安府、明、温州、秀州华亭及责邋近日场务,昨因兵火,实无以前文字供攒。本司今依应将本路收复以后建炎四年、绍兴元年二年内,取绍兴元年酌中一年一路抽解博买到货物,比附起发变卖收到本息钱数目,开具如后:一,本路诸州府市舶务五处,绍兴元年一全年共抽解一十万九百五十二斤零一十四两尺钱二字八半段等。本部寻行驱考得虽有所收息钱,其间多有一面支使,名色不一,例各不见具致许支条法。比欲再行取会,又恐内有违法擅支数目,迁延日月,不肯依公回报。若不别作擘划,又缘市舶务所管朝廷钱物浩瀚,唯在提举司检察拘辖,似此深恐得以侵用,因而陷失财计。今相度,欲乞委浙西提刑司取索市舶司自建炎四年以后,应支使钱物窠名数干照并许支条法指挥,逐一子细驱磨,将不合支破钱数依旧追理,拨还入官,添助博买钱本。仍乞令诸通判,自今后遇市舶务抽买客人物货,须管依条躬亲入务,同监官抽买。及自绍兴三年为始,岁终取会逐务开具的实买到物货名色数目、用过本钱、营运利息、应支使钱物夹细帐状,保明申浙西提刑司,从本司取索驱考。如稍有隐漏不实之数,并依无额上供法施行。若逐州通判不依法躬亲入务同监官抽买,亦乞今提刑司按劾施行。"[1]这一奏章得到了宋高宗的认可并执行。

市舶司是宋代从事海外贸易管理的机构,这一机构设立后,主要负有以下六个方面的职能。

其一,市舶司负责给出入境的商船核发"官券"或"公据"即出入境凭证。商船只有在领取"官券"后才能入境或出海,凡未经批准出入境或擅自与海外商人进行交易的商人一律予以处罚。史称:"商人出海外蕃国贩易者,令并诣两浙市舶司请给官券,违者没入其宝货。……太平兴国初,私与蕃国人贸易者,计直满百钱以上论罪,十五贯以上黥面流海岛,过此送阙下。淳化五年申其禁,至四贯以上徒一年,稍加至二十贯以上,黥面配本州为役兵。"[2]马端临指出:"熙宁中,始变市舶法,泉人贾海外者,往复必使东诣广,否则没其货。"[3]从到两浙市舶司领取出海凭证即"官券"或"公据"到商船返航时,必须到出发地缴还凭证,通过调整政策,旨在对出入境的商船实行有效的管理。

其二,市舶司负责"抽分"和"博买"等事务,即用抽取实物的方式征收从事海外贸易商船的进口关税。所谓"抽分",是指商船入境后,抽取货物总量的十分之一,随后将其押解中

---

[1] 清·徐松《宋会要辑稿·职官四四》第四册,北京:中华书局1957年版,第3371—3372页。
[2] 元·脱脱等《宋史·食货志下八》,北京:中华书局1985年版,第4559页。
[3] 元·马端临《文献通考·职官考十六》,杭州:浙江古籍出版社1988年版,第563页。

央并上缴国库。时有"大抵海舶至,十先征其一"①之说。进口货物主要由禁榷(不准自由买卖的货物)和非禁榷两大类构成。凡朝廷规定的禁榷货物一律由市舶司压价或限价收购,并在收购后押解中央并上缴国库。"抽分"与压价或限价收购的货物统称"博买"。其中,押解中央并上缴国库的货物又称之为"抽解"。当然,这一政策后来多有调整。马端临考证道:"隆兴二年,臣僚言:'熙宁初,创立市舶以通货物。旧法抽解有定数,而取之不苛,纳税宽其期,而使之待价,怀远之意实寓焉。迩来抽解名色既多,兼迫其输纳,使之货滞而价减,所得无几,恐商旅不行,乞下市舶司约束。'从之。既而市舶司条具利害,谓:'抽解旧法十五取一,其后十取其一。又后,择其良者,如犀、牙十分抽二,又博买四分;真珠十分抽一,又博买六分。舶户惧抽买数多,所贩止是粗色杂物。照得象牙、珠犀比他货至重,乞十分抽一之外,更不博买。且三路舶船,各有司存,旧法召保给据起发,回日各于发舶处抽解,近缘两浙舶司申请随便住舶变卖,遂坏成法,乞下三路照旧法施行。兼商贾由海道兴贩,其间或有盗贼、风波、逃亡者,回期难以程限,乞令召物力户充保,自给公凭日为始,若在五月内回舶,与优饶抽税;如满一年内,不在饶税之限;满一年之上,许从本司根究,责罚施行;若有透漏,充保物力户同坐。'从之。"②之所以调整海外贸易政策,主要是为了解决贸易过程中出现的问题。

其三,提出禁榷货物的种类,加强管理,明确经营的范围。广州市舶司设立后,禁榷货物始列八类。太平兴国七年(982),增紫矿,共九类。此后又增加珠贝,共十类。史称:"七年闰十二月,诏:'闻在京及诸州府人民或少药物食用,今以下项香药止禁榷广南、漳、泉等州舶船上,不得侵越州府界,紊乱条法。如违,依条断遣。其在京并诸处即依旧官场出卖,及许人兴贩。凡禁榷物八种:玳瑁、牙、犀、宾铁、鼊皮、珊瑚、玛瑙、乳香。放通行药物三十七种:木香、槟榔、石脂、硫黄、大腹、龙脑、沉香、檀香、丁香、丁香皮、桂、胡椒、阿魏、莳萝、荜澄茄、诃子、破故纸、豆蔻花、白豆蔻、鹏沙、紫矿、胡芦芭、芦会、荜拨、益智子、海海桐皮、缩砂、高良姜、草豆蔻、桂心、苗没药、煎香、安息香、黄熟香、乌樠木、降真香、琥珀。'后紫矿亦禁榷。"③在此基础上,禁榷货物又增加了珠贝(珠宝),从而形成十类禁榷货物。史称:"掌市易南蕃诸国物货航舶而至者。初于广州置司,以知州为使,通判为判官。及转运使司掌其事,又遣京朝官、三班、内侍三人专领之。后又于杭州置司。淳化中,徙置于明州定海县,命监察御史张肃主之。明年,肃上言非便,复于杭州置司。咸平中,又命杭、明州各置司,听蕃客从便。若舶至明州定海县,监官封船苔堵送州。凡大食、古逻、阇婆、占城、勃泥、麻逸、三佛齐、宾同胧、沙里亭、丹流眉,并通货易,以金、银、缗钱、铅、锡、杂色帛、精粗瓷器市易香药、犀象、珊瑚、琥珀、珠贝、宾铁、鼊皮、玳瑁、玛瑙、车渠、水晶、蕃布、乌樠、苏木之物。太平兴国初,京师

---

① 元·脱脱等《宋史·食货志下八》,北京:中华书局1985年版,第4559页。
② 元·马端临《文献通考·市籴考一》,杭州:浙江古籍出版社1988年版,第201—202页。
③ 清·徐松《宋会要辑稿·职官四四》第四册,北京:中华书局1957年版,第3364页。

置榷易院,乃诏诸蕃国香药宝货至广州、交趾、泉州、两浙,非出于官库者,不得私相市易。后又诏民间药石之具恐或致阙,自今惟珠贝、玳瑁、犀、牙、宾铁、鼉皮、珊瑚、玛瑙、乳香禁榷外,他药官市之余,听市货与民。其后二州知州领使如劝农之制,通判兼监而罢判官之名,每岁止三班、内侍专掌,转运使亦总领其事。大抵海舶至,十先征其一,其价直酌蕃货轻重而差给之。"①从所列禁榷货物的种类看,一是指奢侈品,一是指紧缺物资。

其四,外商离开登陆口岸到其他口岸进行贸易时,市舶司负有检查监督和提供帮助的责任。史称:"三年,令蕃商欲往他郡者,从舶司给券,毋杂禁物、奸人。初,广南舶司言,海外蕃商至广州贸易,听其往还居止,而大食诸国商亦丐通入他州及京东贩易,故有是诏。凡海舶欲至福建、两浙贩易者,广南舶司给防船兵仗,如诣诸国法。广南舶司鬻所市物货,取息毋过二分。政和三年,诏如至道之法,凡知州、通判、官吏并舶司、使臣等,毋得市蕃商香药、禁物。"②外商离开初始口岸广州到福建、两浙等地从事贸易活动时,广州市舶司派"兵仗"护送,保证了外商的安全和合法权益。

其五,市舶司及沿海口岸负有防止偷税漏税之责。商船入境后,市舶司采取就地检查货物并登记入册,并派专员押解至市舶司,由市舶司负责"抽分""博买"等事务。熙宁七年正月一日,宋神宗下诏:"诸舶船遇风信不便,飘至逐州界,速申所在官司,城下委知州,余委通判或职官,与本县令、佐躬亲点检。除不系禁物税讫给付外,其系禁物即封堵,差人押赴随近市舶司勾收抽买。诸泉、福缘海州有南蕃海南物货船到,并取公据验认,如已经抽买,有税务给到回引,即许通行。若无照证及买得未经抽买物货,即押赴随近市舶司勘验施行。诸客人买到抽解下物货,并于市舶司请公凭引目,许往外州货卖。如不出引目,许人告,依偷税法。"③在清点货物的基础上,按照入境程序征收商税。元人叙述商船入境后的管理情况时写道:"诸舶商、大船给公验,小船给公凭,每大船一,带柴水船、八橹船各一,验凭随船而行。或有验无凭,及数外夹带,即同私贩,犯人杖一百七,船物并没官,内一半付告人充赏。公验内批写物货不实,及转变渗泄作弊,同漏舶法,杖一百七,财物没官;舶司官吏容隐,断罪不叙。诸番国遣使奉贡,仍具贡物,报市舶司称验,若有夹带,不与抽分者,以漏舶论。"④这虽然是就元代的情况而言,大体上道出了宋代的情况。进而言之,凡海外商船入境,一律由市舶司进行货物总量方面的检查。如果商船缺少"公凭"即入境批文的话,如果进入其他地区的商船没有市舶司颁发的"公凭引目"的话,一律予以处罚。

其六,市舶司负有防止铜钱外流的责任。海外贸易是一柄双刃剑,一方面海外贸易增加

---

① 清·徐松《宋会要辑稿·职官四四》第四册,北京:中华书局1957年版,第3364页。
② 元·脱脱等《宋史·食货志下八》,北京:中华书局1985年版,第4561页。
③ 同①,第3366页。
④ 明·宋濂等《元史·刑法志三》,北京:中华书局1976年版,第2650页。

了中央财政的收入,另一方面与外商交易时用铜钱购物,不但造成了"沿边皆用铁钱"①的事件发生,而且还导致了"钱荒"。大量的铜钱外流,给宋代特别是南宋带来财政及流通上的困扰。史称:"南渡,三路舶司岁入固不少,然金银铜铁,海舶飞运,所失良多,而铜钱之泄尤甚。法禁虽严,奸巧愈密,商人贪利而贸迁,黠吏受赇而纵释,其弊卒不可禁。"②马端临记载道:"国家三路舶司岁入固不少,然金银铜铁,海舶飞运,所失良多,而铜钱之泄尤甚,民用日以柅。法禁虽严,奸巧愈密,商人贪利而暮夜贸迁,黠吏受赇而纵释莫问,其毙卒不可禁矣。"③针对商人贪利不顾法令继续用铜钱与外商进行交易、官府因接受贿赂采取放纵铜钱外流的行为、朝廷废除铜禁后民间为追求利益毁铜钱铸器物等情况,李焘真实地记录了这一现状:"今日广南、福建、两浙、山东,恣其所往,所在官司公为隐庇,诸系禁物,私行买卖,莫不载钱而去。钱本中国宝货,今乃与四夷共用。又自废罢铜禁,民间销毁无复可辨。销镕十钱,得精铜一两,造作器物,获利五倍。如此则逐州置炉,每炉增课,是犹畎浍之益,而供尾闾之泄也。大为之防,民犹逾焉,若又废之,将何惮矣!盖自弛禁数年之内,中国之钱日以耗散,更积岁月,外则尽入四夷,内则恣为销毁,坏法乱纪,伤财害民,其极不可胜言矣!"④自宋王朝废除铜禁后,商人及老百姓为追逐商业利益,大规模地毁钱,在客观上破坏了宋代的金融秩序。

为了全面禁止铜钱外流,宋王朝采取了严厉的处罚措施。史称:"又自置市舶于浙、于闽、于广,舶商往来,钱宝所由以泄,是以自临安出门,下江海,皆有禁。淳熙九年,诏广、泉、明、秀漏泄铜钱,坐其守臣。"⑤马端临进一步指出:"又自国家置市舶于浙,于闽,于广,舶商往来,钱宝所由以泄。是以自临安出门有禁,下江有禁,入海有禁。凡舶船之方发也,官必点视,及遣巡捕官监送放洋。然商人先期以小舟载钱离岸,及官司之点、巡捕之送,一为虚文。于是许火内人告,以其物货之半充赏;又或以装发,则舶回日亦许告首,尽以回货充赏。沿海州军以铜钱入海船者有罚。淳熙五年五月,诏蕃商往来夹带铜钱五百文,随离岸五里外依出界法。"⑥通过采取"坐其守臣""出门有禁,下江有禁,入海有禁""官必点视"等措施,在一定程度上遏制了铜钱外流事件的继续发生。史称:"自熙宁七年颁行新敕,删去旧条,削除钱禁,以此边关重车而出,海舶饱载而回。闻缘边州军钱出外界,但每贯收税钱而已。诸舯舶,旧制惟广州、杭州、明州市舶司为买纳之处,往还搜检,条制甚严,尚不得取便至他州也。"⑦

---

① 元·脱脱等《宋史·食货志下二》,北京:中华书局1985年版,第4397页。
② 元·脱脱等《宋史·食货志下八》,北京:中华书局1985年版,第4566页。
③ 元·马端临《文献通考·市籴考一》,杭州:浙江古籍出版社1988年版,第202页。
④ 宋·李焘《续资治通鉴长编·神宗熙宁八年》,北京:中华书局2004年版,第6594页。
⑤ 同①,第4396页。
⑥ 元·马端临《文献通考·钱币考二》,杭州:浙江古籍出版社1988年版,第98页。
⑦ 同④,第6593—6594页。

在这一过程中,市舶司为防止铜钱外流发挥了重要的作用。

海外贸易是宋代财政税收的重要来源,其丰厚的利润引起了统治者的高度重视。如绍兴七年(1137)闰十月三日,宋高宗在诏书中感慨道:"市舶之利最厚,若措置合宜,所得动以百万计,岂不胜取之于民!朕所以留意于此,庶几可以少宽民力尔。"①不过,市舶司初设时并没有把盈利作为追求的目标。马端临论述市舶司在海外贸易中的作用时引陈止斋语云:"是时,市舶虽始置司,而不以为利。淳化二年,始立抽解二分,然利殊薄。元丰始委漕臣觉察拘拦,已而又置官望舶,而泉、杭、密州皆置司。崇宁置提举,九年之间,收置一千万矣。政和四年,施述奏:'市舶之设,元符以前虽有,而所收物货十二年间至五百万。崇宁经画详备,九年之内收至一千万。'其后废置不常,今惟泉、广州提举官如故。"②起初,市舶司没有把赢利作为追求的目标。马端临考证宋哲宗元祐元年(1086)市舶司获取的商业利益时写道:"哲宗元祐元年,杭、明、广三州市舶,是年收钱、粮、银、香、药等五十四万一百七十三缗、匹、斤、两、段、条、个、颗、脐、只、粒,支二十三万八千五十六缗、匹、斤、两、段、条、个、颗、脐、只、粒。"③以元祐元年为加强管理的节点,市舶司在征收实物税中获取了巨大的商业利益。时至宋徽宗崇宁年间(1102—1106),经市舶司征收的实物税高达一百多万缗,成为中央财政的重要来源。

北宋后期及南宋初期,市舶司征收的实物税超过了行政区划任何一路的赋税。如绍兴元年(1131)六月二十一日广南东路经略安抚、提举市舶司在给朝廷的奏折中写道:"广州自祖宗以来兴置市舶,收课入倍于他路。"④这只是就广州市舶司而言,还不包括其他两路市舶司的实物税收。那么,南宋三路市舶司一年征收的实物税究竟有多少?仅以绍兴二十九年(1159)九月二日宋高宗的言论为例,宋高宗批阅当朝宰相进呈御史台检法官张阐论市舶事的奏折时说:"广南、福建、两浙三路市舶条法恐各不同,宜令逐司先次开具来上,当委官详定。朕尝问阐市舶司岁入几何,阐奏抽解与和买以岁计之,约得二百万⑤缗。如此,即三路所入固已不少,皆在常赋之外,未知户部如何收附及如何支使。卿等宜取见实数以闻。"⑥据此,绍兴年间(1131—1162)三路市舶司征收的实物税约二百万缗,这一数字为北宋皇祐年间(1049—1054)全国商税的四分之一,如史有"皇祐中,岁课缗钱七百八十六万三千九百"⑦之

---

① 清·徐松《宋会要辑稿·职官四四》第四册,北京:中华书局1957年版,第3373页。
② 元·马端临《文献通考·市籴考一》,杭州:浙江古籍出版社1988年版,第200页。
③ 同②,第201页。
④ 同①,第3370页。
⑤ 注:万,原无,据清·徐松《宋会要辑稿补编》(陈智超整理),北京:全国图书馆文献缩微复制中心1988年版,第650页补。
⑥ 同①,第3376页。
⑦ 元·脱脱等《宋史·食货志下八》,北京:中华书局1985年版,第4543页。

说。如果再考虑到宋室南渡后丧失了北方大半壁江山的情况,那么,三路市舶司征收的实物税可能占到南宋全部商税的二分之一以上。从这样的角度看,宋高宗如此地关心市舶司上缴的税收,是因为这一税收已成为南宋财政收入的重要组成部分。

宋室南渡后,市舶司征收的实物税在国家财政中的份额变得越来越重要。为了招揽海外商人入境从事商贸,南宋采取了奖励有功的官员、"纲首"等措施。所谓"纲首",是指用海船运送大宗货物的商人首脑。宋朱彧解释道:"甲令:海舶大者数百人,小者百余人,以巨商为纲首、副纲首、杂事。"①史称:"绍兴元年,诏:'广南市舶司抽买到香,依行在品答成套,召人算请,其所售之价,每五万贯易以轻货输行在。'六年,知泉州连南夫奏请,诸市舶纲首能招诱舶舟、抽解物货、累价及五万贯十万贯者,补官有差。大食蕃客啰辛贩乳香直三十万缗,纲首蔡景芳招诱舶货,收息钱九十八万缗,各补承信郎。闽、广舶务监官抽买乳香每及一百万两,转一官;又招商入蕃兴贩,舟还在罢任后,亦依此推赏。然海商入蕃,以兴贩为招诱,侥幸者甚众。"②通过奖励,极大地提高了市舶司官员及纲首招揽海外商人的积极性。需要补充的是,招揽海外商人是宋代的既定国策。徐松记载道:"雍熙四年五月,遣内侍八人,赍敕书、金帛,分四纲,各往海南诸蕃国勾招进奉,博买香药、犀牙、真珠、龙脑。每纲赍空名诏书三道,于所至处赐之。"③不过,北宋初年,招揽外商入境主要是为了获取供享受之用的奢侈品,与从海外贸易获取大宗的税收没有直接的关系,然而,这一做法开启了鼓励海外商贸的先河,特别是宋代在变革市舶司管理制度中获取巨大的商业利益后,从此发展海外商贸成为宋王朝关心的大事。

在三路市舶司中,两浙市舶司实现的商贸额明显低于广州、泉州市舶司。那么,为什么在建了杭州市舶司以后,还要建明州、秀州、温州、江阴等市舶司呢?为什么在明知两浙市舶司的交易量远低于广州、泉州市舶司的情况下,还要保留以杭州为首的两浙市舶司呢?从文献上看,主要有以下四个方面的原因。

其一,杭州濒临杭州湾,有浙江(钱塘江)直通大海。吴自牧指出:"浙江乃通江渡海之津道,……江岸之船甚夥,初非一色:海舶、大舰、网艇、大小船只、公私浙江渔浦等渡船、买卖客船,皆泊于江岸。盖杭城众大之区,客贩最多,兼仕宦往来,皆聚于此耳。"④凭借通江达海的优势,杭州成为北宋最大的商贸城市。如宋神宗熙宁十年,全国商业税收超过十万贯的城市有三个,名列第一的是杭州,年征收商税约17.3万贯;名列第二的是北宋的首都汴梁(在今河南开封),年征收商税约15.3万贯;名列第三的是楚州(在今江苏淮安),年征收商税约

---

① 宋·朱彧《萍洲可谈》卷二,北京:中华书局1985年版,第18页。
② 元·脱脱等《宋史·食货志下七》,北京:中华书局1985年版,第4537—4538页。
③ 清·徐松《宋会要辑稿·职官四四》第四册,北京:中华书局1957年版,第3364页。
④ 宋·吴自牧《梦粱录·江海船舰》,上海:商务印书馆1939年版,第108—109页。

11.3万贯。杭州商贸发达,又有从事海外贸易的先天优势,因此成为率先设立市舶司的城市。

其二,宋王朝建立后,政治中心虽设在北方,但赋税主要依靠江南。在这一过程中,宋代统治者特别重视运河在转运漕粮及赋税中的作用。为了确保漕运,统治者投入了大量的财力、物力和人力修缮贯穿南北的各运河航段。在这样的背景下,使杭州与北方各地的交通联系空前地加强了。杭州位于江南运河的南端,海外商船从杭州登陆后沿江南运河北上,越过长江后进入邗沟,沿汴河可直接抵达北宋的首都汴梁。因此,在杭州设立市舶司可迅速地把征收的海外货物沿运河运往汴梁。在这一过程中,杭州率先设市舶司,从一个侧面反映了杭州在海外贸易中的重要性。事实上,统治者亦十分看重杭州市舶司的作用。史称:"真宗咸平二年九月,两浙转运使副王渭言:'奉敕相度杭、明州市舶司,乞只就杭州一处抽解。'诏杭州、明州①各置市舶司,仍取蕃客②稳便。大中祥符二年八月九日,诏杭、广、明州市舶司,自今蕃商赍鍮石至者,官为收市,斤给钱五百。以初立禁科也。时三司定直斤钱二百,诏特增其数。"③咸平二年,王渭提出"乞只就杭州一处抽解",建议放弃在明州市舶司抽解,事件的本身就说明了这一选择与杭州有快捷的运河通道有密切的关系。进而言之,以运河为商品流通的大通道,市舶司促进了杭州及周边商业都市的形成和繁荣。

其三,宋初,广州、杭州市舶司负责掌管岭南及两浙海外贸易税收等事务。杭州以运河为快速通道,海外商品及货物进入杭州市场后,提升了杭州的商贸水平,丰富了杭州市场,相当部分的海外货物经杭州或押解到汴梁或销往运河沿线的城市及辐射地区,在一定程度上带动了沿线商业城市的发展。进而言之,海外商品及货物以杭州为集散地或市场,通过运河将其销往各地,加强了杭州对外的经济联系,使杭州在海外贸易中具有了不可替代的作用。

其四,南宋以临安(杭州)为国都,两浙属京畿地区,北方国土沦丧后,海外贸易成为国家财政收入的重要组成部分。要创造杭州繁华的商贸景象,需要以海外贸易注入活力。潜说友叙述杭州市舶司的情况时写道:"市舶务。在保安门。海商之自外舶至京者,受其券而考验之。又有新务在梅家桥之北,以受舶纲。"④临安的商贸繁荣对稳定社会秩序有着重要的意义。

综上所述,两浙市舶司及杭州市舶司在海外商贸的份额中虽然不高,因有运河这一快捷的水上大通道,可以迅速地集散海内外各类货物,因此受到两宋统治者的高度重视。

---

① 注:明州:原无,据宋·李焘《续资治通鉴长编》卷四十五,北京:中华书局2004年版,第963页补。
② 注:客:原作'官',据宋·李焘《续资治通鉴长编》卷四十五,北京:中华书局2004年版,第963页改。
③ 清·徐松《宋会要辑稿·职官四四》第四册,北京:中华书局1957年版,第3365页。
④ 宋·潜说友《咸淳临安志·行在所录》,《四库全书》第490册,上海:上海古籍出版社1987年版,第106页。

第三节　杭州海外贸易与运河

南宋驻跸临安(杭州),是以在吴越旧地建立的两浙路为核心区的。除去新开运河,自杭州西行即到浙西有隋炀帝兴修的江南河;自杭州东行即跨过钱塘江至明州有浙东运河,两条运河贯穿东西,是杭州对外联络的主要交通形式。

时人陆游指出"予谓:方朝廷在故都时,实仰东南财赋。而吴中又为东南根柢,语曰:苏常熟,天下足。故此闸尤为国用所仰。迟速丰耗,天下休戚在焉。自天子驻跸临安,牧贡戎赟,四方之赋输,与邮置往来,军旅征戍,商贾贸迁者,途出于此居天下十七,其所系岂不愈重哉!"①陆游称"方朝廷在故都时,实仰东南财赋",是没有问题的。当时,财赋主要取自东南六路,其中,江淮生产的淮盐及稻米和吴中苏州和常州生产的稻米及经济作物等是大宗。常州奔牛闸具有调节江南河水位的功能,可谓是江南河的咽喉。陆游又指出:"朝廷所以能驻跸钱塘,以有此渠耳。"②所谓"驻跸钱塘",是指宋王室渡江后,以钱塘即杭州为都。所谓"以有此渠耳",是指江南河在南宋漕运中承担着重要的使命。

江南河在杭州的西面,浙东运河在杭州的东面,伴随着杭州及明州在海外贸易地位的提升,浙东运河的地位也在得到了快速地提升。史称:"三年十一月,监察御史兼崇政殿说书李衢言:'国家驻跸钱塘,今逾十纪。惟是浙江东接海门,胥涛澎湃,稍越故道,则冲啮堤岸,荡析民居,前后不知其几。庆历中,造捍江五指挥,兵士每指挥以四百人为额。今所管才三百人,乞下临安府拘收,不许占破。及从本府收买桩石,沿江置场桩管,不得移易他用。仍选武臣一人习于修江者,随其资格,或以副将,或以路分钤辖系衔,专一钤束修江军兵,值有摧损,随即修补;或不胜任,以致江潮冲损堤岸,即与责罚。'"③宋理宗宝祐三年(1255),兴修了杭州以东的钱塘江堤,从其所述中当知,此时浙东运河沿岸已是重要的产粮区,承担着服务临安即钱塘的重任。

宋代的海外贸易呈逐年增长的态势,仅从贸易品种增加的情况中可见一斑。如宋初,海外进口商品不足五十种,到南宋已增至三百多种④。宋代,设市舶司发生在宋太祖开宝四年。史称:"四年,置市舶司于广州,后又于杭、明州置司。凡大食、古逻、阇婆、占城、勃泥、麻

---

① 宋·陆游《渭南文集·常州奔牛闸记》,《陆放翁全集》上册,北京:北京市中国书店1986年版,第119页。
② 宋·陆游《渭南文集·入蜀记第一》,《陆放翁全集》上册,北京:北京市中国书店1986年版,第267页。
③ 元·脱脱等《宋史·河渠志七》,北京:中华书局1985年版,第2397页。
④ 详细论述参见葛金芳《中国经济通史·第五卷》,长沙:湖南人民出版社2002年版,第547—548页。

逸、三佛斋诸蕃并通货易,以金银、缗钱、铅锡、杂色帛、瓷器,市香药、犀象、珊瑚、琥珀、珠琲、镔铁、鼊皮、玳瑁、玛瑙、车渠、水精、蕃布、乌樠、苏木等物。"①继在广州设市舶司以后,宋太祖又在杭州和明州建市舶司。史家又记载道:"太宗时,置榷署于京师,诏诸蕃香药宝货至广州、交阯、两浙、泉州,非出官库者,无得私相贸易。其后乃诏:'自今惟珠贝、玳瑁、犀象、镔铁、鼊皮、珊瑚、玛瑙、乳香禁榷外,他药官市之余,听市于民。'"②时至宋太宗一朝又在京城设榷署进一步管理海外贸易,防止私下交易。

史称:"淳化中,明州初置市舶司,与蕃商贸易,命知颙往经制之。"③"淳化中",当指宋太宗淳化三年。在明州(今浙江宁波)设市舶司,是因为明州有便利的水上交通。具体地讲,海外商品自明州登岸,沿浙东运河可至杭州,自杭州入江南运河,随后至京口(今江苏镇江)渡江,经扬州入江淮运河,随后至盱眙,从盱眙渡淮到泗州入汴河,再经汴河可入大梁。所谓"与蕃商贸易,命知颙往经制之",是指时任供奉官的石知颙奉命到明州经制明州市舶司,如史有"太宗即位,改供奉官"④之说。朝廷突然派供奉官石知颙经制明州市舶司,旨在将海外贸易得来的奇珍异宝送往大梁,供皇家使用。在这一过程中,石知颙在不经意间开辟了一条与海外贸易相连接的内河航线。

这条内河航线是指自明州入浙东运河的航线,早在石知颙经制明州市舶司以前已经存在,并且与隋炀帝兴修的江南河相连,具有跨越长江、远通黄河流域的能力。然而,这一航线在石知颙经制明州市舶司以前受到轻视,其原因是,那时浙东与黄河流域及中原之间的经济联系较少。东南漕运虽包括两浙路,但从两浙路征收的漕粮主要来自杭州以西的地区。两浙路之所以将漕粮征收放在杭州以西的区域,是因为浙东到大梁的距离被明显地拉长,且浙东运河的堰埭太多,增加了漕粮外运的难度。石知颙开辟这条内河航线以后,形势发生了新的变化,其中,最显著的变化是密切了浙东与黄河流域及大梁之间的交通联系。在此之前,浙东运河虽然与江南运河相通,可以进入长江流域,甚至远及江淮运河、淮河、汴河、黄河等航线,但对外进行的商品交易主要集中在两浙路这一区域内。自石知颙开辟这条从东南沿海到大梁最快捷的运河交通线后,一是通过市舶司密切了浙东与大梁的经济联系,二是密切了海外贸易与运河的关系。

或许是因为石知颙以京官的身份管理市舶司,又建立了一条内河交通线,稍后,掌漕运及与漕运相关事务的发运使和转运使也开始兼任市舶使。发运使和转运使参与到市舶司工作以后,其职能明显扩大。反过来说,由发运司和转运司等执掌海上贸易事务,从一个侧面

---

① 元·脱脱等《宋史·食货志下八》,北京:中华书局1985年版,第4558—4559页。
② 同①,第4559页。
③ 元·脱脱等《宋史·石知颙传》,北京:中华书局1985年版,第13625页。
④ 同③。

说明了海外货物进口后需要运输成本低廉的运河参与。

时至南宋,市舶司与漕运发生了更为紧密的联系。史称:"绍兴元年,诏:'广南市舶司抽买到香,依行在品答成套,召人算请,其所售之价,每五万贯易以轻货输行在。'六年,知泉州连南夫奏请,诸市舶纲首能招诱舶舟、抽解物货、累价及五万贯十万贯者,补官有差。大食蕃客啰辛贩乳香直三十万缗,纲首蔡景芳招诱舶货,收息钱九十八万缗,各补承信郎。闽、广舶务监官抽买乳香每及一百万两,转一官;又招商入蕃兴贩,舟还在罢任后,亦依此推赏。然海商入蕃,以兴贩为招诱,侥幸者甚众。"①所谓"易以轻货输行在",是指将重货(分量重的货物)换成价值更高的重量轻的货物,进而将轻货运往宋室南渡后的临时首都即行在所。所谓"纲首",指船队的头领。为提高效率,宋代运输漕粮时编定船队,每一船队称之为"一纲"。不同时期的纲船有不同的数量,如大中祥符九年(1016)四月,宋真宗采纳发运使李溥的建议并三纲为一纲。史称:"四月,江淮发运使李溥言:'今年初,运七十一纲粮斛百二十五万三千六百六十余石,自前逐纲一员管押,既钤辖不逮,遂多盗窃官物。今以三纲并而为一,则监主之人加二,俾通管之,则纲船前后得人拘辖,可减盗窃。内奉职大将三人同押当七十二纲粮斛四十九万石,纳外止欠二百石,窃取既少,则大减刑责。押纲人乞第赐缗钱。'从之。"②大中祥符九年以前,一纲运三千五百多石,平均每船运二百五十石至三百五十石之间。改革纲运后,以三十船为一纲并增加运量,结果是每船载五百五十石至六百石,从而提高了漕运能力。

在进行海外贸易的过程中,杭州市舶司几经裁撤和恢复。杭州和明州市舶司归广州市舶司以后,继续进行海外贸易,甚至还有不断加强的趋势。史称:"六年,诏在京市易干当公事孙迪同两浙、淮东转运司,议置杭州市易务利病以闻。其后以市易上界所偿内帑钱三十万缗假之为本。"③又称:"冬十月庚午朔,提举在京市易务言:'市易上界先借内藏库本钱百万缗,乞三年还。'从之,仍以今年当拨钱三十万缗,借为杭州市易务本。"④杭州市舶司降格为市舶务以后,杭州依旧是重要的海外贸易场所。熙宁六年(1073),宋神宗两次将内藏库银借给杭州市舶务为本钱,当知杭州依旧是重要的海外交易市场。史称:"九年,集贤殿修撰程师孟请罢杭、明州市舶,诸舶皆隶广州一司。令师孟与三司详议之。是年,杭、明、广三司市舶,收钱、粮、银、香、药等五十四万一百七十三缗、匹、斤、两、段、条、个、颗、脐、只、粒,支二十三万八千五十六缗、匹、斤、两、段、条、个、颗、脐、只、粒。"⑤宋神宗熙宁九年,在程师孟的建议下杭州和明州市舶司撤销了。不过,程师孟所说的"请罢杭、明州市舶",是指缩小杭州和明

---

① 元·脱脱等《宋史·食货志下七》,北京:中华书局1985年版,第4537—4538页。
② 清·徐松《宋会要辑稿·食货四二》第6册,北京:中华书局1957年版,第5564页。
③ 元·脱脱等《宋史·食货志下八》,北京:中华书局1985年版,第4549页。
④ 宋·李焘《续资治通鉴长编·神宗熙宁六年》,北京:中华书局2004年版,第6017页。
⑤ 同③,第4560页。

州市舶司的规模,不是真正意义上的裁撤。

南宋初年,财政收入约一千万缗,其中,市舶贸易收入高达二百万缗。徐松引宋代档案记载道:"二十九年九月二日,宰执进呈御史台检法官张阐论市舶事,上曰:'广南、福建、两浙三路市舶条法恐各不同,宜令逐司先次开具来上,当委官详定。朕尝问阐市舶司岁入几何,阐奏抽解与和买以岁计之,约得二百万①缗。如此,即三路所入固已不少,皆在常赋之外,未知户部如何收附及如何支使。卿等宜取见实数以闻。'汤思退奏曰:'谨当遵依圣训,行下逐路舶司抄录条法,并令取见收支实数。俟到,条数闻奏。'以御史台检法官张阐言:'比者叨领舶司,仅及二载,窃尝求其利害之灼然者,无若法令之未修。何当福建、广南各置务于一州,两浙市舶务及分建于五所,三路市舶相去各数千里,初无一定之法。或本于一司之申请而他司有不及知,或出于一时之建明而异时有不可用,监官之或专或兼,人吏之或多或寡,待夷夏之商或同而或异,立赏刑之制或重而或轻。以至住舶于非发舶之所,有禁有不禁;买物于非产物之地,有许有不许。若此之类,不可概举。故官吏无所遵守,商贾莫知适从,奸吏舞文,远人被害,其为患深。欲望有司取前后累降指挥及三路节次申请,厘析删修,着为一司条制。故上谕及之。

孝宗隆兴元年十二月十三日,臣寮言:'舶船物货已经抽解,不许再行收税,系是旧法。缘近来州郡密令场务勒商人将抽解余物重税,却致冒法透漏,所失倍多。宜行约束,庶官私无亏,兴贩益广。'户部看详:'在法,应抽解物不出州界货卖更行收税者,以违制论,不以去官、赦降原减。欲下广州、福建、两浙转运司并市舶司,钤束所属州县场务,遵守见行条法指挥施行。'从之。

二年七月二十五日,臣寮言:'熙宁初,创立市舶一司,所以来远人、通物货也。旧法,抽解既有定数,又宽期纳税,使之待价,此招致之方也。迩来州郡官吏趣办抽解之外,又多名色,兼迫其输纳,货滞则减价求售,所得无几,恐商旅自此不行。欲望戒敕州郡,推明神宗皇帝立法之意,使商贾懋迁,以助国用。'从之。继而户部欲行广南、福建、两浙路转运司并市舶司,钤束所属州县场务遵守见行条法施行,毋致违戾。

八月十三日,两浙市舶司申:'条具利害:一,抽解旧法,十五取一,其后十取其一,又其后择其良者,谓如犀象十分抽二分,又博买四分,真珠十分抽一分,又博买六分之类。舶户惧抽买数多,所贩止是粗色杂货。照得象牙、珠、犀系细色,抽买比他色至重,非所以来远人,欲乞十分抽解一分,更不博买。一,三路舶船各有置司去处,旧法召保给公凭起发,回日缴纳,仍各归发舶处抽解。近缘两浙市舶司事争利,申请令随便住舶变卖,遂坏成法,深属不便。乞行下三路照应旧法施行。一,商贾由海道兴贩,诸蕃及海南州县近立限回舶,缘其间或有盗

---

① 注:万:原无,据清·徐松《宋会要辑稿补编》(陈智超整理),北京:全国图书馆文献缩微复制中心1988年版,第650页补。

贼、风波、逃亡事故,不能如期,难以立定程限。今欲乞召物力户充保,自给公凭日为始,若在五月内回舶,与优饶抽税。如满一年内,不在饶税之限。满一年已上,许从本司根究,责罚施行。若有透漏,元保物力户并当坐罪。'从之。

乾道二年五月十四日,两浙路市舶司言:'建炎三年四月四日指挥,应贩市舶香药,给引付人户,遇经过收税去处,依此批凿,免两州商税。当来失写"物货"二字,致被税务阻节,乞于"香药"字下添入"物货"二字。'诏依,仍令人户于出给文引内,从实开坐所贩名件、数目,赍执前去。

六月三日,诏罢两浙路提举市舶司,所有逐处抽解职事,委知、通、知县、监官同行检视而总其数,令转运司提督。先是,臣僚言:'两浙路惟临安府、明州、秀州、温州、江阴军五处有市舶。祖宗旧制,有市舶处,知州带兼提举市舶务,通判带主管,知县带监,而逐务又各有监官。市舶置司,乃在华亭,近年遇明州舶船到,提举官者带一司公吏留明州数月,名为抽解,其实搔扰。余州瘠薄处,终任不到,可谓素餐。今福建、广南路皆有市舶司,物货浩瀚,置官提举,诚所当宜。惟是两浙路置官,委是冗蠹,乞赐废罢。'故有是命。

二十七日,两浙转运使姜诜言:'奉旨提督两浙市舶事务,今条具下项:一、今来市舶司废罢,行移文字欲就用转运司印记,元印合行缴纳。一,市舶司每岁天申圣节及大礼,各有进奉银、绢,欲依旧例,将市舶钱收买发纳。一,市舶司元于见任官内差一员兼主管文字,点检帐状,今欲就委转运司属官。提举官廨宇,今欲充市舶务库,安顿官物。旧务却有监官廨宇。一,市舶司元管都吏、前后行、贴司、书表、客司共一十一名,今欲于内存置前行手分、贴司各一名,其余并罢。'从之。

三年四月三日,姜诜言:'明州市舶务每岁夏汛,高丽、日本外国舶船到来,依例提举市舶官于四月初亲去检察,抽解金、珠等起发。上件今来拨隶转运司提督,欲选差本司属官一员前去。'从之。

二十二日,诏广南、两浙市舶司所发船回日,内有妄托风水不便、船身破漏、樯柂损坏,即不得拘截抽解。若有别路市舶司所发船前来泉州,亦不得拘截,即委官押发离岸,回元来请公验去处抽解。从福建路市舶程佑之请也。"①

这些档案资料从一个侧面反映了两浙市舶司有三方面的变化:一是"两浙路惟临安府、明州、秀州、温州、江阴军五处有市舶",明确地说两浙市舶司有不同的交易地点;二是两浙转运使"奉旨提督两浙市舶事务"一事表明,负责漕运的官员在市舶事务中扮演着重要的角色;三是不同地点的市舶司有不同的接待对象,如明州市舶司主要接待来自高丽、日本的商人。

北方国土沦陷后,南宋辖区压缩到淮河南岸至大散关一线,户籍人口数基本上维持在五

---

① 清·徐松《宋会要辑稿·职官四四》第四册,北京:中华书局1957年版,第3376—3378页。

六千万。葛金芳先生指出:"高宗末年南宋辖区人口达到 1100 户、5500 万口;到孝宗初年跨上 1200 万户、6000 万口;以后大致就维持在这个水平。"①南宋以后,杭州的海外贸易进入了新的阶段。这一时期,杭州依托明州,在海外贸易中脱颖而出,为社会经济的繁荣注入了生生不息的活力。临安是国都,再加上其在海外贸易中获得了巨大的财富,为促进临安即杭州社会经济的发展,宋孝宗于淳熙六年(1179)采取了免除临安税收的措施,如史有"蠲临安征税百千万缗"②之说。

---

① 葛金芳《中国经济通史·第五卷》,长沙:湖南人民出版社 2002 年版,第 137 页。
② 清·毕沅《续资治通鉴·宋纪一百四十七》,北京:中华书局 1999 年版,第 3927 页。

主要参考文献

[1] 白居易. 白居易集[M]. 顾学颉,校点. 北京:中华书局,1979.

[2] 班固. 汉书[M]. 北京:中华书局,1962.

[3] 包世臣. 齐民四术[M]. 潘竟翰,点校. 北京:中华书局,2001.

[4] 毕沅. 续资治通鉴[M]. 北京:中华书局,1957.

[5] 蔡襄. 端明集[M]//四库全书:第1090册. 上海:上海古籍出版社,1987.

[6] 曾巩. 曾巩集[M]. 陈杏珍,晁继周,点校. 北京:中华书局,1984.

[7] 曾枣庄,舒大刚. 三苏全书[M]. 北京:语文出版社,2001.

[8] 陈峰. 漕运与古代社会[M]. 西安:陕西人民教育出版社,2000.

[9] 陈寿. 三国志[M]. 北京:中华书局,1959.

[10] 程大昌. 雍录[M]. 黄永年,点校. 北京:中华书局,2002.

[11] 程大昌. 禹贡后论[M]//四库全书:第56册. 上海:上海古籍出版社,1987.

[12] 储家藻,徐致靖. 光绪上虞县志校续[M]//中国地方志集成:第42册. 上海:上海书店,1993.

[13] 杜牧. 杜牧全集[M]. 陈允吉,点校. 上海:上海古籍出版社,1997.

[14] 范晔. 后汉书[M]. 北京:中华书局,1965.

[15] 范镇. 东斋记事[M]. 汝沛,点校. 北京:中华书局,1980.

[16] 房玄龄. 等. 晋书[M]. 北京:中华书局,1974.

[17] 冯梦龙. 古今小说[M]. 魏同贤,校点. 南京:江苏古籍出版社,1991.

[18] 冯梦龙. 警世通言[M]. 魏同贤,校点. 南京:江苏古籍出版社,1993.

[19] 苏轼. 苏轼诗集合注[M]. 冯应榴,辑注. 黄任轲,朱怀春,校点. 上海:上海古籍出版社,2001.

[20] 傅崇兰. 中国运河城市发展史[M]. 成都:四川人民出版社,1985.

[21] 傅泽洪. 行水金鉴[M]//四库全书:第581册. 上海:上海古籍出版社,1987.

[22] 高承. 事物纪原[M]. 北京:中华书局,1989.

[23] 葛金芳. 中国经济通史[M]. 长沙:湖南人民出版社,2002.

[24] 顾炎武.天下郡国利病书[M]//续修四库全书:第597册.上海:上海古籍出版社,2002.

[25] 顾祖禹.读史方舆纪要[M].贺次君,施和金,点校.北京:中华书局,2005.

[26] 郭庆藩.庄子集释[M].王孝鱼,点校.北京:中华书局,2004.

[27] 胡道静.梦溪笔谈校证[M].上海:上海古籍出版社,1987.

[28] 胡渭.禹贡锥指[M].邹逸麟,整理.上海:上海古籍出版社,2006.

[29] 黄奭辑.黄氏逸书考[M].扬州:江苏广陵古籍刻印社,1984.

[30] 黄宗羲.宋元学案[M].北京:中华书局,1986.

[31] 纪昀,等.钦定四库全书总目[M].四库全书研究所,整理.北京:中华书局,1997.

[32] 郎瑛.七修类稿[M].北京:中华书局,1959年版.

[33] 乐史.太平寰宇记[M].王文楚,等,校点.北京:中华书局,2007.

[34] 李吉甫.元和郡县图志[M].贺次君,点校.北京:中华书局,1983.

[35] 李濂.汴京遗迹志[M]//四库全书:第587册.上海:上海古籍出版社,1987.

[36] 李林甫,等.唐六典[M].陈仲夫,点校.北京:中华书局,1992.

[37] 李弥逊.筠溪集[M]//四库全书:第1130册.上海:上海古籍出版社,1987.

[38] 李焘.续资治通鉴长编[M].北京:中华书局,2004.

[39] 李心传.建炎以来系年要录[M].上海:上海古籍出版社,1992.

[40] 李延寿.北史[M].北京:中华书局,1974.

[41] 李延寿.南史[M].北京:中华书局,1975.

[42] 李廌.师友谈记[M].孔凡礼,点校.北京:中华书局,2002.

[43] 梁克家.淳熙三山志[M]//四库全书:第484册.上海:上海古籍出版社,1987.

[44] 刘昫,等.旧唐书[M].北京:中华书局,1975.

[45] 楼钥.攻媿集[M]//四库全书:第1153册.上海:上海古籍出版社,1987.

[46] 楼钥.楼钥集[M].顾大朋,点校.杭州:浙江古籍出版社,2010.

[47] 陆广微.吴地记[M].曹林娣,校注.南京:江苏古籍出版社,1999.

[48] 陆游.陆放翁全集[M].北京:北京市中国书店,1986.

[49] 吕祖谦.历代制度详说[M]//四库全书:第923册.上海:上海古籍出版社,1987.

[50] 马端临.文献通考[M].杭州:浙江古籍出版社,1988.

[51] 马其昶.韩昌黎文集校注[M].上海:上海古籍出版社,1986.

[52] 马正林.论唐宋汴河[J].陕西师范大学学报(哲学社会科学版),1986:3.

[53] 孟元老.东京梦华录[M].北京:中国商业出版社,1982.

[54] 纳兰性德.通志堂集[M].上海:上海古籍出版社,1979.

[55] 耐得翁.都城纪胜[M].北京:中国商业出版社,1982.
[56] 欧阳忞.舆地广记[M].李勇先,王小红,校注.成都:四川大学出版社,2003.
[57] 欧阳修,等.新唐书[M].北京:中华书局,1975.
[58] 齐召南.水道提纲[M]//四库全书:第583册.上海:上海古籍出版社,1987.
[59] 潜说友.咸淳临安志[M]//四库全书:第490册.上海:上海古籍出版社,1987.
[60] 丘浚.大学衍义补[M].林冠群,周济夫,校点.北京:京华出版社,1999.
[61] 阮元.十三经注疏[M].北京:中华书局,1980.
[62] 上海书店.丛书集成续编[M].上海:上海书店,1994.
[63] 沈约.宋书[M].北京:中华书局,1974.
[64] 施宿,等.会稽志[M]//四库全书:第486册.上海:上海古籍出版社,1987.
[65] 司马光.资治通鉴[M].邬国义,校点.上海:上海古籍出版社,1997.
[66] 司马迁.史记[M].北京:中华书局,1982.
[67] 宋濂,等.元史[M].北京:中华书局,1976.
[68] 苏颂.苏魏公文集[M].王同策,管成学,颜中其等点校.北京:中华书局,1988.
[69] 唐圭璋.全宋词[M].北京:中华书局,1965.
[70] 田汝成.西湖游览志馀[M].尹晓宁,点校.上海:上海古籍出版社,2017.
[71] 脱脱,等.宋史[M].北京:中华书局,1985.
[72] 王存.元丰九域志[M].王文楚,魏嵩山,点校.北京:中华书局,1984.
[73] 王国平.杭州运河历史研究[M].杭州:杭州出版社,2006.
[74] 王明清.玉照新志[M].上海:上海书店,1990.
[75] 王鸣盛.十七史商榷[M].黄曙辉,点校.上海:上海书店出版社,2005.
[76] 王溥.唐会要[M].北京:中华书局,1955.
[77] 王钦若,等.册府元龟[M].北京:中华书局,1960.
[78] 王士俊,顾栋高,等.河南通志[M]//四库全书:第536册.上海:上海古籍出版社,1987.
[79] 王士性.广志绎[M].吕景林,点校.北京:中华书局,1981.
[80] 王士禛.五代诗话[M].郑方坤,删补.戴鸿森,校点.北京:人民文学出版社,1989.
[81] 王应麟.玉海[M].南京:江苏古籍出版社,1987.
[82] 王栐.燕翼诒谋录[M].诚刚,点校.北京:中华书局,1981.
[83] 魏嵩山,王文楚.江南运河的形成及其演变过程[M]//中华文史论丛:总第十辑.上海:上海古籍出版社,1979.
[84] 魏徵,等.隋书[M].北京:中华书局,1973.

[85] 吴曾.能改斋漫录[M].上海:上海古籍出版社,1960.

[86] 吴自牧.梦粱录[M].上海:商务印书馆,1939.

[87] 席书.漕船志[M].荀德麟,张英聘,点校.北京:方志出版社,2006.

[88] 萧良干,张元忭,等.万历绍兴府志[M]//四库全书存目丛书:第201册.济南:齐鲁书社,1997.

[89] 萧统.文选[M].上海:商务印书馆,1936.

[90] 萧子显.南齐书[M].北京:中华书局,197.

[91] 徐松.宋会要辑稿[M].北京:中华书局,1957.

[92] 徐一夔.始丰稿[M]//四库全书:第1229册.上海:上海古籍出版社,1987.

[93] 徐元诰.国语集解[M].王树民,沈长云,点校.北京:中华书局,2006.

[94] 薛居正,等.旧五代史[M].北京:中华书局,1976.

[95] 杨军.元稹集编年笺注[M].西安:三秦出版社,2008.

[96] 杨守敬,熊会贞.水经注疏[M].段熙仲,点校.陈桥驿,复校.南京:江苏古籍出版社,1989.

[97] 俞希鲁.至顺镇江志[M].杨积庆,等,校点.南京:江苏古籍出版社,1999.

[98] 袁康.越绝书[M]//四库全书:第463册.上海:上海古籍出版社,1987.

[99] 袁枢.通鉴纪事本末[M].北京:中华书局,1964.

[100] 张邦基.墨庄漫录[M].孔凡礼,点校.北京:中华书局,2002.

[101] 张瀚.松窗梦语[M].盛冬铃,点校.北京:中华书局,1985.

[102] 张耒.张耒集[M].李逸安等,校点.北京:中华书局,1999.

[103] 张廷玉,等.明史[M].北京:中华书局,1974.

[104] 张鷟.朝野佥载[M]//四库全书:第1035册.上海:上海古籍出版社,1987.

[105] 赵尔巽,等.清史稿[M].北京:中华书局,1977.

[106] 赵弘恩,黄之隽,等.江南通志[M]//四库全书:第509册.上海:上海古籍出版社,1987.

[107] 赵彦卫.云麓漫钞[M].傅根清,点校.北京:中华书局,1996.

[108] 赵晔.吴越春秋[M].苗麓,校点.南京:江苏古籍出版社,1999.

[109] 赵翼.陔余丛考[M].上海:上海古籍出版社,2011.

[110] 郑樵.通志[M].杭州:浙江古籍出版社,1988.

[111] 郑沄修,邵晋涵.乾隆杭州府志[M]//续修四库全书:第702册.上海:上海古籍出版社,2002.

[112] 中华书局编辑部.历代纪事本末[M].北京:中华书局,1997.

[113]　中华书局编辑部.宋元方志丛刊[M].北京:中华书局,1990.

[114]　周淙.乾道临安志[M].上海:商务印书馆,1937.

[115]　周魁一.中国科学技术史[M].北京:科学出版社,2002.

[116]　周密.武林旧事[M].北京:中国商业出版社,1982.

[117]　周应合.景定建康志[M].//四库全书:第489册.上海:上海古籍出版社,1987.

[118]　朱熹.朱子全书[M].上海:上海古籍出版社;合肥:安徽教育出版社,2002.

[119]　朱易安,傅璇琮,等.全宋笔记[M].郑州:大象出版社,2003.

[120]　朱彧.萍洲可谈[M].北京:中华书局,1985.

后 记

掐指一算,这本书已断断续续写了二十年。古人云:十年磨一剑。然而,我用二十年的时间才勉强完成,内心多有苍凉之感。在这期间,运河学由冷门成为热门,由邹逸麟先生总主编的《中国运河志》业已出版发行。

我是学古代文学的,之所以要跨界,是因为古人一向把史学视为文学的一部分。近代以后,国人以西方的文学观为标杆,开始把史学从文学中剥离出来,不过,文学史家叙述文学史时,依旧把文学发生的历史追溯到史学那里。可以说,如果没有《尚书》《周易》《春秋》《左传》《战国策》《史记》等支撑的话,先秦及秦汉文学将无法正确地叙述和书写。更重要的是,要想深入地研究古代作家并揭示其作品的内涵,需要关注特定时代的政治、经济、军事、文化等。也就是说,史学既是中国古代文学的一部分,也是古代文学研究的必要手段及武器,正因为如此,我干脆把运河和漕运纳入自己的研究范围。

撰写《中国运河与漕运研究》,得到诸多师友的帮助和关心。首先,要感谢文史大家卞孝萱先生。卞先生与胡阿祥兄主编《国学四十讲》(湖北人民出版社 2008 年版)以后,立即把《新编国学三十讲》提上了议事日程。在先生的安排下,我承担了撰写《运河学》的任务。很显然,先生这样做是为了奖掖后进,提升我的研究能力。自此,运河及漕运成为我进行科学研究的重要方面。可惜,卞先生已于 2009 年 9 月作古,无法看到此书了。其次,要感谢美学家吴功正先生。在我生病期间,吴先生经常打电话问候。令人感动的是,此时吴先生已到了生命的最后关头,还在全力修订他从先秦到明清多卷本的断代美学史著作,同时依旧不忘关心晚生。还要感谢小说研究大家萧相恺先生,在我生病期间,萧先生不时地打电话问候。在我生病期间,莫砺锋先生和程章灿先生代表南京大学中国古代文学和古代文献专业同人对我表示了慰问和关怀。要感谢汤漳平先生、徐志啸先生、林家骊先生、黄灵庚先生、赵敏俐先生、姚小鸥先生、党圣元先生、曹书杰先生、姚文放先生、李昌集先生、马亚中先生、方铭先生、徐兴无先生、吴兆路先生、黄震云先生、骆冬青先生、程国赋先生、方向东先生、多洛肯先生、韩璞庚先生、李静先生、王占通先生、赵辉先生、任刚先生、程杰先生、刘士林先生、范子晔先生、张新科先生、李浩先生等,他们都给予了我极大的关心、支持和帮助。还要感谢出版社的薛春民先生、冀彩霞女士、孙蓉女士、雷丹女士、王骞先生、李江彬女士、王冰先生等,他们在这本书的出版过程中,付出了极大的心血和努力。最后特别要感谢的是陕西师范大学教授朱士光先生、南京大学教授范金民先生,他们在本书申请2019年国家出版基金项目时写了推荐意见。

总之,需要感谢的师友太多了,正是因为有了你们的关心,此书才得以付梓。

张 强

2019年1月20日